京大心理臨床シリーズ5

心理臨床における個と集団

岡田康伸
河合俊雄
桑原知子
編

創元社

「京大心理臨床シリーズ」の刊行にあたって

日本における心理臨床学とその実践である心理療法は、京都大学心理臨床学教室の歴史とともにあると言っても過言ではない。それほど、本教室は日本の心理臨床の深まりと発展にまなざしを向けて、歩んできた。

心理臨床学の中核を担う学会である「日本心理臨床学会」が、発足したその当初より事例研究を中心とした構成になっているのは、この実践の学においては事例研究こそがもっとも意義深い臨床の知をもたらすことを体験的に自覚していたからであるが、当時の国立大学において、「心理教育相談室」が公的に認可され、相談活動の有料化という心理臨床の重要な体制が実現したのも、京都大学が初めてであった。また、今日、多くの大学が刊行している紀要に見られる事例研究論文のスタイルの嚆矢となったのも、本教室の紀要であった。

われわれはこのような自負を持っているが、日本の他大学が京都大学の足跡を確かめながら歩を進めてきたことは、認められているところであろう。河合隼雄先生をはじめとする当時の諸先生、諸先輩方の功績である。

本シリーズは、そうした日本における心理臨床学の発展期に京都大学を中心に学んだ心理臨床家を編者として、この実践学問領域を探究し続けてきた京都大学の知の集積を、複雑多様化する現代社会を見据えつつ、世に問おうとするものである。

京都大学心理臨床学教室は、ともすればユング心理学の牙城とみられることもあるが、本シリーズをお読みいただけば、ユング心理学を中心としながらもつねに心理療法における知の集積を目指してきたことがお分かりいただけるであろう。これは、日本で最初のユング派分析家の資格を取得された河合隼雄先生の、京都大学在職時における指導の基本であった。河合隼雄先生は、京都大学在職時代、「ユング心理学」と題する講義をされたことは一度もなかった。多くの個性的な心理臨床家が巣立っていく土壌がそこにあったと言えるであろう。本シリーズは、そうした心理臨床家の知を中心に、「京大心理臨床シリーズ」として展開しようとしている。

現代という時代は、まさに転換期にあり、人間の生き方に深く強い問いを投げかけている。同様に、心理臨床学もまた、人間の知を探究する実践の学として転換期を迎えているという実感を編者一同はもっている。心理療法における科学主義や、操作主義の傾向は世界的に広まっていて、それは日本にも及びつつある。このような時代に、本シリーズが心理臨床学とその実践である心理療法における新たな歩みの一助となることを編者一同、心より願っている。

編者ひとりひとりは、「臨床心理士」資格にかかわる論議が引き続くなか、そうしたことの重要性を充分に認識しつつ、そうしたときであるからこそ心理臨床家としての力量をさらに充実させる必要性をリアルに体験し、かつ、謙虚に足下を見つめ心理療法の実践に地道に取り組みクライエントの声に聴き入ってきた。ことばにすればシンプルだが、それはほんとうに大変な作業であった。そして、ひとりひとりが今後もそのような道を歩んでいく強い覚悟を抱いている。それぞれがそれぞれの心理療法に一家言をもつゆえんである。本シリーズの執筆陣も同様の覚悟を抱いていることと思われる。それが京都大学心理臨床学教室に薫陶を受けた心理臨床家の使命であろう。われわれの語りは読者にいかに届くであろうか。読者諸氏の多くの創造的な御叱咤をお願いする所存である。

二〇〇七年立春

「京大心理臨床シリーズ」編者一同

はじめに

本書の題名の経緯を筆者なりの視点から述べて、序文の任をまっとうしたい。それには、記念刊行にありがちな、少々私的な思い出が入ることをお許し願いたい。一九六〇年代から二〇〇〇年代初め頃までのひとつの心理臨床の歩みでもあろうと思う。

筆者がグループカウンセリングに関心を持ち始めたのは修士一回生のときに、京都市カウンセリングセンター（今のパトナ、当時は永松小学校にあった）の嘱託カウンセラーとして、カウンセリングを始めたときであった。その頃は本格的にカウンセリングの勉強を始めたばかりであった。学部時代の臨床心理関係の授業はカウンセリング実習（カウンセリングとプレイセラピー）と初級、中級のテスト実習と講義、演習ぐらいであった。ただ、講師は河合隼雄先生や鑪幹八郎先生や林勝造先生などそうそうたる人たちで、このような講師から学んでいたことは筆者にはうれしいことであり、特記されることであろう。

京都市の夏休みを利用した先生方へのカウンセリングの研修会は西教寺《さいきょうじ》（滋賀県大津市にある寺院）で行われていたが、充実していた。五泊六日ぐらいの日程で、西教寺に泊り込みの研修会である。講師陣は嘱託カウンセラーの河合隼雄先生や鑪幹八郎先生や樋口和彦先生など当時のそうそうたるメンバーである。カウンセリングセンターの常勤カウンセラーも浪花博先生や中村良之助先生や西村洲衞男先生などである。後に、浪花、西村両先生は大学の教授になっていかれた。その中に混じって、筆者もカウンセリングセンターの嘱託カウンセラーであったために、研修会の講師の一人であった。各講師はそれぞれ部会を持っており、参加者は好きな部会に入って研修をする。筆者も部会を持たなくてはならなかったが、大学院の修士課程に入ったばかりの筆者には無理である。そこで、グループカウンセリングを担当しておられた樋口先生の部会にコ・カウンセラーとして参加することになった。そこでの体験が筆者のグループカウンセリングへの、また、グループでの研修や訓練への関心に繋がっていった。

当時はロジャースの来談者中心療法のカウンセリングが最盛期の頃である。この方法が日本的に変形されて使われていたのが、いわゆる「全体会」である。これはなんとも言いにくい、異常な雰囲気であった。あたかも無言の圧力をメンバーにかけ、それに耐えられない人や問題が差し迫っている人がその圧力に負け、話し出すというものであった。この方法は今でも、誤解されながら、会社の研修会などに使われていると聞く。困ったことである。グループカウンセリングというと、この「全体会」を指し（後に、エンカウンターグループということで、相当改善され、ロジャーズの正しい考えが伝えられていったと聞く）、なにか恐ろしいもののように思われていた。このようなとき、樋口先生がユング派的な立場から、グループカウンセリングの部会を始められた。それに参加できたのである。樋口先生の場合も確かに、始めは沈黙で始まる。しかし、今までなら、セラピストがその沈黙を破ることはなかったであろうが、樋口セラピストは自分のこころの動くままに、発言をすることが多い。たとえば、場所がお寺であるから、木魚の音がポクポクと聞こえてきたり、修行僧の念仏が聞こえてきたりする。すると、「木魚が聞こえますね」とぽつりと言ったりする。メンバーは他のメンバーとは初めての人が多かったりすることもあって、緊張していたが、その一言ですーとなにかが和らぐ。みな、どこかほっとする。今まで聞こえていた音になにか意味があるのかと、さらに耳を傾けたりもする。たとえ、沈黙が続くとしても和やかな沈黙であり、メンバーは沈黙を楽しむことができる。こころが洗われた感じである。セラピストの発言のタイミングが絶妙であった。このような体験を重ねる。また、休憩時間になったら、樋口先生は前のセッションの説明やメンバーの動きや気をつけなければならないことなどを説明してくださったりもした。

樋口先生の言葉で特にこころに残っていることが二つある。一つは「グループの動きは一番弱い人のペースに合わせること」である。だから、参加のメンバーがわかると、どのような人が参加してきているかのアセスメントが大切になる。その行動や表情や話し方などで判断しなければならない。グループセラピーでは知らないうちに、グループダイナミクスによってメンバーに想像以上の圧力がかかっていると考えるべきである、と。各メンバーそれぞれのこころの中で、セラピストが知らないうちにも動いている、と。弱い人がその圧力をどのように感じているかは、セラピストがしっかり把握していなければならないことであろう。

二つ目は、メンバーが気づかないことに気づいてもらうやり方である。「メンバーが痛いと気づいていないぐらいに、相手をすうーと切る」と言う。それはあたかも鋭敏なかみそりで皮膚を切ったとき、はじめは切られたことに気づかないが、やがて、うっすらと血がにじみ出てきて、切られたことに気づくように、メンバーを切ることである。このように相手をすうーと切ることが大切だと教えられた。グループ期間中はセラピストの真意に気づかないが、帰宅してから、すうーと少し痛みをともなってくるようなことを相手に伝えることであろう。

このようにしてグループカウンセリングに関心を持ち始めた。ただ、筆者はエンカウンター的な言葉でのやり取りのグループカウンセリングはそれほど得意とは思えなかった。京都市の宿泊研修会が予算の都合などで終わるとともに、このようなグループカウンセリングはあまりしなくなった。しかし、以下で述べるグループ箱庭療法とファンタジーグループに、筆者の中ではグループでの体験が引きつがれている。そして、今回どのような書名が筆者の関心を生かしたものかを編者たちが話し合った。そのとき、「グループカウンセリング」では狭いので、「心理臨床における個と集団」となった。筆者は上記二つの技法の中で考えていることにぴったりのテーマになったと思っている。

グループ箱庭療法

箱庭療法はもともと一対一で、見守り手の前で箱庭を経験するものである。しかし、人数が多く、実習ができないときなどはグループで箱庭を体験してもらう。このやり方は参考文献に譲るとして、そこで起こることはまさに個人と集団との兼ね合いである。他のメンバーの置いた玩具にたいして、自分の置きたい玩具を置く。このとき、他のメンバーの意を汲みながら自分の置きたいものを置くのである。全体の雰囲気を壊さないように、自分の意図を主張しなければならない。葛藤を持ちながら自己主張をするのだが、そこには妥協があるかもしれない。このように制作されていくグループ箱庭は結構一人の作品のようになることもあるし、まとまりのないような作品になることもある。ここに働いているメンバー間の力動とともに、玩具間の力動も忘れてはならないだろう。この制作過程で働くグループ力動は複雑だが、なかなか興味深い。

ファンタジーグループ

ファンタジーグループに関しても参考文献に譲るとして、本テーマに関係あることを一点だけ述べておきたい。それは、ケント紙の上で何人かのメンバーがフィンガーペインティングをするときのことである。台紙である模造紙大のケント紙はその一枚全部がメンバー自身のものであるとともに、他の構成メンバーのものでもある。また、一人のケント紙の領分はメンバーの人数分の一でもあろう。このような二面性があることになる。フィンガーペインティングは、たとえば六人のメンバーがそれぞれ指や手に絵の具をつけて塗っていく。それらはいずれ、相接し、それから交叉していく。ケント紙をメンバーが均等に分けるなら、一人の取り分は六分の一である。しかし、交叉し始め、全体へとメンバーがお互いに延びていくなら、個々のメンバーにとってはそのケント紙すべてが自分のものでもあろう。ここに、グループでする興味深いところがある。筆者がファンタジーグループに関心を持ち続けているのはこの興味深いメンバーの動きにあると思う。

本書が心理臨床に関心のある人に役立つものとなることを念じている。

岡田康伸

【参考文献】（1）樋口和彦、岡田康伸『ファンタジーグループ入門』創元社、二〇〇〇
（2）岡田康伸「基礎的体験学習」〔下山晴彦編〕『臨床心理実習論』誠信書房、三七～六九頁、二〇〇三

第3章 グループ療法 163

第4章 グループによる訓練 237

心理臨床における個と集団

凡　例

一、人名は、原則として本書内で初出の箇所はフルネーム（姓名）を記し、以降はファミリーネーム（姓）に略した。なお、既出の場合でも、ファミリーネームが同じで別人の場合や、執筆者の意向を尊重してフルネームのままにした箇所がある。外国人の場合は、初出の箇所はファミリーネームをカタカナ表記し、それに続けて（　）内に原綴を記し、それ以降はカタカナ表記のみとした。外国人名のカタカナ表記は、既訳の書物を参照して慣行に従うことを第一とした。

二、本文中の文献表記については、引用・紹介箇所に番号を付し、各論文末に一括して掲げることとした。

三、固有名詞の外国語カタカナ表記は各種文献を比較考証した上で、慣行に従うことを第一とした。専門用語の原語の表記は、執筆者の意向を尊重しその判断に委ねた。

四、近年、心理臨床領域において、「投影法」を「投映法」と表記するなど、専門用語の表記統一が図られはじめているが、本シリーズでは当面、執筆者の判断にそれを委ねることとした。

五、その他、必要に応じ本シリーズまたは本書独自の編集方針に則って、表記を統一することがある。

第1章……心理臨床における個と集団という視点

1 心理臨床における個と集団という視点

河合俊雄

1　心理療法と個人

心理療法というのは、非常に多様なものであり、その分類の仕方の一つとして、個人療法と集団療法を区別するということも考えられる。しかし、近代に成立した心理療法の本質と歴史性を考えていくと、心理療法というものは個人をベースにしていると言えよう。心理療法の成立に関して、フロイト（Freud, S.）の果たした役割は大きいと考えられるが、それには催眠療法を放棄して自由連想を導入したことと同時に、「心的現実」という考え方に到達したことが重要であろう。つまり、フロイトは、幼児期による外傷体験が神経症の原因であると考えていたのに、それらが実際にないことに衝撃を受ける。けれども、たとえ外傷体験が実際には存在しなかったとしても、語った人の心の中の現実としては存在するという考え方に至り、心的現実を心理療法で扱っていこうとしたのである。[1] これは、個人にとっての現実というのは、必ずしも集団によって共有されるものではないということを意味している。したがって、心的現実を扱う心理療法は、集団から自分を区別した個人の成立なしには考えられないのである。心理療法は内面と外面の区別だけではなく、個と集団の区別というパラダイムの上に成り立っている。

その意味で、心理療法というのが一九世紀末から二〇世紀になって西洋で成立してきたのには歴史的な必然性があることになる。今ではあたりまえのようになっている個人というあり方が、決してそうではなかったことは、多くの歴史学的、社会学的研究が明らかにしている。たとえばトゥアン（Tuan, Y.）は、『個人空間の誕生』[2]において、個人空間というのが、西洋において歴史的に成立してくる過程を描き出してくれている。個室というものは、西洋においても決して自明のものではなかったのである。そして興味深いことに、室内空間への関心と、自意識の強まり、精神分析の成立との関係を指摘しているのである。[3] つまり、個人空間や個人の内面ということの成立なくして、精神分析は考えられないのである。

このような心理療法の特徴は、古代における癒しと比較してみるとより明らかになる。エレンベルガー(Ellenberger, H. F.)は、心理療法の遠祖がシャーマンや呪医に認められるとして、さまざまな治療を紹介している。[4] そして、それらをまとめつつ、近代の心理療法との違いをいくつか指摘しているが、その中に集団の果たす役割の違いが、大きく取り上げられている。たとえば未開社会の治療者は、地域社会で現代の医者よりも重要な役割を果たしているし、原始治療の実際はだいたい集団で行われる。普通、患者は自分一人では治療に行かず、親戚縁者が患者を連れて行き、その人たちも治療に立ち会う。また、治療は祭儀でもあって、その主役は集団である。そうすると、セラピスト側にも、クライエント側にも集団が存在し、それらが大きな役割を演じていて、癒しの主体であることになる。これは個人としてのセラピストが個人としてのクライエントと契約関係を結び、あくまでも個人の内面を治療で扱うという、近代に成立した心理療法とはまったく異なるあり方であると言えよう。

しかし、近代に成立した個人も、個人が単純にバラバラになり、集団から切り離されたものではない。たとえばユング(Jung, C. G.)の集合的無意識の考え方も、もともと共同体や自然の中にあった神話、儀式、象徴などが、個人の中で無意識のイメージとして内面化されたものを指していると考えられる。ギーゲリッヒ(Giegerich, W.)は、世界のまわりをめぐる水流としてのオケアノスと、ハーベイ(Harvey, W.)によって発見された個人の中を循環する血流という対比を、いわばメタファーとして用いつつ、いかに近代人が、外の世界や神話を内面化したかを明らかにしている。[5] つまり近代の個人というのは、集団から単純に分かれて自立したのではなくて、集団を自分の中で内面化しているのである。その意味では、個人と関わり、個人の内面世界を主として扱うというパラダイムにもかかわらず、心理療法においては、必然的に集団というものが個人の中で動いていることになる。

だからこそ心理療法において、実際に家族療法や集団療法として集団というものに関わるかどうかは別にして、集団の視点というものが必要になってくるはずなのである。いみじくも無意識について「集合的」という形容詞を用いたユングも、個人に関わりつつも、その中で集団の視点を持とうとしたのに他ならないであろう。

2 心理療法における集団

古代における癒しの儀礼において、癒す側にも、癒される側にも集団が働いているのを見てきた。それらは同一の集団とも考えられ、一概に分けることができないかもしれないが、この節ではまずクライエント側での心理療法における集団というものを考えてみたい。

母親面接をしていて、何回ものセッションを経て母親の語りが進んでいくうちに、不登校であった子どもが不思議と変化してきて学校に行くようになることは、心理療法の中でよく経験されることである。母親の子どもへの接し方が、セラピストによるアドバイスなどを受けて改良され、その影響を受けて子どもが学校に行くようになったというのならわかりやすいが、そうはっきりとしたものではないことも多い。つまり、母親の心理療法というものと、子どもの変化というものは、直接的な関係はないけれども、そのようなことが連関して生じるのである。あるいは、同じく母親面接において、何も子どもに関わってくれず、なぜこのような人と結婚していたのかわからないというようにクライエントの語りの中で言われていた夫が、面接を重ねるうちに存在感をましてきて、家族の変化に関わってくることもよくある。このように個人に対する心理療法であっても、家族という集団に働きかけており、また家族の影響を受けている場合は多いと思われる。

心理療法で関与してくる集団は、狭い意味での家族に限られない。たとえばクライエントが訪れたお店での店員の対応や、飼っているペットとの関わり、さらには遊びに行ったお寺や山など、自然までもが心理療法に関わってきているのは、クライエントの語りによく耳を傾けていると気づかれることが多いと思われる。摂食障害の子どもの飼った犬が餌を食べなくなったり、閉じられていた家族が変化しようとしているときに、間違えて人が家を訪問してきたりなどの、不思議で意味のありそうな出来事が心理療法において生じてくることがある。このような場合に、家族とは違って、自然までを含めての集団が心理療法によって働きかけられて変化することは少ないであろうが、それが心理療法に寄与してくることは、注意しているとよく認められる。その際にたとえば、クライエントが変化したから店員がやさしく接してくれたのか、店員がやさしく接してくれたからクライエントが変化したのか、よくわからないことが多い。

大切なのは、すでに示唆したように、集団との関わりが、狭義での因果的なものではないことであろう。因果関係が認められる形での集団への働きかけや集団からの働きかけではないけれども、何か連関して物事が生じてくる。これは、すべての物や出来事に魂があって、意味づけられているような、神話的な世界に包まれているあり方とも言え、あるいはここでは詳しく述べられないが、仏教での華厳のような世界であるとも言える。[6] つまり、ありとあらゆることが、因果関係ではないけれども、連関しているのである。このことにユングは心理療法の中で気づき、共時性やコンステレーションという概念で表現しようとしたと思われる。その意味で心理療法は集団に包まれ、集団の中で動いている。本書において、母子関係をはじめとした集団を、クライエントを包んでいる環境のように捉えている論文がいくつか見られるが、それは当を得た発想であると言えよう。したがって、心理療法は、たとえ特定の個人であるクライエントに関わる場合にも、その背後にある集団に関わらねばならないであろう。しかし、個人をベースにした心理療法というのは、集団を直接に動かそうとしない。自分のクライエントというただ一つの点から関わり見ていくことで、全体に関わろうとしている。だからあえて直接的に集団に働きかけようとしない。

それに対して、いわゆる集団療法は、それぞれの学派の好みの形で、特定の集団を実体化し、直接に扱っていく。それは親子関係であったり、家族関係であったり、学校のクラス全体であったり、エンカウンターグループのような、そのときに形成されたグループであったりする。心理療法が必然的に集団に関わるものだとすると、このような治療法は集団を正しく考慮しているような印象を与える。しかし、家族療法における家族のように、集団を限定してしまうと、直接集団に働きかけることができるのは利点ではあるけれども、その集団の中で疑似的な因果関係を作ってしまうことになる。たとえば、父親にもっと子どもに関与するようにとセラピストが言ったから、父親が変化し、子どもも変わってきたなどのようにである。しかしながら心理療法における集団とは、背景にあって、ある意味では無限に広がっていく限定できない集団であり、因果的や操作的に働きかけられないはずのものなのである。「見える身体」と「見えない身体」⑦という言い方があるとすると、「見える集団」と「見えない集団」というのがあると言えるかもしれない。集団療法は特定の集団に働きかけることによって、逆に心理療法が問題にすべきはずの、無限に広がる見えない集団を忘れてしまう危険があることを自覚する必要があろう。

これに対して、集団というものを個人療法の視点から捉えていくと、個人にとって意味づけられ、内面化された集団ということになる。心理療法において問題になる集団は、まずは個人の中で内面化された集団である。だから親が干渉する、自分に愛情を注いでくれないなどと訴えられるときに、それは親の問題としてよりも、クライエントが親から自立しようとしたり、親にまだ甘えたいと思ったりしていることによって生じてくると考えられるのである。親をはじめとしたまわりの人が心理療法に反対しているというのも、よく心理療法で語られることであるけれども、それもクライエント本人の心理療法に対する抵抗の気持ちの表現として捉えられるのである。この考え方でいくと、集団の動きというものは、すべてクライエントの心の中や、心理療法という枠の中での内面の表現と見なされることになる。

しかし、心理療法を行っていると、クライエントによる親や友人などのイメージが変化したのか、実際に親や友人などが変化したのかわかりにくい場合も多い。しかも心理療法によって、家族などを含む実際の変化が大きい場合と、内面の変化が大きい場合があるように思われる。いわゆるアクティングアウト的なものが心理療法の過程において生じてきて、それがうまく作用したケースなどは、内面化というモデルでは割り切りにくい。

集団療法に関しては、集団を実体化しすぎたり、実際の集団に具体的に働きかけすぎたりする問題を指摘したけれども、逆に個人を重視する心理療法においては、クライエントの語りにおける家族や集団を、あまりクライエント個人の内面として取りすぎない方がよい場合もある。その点で橋本やよいが母親面接について指摘していることは示唆的である。橋本は、母親面接における子どもについての語りを、実際の子どもについての語りとも、母親自身の内面の表現とも決めないで、その中間領域のこととして聞いていくことを勧めている。実際の子どもについて話しているとだけ受け取っていくと、心理療法になっていかないのは当然であるけれども、それを母親自身の内面の表現としてだけ受け取っていくのも、母親を変に追い詰めてしまう。これを一般化すると、個人の心理療法における集団や集団についての語りも、クライエントの内面とも、また実際の集団についての出来事とも取らずに、その中間領域におけることとして受け取っていくのが重要であろう。その意味では、語りの中に登場する他者のみならず、夢に現れてくる人、動物、自然に至るまで、中間領域に属するものとして捉えられるのである。だからこそこの中間領域に個人の側からと集団の側からと、それぞれの側からアプローチする技法が存在するのであろう。

集団に関しては、もう一つ大切なことがある。心理療法が結局のところは集団に関わっているとすると、心理療法は、たまたまある一人や、ある一点から関わっているのであって、問題はむしろその属する集団にあると考えられる。クライエントは、その人が問題を持っているというよりも、全体の問題を引き受けさせられていたり、背負っていたりする場合が多いのである。これはすでに家族療法などが指摘してきたことで、だからこそある種の家族療法は、クライエントでなくて、ＩＰ（identified patient：患者の役割を担う人）という言い方をする。たとえば、夫婦関係の行き違いなどの問題を引き受ける形で子どもが神経症になったり、ずっと母親的なものが強かった家族で、それに反抗するように子どもが非行や心理的問題を引き起こしていたりする。しかし、クライエントの背景となったり、背負っていたりする全体や集団は、必ずしも家族のような、目に見えて限定できる集団ではない場合がある。家族の問題やクラスの問題を背負っているとすると、クライエントは一種のスケープゴートになる。しかし、そのような限られた集団ではなく、クライエントは目に見える集団を超えて、時にはもっと広い時代や文化の問題を背負っていることも多いと思われる。集団を限ってしまうことによって、クライエントを責めることが避けられる代わりに、逆に特定の集団に罪を着せることになりがちなのには注意する必要があろう。たとえば、子どもの自殺の原因として学校におけるいじめや学校の対応のまずさを指摘する議論にも、そのような問題がないかどうか、注意する必要があるかもしれない。

背後にある集団が文化や時代という規模になると、心理療法で扱われている問題自体は必ずしも解決されないことが多くなるであろう。そのときには、性急な問題解決を目指すよりも、むしろ問題を自覚したり、集団の力から自由になったりすることの方が重要であろう。家族の問題に関してさえも、あえて家族の問題というのは解決されなくて、クライエントがそれから自由になっていくことによってよい終結を迎えることは、心理療法においてよく見受けられるように思われる。たとえば、両親の不仲の問題を子どもが背負って神経症的な症状を出していても、親の問題を解決できる場合ばかりとは限らない。その際に、せめて子どもがその問題を自分自身から区別して、自分自身の人生を歩んでいくことができるようになるのが大切であろう。

3 訓練・構造における集団の視点

シャーマニズムにおける治療を参考にすると、治療する側も多くの人が儀式に参加していて、グループであることがわかる。それに対して現代の心理療法において、セラピストは個人として関わっているように思われることが多い。しかし医療チームや家族療法におけるチームのように、たとえチームによる心理療法を行っていなくても、そこには意外と集団の要素が関係している。むしろいかに個人でやっているつもりでも、心理療法にはグループが働いているのを自覚するのが大切ではなかろうか。

たとえば〇〇大学や××クリニックで心理療法を行っており、そこのスタッフであるということは、心理療法において大きな守りとなり、一種の治療効果をもたらしうる。その際に個人の力だけで成果を上げていると思うのは、慢心であることが多い。そのような集団による守りは、その機関にいる限りは気づかず、やめたりしてはじめて気づかされることが多いのである。

××クリニックということによって守られているというと、そこでの心理療法が看板や名ばかりで実質性がないのではないかという疑念が生じてくるかもしれない。しかしながらこれは心理療法における本質的な部分に関わっている。心理療法において、時間・場所・お金という構造が、心理療法を展開していく安全で守られた領域を作り出し、非常に治療的であることは、改めて指摘するまでもないであろう。○○大学や××クリニックによる守りというのは、個人間の契約によるその枠や構造をさらに補強して、より治療的に働いてくれる作用があると言えるのである。

さらには、ある理論や学派というのが、セラピストにとって大きな支えとなり、守りとなる。ギーゲリッヒも指摘しているように、心理療法とは、クライエントが囚われている神経症的な考え方を、ある学派や理論の考え方に移し、置き換えることとさえ言える。[9] その意味では、心理療法を行うこと自体が単なる問題の移し換えや言い換えに過ぎず、何の本質的で実際的な解決ももたらしていない場合が見受けられるかもしれない。ただそのような場合でさえも、個人で悩んでいた問題を、理論や学派を通じて集団で担うことになるのは、クライエントにとっては大きな助けとなるのである。それはシャーマニズムなどのように、社会全体に共有される観念や世界観によって支えられているほどのものではない。けれどもある集団の考え方によって支えられていることは、心理療法にとって非常に重要である。

訓練における集団の要素については、いくつか実際的なことを指摘することができよう。ある訓練機関や心理臨床の大学院に入ってくると、そこでの考え方は、望むと望まざるにかかわらず、また良きにつけ悪しきにつけ、いつのまにか身についてしまう。訓練において集団の果たす役割やその果たす効果は大きい。それは必ずしもプログラムに沿った、合理的で体系的な知識が教えられ、また訓練が受けられるからではなくて、心理療法におけるあまりにも自明な基本であったり、目に見えない部分について言えることが多い。たとえば、時間や空間の枠を守ることの大切さ、セラピストの誠実さ、守秘義務のさまざまな局面、クライエントの語りに耳を傾けることの大切さなど、心理療法の基本についてはさまざまなことが言われており、それを一応ことばである程度は説明し、教えることはできよう。ロジャース（Rogers, C. R.）やアクスライン（Axline, V. M.）のなした仕事はそのようなものの一つであろう。しかしそれらは、心理療法の基本的なことができている人の事例を聞きつつ、あるいは一緒に事例を担当しつつ、さらにはふだんの考え方に接しつつ、自然に身についてしまうことが多いのではないだろうか。ある意味で心理療法家の訓練というものは、職人の徒弟制度や、芸術家の修行に似ているところがあると思われる。それは学ぶべき具体的な内容として示せない部分が多いからであって、そのために教育分析などが存在するのだけれども、訓練機関などに属して、いつの間にか身につけることも、基本的なことを学ぶ上では重要であると考えられる。

同じことはスーパーヴィジョンについても言えよう。心理療法家になる訓練において、個人で一対一のスーパーヴィジョンを受けることは、諸外国の心理療法家の資格規定を見ても、欠くことができない要素である。これも心理療法が知識や体験を体現した人から直接にしか学べないことに関係しているし、またスーパーヴィジョンの関係を通じて、治療関係を体験し、知っていくことができる。しかし、個人でのスーパーヴィジョンは二人の関係で煮詰まる危険があることも指摘しておかねばならない。特に初心者の場合には、自分のスーパーヴァイザーを相対化できないので、関係がむずかしくなっていく場合がある。またスーパーヴァイザーの方からすると、基本的なことを逐一教えていくとなると、非常に効率が悪いこともある。それに対して、グループでのスーパーヴィジョンによる利点は、他人の成功例や失敗例を見つつ、ある程度のレベルに達することができることにある。もちろん他人の事例に対する守秘義務の問題など、倫理的な側面への注意や制約は必要であろうが、グループスーパーヴィジョンによる効用は大きいように思われる。医者とは違って、一人のクライエントに約一時間をかける心理療法家が、個人で経験できるクライエントの数は限られているし、ことに担当数の少ない初心者においてはもっと少なくなる。その際に、他人の経験を共有することによって、自分の経験が広がるのである。また自分の事例で指摘されてわからないことも、他人の事例だと多少客観化できるために理解できることも多い。また他人の事例から逆に照射することで、自分の事例のこともわかってくるのである。

ファンタジーグループやトランスパーソナル心理学でのボディーワークなどのグループ体験は、それ自体心理療法として用いられることももちろんあるけれども、心理療法家の訓練のために用いられることが多いであろう。この場合にも、グループの存在が枠や体験の器となって、非常に無意識的なことや非日常的なことが体験しやすくなるのは当然のこととして、それ以上の意味があると思われる。つまり一人で実際に体験できることには限界があるために、さまざまな体験を知ることができるグループの存在が重要になってくるのである。たとえばメディテーションのグループでも、うまく課題や瞑想に入れない人もいれば、特別に深く入り込んでしまう人も出てくる。また、よく非常に深い体験をして、フィードバックのときに話してくれる人がいる。それはそれらの人が特殊と言うより、体験のさまざまな局面として理解していった方が建設的であろう。集団の視点からすると、それらは集団の体験のさまざまな局面ということになる。そして個人の視点からすると、個人というのが、決して個人で完結していなくて、グループの成員のさまざまな体験も、すべて自分の体験の可能性を示していることになる。たとえばうまく入れない人の経験も、自分の中の抵抗する面を示しているし、ある人が経験した非常に深い特殊な体験も、自分の体験の深みとして考えられるのである。

このようにセラピスト側においても、集団の視点というのは非常に大切であり、またそのことによって、セラピストが決して一人で心理療法を行っているのではなくて、集団のさまざまなことに支えられ、また個人を超えた広がりをもって心理療法に臨んでいることがわかるであろう。

4 集団への還元の必要性

個別の心理療法で起こっていることは、実は家族やクラスをはじめとする集団の問題であったりすることが多く、時には文化・時代的な課題にまで関わっている場合もあることをすでに指摘した。そうすると、心理療法での成果は、個人が変化するだけではなくて、何らかの形で集団にもたらされることにならないであろうか。それはクライエントの周囲の家族やクラスの他の成員が変化するように直接的ではっきりと目に見える形ではないかもしれないけれども、いくら心理療法が主に個人を対象とするミクロレベルでの作業であり、また多くの場合は社会にクライエントを適応させる姿勢を持っているとしても、社会全体に何らかの寄与や変化をもたらすであろう。

しかし、そのような間接的な影響を超えて、心理療法で生じていることを、何らかの仕方で集団や社会に伝える必要があるとは考えられないだろうか。グループスーパーヴィジョンや、グループ体験において、誰かの深い体験がグループ全体にとって非常に意味があるのと同じように、文化・時代的な課題にまで関わった心理療法での深い体験は、何らかの形で社会や集団に還元する必要があると考えられないだろうか。そしてグループ体験における特別な深い体験でさえ、その場に一緒に参加している人々に直接には伝わりにくく、フィードバックのときのことばのやりとりを通してはじめて伝わり、実感されるのであるから、心理療法での深い体験をことばで社会に伝える必要はないだろうか。

今から二〇年以上も昔になるが、箱庭療法の一連の研究会に、哲学、文学などの異分野の人を招待してコメントしてもらうことがあった。あるときに哲学者の中村雄二郎氏をお呼びしたのだが、会の後で、これだけの深い体験をクライエントとセラピストとだけで担っていくのは大変だろうし、またその内容を社会に知らせていく必要があるのではないかという趣旨の発言がなされた。これは非常に示唆的であると思われる。確かに事例に関しては、個人情報保護の問題や倫理的な問題などをクリアせねばならないが、そこでの体験は、ある種の抽象化や一般化を加えると、社会全体にとって非常に意味のある出来事であると考えられる。それは古のシャーマニズムの儀式のように、直接的に社会全体が体験して共有できるものではないけれども、テキストや意味のレベルで社会の中で共有していく試みが重要であると思われる。心理療法における集団という視点からすると、実際にクライエントが所属している集団だけではなくて、内面としての集団、そしてさらには目に見えない集団というさまざまな次元が関係しており、また実際の心理療法において関わっている集団だけが問題ではないことがわかるであろう。

[文献]（1）Freud, S. (1916) *Vorlesungen zur Einfürung in die Psychoanalyse.* Studienausgabe Bd. I, Frankfurt am Main : Fischer, 1969, S. 359.（『精神分析学入門』懸田克躬訳、中公文庫、五〇三頁、一九七三）
（2）Y・トゥアン『個人空間の誕生——食卓・家屋・劇場・世界』阿部一訳、せりか書房、一九九三
（3）前掲書（2）、一一八頁以下
（4）H・F・エレンベルガー『無意識の発見（上）』木村敏、中井久夫監訳、弘文堂、四一頁以下、一九八〇
（5）Giegerich, W. (1985) Die Erlösung aus dem Strom des Geschehens : Okeanos und der Blutkreislauf. *Gorgo*, 9, 35-55.（「オケアノスと血液循環」『ユング心理学の展開（ギーゲリッヒ論集）1　魂と歴史性』河合俊雄ほか訳、日本評論社、二〇〇〇）
（6）井筒俊彦『意識と本質——精神的東洋を索めて』岩波書店、一九八三
（7）鎌田東二『身体の宇宙誌』講談社学術文庫、一九九四
（8）橋本やよい『母親の心理療法——母と水子の物語』日本評論社、二〇〇〇
（9）Giegerich, W. (1978) Die Neurose der Psychologie oder das Dritte der Zwei. *Analytische Psychologie*, 9, S. 241-268.（「心理学の神経症」『ユング心理学の展開（ギーゲリッヒ論集）1　魂と歴史性』河合俊雄ほか訳、日本評論社、二〇〇〇）

2 人の個別性と集合性から考える心理臨床

金山由美

はじめに

近代・現代という時代は何よりも「個」が重視され、「個」がどのように位置づけられ、扱われるかによって時代が推し進められてきたと言っても過言ではない。現代に生きる私たちにとって、「個」の意識や「個」の存在を前提とした考え方は、善し悪しは別として、疑いようのない当然のものとして受け取られているのではないだろうか。

現在、私たちが携わっている心理療法の多くは、まさにこのような時代の流れの中で生み出され、推し進められてきたものである。だから一対一の個人療法の形は、長く、心理臨床の基本的かつ伝統的な形式であったし、それらと集団での療法について考えるというのが、本書全体の大きなテーマである。また、心理臨床の流れの中で集団療法が近年隆盛をみせている背景には、現代人特有の心のありようが反映されている可能性は高い。その意味でも、個人療法と集団療法それぞれが現代のクライエントにとって持つ意味を読み解く作業は、これからの心理臨床を考える上でとても重要である。

私はこれまで、ごく具体的な意味での集団療法やグループアプローチに積極的に携わってはこなかった。むしろ、一対一の個人面接に、結果的にみればこだわり、携わり続ける中で、ひとりの人の個別性に関わることは必然的に、その人の心の集合性にも行き当たることであったと感じている。本論はそのような、人の心のありようの個別性と集合性という視点から心理臨床について考えるものである。

1 臨床の体験を通して

1 ケースを通じて知ったこと

入院施設を併せ持つ医療機関で心理臨床の仕事をしていると、患者さん同士の関わりの様相が直接あるいは間接的に伝わってくる。病や入院生活の経験豊富なベテラン患者の中には、他の患者さんへの面倒見がよい人もいて、まだ経験の長くない患者に自分の経験を話して聞かせたり、そこから非常に貴重なアドバイスをしてあげたりしておられる。皆それぞれに戸惑いや不安や疑問を胸に抱えた患者さんたちにとって、経験豊富な患者仲間の言葉はどれほど力強く、説得力に満ちたものだろう。迫力あるベテラン患者さんが入院しておられる間には、その人をとりまいて病棟のサロンに結構な数の患者さんが集まり、さながらグループ療法のようになっていることもある。

そんな場面を目にすると、事実としての体験の共有があるわけでもなく、同じ立場の仲間でもない臨床心理士の自分に一体何ができるのか？　私がやっていることは何なのかなぁ？　といささか気弱になったものである。ましてや、自分が一対一の個別面接でお会いしている入院中のクライエントが、件のベテラン患者さんをはじめ患者仲間から有益なアドバイスや貴重な体験談を聞けて「すごく安心しました」等の報告を面接の中で聞くと、〈それは、よかったですね〉と応じながらも、心中は大いなる無力感で一杯になることも度々経験した。

〝ああ、これがグループの力、そして当事者の力か……〟。当時は、同種の問題を抱える当事者同士の自助グループが注目を集め、治療における有効性も評価され始めていた時期だったので、一対一の個別面接はそろそろ限界の時代が来るのかもしれない、これから私はどうしよう、等とも思ったりしたものだった。それ以上に、自分の体験が自分ひとりだけのものではないと知る体験に、人はこれほど支えられるのだという事実を突きつけられたように感じ、個別の面接、厳密な守秘であえてクライエントの体験を個人のものとして〝閉じよう〟とする基本的・伝統的な心理臨床の援助スタンスの治療的意義がみえなくなりかけていたと思う。

そんなことにグルグル迷いながら仕事を続けるうちにまた、別の体験をした。一対一でお会いしている入院中のクライエントが、面接の中で次のような話をされた。自分と同じ病気で入院していて病歴も長い患者さんとデイルームで話すうち、「今のあなたが体験していることは、私が経験してきたことと同じ、よくわかる」と何度も言われた。何か納得いかないものを感じたが、その場では何も言えないままだった。その後、時間が経つにつれて許せない気持ちが強くなった。「私とその人の体験は違うのに、勝手にまるで一緒のように言って。私の体験は私だけのものなのに！」。クライエントはそう憤りながら、涙を流された。

〝ああ、そうなんだ〟と私は思った。〝人には両方の気持ちがあるんだ〟と。むろん、「私はあなたと同じ体験をしているから、よくわかる」というメッセージが伝えられるその形や状況によって、生じる影響もさまざまであるだろう。しかし以上の体験を通して私は、非常に重い病理であったり特殊な状況の中に生きる孤独な人に限らなくても、私たちの心の中には、自分の考えや思いや体験は他の人たちとも共通のものであるという安堵感を求める気持ちと、一方で、この思い・体験はこの世で唯一無二の私だけのものなのだと確信したい気持ちのどちらも備わっていることを、体験的に知ったのである。

2　ケースを通じて考えてきたこと

そういう体験もあり、人の個別性と集合性といったテーマについて考えさせられてきたのは、言ってしまえばあらゆるケースでそうであったとも言えるのだけれども、とりわけさまざまな精神病や自閉性障害、それと知的障害との併存といった問題を抱えるクライエントとの個別面接の体験を通してであった。こちらは、あまり細かい具体的なこの体験からといったものではなく、クライエントとの関わりを通じてずっと繰り返し繰り返し感じてきた、主観的な体験である。

こういった問題を抱える人の多くは、自分の話に丁寧に耳を傾けてもらうという体験をあまりしていない。だから何らかの経緯で一対一の個別面接を受ける機会が、しかも継続的に受けられる機会ができると、とても熱心に通って来られることが多いように思う。この時期、クライエントに生じる変化は目覚ましいものがある。乏しかった表情が少しずつ豊かになり、ぼんやりしていた話の内容にも徐々にその人らしい心の動きが感じられるようになってくる。それと並行して、お構いなしだった身なりが徐々に整って、その人の好みや、時にはお洒落心が垣間見られることもある。茫漠としていたクライエントの内界に個人としての光が宿り始めるかのようなこの変化は、心理臨床に携わる者を魅了するものである。

こうして、どちらかといえばぼんやりと生きていたクライエントが「個」としての生き生きした心の動きを示し始めると、クライエント自身の内と外で新たな事態が起こってくる。ひとりの個人であれば当然の気持ち、考え、要求が生まれることで新たな生活上の展開が拓けるとともに、これまでにはなかったような悩み、ぶつかり合いが生じるのである。一人暮らしがしてみたいとか、自分の自由になるお金を自分の力で得たいといった希望は、健康な自我の成長に伴って当然生じてくるものであるし、対人関係の拡がりは生活に新たな楽しみや彩りを添えてくれる。これらは人間としてはごく当然のことであり、やはり人は「個」として扱われ、生きることが大切なのだと感じさせられる。

しかし、こうして生活の中での出来事や人間関係の複雑さが増してくると、次第にクライエント自身、生活上の豊かさ・複雑さに「悩まされ」、「かき乱され」てしまう局面も増えてくる。そしてなかには、混乱が強まり、結果的に入院等の形で個別面接を含めた外界からの刺激をいったん遮断せざるをえない状態に至る場合もある。このような経過を目の当たりにすると、クライエントが生き生きしてくることをただ喜ぶばかりで何の疑問も持たず、個別の面接に一生懸命になっていた自分は何か大きな過ちを犯していたのではないだろうかという気持ちにならざるをえない。またこういった経過の中で集団療法が導入され、存外クライエントの役に立っていたりすると、自分がこれまでやってきた個別の関わりが根底から否定され、ガラガラと崩されていくような無力感に苛まれてしまう。

クライエントに生じるこのような経過の体験は、まずは個別面接という技法そのものへの問い直しと、その適応範囲や会い方への再考を私に促した。そして、今少し先の経過までみてゆく機会に恵まれる中で、人が「個」として立ってゆくことがいかにエネルギーを要することなのか、という認識を私にもたらした。「個」を生き、「個」が尊重されることは人間ならば当たり前だと思っていた私は、人の心に個別性が宿ることの凄まじいまでの重み、負担の大きさのようなものを、自分のこととしてではなく他者のものとして、初めて知ったように思う。

クライエント自身はこのような経過を各々に経て、自らの個人としての生き方をそれなりに摑み、あるいは花開かせてゆく人もいれば、そこには強いてこだわらず、外からみる限りではむしろ「退行的」と思える世界の中にその人なりの安定を得てゆく人もいる。誤解のないようにつけ加えておくならば、私は、このような経過をたどる可能性があるなら個別の面接を行わないほうがよい、と言っているのではまったくない。このような経過を繰り返しながら穏やかに、あるいは大きな質的転換を経て、クライエントの生の舵取りが進んでゆくのである。心身ともに荒廃しきっているようにみえていたクライエントの中から、想像もできないような動きが生じて、変わってゆかれる場合もあるし、そうはならない場合もある。

何人かのクライエントのこのような長い経過に関わる体験を通して、私は、人の心がこのように織り成されてゆくものならば、そこに個別性と集合性という契機をみてゆくことはごく自然であり、また欠かせない視点であると感じるようになった。そして、このようなプロセスをともにしてゆくことも心理臨床のなしえる重要な仕事であり、自分はそのような仕事に携わり続けたいと思い願うようになったのである。

2 ……… 個別性と集合性・共同性

1 集合性と共同性

このように、私の論考はごく日常的で素朴な臨床体験から生じている。けれども始めに少し、言葉の整理をしておく必要があると思う。というのも先述の二つの例には、個別性と集合性に関わる二つの異なるレベルが含み込まれているように思うからである。

わかりやすい対比として、人間から少し視点を拡げて、生物全般において「個」がどのように位置づけられているかをみてみると、同種の仲間同士の間で個体識別がなされているか否かによって個体間の関係が大きく変わることがわかる。たとえば昆虫などは、その種の中で互いに個体識別している例はないと言われている。むろん、オス・メスの区別とか役割上の区別（たとえば女王蜂と働き蜂）はあるが、これは個体の識別とはいえない。

個体識別以前と以後での個と個の関係のあり方を、浜田寿美男は[1] [図1] のように整理している。まず「個体識別以前は、個と個の出会い方は多分に確率論的な偶然によることになるとかんがえられます。個と個の出会いが、その都度、それ以前と以後の出会いと独立であるとすれば、その出会いを支配するものは偶然しかありません。ただし種の識別そのものは確実に行われなければなりません。（中略）現にこのことは不思議なほど確実に行われています。またこれを確実ならしめるだけの行動パタンが生得的にしっかり埋め込まれています。これを通常私たちは本能と名づけています[1]」。それに対して個体識別の可能な種の場合、関係のあり方は本質的に異なってくる。周囲の同種の個体同士を区別し、「個々に区別したかたちでの関係の流れを作り出し、その諸関係を編み合わせ、織り合わせてそれぞれの生活世界をくりひろげていく[1]」。そして、このような関係が形成されることにより、さらに重要な変化が生じる。それは「個体識別によって個体どうしの関係のなかに言わば〈歴史性〉が生み出される[1]」ということである。したがって個体識別によって初めて、個体どうしの関係は「確率論的、匿名的」

なものから、「特定的で歴史的」なものになるのである。

先の［図1］に戻って考えるなら、私たち人間が現実に生きる中では、個体識別以前の「集合性」の中に身を置き、それを体験することはもはや厳密には不可能であり、実際私たちが複数の人々の中で体験できるのは、個体識別以後の「共同性 ―生活圏を共有しつつ、相互の本源的な関係性によって、共同行動・出会い行動を行う(1)―」であるということになるだろう。

このように考えてくると、逆に、重要なことに気づく。本書のテーマである集団療法において、特にその最初の段階においては、きわめて「確率論的、匿名的」なものに近い人間同士の関係がスタートしているのではないだろうかということである。人が、昆虫と同じレベルで個体識別をせずに他者と関わることはほとんど不可能と思われるので、当然、グループ内での関係は急速に「個別性」や「共同性」を帯びたものになってゆくだろう。しかし多種多様なグループの成り立ちに関わる要因は無数にあると思われるが、その中にはきわめて「確率論的、匿名的」な要因も含まれている。私たちの中にこのような関係を希求する心性があるのだとすれば、間違いなくそれは、心理臨床における集団・グループを考える上で重要なモメントとなるだろう。

話を言葉の整理に戻してまとめると、心理臨床における集団・グループには、通常の人間関係でごく自然発生的に生まれるグループが備えている「共同性」という特質のみならず、人間という種が「個」であることと引き換えにすでに手放しているはずの「集合性」に一脈通じるかのような質も備えられている可能性がある、ということになるだろう。

2 個別性と集合性

前項1では、私たち人間が現実に生きる中では、個体識別以前の「集合性」の中に身を置きそれを体験することはもはや厳密には不可能であるだろうと述べた。しかし、生き物としてのあり方の基盤である「集合性」は、私たちにとって無縁なものではありえないはずである。このような、個人の心の中にあってその人を支える個別

［図1］

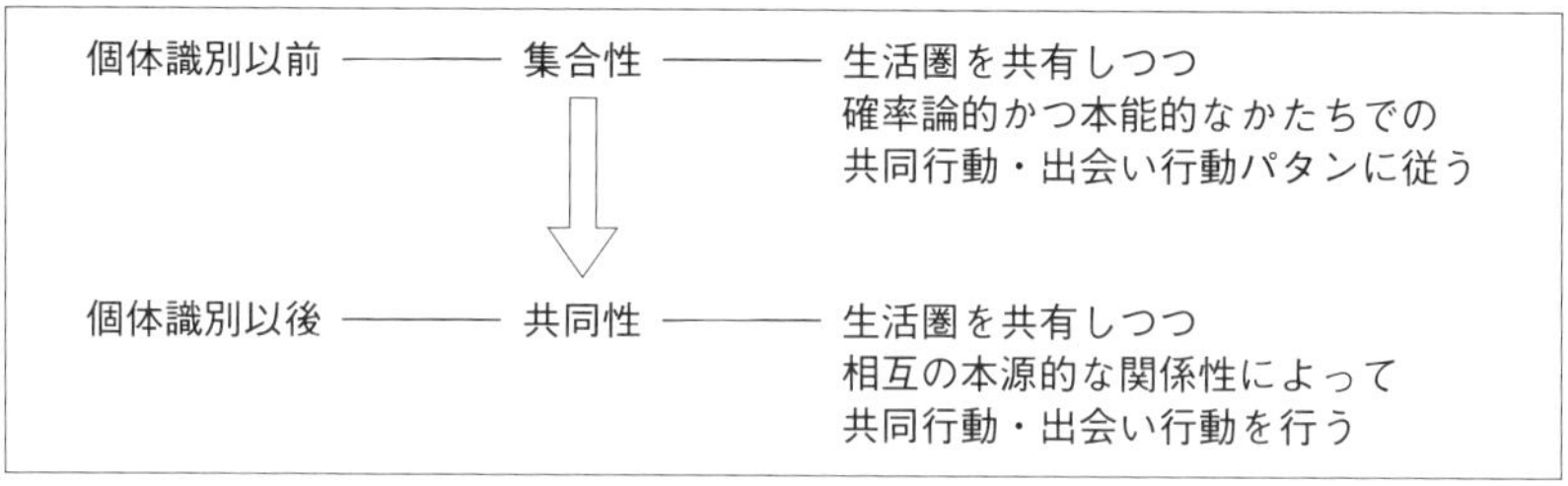

性と集合性のテーマは、ユング（Jung, C. G.）が早くから注目し、その理論の中核テーマとなったものである。ここでその論を借りる形で簡単に触れておきたい。

ユング[2]は、人間の変化の方向性を大きく人間が原初的な混沌から共同体や国家を形成してゆくプロセスと捉え、その原初的な混沌を「集合的無意識」と呼んだ。「集合的無意識」は人にとって普遍的なものであり、心のこの層に宿るものは個人の力を超えている。また、人間固有の行動パターンである「元型」が位置するのも、この層であるとされる。一方「集合的意識」とは、共同体や国家を維持発展させるために、個人を超えて必要とされる意識を指す。そこには、人間が原初的混沌から抜け出し共同体や国家を作り出してゆくのに必要であった共通の意識が含まれており、具体的には、多くの創世記神話や物語の中にその姿（内容）をみることができるという。この、それぞれに「集合的」なものから個人の成長過程を経て、「個人的無意識」とともに「個人的意識」が生じてゆくのである。

ここで横山博[3]は、「『元型』が人間の人間たる固有の行動パターンであるにしても、それは、その時々の〈集合的意識〉のあり方、個人の〈自我・意識〉のあり方抜きには現実化しないことを強調しておきたい」と述べ、現代における元型イメージの現実化には、「現代の〈集合的意識〉のあり方が必要不可欠なのであり、それに個人の〈自我・意識〉のあり方がさまざまな修飾を与えるのである」としている。この集合的意識とは「集合的無意識の圧倒的力を建設的な形で取り出す、人間のこころの構造のマトリックスであると筆者は考えている。元型的、集合的無意識の本質的あり方は神のみが実現できるものであり、人間はそれに向けて実存出来るだけなのである。それがかなわぬ時、集合的無意識は破壊性となって人間に襲いかかる。たとえば統合失調症の世界没落体験であり、日本神話ではイザナキが退行し黄泉の世界へ至り、イザナミの解体していく醜悪な姿から逃げ出す瞬間である。統合失調症になっていく人は、その後多くは幻覚・妄想の異世界を彷徨い、ある期間を経てこの世に帰ってくるが、そのまま帰られない人もいる。イザナキはイザナミの怨みの追跡を受け、魔術的遁走によってようやくその追跡を逃げ切り、黄泉比良坂《よもつひらさか》に到達し、千引の石でこの世と黄泉の国の境をして、禊をして汚れを浄め、日本的集合的意識の礎を造る」[4]という。

3　個人の心の中の個別性と集合性

ここで、個人の心の中で展開される個別性と集合性の具体的な様相について、あるクライエントが報告してくれたイメージをモチーフとしてみてゆきたい。その内容は、以下の通りである。

> 旧約聖書の世界のような延々と続く荒野の中を、まるでイエス・キリストか聖人のような感じのやつれた男性が歩いている。空には暗雲が垂れ込め、まるで嵐の前触れのような雰囲気である。男性は、歩きながら次第に足が大地から離れて宙に浮き、暗雲の中に吸い込まれるように、上空に上がっていってしまう。
> その瞬間、黄金色の砂のような細かい粒の流れが、大河のようにとうとうと目の前に拡がる。それをみながら、自分の一生もこの大きな流れの中のほんの微細な砂粒のひとつにすぎないのだ、今こんなに懸命に生きているのに、自分がこの世に存在したことはいずれ誰からも忘れられてしまうのだという思いが込み上げてきて、たまらなく悲しくて不安で嫌な、耐え難い気持ちに襲われる。[5]

これは、ある女性のクライエントが、ごく幼い頃から二〇代なかば頃まで悩まされ続けたイメージというか白昼夢のようなものである。ときおり襲ってきて、その都度掻き立てられるえもいわれぬ不安感、不快感がとても苦痛であったという。彼女は、幼児期からさまざまな神経症的発症に苦しみ続けて大人になり、現在は、それなりに現実に根ざした生き方ができるまでに回復している。今は、直接このイメージに悩まされることがなくなってずいぶんになるのだが、「今、振り返って言葉で言い表すなら、たぶんそれは〝自分がいつか狂ってしまうのではないか〟という不安、そしてまた〝自分がいずれは死ぬことへの不安〟だったような気がする」と述べている。

ここでテーマとなっているのは、時間というもののあり方をめぐる集合性と個別性の問題であろう。エリアーデ（Eliade, M.）によれば、人間本来の原始心性にとって、直線的に進展し取り返しのつかない時間の概念は耐え難く、そのため太古の人々は反復的な世界創造の儀式を通して定期的に時間の歴史的な流れをご破算にし、新たに時間を再生することを試みた。それによって、無歴史性という永遠の反復的周期の中に生きることを切望したという。[6]

このような「歴史性を持たない時」の最大の特徴は、なんら発展することなく、永遠に同じことを繰り返すという反復性である。考えてみれば、私たちの生活はさまざまな反復に満ちている。たとえば一年というサイクルがそれにあたるだろう。一年を通して基本的には同じパターンを繰り返し生活してゆくのである。また私たちが精神的健康を崩した際、反復性は一層顕著な形であらわれる。神経症患者における不適切な防衛パターンの繰り返し、躁鬱病患者の延々と繰り返される気分変動、統合失調症患者の常同性などは、変わることのない一定のリズムの繰り返しを通して永遠の不変性を求める、人間の生物としての原始的欲求を満たそうとしているように思われる。

この永遠の反復を表象するものとして、月のイメージが果たしてきた役割は大きい。「月の満ち欠け──姿を現し、勢いを増し、やがて衰退し、消えうせ、そして三日三晩の暗黒の後にふたたび元と同じ姿で現れるという周期性──は古代文明のなかで、繰り返され取り戻せる時間、つまり無歴史性の概念を洗練させていくうえできわめて大きな役割をはたしてきた」[7]。しかしそれと同時に月には「狂者（the lunatic）」、すなわち無歴史的な永遠反復をあらわす月のイメージに囚われた人、の意味も付せられているのである。ここには、無歴史性の両価的性格が示されている。永遠の不変性を保証してくれるかのごとき反復性は人間本来の原始心性が深く求めるところではあるが、それに囚われてしまうと人間の「時」は恐ろしい停滞、固定、不動性に支配されてしまい、その中で生きる人は狂人＝精神異常とみなされてしまう。つまり、無歴史性に埋没してしまうと、人のいわゆる〝健全〟な生活は送れないということにもなるのである。

一方、「個」の成立によって時が歴史性を持ち始めると、時間のありようは大きく変わる。そして人間の歴史性の発生とは人間の意識の発生と重なるのだが、この点についてユング派の分析家エスター・ハーディング(Harding, M. E.)は次のように述べている。「人間はふえて繁殖せよという命令には非常によくしたがってきたので、もはや母なる自然は人類すべてに彼女自身のひとりの活動によって食物を供給することはできない。もしも、人間が地上から滅びないでおこうとすれば、精一杯の勤勉と積極性が必要である」[8]。そして「無意識的で本能的な反応は、必ずしも、個人にとっても種族にとっても生存の必要条件に合致しない。……太古の受動性と不活発の傾向は、そのままでは人間が滅んでしまうので、克服しなければならない危険となった」[8]と述べる。つまり、無歴史性の中だけで生きていては人間は十分に繁栄できず、種としての繁栄・進歩を保障するために歴史性、すなわち個としての意識を持つようになった、というのである。

先述のイメージの中の、「自分の一生もこの大きな流れの中のほんの微細な砂粒のひとつにすぎないのだ、今こんなに懸命に生きているのに、自分がこの世に存在したことはいずれ誰からも忘れられてしまうのだ」という不安感はまさに、集合的な時間のあり方の前に個別の時間性は圧倒され、失われてしまうというものであろう。「黄金色のとうとうとした流れ」は、実際には無数の個体(＝細かい粒)を孕みながらもその識別はなされず、「個」の存在など圧倒する迫力で静かに流れ続けている。また、これに先立つ非常に蒼古的・原初的な創世のイメージや、とりわけその中で男性が次第に宙に浮かび、雲の中に吸い込まれてしまう、すなわち地面＝現実との接点を失ってしまうというところからも、ここにはより原初的で集合的な時間の流れがあらわされていると考えられる。「黄金色」というところからすると、クライエントはこの流れにすばらしい輝きや力・魅力を感じているが、同時に、その中では「個」としての自分の生は何の重みも持ちえないとも感じていて、この両者の狭間で激しい不安を感じているのである。

武野は、「われわれ人間はあい矛盾するふたつの願望をもっている。止むことなき生成すなわち歴史性への願望と、永遠の不変性すなわち無歴史性への願望である」[7]とし、この二つの時間のあり方のいずれも人間にとって本質的に欠くことのできない意味を持つと述べている。しかしながら、もし歴史性に片寄りすぎるとわれわれはあまりに個人的になりすぎて深みを失い、永遠なるもの宗教的なるものとの接触を失ってしまう。また、もし無歴史性に片寄りすぎるとあまりに原始的になりすぎて、狂気の世界に棲むことになってしまう。したがって、われわれが相矛盾するこの二つの願望のあいだでバランスを保って生きていくためには、両者を何とかして結びつけ折り合わせ、統合してゆくという至難の作業を続けてゆかなければならない。[5]これこそがまさに、先述の横山が言う「現代における元型イメージの現実化」ということになるだろう。

先のイメージに悩まされ続けていた当時、クライエントの心的状況は、歴史的時間の中で「個」を生きるよりも歴史性を持たない時の中で永遠の不変性を享受する方向に惹きつけられていた可能性は高いだろう。実際の姿で考えれば幼い女の子から若い女性であるはずのクライエントの自己イメージの何がしかの部分が、彼女が実際に生きていたはずの姿からこれほどに遠い姿――大昔の異国、あまりにも普遍化されたしかも男性像――に投影されていたことから考えても、彼女の内界のありようがいかに当たり前の個別性を生きることから遠いところにあったかを示すものであるだろう。それは、「黄金色に輝いて」いたかもしれないが、「人の現実的な生」からみれば「狂い」の世界である。したがってここには、「狂い」の世界のそばまで行きながら、しかしそこに行き切ってしまわずに何とか「個」を生きてきたクライエントの姿があらわされている。彼女を悩ませ続けた「たまらなく悲しくて不安で嫌な、耐え難い気持ち」、すなわち個人としての感情こそが、実は彼女を現実的な個別性に結びつけ続けた、いわば命綱でもあったのである。

3 現代の心理臨床における個別性と集合性

冒頭でも述べたように、私は具体的な集団療法に積極的に関わってはこなかった。しかし個人療法における体験は、人の心の根底で動く共同性や集合性への指向の強さと、それらがどのように具体的に保障されているか否かが個別的な心の安定に大きな影響を及ぼすことを痛感させるものであった。

近代・現代的視点からみれば、集合的状態への回帰は退行、すなわち人類の歩みの方向性に逆行するものとなる。しかし現在、頻繁な異文化接触、ジェネレーションギャップの急速な拡がり、ライフスタイルの多様化といったように異なる現実体験の交錯が広まった結果、「人々は相互の現実に折り合いをつけながらも、自分たちがどこにいてなにをしているのかについてのはっきりした見通しを次第に失っていくことになる」[9]。つまり、個別の営みは一見きわめて多様で都合の良いもののようにみえながら、それらが一体どのような位置づけ・意味づけをされ、どこに向かおうとしているものなのかはどんどんわからなくなってきているのである。このような状況は当然、自分のよりどころとしての共同性・集合性を求める方向へ、個人を向かわせるのではないだろうか。

近年における多種多様な形での集団療法の隆盛には、もちろん夥しい時間を要する個人療法に対する時間的・経済的効率化という側面は大きいものの、それ以上に、①人同士のつながりがさまざまな意味で力を失い、共同性や集合性を希求する心性が強まっているのではないか、②これだけ多様化した社会の中で、一貫した確固たる個別性を保つことの心理的負担は増加し、難しくなりつつあるのではないか、といったことは十分考えられよう。

このような視点から考えると、現代人における共同性への指向、さらには集合性を希求する心性の強まりはきわめて人間らしいもの、現代人が人として生きるために自ずから求めずにはいられない方向性といった受けとめ方もできるのではないだろうか。そしてそのような指向性・方向性がそれなりに保障されてこそ、このように一見豊かにみえながら実はバラバラで先の見えにくい時代の中で「個」を保ち、自らの足で立ってゆくことがようやく可能になるのではないか。

「個」を生きることそのものが人間にとって唯一無二の正しい選択なのかどうかという大きな問いに対して、私自身はイエスともノーとも言いがたい。しかし、少なくとも「個」を生きることから逃れられないのであるなら、個人と個人が生きる世界とが「宇宙論的に濃密な意味を持ったものとして」[10]結びついた中で生きてゆきたいと思う。おそらくこのような結びつきこそが、共同性さらには集合性とのつながりを持ちながら個別性を生きるということに重なるのだろう。ここに、きわめて現代的な意味での心理臨床の役割があると考えることはできないだろうか。

このような視座に立つ時、心理臨床家はその個人的な好み・指向性を超えて、クライエントという個人のあり方と状態に応じた心理臨床的関わりを考える必要があると言えるだろう。そして一方で、やはり個人としての心理臨床家がなしえることには限界があり、たとえば一人で、個人療法と集団療法のどちらものエキスパートになるなどということは決してたやすいことではない。そこで重要になるのが、連携である。自らの心理臨床的行為が心理臨床的な営み全体の中でどのような位置づけにあり、どのような意味を持つかをよく知っていればこそ、自分とは異なる心理臨床的アプローチの位置づけと意味にも開かれた有機的な連携が可能になる。

そしてこのような心理臨床家の態度は、クライエントのプラスになると同時に、臨床家自身が、自分と自分が生きる臨床世界とを「宇宙論的に濃密な意味を持ったものとして」結びつけながら、心理臨床行為に携わることにつながると、私は思うのである。

[文　献]（1）浜田寿美男編著『「私」というもののなりたち――自我形成論のこころみ』ミネルヴァ書房、三～一九頁、一九九二

（2）Jung, C. G. (1969) *The structure and dynamics of the psyche*, CW8. Princeton, N.J.: Princeton University Press.

(3) 横山博『神話のなかの女たち——日本社会と女性性』人文書院、一七五頁、一九九五

(4) 横山博「こころの病・夢に顕現する意識・無意識の現れ」〔氏原寛・成田善弘編〕『意識と無意識——臨床の現場から』人文書院、八一～一〇二頁、二〇〇六

(5) 金山由美「歴史的時間と無歴史的時間に関する覚え書き」滋賀文化短期大学研究紀要、7、二五～三一頁、一九九七

(6) Eliade,M. (1954) *The myth of the eternal return, or, cosmos and history.* Princeton, N. J. : Princeton University Press.（『永遠回帰の神話——祖型と反復』堀一郎訳、未来社、一九六三）

(7) 武野俊弥『分裂病の神話——ユング心理学から見た分裂病の世界』新曜社、二〇五～二〇九頁、一九九四

(8) Harding, M. Esther (1963) *Psychic energy.* New York : Pantheon Books.（『心的エネルギー（上）——その源泉』織田尚生ほか訳、人文書院　一九八六）

(9) 浅野智彦「家族療法の物語論的転回——その社会学的含意について」東京学芸大学紀要第３部門社会科学、46、一二五～一三四頁、一九九五

(10) 中村雄二郎『哲学の現在——生きること考えること』岩波新書、一九七七

3 古典的な個人心理療法からシステム論的観点を備えた個人心理療法へ

杉原保史

はじめに

私は一九八〇年代に京都大学の大学院で心理療法の訓練を受けた。それは、ほとんどもっぱら個人心理療法に目を向けた訓練であったと思う。当時、私が訓練生として行っていた治療の特徴を挙げると、次のようになる。面接形態は基本的に一対一である。クライエントの内的な心理力動（意識的・無意識的な空想、願望、記憶、そして防衛機制のあり方）や治療者とクライエントの間の関係のあり方の特徴（転移・逆転移）に注目する。対話の中でクライエントが自分の潜在的な体験により深く気づいていくこと（自己洞察）を重視する。クライエント個人の機能状態の改善を目標とする。

それから二〇年あまりが過ぎた。現在でも、私の面接の形態は基本的に一対一である。その点で言うと、私は今なお個人心理療法を相変わらず実践し続けているということになる。しかし、その治療の中で何に注目するか、何を重視するか、誰に影響を及ぼそうとするのか、といった点で言えば、私の実践は大学院で訓練を受けていた頃とはかなり違ってきている。

その違いは、一つには、個人の精神内界の心理力動を見ていく観点に加えて、その観点を補うものとして、その個人の現在の生活環境における重要な他者との相互作用を見ていく観点、つまりシステム論的な観点を持つようになったという点にある。

本小論において、まず、私の実践スタイルのこうした変化の背後にある心理療法の大きな流れを跡づける。その上で、私の現在の実践に影響を与えたさまざまなアプローチの中から二つのアプローチを選んで示そう。これらはいずれも個人面接の形式とシステム論的な視点とをそれぞれに創造的なやり方で結びつけたアプローチである。最後に、私の現在の実践スタイルの特徴の一つとして「他者についての洞察の重視」を取り上げる。これらの論述の中で、こうした実践スタイルの利点をいくらかでも伝えられればと願っている。

1 個人心理療法とシステム論的な視点

1 システム論的視点の登場

周知のように、われわれが、現在、「心理療法」と呼んでいるような活動の歴史的な起源は一九世紀末に創始された精神分析という個人心理療法にある。本稿の冒頭に、私が訓練生として行っていた心理療法の特徴を挙げたが、精神分析はこうした特徴を持った心理療法の原型である。本稿においては、このような心理療法を「古典的な個人心理療法」と呼ぼう。精神分析を代表とする古典的な個人心理療法は心理療法の世界において長らく圧倒的主流であった。

しかし二〇世紀の後半、心理療法の世界は、システム理論によって大きな影響を被ることになる。それまで圧倒的主流であった古典的な個人心理療法が依拠していた心理力動論は、暗黙の前提として、症状を呈している個人の内部に問題があるという見方を持っていた。だからこそ治療は、その個人を対象とし、その個人の心の中の意識的・無意識的な願望や空想や記憶の探究を中心的な作業としていたのである。伝統的な心理力動論においては、症状を呈している個人が現在生活している現実の環境には、理論上、あまり重要な位置が与えられてこなかった。つまり、伝統的な心理力動論は、症状を呈している個人を、生活環境の文脈から切り離して見る見方を基礎としていたのである。

これに対して、家族療法やコミュニティ心理学に代表される、システム理論を中心に据えたアプローチは、症状を呈している個人の内部に問題があるという見方に挑戦し、それに代わる見方を精力的に追究しようとする。つまり、誰かある個人が症状を呈しているとき、その個人を要素として含んでいるシステムに何らかの機能不全があるのではないか、個人の症状はシステムの機能不全の現れではないかという考えの下で探究を進めていく。こうしたアプローチにおいては、治療における介入は、システムの機能の改善を目指したものとなる。

家族療法の黎明期においてこの流れをリードした有力者の多くは、もともとは精神分析を学んで個人心理療法を実践してきた人たちである。そのような背景があるせいか、これらの人々は、精神分析をラディカルに否定し、精神分析と家族療法を対比させることによって両者の相違点を強調しながら、自らの立場を描き出すことが多かった。たとえば、精神分析の理論は「直線的因果律」を特徴としているが、家族療法の理論は「円環的因果律」を特徴としている、というようにである。

産声を上げたばかりの新しい考え方が、一貫性を備えた確固たる理論的・実践的体系として自らを確立しようと模索するプロセスにおいて、既存の有力な勢力と必要以上に敵対的になることがあるとしても、やむを得ないことであるのかもしれない。しかしその中で、心理力動論的な視点とシステム論的な視点とが必要以上に相互排除的で両立不能なものであるかのように論じられ、受け取られてきたことは、不幸なことであったと言わねばならない。

2 システム論的な観点を拒否した古典的個人心理療法の存続

しかし、こうしたシステム論的な見方は、古典的な個人心理療法にとって、まったく外来のものであったかというとそうとも言えない。個人心理療法を実践していれば、その個人を取り巻く環境について、いやでも強く意識させられる経験は必ずあるからである。

たとえば、初期の個人心理療法家も、その臨床実践の中で、次のような現象に気づいていたはずである。個人の症状が周囲の人々の影響を色濃く受けながら発展し維持されていることが明らかな場合や、個人の症状が周囲の人々への暗黙のメッセージだと理解できる場合があるということ。個人に焦点づけた治療の努力が、家族メンバーをはじめ、その個人が密に関わる他者によって反発されたり台無しにされたりすることがあるということ。

にもかかわらず、こうした気づきも、公式的な理論に取り込まれることはなかった。そのため、せっかくのこうした気づきも臨床実践に着実に活かされてきたとは言えない。それをどう活かすかはただ治療者個々人の独創的なインスピレーションに委ねられてきたのである。

そして、このような古典的な個人心理療法は、なお古典的なままで現在まで脈々と続いているようにも見える。というのは、若い世代の心理療法家が、システム論的な視点をまったく欠いた古典的個人心理療法の考え方を不適切なまでに堅持しているのを見聞きすることがしばしばあるからである。

たとえば、親子並行面接を行っているのにもかかわらず、子どもの担当治療者が親面接者と情報交換して話し合うことを完全に拒否する。親が子ども担当治療者に一度あいさつしたいという希望を伝えてきても、それに応じない。親面接において、親に子どものことを話すよう促し、子どもの心理力動のみに注目して面接を進める。親面接において、親に思い浮かぶことを自由に話すよう促し、親個人の心理力動のみに注目して面接を進める。教室内でかなり激しいいじめがあって不登校に至ったという事実を知りながら、そのクライエントについて情報提供や協力を申し出ている学校関係者からの打診に、積極的に応じない。クライエントの遠い過去の記憶や深い内面の願望や空想には大いに関心を示す一方で、現在の現実の環境にはほとんど関心を示さず、積極的に探求しない、などなど。

以下においては、個人面接という形態を取りながらも、個人を取り巻く環境の文脈をも視野に入れた実践の可能性について考えてみたい。まずは、個人面接とシステム論的な視点とを何らかのやり方で結びつけることに成功したユニークなアプローチを二つ紹介しよう。

2 システム論的な観点を備えた個人心理療法のモデル

1 解決志向アプローチ

解決志向アプローチは、アメリカ合衆国ミルウォーキーにある短期家族療法センターに活動拠点を置くド・シェーザー（de Shazer, S.）やバーグ（Berg, I. K.）などによって開発されたものである。(1)(2)(3) このアプローチは基本的には家族療法の一種であり、家族メンバーと合同で面接する治療形態を取るものであるが、初期の家族療法のように家族メンバー全員が揃わなければ治療を始めないといった強固な姿勢は示さず、差し当たり面接に来る動機づけのあるメンバーと会うことから始めるという柔軟な姿勢を特徴としている。したがって、家族療法とは言いながら、面接室に来談するのは実際には一人であることもある。初回面接から終結まで、来談者が同じ一人であることもありうる。そのような場合、その事実のみに注目すれば、その治療を個人心理療法とラベルづけることもできる。しかしその個人心理療法の中身は、古典的な個人心理療法とはかなり違ったものである。

その最大の違いは、このアプローチは過去よりは未来を指向し、問題の分析（何がどのようにうまくいっていないのか、その原因は何かを調べること）よりは解決の構築（どうなったとき解決したと言えるのか、解決の具体的なイメージを生き生きと描き出すこと）に精力を傾けるという点にある。他にも多くの点で、このアプローチは古典的な個人心理療法とは違った特徴を持っている。両者の違いを詳述することは本小論の射程をはるかに超えているので、ここではシステム論的な視点を反映するいくつかの目立った特徴を簡単に示すことにする。

まず、このアプローチが注目し、変化を及ぼそうとしているのは、家族の相互作用パターンだということが挙げられる。たとえ治療を受けているのが個人である場合でも、治療の焦点はその個人の心ではなく、家族の相互作用パターンにある。

このアプローチでは、システムのある部分が変化するとき、それはさざ波のように全体に及んでいく、という現象が重視されている。これは「リップル効果」と呼ばれているものである。つまり、個人の変化は、家族メンバーとの相互作用を通して、家族全体に広がっていくと期待されるのである。このアプローチが、家族療法の一種でありながら、家族の中の一人のメンバーだけへの面接でも受け入れるのは、こうした考えに基づいている。

このアプローチでは、治療の目標を具体的に描き出す作業にかなりの精力を傾けるのだが、その際に、目標を相互作用的な言葉で記述するように対話を進める。例として、娘の素行が悪いことが問題だと考えている母親と治療者との間に交わされた対話を示そう。[2]

治療者：娘さんが人生をちゃんとやっていこうとし始めているのが分かる最初の小さなサインは何だと思いますか？

クライエント：もう私に口答えをしたり、罵ったり、悪口を言ったりしないことでしょうね。それと学校に行くことでしょう。

治療者：では、ちょっと時間はかかるでしょうが、娘さんがそれらをするとしますね。そうしたら娘さんは、お母さんが今とどんな風に違うと言うでしょうか？

クライエント：私がガミガミ言わないって言うかしら。娘に優しくなって、またお互いに話ができるようになると思うわ。

治療者：娘さんが、あなたとよく話し、悪口を言ったりせず、学校に行き、良い態度を取り始めるといったことを全部したとします。その時には、あなたはガミガミ言う代わりにどんなことをしていると、娘さんは言うでしょうか？

クライエント：おそらく私が、娘の話をもっと喜んで聞いて、娘の友達に電話したり、娘を調べたりしないと言うでしょうね。あの子はそれを嫌ってますから。

治療者：娘さんが、お母さんが喜んで彼女と話をしたり、彼女の言い分を聞こうとしていることなどに気

――がついたら、その時彼女は、二人の間のどんなことが違うと言うでしょうか？

このような対話の進め方には、このアプローチのシステム論的な側面が特によく映し出されている。ここでは、家族メンバーの問題もその変化も、メンバー間の相互作用の中にあるものとして捉えられている。つまり、変化するのは問題を呈しているメンバー個人であるという見方の代わりに、家族メンバー同士の相互作用であるという見方が取られているのである。すなわち、一人のメンバーの行動が変化するということは、そのメンバーと関わる他のメンバーの行動も変化するということなのである。この例において、治療者は、こうした見方に基づいた対話によって、娘に一方的に変化を求めるだけだったクライエントに、解決に向けた娘の変化と連動した自分自身の変化をイメージさせ、そのイメージに近づこうとする本人自身の動きを誘発している。

ちなみに、ここに示したような対話における治療者の対話技法は「関係性の質問」と呼ばれているものである。関係性の質問は、家族メンバーの誰かの変化を他のメンバーとの関係性の中で明確に描き出すことを促進することを狙っている。また、関係性の質問は、ここに示した例の範囲を超えて、他の家族メンバーとの相互作用に広げていくこともできる。たとえばこの例では「あなたが娘さんと喜んで話をするようになったとき、お父さんと娘さんの間では何が違ってくるでしょうか」「そのとき、あなたと夫との間では何が違ってくるでしょうか」などというようにである。

2 家族の中の子どもアプローチ

エレン・ワクテル[4]（Wachtel, E.）の提唱する「家族の中の子どもアプローチ」は、家族面接、親面接、子どもの個人面接、という三つの形態の面接を統合的に織りまぜながら進めるユニークなアプローチである。ワクテルは、心理療法家として精神分析を学んでスタートしたが、後には家族療法とカップル療法を主として実践するようになり、そうした経験の中で、この統合的なアプローチを発展させたのである。

彼女は、問題を抱えた子どもを扱う上で、伝統的な家族療法には次のような問題があると見ている。すなわち、家族療法家は、システム論的な見方に基づいて、子どもの問題を、家族システムの問題の反映として見て、家族システムに焦点づけた治療を行う。実際にはこれは、夫婦関係への焦点づけとなることが非常に多い。すなわち、はじめに緊張を孕んだ夫婦関係があり、その夫婦（子どもの両親）による三角関係化のプロセスがあって、子どもの問題が発生するという図式が優勢なのである。こうした見方自体は適切なものであることも多いのだが、にもかかわらず、こうした見方の結果、実際の治療は、主に夫婦関係に焦点づけられたものとなり、当の子どもは無視され、置き去りにされてしまいがちとなる。

彼女は、マクダーモット（McDermott, J. F.）とチャー[5]（Char, W. F.）の「子どもは単に大人によるゲームのこまではない」という印象的な言葉を引用しつつ、システムの問題やその変化に対する子ども独自の貢献に、また個人としての子どもが抱えている問題に、もっと注意を払うべきだと主張する。そして、そのために子どもへの個人面接を行うことが有用だと考える。

治療者は、子どもへの個人面接によって問題を呈している子どもの心理力動を探求する。それと並行して、家族面接において、子どもの症状をめぐって家族がどのように相互作用を行っているかを次のような視点から観察する。子どもの症状から利得を得ている家族メンバーがいるだろうか。子どもは症状を通して他の家族メンバーが自分では直接的に表現できないでいることを表現しているのではないか。親の何らかの行動が子どもの症状を暗黙のうちに促進しているのではないか。そして、子どもへの個人面接、家族面接と並行して、さらに親面接によって、夫婦の相互作用や子どもの問題に対する夫婦の見方の違いを観察すると同時に、子ども面接や家族面接では得られないさまざまな情報を得る。

こうして得られた理解をもとに、子どもへの個人面接において子どもの行動や心理力動に焦点を合わせて介入し、家族面接において家族システムに焦点を合わせて介入し、親面接において親に子どもについての理解の仕方や関わり方を示唆していく。これらの三つの介入の中でも、親への介入が最も重視される。家族の中の子どもアプローチにおける治療者の役割は、基本的に、親が子どもを援助するのを援助することにあり、治療の中心部分は、家庭において親が提供する関わりにあるとされる。

実際の治療における介入は、伝統的に家族療法家が行ってきたようなシステム論的な介入に加えて、心理力動論的な介入と、行動論的な介入とが用いられる。治療作業は、同時に三つのレベルで進められる。すなわち、①症状行動が阻止される、②症状を必要とする無意識的な不安が扱われる、③子どもの問題を取り巻くシステム的な問題が探究され扱われる。

このように、このアプローチにおいては、心理力動論、行動論、システム論という現代の心理療法において有力な三つの視点が、相互排除的なものとしてではなく、相互補完的なものとして扱われ運用されているのである。

3 他者についての洞察

以上、個人心理療法を念頭に置きながら、システム論的な観点を備えた治療アプローチの発展について、その一端を見てきた。本節においては、システム論的な観点を持つことによって、私の個人心理療法の実践が以前とどのように違ってきたかに焦点を当ててよう。ここでは、そうした違いの一つとして、「他者についての洞察」の重視を取り上げよう。

周知のように、心理力動的な心理療法においては、自己理解や自己洞察といった言葉でしばしば表現されるような、自己への気づきが重視されている。もちろん、自己への気づきは重要である。しかし、システム論的な観点を頭の片隅に置きながら個人心理療法を行っていると、他者の心理についての気づきも、自己への気づきと同じくらい重要であるということを実感させられることが多い[(6)(7)]。

たとえば、過食症で苦しんでいる青年期の女性クライエントとの面接の断片を示してみよう。彼女はある面接で次のような不思議なエピソードを語った。

彼女は一人娘のように育ってきたが、実は次女であり、死産の姉がいた。過食症が非常にひどくて苦しんでいた時期、母に伴われてある霊能者を訪ねたところ、長女の霊がついている、長女の霊を供養してやらないといけない、と言われたのだという。そして、母親がその霊能者から教わったやり方で、毎日長女の霊を供養するようになって、不思議なことに症状がずいぶん軽くなったのだという。

それを聞いて治療者は「お母さんは死産でつらかっただろうね。親は妊娠が分かってから生まれてくるまでの間、生まれてくる子どものことを思って、期待や想像をふくらませるものだ。おなかをさすって話しかけたりして。長女の死にまつわる整理のつかない気持ちが、供養することで少しは収まっていったのかもしれないね」と言った。するとクライエントは「ただの死産ではなかった。医療ミスで死産になったと聞いている。病院を訴えることはしなかったのだが」と言う。治療者は驚いて「それならなおさら、いろんな思いがあったろう。病院への恨み、訴えるかどうかの迷い、複雑な気持ちが入りまじって、悲しみもいっそう深く濃くなったことだろう」と言った。

このようなやりとりを交わした後、彼女は、次のようなことを自発的に思い出して語った。彼女は、過食症を発症してから、しばしば現在の関わり方やかつての育て方について、母親を激しく責めるようになっていた。その怒りは、家族関係の来し方を振り返れば感じるのも当然のものと思われたが、母との敵対的な言葉の応酬の中で、コントロールを離れてエスカレートする傾向があった。霊能者を訪れたしばらく後、彼女は母親を責める中で「お母さんが死んだお姉ちゃんのことを忘れてるから、私がこんな苦しい目に遭ってるんやないの！」という言葉を母親にぶつけた。それに対して普段はクライエントの言葉をはなから受けつけずに跳ね返してばかりの母親が「私はあの子のことを一日たりとも忘れたことはない！」と泣いて訴えたという。

また、クライエントは続けて、押入の奥の方に小さな段ボール箱があるのを見つけたときのことも思い出した。箱の中には、小さな手編みの手袋や母子手帳などが入っていたという。

クライエントは以上のようなことを思い出して話してから、しばしの間、物思うように沈黙した。そして、「自分は親は完璧なもの、傷つかないものと思ってきた。自分自身が大人に近づくにつれ、そんなことはないんだとだんだん分かってきた。親も傷つくんですね。あんまり母親にメチャクチャ言わないようにしようと思います」と述べた。

この面接の断片において、このクライエントは長女の死産をめぐる母親の心理について、共感を深めている。そのことは、たとえわずかでも、母親に対する同一化を促進し、同一化を基礎とした分離を促進し、母親に対する思いやりのある行動を促進するだろう。クライエントのこのような変化は、それに対する反応として、母親のクライエントに対する態度や行動をも微妙に変化させるだろう。そのように微妙に変化した母と娘の関係を体験する中で、クライエントの中には、母親について、あるいは母親に対する自分の思いについて、また違ったことに気づく余地が生まれてくるだろう。

このように、重要な他者に対する洞察は、その他者に対する新たな行動を導き、その他者からの新たな反応を導く。そして、より安心感のある人間関係をもたらすことで、内的な探求のための新たな舞台をしつらえる。この意味で、重要な他者に対する洞察は、自己洞察に負けず劣らず、心理療法にとって重要な要素であると考えられる。

古典的な個人心理療法は、クライエントの気づきを重視するが、その気づきが面接室の外のクライエントの現在の人間関係にどのような影響を及ぼすのかについてはあまり重視してこなかった。この点により詳細な注意を払えば、他者についての洞察がいかに治療上重要なものであるかが理解されるだろう。

[文　献]（1） de Shazer, S.（1985） *Keys to solution in brief therapy.* New York : W. W. Norton.（『短期療法解決の鍵』小野直広訳、誠信書房、

一九九四）
（2）Berg, I. K.（1994）*Family based services : A solution-focused approach*. New York : W. W. Norton.（『家族支援ハンドブック――ソリューション・フォーカスト・アプローチ』 磯貝希久子監訳、金剛出版、一九九七）
（3）De Jong, P., Berg, I. K.（1998）*Interviewing for solutions*. Pacific Grove, Calif. : Brooks/Cole Publishing.（『解決のための面接技法――ソリューション・フォーカスト・アプローチの手引き』玉真慎子、住谷祐子監訳、金剛出版、一九九八）
（4）Wachtel, E. F.（1994）*Treating troubled children and their families*. New York : Guilford Press.
（5）McDermott, J. F., Char, W. F.（1974）The undeclared war between child and family therapy. *Journal of the American Academy of Child Psychiatry*, 13（3）, p422-426.
（6）Wachtel, E. F., Wachtel, P. L.（1986）*Family dynamics in individual psychotherapy : A guide to clinical stratigies*. New York : Guilford Press.
（7）Wachtel P. L.（1997）*Psychoanalysis, behavior therapy, and the relational world*. Washington, D. C. : American Psychological Association.（『心理療法の統合を求めて――精神分析・行動療法・家族療法』杉原保史訳、金剛出版、二〇〇二）

4 大地と身体
――ソマトポイエシスにおける個と集団

濱野清志

はじめに

私たちはどのようにして自分自身の経験を確かな経験としてとらえることができるのだろうか。私たちの生きる現代は、自分が生きていることを確かな実感をもって感じることが難しい時代である。この確かな実感とは何か、それはどこから生まれるのか、あるいはそういうものが本当に必要なのか、そういったことを検討していくことは現代の重要な課題ということができるだろう。

私たちは自分自身の五感で感じることにいつもどこか自信のなさを感じている。同じ食べ物でも非常に高価で上等なものとスーパーで手に入れられるような安価なものをブラインドで食べくらべ、どちらが上等かをタレントに当てさせる、そういったテレビ番組もあった。私が感じていることは本当なのか、いつも何かにごまかされているのではないか、そう思わせられる社会に私たちは暮らしている。感覚の当てにならなさが嘆かれ、また、笑いを生むものとして扱われている。

しかし、この問いは、本当に感覚の問題なのだろうか。感覚が鋭敏であるかどうかという問題ではなく、感覚とそこに付与される価値との対応が、非常に多様で流動的であることが大きな問題なのではないか。真の問題は流動化する価値の揺らぎであり、私たち自身の感覚の揺らぎではない。そうであるはずなのに、どちらが高価なのか判断できない私たちの感覚の鈍磨にあたかも真の問題があるかのように私たちは感じさせられている。そして、自分の人生に対してさえ、確かな実感をもっていないのではないかと思うようになっている。

1 私だけの感覚

もっと素朴に自分のからだが感じていることを信じることはできないのか。自分のからだが感じていること、皮膚の感覚、におい、明るさ、静けさ、内臓の重さ、そういったものは自分が感じているものであって、他人が感じるものではない。あたりまえのことだ。そして、その感覚を他者からもち込まれた基準に合わせるようにしないといけないという理由はどこにもない。これは私だけの感覚である。

この私だけの感覚は、私のからだを内側から支える。そして、そこから私にとっての価値が生み出されていく。価値が感覚を取捨選択するのではない。自分自身のからだが一瞬一瞬感じている感覚、そこに純粋に耳を澄まそうとするとき、からだは私に日々新たな体験を届けてくれている。そして、この体験が私にとっての固有の価値を生む母体となるのである。

感覚体験を通してからだがそれ自体からさまざまなイメージを創造し、そこにその人の確からしさが生まれる基礎が形作られる。そしてその前提として、感覚体験はあくまで主体の体験としてつねに一度かぎりの体験なのだということでなければならない。いま座っている私の身に展開しているさまざまな生理的現象は、私が目を向けることでそのつど私の感覚体験となっては消えていく。感覚そのものは、生物としてのメカニズム上、つねに機能しているし、それは誰にとっても普遍的な現象である。しかし、私の感覚体験はそのときの私の全体がそこに関与して体験された感覚である。

その感覚体験を私のかけがえのない体験として大切にできるようになることは、もって生まれた私のこのからだを私の生きる場所として主体的に選択するということである。そして、その選択は、私だけの感覚を世界に対峙してでも信頼に値するものとしうる内的な権威を生むことになる。このからだのはたらきを筆者はソマトポイエシス（somatopoiesis）と呼んでいる。[1][2]

2 カメルーンでの体験

ソマトポイエシスの重要なはたらきは、ある偶然の出来事を自分に固有の大切な経験へと変換するはたらきである。そこには、からだの感覚体験が関与している。その一例として、筆者の経験をここで述べてみたい。

二〇〇三年の年末からその翌年の明けるころの三週間、筆者は西アフリカのカメルーンを訪れる機会を得た。文部科学省の科学研究費の補助を受け、四年がかりで樹木画の国際比較をするためである。その帰り道、どうしても立ち寄ってみたいところがあった。

私たちが調査のために訪れたのはカメルーンの北部、マロワという市街地である。そこから少し南に下ったところにアダマワ地区という赤土の高地があり、そこをかつて訪れた私たちの敬愛する先輩、井上亮のその地での暮らしに少しでも触れてみたいという気持ちからだった。

井上はその地で土地の呪医のはたらきを体験的に研究し、日本での心理臨床に独自の視点を導入しようとしていた。[3] 残念ながら、その思いを完結する前に井上は亡くなり、それは私たちにとって大きな損失となった。彼がどんな思いでこの地から日本を眺めようとしていたのか、それを感覚的にでも知ることができないだろうか、そう願ってその地を訪ね、彼が少し寝泊まりをしたという一室に私たちは一晩泊まることとなった。

その晩、筆者は旅の疲れで熱を出しながら非常に印象的な夢を二つ見た。一つは、自転車を私が追い越していくと、二人乗りの後ろに乗っていた女性が私にしがみついてくる、というものだ。女性は長い黒髪で全身白く光っている土地の精霊で、逃げようとしても、まといつかれて、とても怖い。

目が覚め、何度仕切り直しをして寝ようとしても、やはりこの白い女性が出てきて、汗がどっと噴き出してくる。なかなか寝つかれないまま、目を閉じて休もうとすると、さらにもう一つの夢を見る。この夢は内容が個人的なのでここでは書かないが、その夢とかかわり、夢のイメージに身をまかせ、からだを動かしているうちに、自然と涙があふれ出し、小さなころから現在に至るまで、ずっとつながって潜在して流れている筆者の個人的な課題と直面していくこととなった。これは筆者にとって非常に貴重な経験となった。そして不思議なことに、その課題との直面を自覚するとともに白い女性に対する恐怖は大きく薄らぎ、そこから安心して眠りにつくことができた。

見知らぬ土地で大きくこころを揺さぶられ、同時に身体的に弱っている状態にあって夢見た土地の白い精霊は、そのときの私にはとても怖い存在であり、しかもそこからどうやって距離をとってよいのかわからなくなっている。そのとき、自分の生まれ故郷ともつながるもう一つの夢のイメージをからだごと体験し、これまでつながれなかったものとつながれたような体験をすることによってこの恐れが薄れていく。

ここで生じた出来事は、筆者がカメルーンの地の独特な風土に影響され、何かその魔力あるいは魅力につかまりそうになっていたということと、もう一方で筆者自身の自分という存在のこれまでの連続性を保とうとすること、この二つの力の衝突であったのだろう。個人の歴史とからだをつなぐ涙のあふれ出た体験は、いっときの魔をふりはらう力をもっていたのだ。

この感覚体験は、どのような優れた人に説得される言葉よりも、筆者にとって確かなものとしてそこにあった。それはまさにものであって、外界の自然が個々人のはからいにかかわらず厳然としてそこにあるように、筆者にとってこころの自然としてそこにつねに存在する大地のようなものである。

そのような場で実感した自分自身の課題は、この感覚体験の確かさに支えられ、無視できないものとして私に迫り、また、私がそこに目を向ければいつでもそこに現れる。そして、私がそれを私に与えられた、私にとって避けることのできない大切な課題であると自覚し、そこに目を向けようとするとき、そこに、自分のもって生まれた内なる自然に応えようとする生き生きとした自分が生まれていくのがわかる。

しかしいったいこの確かさの感覚はどこからやってきたのだろうか。そう問いを立ててみるとき、いまこの世界を直接的に経験している自分のからだに、主観的には、からだというよりも、からだを通じて感じられる感覚体験だが、そこにその源があると筆者には思われる。熱、悪寒、汗、涙、そしてからだの緩む感覚、そういったからだの感覚を私の主体的な経験として取り組むことで、それらが重要な感覚体験となって私に残っていく。これは自分自身のかけがえのない主観的な体験である。熱を出し、汗をかき、夢を見、そのイメージと意識的に関わることでまた新たなイメージが生まれ、涙が流れ、イメージが身体感覚的にすっと腑に落ちるものとなって、強力に自分を安定させる。

その場合、私のからだは、私という個人が占有し、利用する道具としてのからだではなく、私という個人が成立し、働くことのできる場を提供してくれるものとしてのからだである。私がからだを使うのではなく、からだが私を育む。そういう立場から見たからだは、私の成立より先にあって私がそこに生まれ、宿ることのできる場を提供するからだである。からだは、物質として、この自然の一部である。したがって、私たちは、この自然に与えられた一部としてのからだ、自然としてのからだに自分の個人としてのいのちをひとときあずけることになる。

そういうからだと向かい合うということは、自然と向かい合うことでもある。大きな自然と向かい合い、そのほんの一部としての自分のいのちに気づき、そこから、その小さな自分のいのちにたいする責任が生まれる。そのようにして、私たちは自分の個体性を獲得していくのである。

3 大地の力

この経験には、それに先行してもう一つ、次のような興味深い体験がある。アダマワ地区に向かって出発する直前、私たちがお世話になっていた江口一久先生のマロアでの拠点で、近くに住む女性の親戚の若い娘が精神の病にかかって入院した。この土地は、昼間はカメルーン化したイスラム文化が支配しているが、夜は昔ながらの呪術的な世界が支配しているという。人々の行動に目に見えない影響を及ぼす力は、この二つである。メッカに巡礼することを人生の最大のイベントだと考えていると同時に、身にはいくつもの護符をつけ、他者の呪いから身を守っている。

この娘の症状も、そういう意味で誰かからの呪いのせいだということになり、どうやってその呪いを解き、はね返すのか、ということが身近な者たちの間で大きな話題となっていた。こんな出来事に遭遇する機会はそうないことだろうと思い、お願いして私たちもこの娘が入院しているという病院まで様子を見に行かせていただくこととなった。

病室では、ブドウ糖の点滴を受けながら、周りを取り囲む七、八名の親戚縁者の女性たちに足、頭、肩、腕とさすられ、手を握りしめられて、娘は横になっていた。私たちが五分くらいいた間に一度、からだ全体で痙攣するが、その姿はシャルコーのヒステリー弓を思い出させるものであった。娘はずっと押し黙ったままであった。病院のはたらきは彼女に栄養をつけ、体力を回復させる場所を提供することで、もう一方、呪いに対抗する術を施すのは親戚縁者のつとめである。彼ら、彼女たちは、病室で香をたき、聖水で煮出したものを飲ませるなど、それぞれが知りえた呪いへの対抗手段をどんどんと行なったという。

土地の人はこういった出来事を「ミシティリ」と呼んでいる。ミシティリは、「ミシ」が人間、「ティリ」が変身といった意味だそうで、人が人を羨んだり、妬んだりして、生霊となって変身して相手の心臓を食ってしまう、ということらしい。件の娘も、自分の心臓を食べられそうになってしまったのである。

この娘は、発症するその日の昼、嫌な感じのする人とすれ違い、こちらを見られ、挨拶されたとふと思って、それに応えないようにしたが、どうもそのとき呪いをかけられた、という。その晩からすっかりおかしくなって、痙攣を起こして目は白目をむき、いろいろなものが見える。そして、悪い霊を追い払おうとしてやってきてくれる人たちを嫌がって追い払おうとしたりもしたらしい。それをなんとか抑えつつ、病室で呪いを解く儀式をできるかぎり執り行った。すると、私たちが訪れた日のその晩、娘は急に家に戻りたいと言い始めた。その願いに応じて家族が車で家の近くまで連れて行くと、娘はある所で車を止めさせ、その近くの家に入っていってある場所で土を掘り始めた。そして、掘り出した土の中の何かを食べて水を飲み、自分の取られた心臓が今見つかって、それを食べて取りかえしたといって笑い出し、普段の娘に戻っていき、元気になったという。

先の筆者の経験は、この場に居合わせることで、ひょっとするとこちらにも呪いがうつり、引きずってしまったのではないかという筆者の恐れがもたらした可能性も否定できない。こういった恐れは、現代に生きる私たちにとって、ほとんど無意味なように思って意識にのぼらせることはほとんどないと思われるが、ふとした体調の悪さなどのきっかけを通じてすっと表に出てくるものである。

それはともかく、盗まれた心臓が大地に埋められ、それを取り戻すというこのイメージは、人を一過性の神経症的状態に陥れる強い力をもっているのだが、カメルーンの人々にとってからだがいかに大地とつながっているかということを示してくれているように思う。カメルーンの人々の描く樹木画の多くが地下に伸びる根を強調しているのだが、それもこういった感覚と無関係ではないだろう。[4]カメルーンの人々にとって、自分のからだとつきあうことは、地下世界とかかわることでもあり、そこから日常の人間関係における大切な目に見えないルールを確かなものと感じとっているように思われるのである。

そういった地であったからこそ、あの晩の夢見があり、また、夢にかかわって出てきた一連のイメージ体験があったように思われる。夢からなかば覚めた状態で、そのイメージに誘導されて自分自身のからだの感覚に向かうとき、そこから確かな手ごたえを得ることができたのは、そのからだの体験が私個人のみが所有するからだの体験という個人的なものではなく、私が生まれて生きるこの世界、この自然とつながったからだの体験であったからである。そして、そのことはこの娘が大地に触れて生気を取り戻すそのありさまと、ほとんど同じ構造をなしているものである。

さて、筆者の経験はカメルーンにおける特異な経験だったのだろうか。あるいは、カメルーンという地を経由することでようやく触れることができるものではあるにせよ、それは現代の私たちが皆どこかに探そうとしている経験の確かさの根っこに触れる経験なのだろうか。

4 開放系としてのこころとからだ

私のからだは私なのだろうか。生まれてこのかた、私は自分のからだからあまり離れたことはない。いつもこのからだとともに暮らしてきた。そう考えると、このからだは私であることには違いない。しかし一方で、カメルーンでの体験は私のからだが私個人をあらわすというよりも、その土地の自然なるもののはたらきの延長としてからだがあると考えてみるとわかりよいように感じる。

からだはその土地と別々にあるのではなく、むしろ土地とつながったところにからだがあり、その土地の一部であるからだに私たちは住まわせてもらっている。だから、私のからだが熱を出しているのは、私が住まう土地の一部が私という存在と触れて熱を出しているとも考えられる。したがって発熱そのものは大地とからだの現象だが、しかし、それを体験しているのは私である。この世に一人しかいない、唯一無二の私の体験としての熱を私は感じている。発熱そのものと熱の体験とは、同じ出来事の二つの視点から別々に見た表現である。そして、この熱の主観的体験は私と私以外のものとの接点であり、この接点の体験が私の私らしさを形作る素材となる。

このからだで感じるさまざまな主観的感覚体験は、私の世界との接点である。そして、からだが私のものではなく、むしろ大地の延長であるという視点に立つとき、私たちはこころが閉鎖系ではなく開放系として機能していることとの体験的理解の可能性を得ることになる。からだは、私という個体が単体として独立して充足しているのではなく、他なるものに開かれて、その一部としてある、そういう体験を理解するにふさわしい二重性を帯びている。からだは私であり、同時に大地である。

自分自身のからだの主観的な体験としっかりと取り組むことは、暗黒の大地と触れることでもある。この主観的体験は私だけの体験であり、それは私がこの世界に存在する唯一の証人である。この体験は私を惑わしもし、混乱にも陥れることがあるが、同時にそこから豊穣な価値が生み出されてくる錬金術が展開する場でもある。東洋の錬金術は、まさに内丹という主観的なからだに向かい、そのからだを通してそこに心身一如の全体存在としての自身を新たに生み出そうとした。からだに向き合うことは、現代の私たちにとって、もう一度自分自身の体験の確からしさを生みだす創造の現場、ソマトポイエシスの現場に立ち会うこととなる。

本論は、濱野清志「ソマトポイエーシス（身体の詩的創造性）によせて」臨床心理研究（京都文教大学心理臨床センター紀要）第七号、一六三～一六六頁、二〇〇五 をもとに、加筆修正したものである。

［文　献］（1）濱野清志「ソマトポイエーシス（身体の詩的創造性）によせて」臨床心理研究（京都文教大学心理臨床センター紀要）、7、一六三～一六六頁、二〇〇五

（2）濱野清志「ソマトポイエシス論――歩くことからはじまる」臨床心理研究（京都文教大学心理臨床センター紀要）、8、六一～六八頁、二〇〇六

（3）井上亮「呪術医へのイニシエーション過程――臨床心理学的考察」〔武井秀夫、中牧弘充編〕『サイケデリックスと文化――臨床とフィールドから』春秋社、三七～八三頁、二〇〇二／井上亮『心理臨床とシャーマニズム』創元社、二七九～二二九頁、二〇〇六

（4）濱野清志、杉岡津岐子「樹木画と風土――自然植生と表現」〔山中康裕、皆藤章、角野善宏編〕『バウムの心理臨床（京大心理臨床シリーズ1）』創元社、二〇〇五

5 個人心理療法と集団心理療法の統合を目指して

――不登校児童通所施設での実践から

坂田浩之・松本聡子・駿地眞由美・石原宏・藤本麻起子
小橋正典・高木綾・野口寿一・福田斎・梅村高太郎

はじめに

われわれは、不登校状態にある中学生に個人心理療法と集団心理療法を行う通所施設Xにて心理臨床実践を行ってきた。[注1] Xは、学校や教育委員会が設置している適応指導教室とは異なる施設である。[注2](1) 二つのグループによって構成され、それぞれのグループが別の曜日に施設を使用するというスタイルで運営されているが、われわれのグループでは、個人心理療法と集団心理療法を同一の心理臨床家が担当する構造が開設以来一五年以上の間、一貫して採られている。本稿の目的は、そこでの心理臨床家の体験を振り返り、考察することによって、個人心理療法と集団心理療法の統合とそこでの心理臨床家のありようを明らかにすることである。

1 本グループの活動概要

スタッフは、すべて心理臨床家で構成されている。月・木曜日は四〜六名、土曜日（月二回）は一〜二名が勤務しており、[図1]のような時間割で通所児童に対して個人心理療法（以下、個人面接）と集団心理療法（以下、集団活動）が行われている。スタッフは、個人面接と集団活動の担当を兼ね、個人面接を行っている時間とスタッフミーティングの時間以外は集団活動に参加し、常に通所児童と過ごしており、開室時間中は休みなく心理療法が行われている。

本グループの活動は、不登校で、なおかつ学校に対する拒否感情が強いなどの理由で、別室登校やスクールカウンセリングにもなじみにくい子どもたちが、学校に行かないことによって社会性や人間関係に対する信頼感などの発達に不利益を生じないよう、スタッフや同年代の通所児童との関係体験を通じて、人間関係（社会）に対する信頼感や自尊感情を育み、社会性と主体性の統合された人格の発達を促すことを目指している。その意味では、学校への復帰を目指す適応指導教室とは性質を異にしている。集団活動では、週に一時間の学習の時間以外は、特定のプログラムは設定されておらず、自由度の高い枠組みで、通所児童やスタッフの自発性やその時々のニーズを活かした、自然に近い形での集団の形成、展開が進められている。

2 個人面接と集団活動を統合する意義

思春期は仲間集団との関わりを持ちながら社会化が進むと同時に、仲間と自分を比較し個性化が意識される時期である。[2] 思春期の子どもにとって同年代集団は、親から離れていくときの無力感、孤立感から守ってくれる一体感が期待されるところであり、それゆえ集団での失敗は大変な傷つきをもたらし、個と個の関係に引きこもる不登校や家庭内暴力といった問題にもなりうる。つまり思春期の子どもにとって、個と個の関係と集団との間をつなぎ、両者を渡り歩きつつ、一体感と隔絶をつないで自分を成立させるということが重要な課題であるといえる。本グループでは、個性化を育む個人面接と社会化が促される集団活動の両方の場がある。これは、Xという場の中に相対的な〝内〟と〝外〟を作り出しているといえる。つまり、自分の時間と場所が保証された個人面接は、Xという枠の中に設けられたもう一つの枠、〝内の内〟といえ、さまざまな関係が交錯する集団活動は、Xという枠の中に設けられた社会場面、〝内の外〟といえる。このような構造は、心の内《うち》と外《そと》、あるいは家庭と社会のメタファーともなりうる。よって、個人面接と集団活動の統合、すなわち、相対的な〝内〟と〝外〟の両方の場をつなぎ統合していくことは、〝個としての自分〟（〝内〟）と〝集団（関係性）から切り離せない部分としての自分〟（〝外〟）

の統合という、思春期の子どもが直面する課題ともパラレルとなる。そして、そのプロセスをともに歩み、援助するスタッフとの守られた関係性の中で、子どもたちは主体的に自らの課題に取り組んでいけるのではないかと考えられる。ここで、個人面接（内の内）と集団活動（内の外）の統合がどのように機能するか、また、そこでの心理臨床家の役割は、通所児童の抱えている課題に応じて変化すると考えられる。以下では、それらについて、五人のスタッフ経験者が事例研究を行い、さらに事例研究の執筆者とは別の複数のスタッフ経験者がメタ考察するという形で明らかにしていく。

3　事例研究

【事例1】

A（男子）は通所開始時には不登校になって七年目であった。他者と関わりたい気持ちは強かったが、当時、Aが人の輪に入ろうとして発する言葉は独特な内容のもので、意味が共有されないことも多かった。また、唐突に相手に息がかかるほどの距離に近づく、他の通所児童が絵を描いているその紙に、それを模倣した絵を描きこむなど、相手と一体になりそうなほどの距離のとり方も特徴であった。誰かに接近するとき、A自身は不安を感じているようには見えなかったが、筆者には地に足がついていないような不安定さが感じられた。一方、個人面接では非常に落ち着いており、自らを省みて集団への入れなさを話題にしたり、〝元は同じ人間のはずなのに異なる生物として差別され排除される〟というテーマの物語を、怒りを交えて何度も語った。集団活動では筆者と二人で話し込むことが多く、また、筆者が場を離れたときにはすぐに誰かに急接近する傾向が見られたが、約半年後にはさまざまな経験、葛藤などを経て、自然と場の雰囲気になじむようになり、筆者がいなくても落ち着いて過ごせるようになっていた。

来所当時のAは自分をまさに〝異なる生物として排除される存在〟のように感じており、〝人間の世界に自

[図1] 本グループの活動時間割（平成一八年度現在）

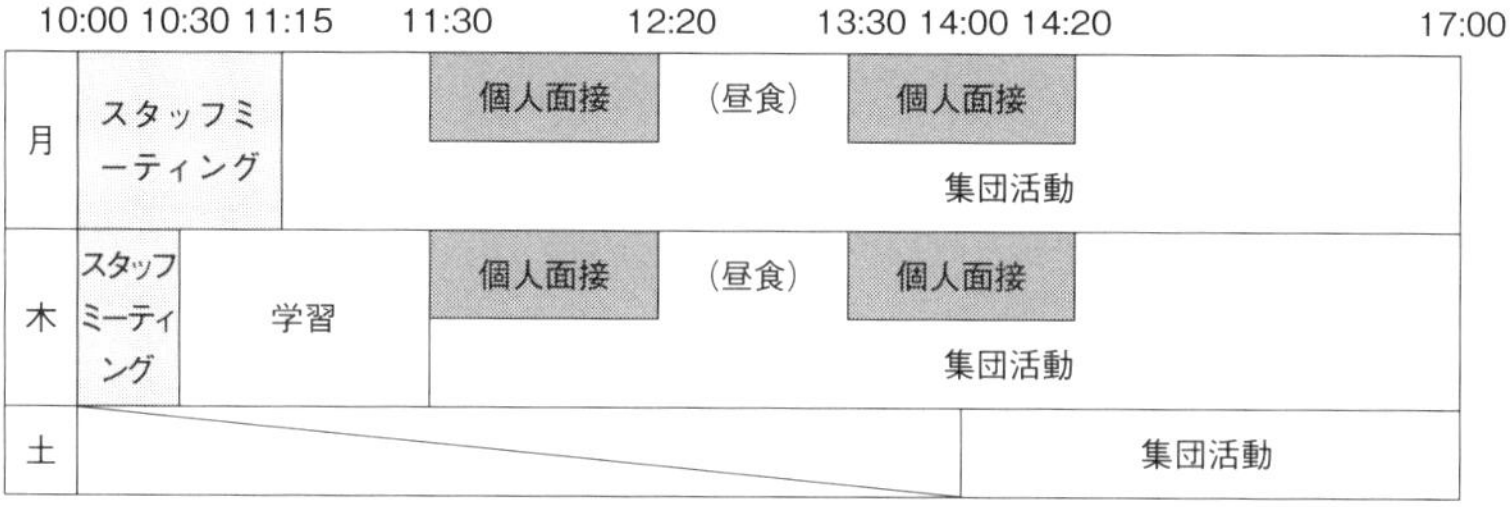

注）ただし、保護者面接は別の時間枠で行われている。

分も人間として存在している〟という世界とのつながりの感覚・一体感が安定して感じられていなかったと考えられる。それは、〝仲間はずれ〟のような社会的対人関係（三者関係）の次元にとどまらない、自分が個としてこの世に存在しているという〝存在〟の次元での被排除感と思われる。Aが集団活動で感じていた周囲と自分との差異や排除される不安は、必死に相手との境をなくして一体になろうとせざるを得ないほど強いものであったと推測される。一方で個人面接はスタッフと一対一で行われ、Aの存在を認めて受け入れるまなざしが確保されたAだけのための場であり、Aは被排除感ではなくつながりを体験していたと思われる。そのようなつながりを持ったスタッフが集団活動にも参加していたことによって、目に見えた関わりがなくてもスタッフが同じ場に〝いる〟ことでつながりが感じられ、それが集団の中で排除の不安に圧倒されないようにAを支えていたのではないだろうか。スタッフが集団活動の場にともに〝いる〟ことは、時間をかけてXの集団、ひいては存在の次元で世界とのつながり・一体感が持てるようになるまでの間、Aが集団に〝いる〟ことを支える意味を持っていたと考えられる。

【事例2】

初めて皆と一緒に昼食を買いに出たとき、B（男子）は自分の食べたいものが選べずにお弁当の棚の前でじっと固まってしまったことがあった。Bの何にも手を伸ばすこともできないような緊張感が、横にいた筆者にも強く伝わってきた。一見なんでもない選択であるが、ここでBは、自分が何を食べたいのか、自分がどうしたいのかを改めて問いかけられ、身動きできないほどの状態に陥ってしまったのだと考えられる。また、初期にBが描いた自画像は、黒く塗りつぶされた、目のない男児が何人も連なっている、というものであった。何人も連なっていることは、彼にとっての自分が唯一無二のものではなく、複数性の中に埋没した状態にあったことを示唆している。そして、〝目は口ほどにものを言う〟という諺もあるように、目は、何をまなざすのか、というその者の意志を表現する。その〝ものを言う〟目がないことも、彼の主体性を確立する上での困難を示していたと思われる。

Xに来て半年が経過した頃、Bは個人面接の時間に、最近あった出来事をパロディ化した絵を黒板に描いた。筆者とともにそれをひとしきり笑った後、グループへと戻る時間になり、筆者が「絵、どうする？」と尋ねると、Bは「残しとこう」と応えた。筆者はそれを受け入れ、そのまま残すことにした。Bは集団活動の時間に、その絵を皆に見せて、見事に笑いを取った。Bがパロディの絵という形で筆者に表現できること自体が非常に意味のあることだと考えられるが、Bはさらにその絵、つまり、筆者に受け入れられた〝自分〟を集団の皆にも見せたいと思い、表現することができている。ここにおいて、集団に自分を表現するというハードルをBが越えることができたのは、個人面接という場があったからこそではないだろうか。個人面接における目、Bを受け入れる目、Bをまなざすスタッフの存在によって、Bの〝自分〟、主体性が育まれていたことが、集団における彼の成長につながっていたと思われる。このエピソードに見られるように、個人面接と集団活動を同じスタッフが担当することによって、それぞれの遊びの〝深み〟を見通し、一人ひとりの通所児童が取り組んでいるテーマを理解しやすくなると思われる。

【事例3】

C（女子）は、中学校三年生の六月に来所を開始し、卒業までの一〇カ月間、個人面接と集団活動に参加した。Cは初回の個人面接の日から、早速集団活動にも参加し始め、順調にグループになじんでいった。C

は進んで自分の意見を言ったり、また他の通所児童を気遣ったり世話を焼くなど、グループの雰囲気を引っ張っていっている印象であった。しかしCは個人面接では、自らの生育歴から「基本的に人を信用していない」「人に弱みは見せない」と、人と距離を取ってつきあう自身の対人関係のあり方を筆者にきっぱりと宣言していた。自ら築いてきた人とのつきあい方や身につけた考え方について多く語られたが、〝自分はこう〟と括ろうとするあまり、Cの論理にはさまざまな矛盾が感じられた。ところが、C自身はそのことには気づいていないようで、そうした矛盾に対する葛藤のようなものもCからはほとんど感じられなかった。一方、Cは集団活動の場でもよくしゃべった。他の通所児童やスタッフに対して、日常のささいな出来事から自分の家族のことや比較的内的なこと（異性に対する考え方など）に至るまで、話し出したら止まらず、聞く者の注意を放すまいとしているかのように思えるほどだった。個人面接での落ち着いた様子に比べ、こうした場でのCが幾分不安定なように筆者には感じられた。

筆者は、Cと個人面接と集団活動を重ねるうち、面接の中で「人を信用しない」と言うCと集団活動の場で人を求めているかのように何でも人に話すCのギャップに違和感を覚えるようになった。このギャップは何なのかと考えるうち、こうしたギャップ（ズレ）こそが、Cのしんどさなのではないかと思うようになった。人を求める気持ちがあるにもかかわらず、「人を信用しない」と括ってしまうなど、自分の論理の中に納まり切らないものは自分から切り離し（これはCの生育歴からも納得できた）、そうするうちに実際の気持ちと自分のイメージのズレが大きくなって身動きが取れなくなり、不登校という形でそのしんどさが表れたのかもしれないと思われた。こうしたことから、筆者はさまざまな活動をともにする中で、Cの自分に対する、論理に納まり切らない自然な感情が出てきたときには、しっかり受け止めていくことを心がけた。筆者自身がそれを感じ取ることが重要だと思われたからである。そうしてCとつきあううち、卒業前の受験時には勉強を教えて欲しいと自ら筆者に頼るようになり、個人面接の最終回には、「人と距離を取ってつきあうのはしんどいから変えたい」と語った。〝自分はこう〟と括って話すこれまでのあり方とは異なる、自分を変えていこうとする語りが生まれたように思われた。

【事例4】

D（女子）は、一五歳の誕生日を二週間後に控えたある日の個人面接において、これまでの一五年を振り返って、「やっとしゃべれるようになったねという感じ」と、嬉しそうににっこりと笑った。Dは小さい頃からずっと、家ではしゃべれるのに、外では「呪文をかけられたみたいに」声が出にくく満足にしゃべることができなかったのだが、「Xに来て、しゃべることができるようになってきた」ということであった。このとき、DがXに通い始めてから一年一カ月が経っていた。

通所を開始した当初のDは、話しかけられたときにだけ、しばらくじっと考え込んでから小さい声でなんとか少し言葉を出すといった様子であり、言葉のやりとりにかなりの困難を抱えているようであった。しかしXで日々を重ねていくうちに徐々に声が出始め、受け答えもスムーズになり、自発的な発言も多く出るようになっていた。

長年Dの声を出なくさせてきた「呪文」は、なぜ解けたのであろうか。このことを考える上で、生物学的な発声のメカニズムが重要な示唆を与えてくれるように思われる。つまり、声が出るには、体内に十分な量の空気が取り込まれていること、またその空気が声帯をふるわせることが必要であり、呪文はそれらの過程を邪魔するものであったとイメージすることができるのである。Dは、別の日の面接で「しゃべるのをあきらめてから、しゃべれるようになった」と語っているが、Dはそれまでずっと続けてきた体内から空気を吐き出そうとする努力（自身にかけていた呪文）をいったんやめたことで、はじめて外の空気を十分に取り込むことができ、それが声帯をふるわせ、外に届く声となったのではないだろうか。DはXで、声を出そうとする努力をあきらめ、外の空気を十分に吸い込んだ。Xが、あまり声を出さないでいてもそのままに認められ、受け入れられる場であったことがDのあきらめを助けたであろうことは想像に難くない。また、通所児童やスタッフがお互いの存在を認め、受け入れ、お互いに対してかけあう声によって満たされたXという場の〝空気〟を吸い込んだからこそ、Dは声帯（こころ）をふるわせることができたのだといえるかもしれない。そしてその声は、集団活動の中で受け入れられ、さらに一対一の個人面接においてはより彼女のペースに合わせて丁寧に聴かれ、励まされた。Xにおけるこの〝空気〟のやりとりがDの声を少しずつ確実に育て、Dは外で「やっとしゃべれるようになった」のであった。

【事例5】

それは、男子通所児童たちの雑談の中で、筆者が〝ダメ出し〟を受けたことに始まった。当時の集団活動では男性スタッフを含め男子通所児童全員でよくサッカーをしていた。そのサッカーのことで筆者は個人面接担当ではないE（男子）から、本気でやっていないと注意を受けた。筆者はEが指摘する一つひとつのプレーに対しその意図を説明し、本気でやっていないわけではないことを伝えたが、Eの口調は次第に熱を帯びていった。同席していた通所児童が席を外し、その場はEと筆者の二人だけになった。話を聞いてゆくと、筆者が他の通所児童には本気を出さず、Eに対してだけわざと本気を出してやっているとEは受け取っているようであった。Eは前年度よりグループに在籍しており、筆者と関わりがあった。また、その頃の筆者は週二日勤務で、男子の半数の個人面接を担当していた。そのような中でEは自分だけが筆者に受け入れられていないという思いを募らせていたようで、その思いをそのときついに爆発させたのだった。ここに至りようやく筆者はEの抱えていた寂しさに気がついた。それと同時にEが普段集団活動の中で見せていたリーダーシップや気丈さに隠されていたものに気づかなかった自分を恥ずかしく感じた。Eは感情を伴い自らのことを語ると、普段の表情を取り戻し、筆者に対して「がんばってな、僕もがんばるし」と右手を差し出した。筆者がそれに応え握手をすると、グループの輪の中に戻っていった。

Eと筆者には個人面接という場は与えられていなかった。通所児童が、自分の担当のスタッフが、集団活動においては自分にだけ関心を向けているわけではないということに関する葛藤はよく経験することだが、それと同じように、担当ではないスタッフが自分にだけ関心を向けていないと感じることも起こりうる。逆に担当ではないからこそその思いを強めるともいえるかもしれない。本質的には個人面接であっても集団活動であってもスタッフとしての仕事に違いはなく、活動を通して表現されたことを真摯に受け止めることが必要であろう。この事例の場合、Eの気丈さの仮面に隠されていた寂しさをスタッフが受け取れていなかったためにこのような事態になったのであるが、幸いにもEが表現してくれたおかげでスタッフもそのことに気づき、お互いを改めて認め合うことができたのである。

4 事例研究のメタ考察

1 個と個の関係から集団への橋渡し

事例1は、個人面接担当者と通所児童との間に形成された個と個の緊密なつながりが支えとなり、集団活動、さらにはより〝外〟の社会集団への参入が促進された事例として見ることができる。一般的な個人心理療法では、面接外の集団の世界にセラピストはいないので、これらの展開は、セラピストとの安心感のある関係体験の内在化によって進むものであるといえる。しかし、安心できる二者関係から集団へと渡る間にあるハードルは、集団への、さらにはAのように人間存在への不信感や恐怖感を抱く者にとっては、はてしなく高いものになる。同一のスタッフが個人面接と集団活動の担当を兼ね、個人面接担当者が集団の中での安全基地となり、個の守り手となることで、そうした通所児童の意識を和らげ、他の通所児童やスタッフとの関係を探索的に試みる動機づけを高め、安心できる二者関係から集団への移行をスムーズなものにしうる。

また、事例2は、個人面接と集団活動の担当を兼ねるスタッフが、さまざまな状況における通所児童の行動・

表現の現場に立ち会い、各エピソードをつなぎ合わせる中で、そこに流れる通所児童のテーマ（課題）が浮かび上がり、またその展開も個人面接と集団活動の橋渡しによってもたらされた事例と見ることができる。「複数性の中に埋没した状態にあった」Bにとって、〝内の内〟である個人面接でできた表現を〝外〟の集団に示していくことは、個人面接で育まれた個が埋没してしまう危険もあった。それでもBが集団に自分を開いていけたのは、もし集団の中で複数性に埋もれてしまいそうになっても、集団の中にいる個人面接担当者が個としての自分を必ずまなざし、受け入れ続けてくれるという安心感があったからであり、「残しとこう」というBの主体的な言葉がスタッフに受け取られたことが、個としてのBの主体性をより確かなものとしたからだと考えられる。

2 〝内〟での自分と〝外〟での自分をつなぐ

事例3は、個人面接と集団活動の担当を兼ねるスタッフの中で生じてきた違和感を通じて、これら二つの異質な場における通所児童の矛盾する側面が結び合わされて通所児童のしんどさが見極められ、さらにスタッフがこの違和感とギャップを抱え続けることによって、通所児童の心にも同じ動きが生まれ、しんどさが見つめ直されるようになっていった事例である。個人面接では主にその人の自己概念に大きく規定された語りから、集団活動ではその場における言動から通所児童への理解を進めていくことになる。個人面接と集団活動、あるいは心理療法の場の内と外が統合されていない場合、自己概念と実際の行動様式（その背後にある無意識的な欲求）とのズレ自体がその人のしんどさであるのに、そのことがなかなか気づかれず、課題を温存してしまうことが起こりうる。またこのような場合、援助者には本人に特に問題がないように見え、問題の原因を学校や家族との関係に求めるという動きが生じがちであるが、心理臨床家としては事例3のようなことが生じている可能性に目を向ける必要がある。

また、事例4は、Xの枠内での内と外が、通所児童が陥っている呪縛を解くことに象徴的に機能した事例である。家《うち》ではしゃべれるのに、外では「呪文をかけられたみたいに」声が出なかったDにとって、Xでの体験は、個人面接という内《うち》での自分と集団活動というXの枠に守られた外での自分をつないでいくものであり、この〝内の内〟と〝内の外〟をつなぐ体験が、象徴的に〝内（家）〟と〝外〟をつなぐことになったと考えられる。集団活動は、日常的な対人関係の練習の場と捉えられやすいが、事例4における「声を出す」というような、主体的な個の営みが開いていくのを助けるという機能も見逃せないものである。

3 集団の中で新たに他者性に開かれる

事例5は、一見個人面接と集団活動の担当を兼ねることで生じるネガティブな事態を示したものにも見えるが、実は個人面接担当でないスタッフが集団に存在する積極的な意義を示す事例である。通所児童にとって個人面接担当でないスタッフは、〝内の外〟である集団の一員であり、なおかつ、個人面接担当者と比べ、より〝外〟の〝他者〟である。事例5は、このようなスタッフとの関係体験を通して、通所児童が他者性に開かれていった事例と見ることができる。「Eの気丈さの仮面に隠されていた寂しさをスタッフが受け取れていなかったために、このような事態になった」と述べられているが、スタッフがEの寂しさに配慮し、それを感じさせない内輪の存在であり続けたならば、Eが隠し、感じないようにしてきた寂しさと怒りをぶちまけ、またそれが相手に受け取られるというbreak throughの機会は奪われてしまっていたのではないだろうか。〝内の外〟である集団活動において、スタッフが誰かの不興をかうことに過敏になって〝よい関係〟を維持することに汲々とするならば、通所児童も〝よい関係〟を維持することに汲々となり、多様な関係や感情表現のあり方に開かれることはなくなってしまう。そうなると、通所児童が〝外〟で必ずしも友好的な人ばかりではないさまざまな他者と適切な距離や関係を築くことも難しくなる。集団活動で、スタッフは、各通所児童の抱えている課題によって、さまざまな役割を割り当てられる。スタッフはその役割が何であるかを見抜き、引き受け、誠実に果たすことが求められる。その役割が損な役回りに思えるものであったり、苦手な役回りであることもよくあるが、スタッフがその役割に開かれることで、通所児童も自分の内なる〝他者〟である新しい自分に開かれるのである。

4 まとめ

集団心理療法やグループワークなどを研究・実践してきた先人は、表現方法は異なるがいずれも、カウンセリンググループがいくつかの段階を経て進展していく現象について述べている。たとえばトロッツァー（Trotzer, J. P.）は、グループのメンバーは、①このグループが自分の関心事や問題を話しても安全な場所であると気づき（第1段階：Security Stage）、②たとえ問題を持っていても、なおグループに人間として受容されていることがわかり、そのおかげで自分の問題や関心事を自分自身の一部として受け入れられるようになり（第2段階：Acceptance Stage）、③自分の問題に対して責任を取る心の準備をし（第3段階：Responsibility Stage）、④それを解決する計画を考え、実行し（第4段階：Work Stage）、⑤うまくいった変革を自分の生活に組み入れる（第5段階：Closing Stage）としている。[3] 五つの事例からは、通所児童が〝個〟と〝集団〟、〝内〟と〝外〟を行き来しながら上記の段階を踏んでいる様子がわかる。しかも、集団活動と個人面接を統合する構造では、個人面接や個人面接担当者という支えがあっての集団参加であるので、メンバーがいつでも前の段階に戻ってやり直せることがメリットである。

また、心理療法の場でクライエントの成長や変化が見られても、その他の場面やその後については捉えがたいものであるが、個人面接と集団活動の統合は、クライエントの未来や今後考えられる困難さをある程度予見可能にする。特に児童期・青年期の子どもへの援助において学校・家庭・諸機関などの連携の重要さが叫ばれる中、心理臨床家のこうした予見は、ある程度先を見通した布陣を敷く上で、大きな意味を持つものと思われる。

おわりに

本稿は、先人たちの知見を綿密に検討することはせず、われわれの心理臨床の現場での経験から学び取ったものを表現したものである。ここには、流行やスタンダードに過敏になることなく、経験から出発して自らの腑に落ちるものを追求して心理臨床の本質について考え、実践することを大切にしているわれわれのありようが反映されているともいえる。いずれにしても、個人心理療法と集団心理療法の統合は現場にいる個々の心理臨床家の主体的な取り組みによって成し遂げられるものである。拙稿が、同じような現場にいる方たちが自らの経験を振り返る枠組みとして、あるいは、手がかりや踏み台として少しでも役立てば幸いである。

[文　献]
（1）伊藤美奈子、本多利子『もうひとつの学校をもとめて――フリースクール「チャム」で出会った不登校の子どもたち』ナカニシヤ出版、二〇〇〇
（2）衣斐哲臣「仲間と自分――思春期の社会化と個性化」臨床心理学、5（3）、三二九～三三四頁、二〇〇五
（3）J・P・トロッツァー「対人的問題の解決――グループカウンセリング法」中野星〔R・K・コーニン編〕『ハンドブック　グループワーク』馬場禮子監訳、岩崎学術出版社、一〇一～一二四頁、一九八九

[　注　]
1　本稿では取り上げていないが、Xでは通所児童の保護者に対する個人心理療法も行っている。
2　Xの設備や組織、本グループの成立の経緯については、文献（1）に記述されている。

6 心理臨床における多者心理学の可能性について

西 隆太朗

多者状況を心理臨床的な眼で捉えるとき、どのような理解が可能だろうか。本稿ではまず、リックマン(Rickman, J.) による多者心理学 (multi-person psychology) の概要を示し、その意義と課題とを論ずる。次に、近年の社会心理学的・精神分析的な研究から、多者心理学的な集団理解を可能にする視点を挙げ、それにもとづく事例を挙げる。

1 多者心理学の概念

多者心理学は、精神分析家のリックマン[1][2][3]によって作られた言葉である。ビオン (Bion, W. R.) とともに、精神分析療法を集団に応用した彼は、集団という状況が新しい理論を必要としていることを痛切に感じていた。集団療法という状況においては、参加者一人ひとりの心が抱える問題だけを相手にしていることはできなくて、集団そのものが生み出す力を扱わねばならない。しかし、集団という多者状況において、参加者のあいだで交わされている相互作用は、それまでの精神分析における二者関係よりも、はるかに複雑である。このような多重の相互作用を捉えることは、従来の精神分析理論によっては不可能だと、リックマンは考えた。

彼はこの問題を方法論的な観点から捉え、あらたな用語を作り出した。「心理学という分野は、その研究対象となる領域にどれだけの人数がかかわっているかによって、分割することができるであろう。つまり、一者心理学、二者心理学、三者心理学、四者心理学、そして多者心理学といったものが想定されるのである[2]」。

これらの用語の定義は、「数と人文科学」[3]においてもっとも明確に述べられている。

> 一者心理学（one-person psychology）は、ほかとは隔絶された、一人の人間の中で起こっている事態を研究するものである。（中略）観察者と観察される人との関係は、最小限に引き下げられる。（中略）
>
> 二者心理学（two-person psychology）は、二人の人間が、ほぼ閉じられた領域にいて、同時に目的・課題・要求を果たすということによって、互いに結びついているときに、存在する関係を研究する。（中略）
>
> 多者心理学（multi-person psychology）では、まったく異なる研究段階が始まる。（中略）［対象となる人の数が増えてくると］集団心理学はあるものの、それが多重に構造化されている場合には、われわれはほとんど手がかりを持っていないのである。[3]

リックマンは、これらの区別が十分に意識されないために、混乱が生じていると指摘している。「一者心理学のみを対象とする研究者は、二者状況において展開する事態を、ほとんど予測することができない」[3]。同じように、「こんにちの精神分析には（中略）多者的、多重構造的な心理力動体を、適切に研究する理論的枠組みを与えることは、決してできない」[3]。

リックマンの分類において、注目すべき点は二つある。①一者心理学が、個人の内界のみを対象とするのに対して、二者以上の心理学では、その場にいる人どうしが持つ現在の関係が、研究の対象となる。②一者心理学と、二者以上の心理学との違いは、観察者と観察される人との関係の有無にある。一者心理学においては、関係を最小限にした「客観的」な観察が目ざされるが、それ以外の心理学では、関与観察が重要な手段となる。

リックマンが、集団療法というあたらしい実践に、理論が追いついていないと指摘しただけでなく、何が問題なのか考えることのできる視点を提示したことは、重要だと考えられる。

2 多者心理学の意義と課題

一九五一年に亡くなったリックマンは、この着想をこれ以上発展させることはできなかった。しかし、同時期にバリント[4][5]（Balint, M.）は、自らの治療論的問題意識に、彼の着想を取り入れ、二者心理学的な治療論を展開してきた。バリントが関心を抱いたのは、多者状況よりも、精神分析治療の出発点である、二者状況であった。それまで二者状況における治療を続けてきた精神分析は、当然、二者心理学をすでに持っているはずだと考えられる。しかし、実際にはそうなっていないというのが、彼の指摘だった。「われわれは気づかぬうちに、患者を、本能緊張、置き換え、行動化、反復強迫、言語・前言語段階の感情転移などといった、おなじみの個人化用語で記述してしまっている。（中略）それらは個人という限界を超えないために、不完全なものになってしまう。これらすべての現象が、二人の人間の間で、つねに変わり続け展開し続ける対象関係のなかで、起こっているという、根本的な特性を無視してしまっているからである」[4]。「来るべきあたらしい理論にとって、もっとも重要な調査領域は、精神分析状況における分析家の行動でなければならない。筆者としては、精神分析状況を創造し維持するための分析家の寄与とも言いたい」[4]。

事実、こんにちに至るまで、来談者個人の病理のみに焦点を当てる心理臨床理論は少なくない。また、治療者が、「状況」を設定するという行為も含めて、どのように来談者にかかわったか、それが「もっとも重要な調査領域」だという指摘は、発表から半世紀以上を経た現在でも、あらためて新鮮に感じられる。リックマンとバリントによる二者心理学ないし多者心理学は、当時はあまり注目されていなかった。しかし、一九八〇〜九〇年代以降、関係論の台頭にともなって、二者心理学をめぐる議論が高まり[6][7]、現在では高い評価を受けつつある。

リックマンの問題提起から、あたらしい理論の必要性が示され、それはこれまでの精神分析理論全体を問いなおす役割さえ果たすものになった。しかし、そのあたらしい理論によって、とくに多者状況をどのように理解するかという、多者心理学の具体的な方法は、十分研究されてはこなかった。次に、多者心理学を発展させていくための課題について述べたい。

たとえばリックマンは、一人の観察者が観察できる人数は、五人であったり、八人であったりと、観察者の能力によって限定されると述べている[3]。しかし、それは日常的な人間観察に近い考え方だと思われる。日常的な意識によって観察できる部分を超えて、心理臨床の場、とくに精神分析的な立場においては、参加者のあいだに生じる無意識の相互作用が問題になってくる。

治療者自身が、無意識のうちに来談者に影響を与えていることは、ますます注目されるようになってきている。精神分析における記憶と治療関係の問題を研究したブレナイス（Brenneis, C. B.）は、暗示に関するオーン（Orne, M. T.）の古典的な研究を挙げている。「催眠における社会的コントロールの度合いを検査するための実験を計画することは、きわめて困難であることが明らかになった。実験状況におけるコントロールの度合いが、それだけで非常に強いものだったからである」[8]。客観的な「一者心理学」であるかに見える実験状況でさえ、実は強い暗示的影響を及ぼしている。まして、関係そのものが重要となる心理臨床状況では、それ以上に、無意識の影響を振り返ることが必要なはずである[9]。

このような無意識の相互作用への注目は、リックマンの概念を継承するバレンジャーら（Baranger, M. & Baranger, W.）に見られる。彼らは、治療の二者状況を、「バイパーソナルな場（the bipersonal field）」と呼んだ。「分析家の『受動性』にもかかわらず、彼は患者の空想（fantasy）にかかわっている。分析家の無意識は患者の空想に反応し、それが生み出され、作り上げられるのに寄与するのである」[10]。

この考え方は、関与観察における相互作用を捉えるうえで、もっとも徹底したものである。患者が語ること、空想、夢、行為、症状などのすべてに対して、治療者は無意識のうちに反応している。症状や夢は、患者一人ではなくて、患者と治療者の二人によって、生み出され、作り上げられているのである。

こうした考えは、精神分析においても、ラングス（Langs, R.）[11]の「コミュニカティブ・アプローチ」によって受け継がれたほか、最近の関係論[7]においても主要な考え方となってきている。先のブレナイスの指摘に照らせば、治療関係の現実に近いと考えられる。

また、フロイト（Freud, S.）はすでに一九三七年に、治療者による暗示と解釈の問題を取り上げている。彼はこの論文で、解釈の正しさについて患者に直接尋ねても、その答えは正しさの根拠にはならない、と指摘している。治療者の暗示的影響によって、患者は解釈を正しいと思いこむ可能性があるからである。「患者からの『イエス』という一言の意味は、決して明白なものではない。（中略）『イエス』には、それに引き続く間接的な確証が得られなければ、何の価値もない[12]」。

したがって、治療者を含む関係性を理解するうえで、来談者に直接に尋ねたりするような、意識的水準にとどまる方法は、有用とは言えない。むしろ、無意識的な相互作用を理解するなら、フロイトの言う、より「間接的な」素材、つまり、多者状況のなかで生み出される空想ないし「語り（narrative）」を解釈することが必要だと考えられる。問題は、複数の参加者が生み出す語りを、どのように解釈することができるかであろう。

3　集団状況における語りの解釈

このような解釈の方法を示したものとして、社会心理学者・認知心理学者であるハスケル（Haskell, R. E.）の研究は興味深い。彼は、長年のT－グループの実践を通して、集団で自由に語りあうとき、参加者たちのあいだで長く続く話題もあれば、そうでないものもあることに気づいた。彼の仮説は、現在の状況について参加者たちが共有している関心に応じて、その関心をよく表すことのできる話題が「選び入れられる（selected-in）」というものである。

たとえばハスケルは、T－グループにおいて、トレーナーが会話をメモに取っていると、ジャーナリストや、FBI・CIAのファイル、ノンフィクション作家、資料管理者などの話題が現れると述べている。これらの話題は、メモが取られている状況で語るという、現在の状況に対する懸念を反映している。つまり、ジャーナリストのように、ここでの語りが発表されるのではないか、語ったことが「スパイ」のようにファイルされ評価されるのではないか、ノンフィクションのように発表されたり脚色されるのではないか、調査目的の資料にされるのではないか、といった懸念である。臨床状況でメモを取ることは、しばしば相手にプレッシャーを与えるが、グループによって「選び入れられた」話題は、参加者たちが共有するプレッシャーを、よく表すものになっている。[13]

これらの話題は、無意識のうちに選ばれている。トレーナーは、メモを取ってよいかどうか、事前に尋ね、参加者たちは同意している。つまり、意識的には「イエス」と答えているのである。にもかかわらず、参加者どうしのあいだで「選び入れられた」話題は、記録に関する懸念を中心としたものになっている。直接、意識的に尋ねても知ることのできない無意識的な懸念が、語りを現在の状況を参照して解釈することによって、理解されている。

ハスケルの挙げた例は、現在の状況、なかでもトレーナーが行った行動にもとづいて、語りを解釈しており、十分に相互作用論的なものになっている。目につきやすい言語的介入ではなくて、記録や秘密という枠[11]（frame）の問題、バリントの言う「状況を創造し維持するための」寄与に目を向け、その無意識的影響を解釈している点も、心理臨床的な観点からは興味深い。これ以外にもハスケルは、参加者の語りが、現在の状況に対する無意識的反応として生み出されるという実例を、数多く挙げている。普段は気づかれないものの、こうした現象は現実に起こっているのである。

ハスケルの解釈論は、ラングスや、それを受け継ぐスミス[14][15]（Smith, D. L.）らの精神分析的研究との共通点を持っている。それらの交流によって、さらなる方法論的検討が進められていることは、学としての心理臨床にとっても意義あることだと思われる。

とくに「選び入れられた」話題という観点は、多者心理学を考えるうえで重要だと考えられる。多者状況における複雑な相互作用を、無意識的なものを含めて、その場で理解することは困難である。しかし、集団が「選び入れ」る話題に注目することは、微細な形ではないにせよ、参加者たちが共有する体験を把握し、理解することを可能にするのではないだろうか。また、それは心理臨床家が集団全体にかかわり、「状況」を設定していくうえでも、大きな示唆を与えるであろう。

4 多者心理学的な集団理解の例証

多者状況において、語りが現在の状況を反映するという例は、実際には非常によく起こっていることだと思われる。ここでは、教育の場と、心理臨床の場から、二つの例を挙げる。リックマン[1]もバリント[4]も、多者状況については、日常的な会話が一つの研究材料になると考えていたが、心理臨床が多様な状況に応用されている現在、それらへの理解も重要であろう。

【事例1】

筆者の所属する大学では、三年生になると所属するゼミが決められる。ゼミの所属が決まるまでは、学生との交流がそれほどあるわけではないから、筆者のゼミに所属が決まった学生たちは、おそるおそる研究室にやってくる。初回のゼミで、お茶など飲みながら話をしていて、学生が和んでくると、ゼミと直接関係ない話にも、華やかに花が咲く。どう咲くかはこちらのコントロールをまったく超えているが、集団が一つになって、なおそれぞれが自由に話せるのは、これからともに議論し、ともに学んでいくことができる雰囲気を共有するうえで、意味のある体験であるように思われる。

そのとき、学生たちのあいだで、入学試験のときの体験や、入学して最初におこなった合宿オリエンテーションの話題が「選び入れられる」のは、単に彼らにとって共通の体験であるという以上の意味を持っているように思われる。話題は、そのときわれわれが共有している課題を反映している。入学試験の話題は、ゼミの所属はどのようにして決まったのかという関心から、選ばれたのかもしれない。さらに合宿についての話題を通して、彼らは、新しい集団にともに所属するという体験について、また、このゼミが集団としてどのように形成され、どのように進んでいくべきなのか、語ってくれているのではないだろうか。

【事例2】

スクールカウンセラーとして中学校に通っていたとき、休み時間によく訪ねてくる三人組の男子がいた。一対一で相談するという形があることは伝えていたし、またそのような提案をしたからこそ、はじめ挑戦的であった彼らの態度も変わり、カウンセリングルームに通ってくるようになったとは思うのだが、しかし彼らは相談という形態を選ばずに、三人でやってきてはしばらく話したり、騒いだり、じゃれあったりすることが続いていた。

ある冬の昼休みに、筆者がスクールカウンセラーを辞めることを告げると、彼らは残念がったが、それについて直接には多くを語らなかった。ただ、いつもの様子とは違って、しばらくは静かな時間が流れた。沈黙を破ってカラオケの話が始まったが、彼らの歌いたい歌は「君がいない夏」だった。一人は昨日買って消費期限が過ぎたコンビニの弁当を食べ始めた。筆者はもちろん、皆も心配したのだが、大丈夫だと言いながら食べてしまった。一人は風邪を引いていたが、大丈夫だといい、それをほかの二人が静かにいたわる様子は、それまでの彼らのやんちゃな様子とは少し違った、優しい一面を感じさせた。

ここで、この集団において「選び入れられた」話題や行動は、誰かが去っていくこと、期限を過ぎること、病むこと、大丈夫であること、そして自分たち自身で互いにいたわりあうことに関係している。

ハスケルの考えに照らすと、これらのテーマは、われわれという集団が現在抱えている課題、つまり、カウンセラーが辞めることによって、このカウンセリングルームでのわれわれの関係が終わりつつあるという課題に関係して、「選び入れられた」と考えることができる。そのときわれわれは、四人で過ごす時間が終わりつつあることを、受け止めようとしていた。

去ってしまった誰かについての歌は、彼らの気持ちを反映していたのかもしれないし、あるいは、彼らと会えなくなる筆者を慮って語られたのかもしれない。われわれの時間は、期限切れを迎えつつあった。それは、カウンセラーが辞めるからなのかもしれないし、あるいはそれまでのわれわれの関係のなかでお互いが変化してきたからなのかもしれない。カウンセラーは、彼らの希望や意志によってではなく、自らの都合で会うのを辞める。何にでも耳を傾けると伝えていながら、いまは去っていくという、いわば矛盾した態度を彼らに示しているカウンセラーは、病んでいるのかもしれない。あるいは、カウンセラーにそのような態度を取られると、具合を悪くしてしまうと感じるのかもしれない。

ただ、筆者というスクールカウンセラーが、彼らの生活に何らかの役割を果たしていたとすれば、今度はカウンセラーではなくて、自分自身で「大丈夫だ」と思ったり、自分たち自身でいたわりあえる様子は、カウンセラーのいない時間のなかで、支える機能を自分たちで担っていく力を、彼らが見出しつつあることを示しているように思われた。

それからも彼らは残り少ない昼休みにやってきて、この静かな時間とは違って、また遊んだり騒いだりもしたのだったが、この回をともに過ごしたことは、われわれがそれ以後会っていくうえで、特別な意味を持っていたと感じられた。


集団の中で、自由な語りが展開するならば、そこには集団をどう導くべきか、参加者の願いが語られるように思われる。エピソードは根拠というよりも、例証（illustration）としての意味を持っている。こうしたエピソードから、さらにさまざまな集団状況を振り返ることが可能なのではないだろうか。その積み重ねのなかに、多者心理学の解釈論を築く可能性が見出せると思われる。

[文　献]

（1） Rickman, J.（1950）The factor of number in individual- and group-dynamics. In *Selected Contributions in Psycho-Analysis*. London : Hogarth Press, p165-169, 1957.

（2） Rickman, J.（1951a）Methodology and research in psycho-pathology. *Selected Contributions in Psycho-Analysis*. London : Hogarth Press, p207-217, 1957.

（3） Rickman, J.（1951b）Number and the human sciences. *Selected Contributions in Psycho-Analysis*. London : Hogarth Press, p218-223, 1957.

（4） Balint, M.（1950）Changing therapeutical aims and techniques in psycho-analysis. In *Primary Love and Psycho-Analytic Technique*. London : Tavistock, 1965.（「治療目的と技法との変遷」『一次愛と精神分析技法』森茂起、枡矢和子、中井久夫訳、みすず書房、二五八〜二七四頁、一九九九）

（5） Balint, M.（1968）*The basic fault : therapeutic aspects of regression*. London : Tavistock.（『治療論からみた退行――基底欠損の精神分析』中井久夫訳、金剛出版、一九七八）

（6） Gill, M. M.（1994）*Psychoanalysis in transition : A personal view*. Hillsdale : The Analytic Press.

（7） Aron, L.（1996）*A meeting of minds : Mutuality in psychoanalysis*. Hillsdale : The Analytic Press.

（8） Orne, M. T.（1962）On the social psychology of the psychological experiment : with particular reference to demand characteristics and their implications. *American Psychologist*, 17, p776-783.

（9） Brenneis, C. B.（1997）*Recovered memories of trauma : Transferring the present to the past*. Madison : International Universities Press.

（10） Baranger, M., Baranger, W.（1966）Insight in the analytic situation. In Litman, R. E.（Ed.）*Psychoanalysis in the Americas : Original contributions from the first Pan-American Congress for psychoanalysis*. New York : International Universities Press, p56-72.

（11） Langs, R.（1976）*The bipersonal field*. New York : Jason Aronson.

（12） Freud, S.（1937）Constructions in analysis. *S. E.* 23, p256-269.（「分析における構成の仕事」『フロイト著作集9　技法・症例篇』小此木啓吾訳、人文書院、一九八三）

（13） Haskell, R. E.（1982）The matrix of group talk : an empirical method of analysis and validation. *Small Group Behaviour*, 13, p165-191.

（14） Haskell, R. E.（1999）Unconscious communication : communicative psychoanalysis and subliteral cognition. *Journal of the American Academy of Psychoanalysis*, 27（3）, p471-502.

（15） Smith, D. L.（2004）*Why we lie : The evolutionary roots of deception and the unconscious mind*. New York : St. Martin's Press.（『うそつきの進化論――無意識にだまそうとする心』三宅真砂子訳、NHK出版、二〇〇六）

コラム

あそびにおける個と集団

谷口奈青理

個としてのあそびというと、ひとりあそびや平行あそびといわれるあそびが考えられよう。発達的により早期の子どもからみられるものであるが、年長の子どもやおとなにも十分生じるあそびである。ひとりで何かに熱中し夢中になって遊んでいるとき、あそびは深まる。このとき人は自分の思うままに自らのあそびを創造することができる。only one であることを堪能し、自分は他でもない自分であることを楽しむのである。

集団としてのあそびには、ごっこあそびや仲間でのあそびが考えられる。ごっこあそびは、遊ぶ集団のなかでストーリーのイメージがある程度共有されていて、あそびに参加するひとりひとりがその役になりきり、演じきるだけの力をもつことで成立する。しかも実際にごっこあそびが始まると、そこで展開されていく筋書きは予めの想定を超え、ひとりひとりの思惑を超えて作り出され、創生されていく。あそびが広がっていくのである。

集団あそびにおいてひとりひとりはみな等しく one of them となり、あそびは必ずしも自分の思い通りにはならない。集団あそびは、メンバーそれぞれの思惑をつき合わせ、ときにはぶつけ合いながら進められるが、互いに真剣にあそびに関与し、あそびを創造していく結果、思いがけない展開、予想外の筋書きが生じてくることがある。あそびに意外なものが取り込まれ、あそびの枠組みが変わる。1＋1が2にならない。あそびの意味が変わるのである。

あそびが広がりながら深まっていくとき、新たな可能性が開け、新たな展開が生じる。これが集団としてのあそびのたのしさであるが、このとき、遊んでいるひとりひとりの内面でも、自分ひとりでは気づいていなかった自分の要素が動きだすことがある。自分の中の気づかなかった部分が活性化され、新たな自分が創り出されるのである。ここにおいて個人はただ集団の一部の「ひとり」ではなく、おのれの新たな可能性を開いた、「ただひとりの人」でありうるのだ。

このように創造的な集団あそびにおいては、one of them であると同時に、only one でもあるという、個と集団の止揚が生じうると考えられるのである。

コラム

ヤンバルの少年少女と共同体

——スクールカウンセラーとしての関わりから

片本恵利

筆者の仕事について多くの方が「なぜ沖縄／ヤンバル（沖縄本島北部）でスクールカウンセラー？（必要ないでしょう）」と訝しがる。ドラマのようなオバァがいて、子どもたちは元気に山や海で遊び、人々は貧しくとも心豊かで、困難が生じても歌って踊って乗り越えていく沖縄（特にヤンバル）の少年少女には日本人が失ってしまった明るさ純粋さ、人と人との絆があるはずだから、カウンセラーを必要とするような問題が起こっているとは考えられないそうである。

しかし実際には、学校で筆者が出会うさまざまなタイプの少年少女が「死にたい」「生きていてもしようがない」と訴える。伝統的性役割や他府県との経済格差から来る家族の困難、基地問題による地域の人間関係や自然環境の破壊、民俗宗教の影響など、矛盾しあういくつもの価値観が多層構造をなして存在し、葛藤を生じながら同時に影響を及ぼしてくるため、彼らは、自らの共同体への参与の仕方を真剣に考えるべき思春期・青年期に、このような混沌とした共同体像を目の当たりにしてことばを失い、疎外感と息苦しさを感じている。

翻って、昨今の少年の凶悪化の指摘も、むしろ大人の側が不安解消のためにつくった鋳型に彼ら少年少女がマッチしない了解不能性を恐れていると捉えると合点がいく。彼らは「沖縄／ヤンバル」の「少年少女」という二重の投影を受け、その雛形に合わないと排除や攻撃に遭うというしわ寄せを受けて、次のような生きづらさを感じている。

①近代以前、近代達成志向、近代達成後、の文化（価値観、規範意識などの）ギャップ
②「沖縄／ヤンバル」の「子ども」として、二重に投影されたイメージに添うよう期待される苦しさ
③大人の不安・不満のはけ口にされる理不尽さ
④大人から「了解不能」とされる疎外感、大人が彼らと共通の言葉を持っていないことへの絶望
⑤間違えて生まれてきてしまったというような「ヨソモノ」感・居場所の見つけられなさ
⑥希望の持てなさ・モデルの不在

私たち大人は「少年少女をどうするか」ではなく、「大人が彼らにできること」を考えるべきである。すなわち、「よく生まれてきてくれた」と彼らを社会に歓迎し、自らが懸命に生きて見せることである。

コラム

個としての物語生成と心理療法家としての歩み

三好智子

心理療法における物語の重要性についてはさまざまに論じられてきた。河合隼雄は「各人の生きている軌跡そのものが物語であり、生きることによって物語を創造している」と述べている。[1] 個としての人間という観点からみれば、物語は、個としての自己とそれをとりまく世界とをむすびつける働きをもっている。物語をもつことを通して私たちは、他者との意味あるつながりのなかにあるものとして自らを感じ、個として存在することの孤独を和らげているのだ。

同時に、物語をめぐる危険性もまた存在する。たとえば、個として生きることの孤独を避け、既存の物語に同化することは、ともすれば個としての自己を歪めたり殺してしまうことにもつながる。また、個として歩む道のりの不確実さに耐えかねて物語生成を焦るあまり、安易に物語をつくりあげそれを生きてしまうとき、物語はむしろ現実世界とのつながりを損なうものにもなりかねない。

さて、ひとが生きている軌跡そのものが物語であるとすれば、縁あって心理療法の世界に足を踏み入れた私たちが、その動機ともつながる個人的背景やその他、プライベートな経験を基調としつつ、自らの臨床経験を、理論や技法などといった既存の物語や、あるいは心理療法という物語といかに対話させながら、臨床行為にたずさわっていくか、という心理療法家としての歩みもまた、物語そのものであるといえるだろう。これは臨床観の生成に関わる事柄であり、初心の域を出ない筆者のようなものにとって、その歩みはまだ始まったばかりである。物語なくして生きることが難しいように、何らかの臨床観をもたずして臨床行為にたずさわることはありえないが、ただ、心理療法をめぐる個々の物語が、臨床行為を成り立たせるだけでなく、それを損なうものにもなりうるということ、そして、そもそも臨床行為が成り立っているのは、何よりもまず、訪れる人々が不確実な道を歩もうとしているからであるということは、忘れてはならないと思う。

個としての歩みは孤独で不確実なものだけに、目の前に提示される物語のはなばなしさやわかりやすさに目を奪われることにもなりがちだ。しかし、ほんとうに力となるのは、物語の内容そのものよりもむしろ、その物語に結果的ににじみでる個人の取り組みのあり様なのではないか。そしてそれは、決して目を見張るような特別なものではなく、ありふれた日常的な営みの積み重ねであるのかもしれない。

〔文　献〕（1）河合隼雄「『物語る』ことの意義」〔河合隼雄編〕『講座心理療法第2巻　心理療法と物語』岩波書店、二〇〇一

コラム

心理療法における個と集団の関係

今西 徹

クライエントが集団とどのように関係しているかということは、心理療法に不可欠な視点といってもよいと思われる。心理療法の初期に見立てをする上でも重要な視点であるし、心理療法の展開にともなってクライエントの現実生活での対人関係が変化したり、クライエントの行動範囲が広がったりすることは、しばしば生じることであろう。クライエントが個人として自分らしく生きる道を模索することと、集団とつながり、集団のなかでの自分を形成していくことは、互いに深く関係していて、しばしば同時的に進行していく。ただ、集団との関係を、対人関係を形成したり社会へ出て行ったりする能力という軸のみから見ていると心理療法が行き詰まってしまうことがあるように思われる。たとえば、クライエントがいくら努力や経験を重ねてもある一定以上対人関係の範囲や質が変化しない場合もある。しかし、心理療法の仕事が個々のクライエントにとっての限界まで対人関係形成能力を開発することであるとは必ずしもいえない。

そもそも心理療法の場においてクライエントが何かを表現し、それをセラピストと共有すること自体が、集団との関係をはらんでいる。それは、クライエントの自己同一性のなかに閉じられていたものが、集団的コミュニケーションの回路の俎上に載ることである。そうした回路において対話的に生成されるものが、心理療法が重要視する意味での個人なのだと考えられる。心理療法の場は、クライエントとセラピストを超えた集団なるものが成立する場所であり、その生じ方を細やかに捉えていくことが心理療法の仕事といえるのではないか。それがクライエントの個をどこまでも深めていくことにつながるように思われる。

また逆に、人間は根本的に社会的な存在であり、社会という集団の原理に縛られている。ほとんど社会との関係を絶たれているように見える人であってもそれから逃れることはできず、意外な形で根深くとらわれているものだと思われる。したがって、個々のクライエントが集団の原理にどのように縛られているのかを見ていくことも重要な視点となるだろう。そのような作業を通して、集団の原理をその人固有の仕方で内面化していくことがこの場合の心理療法の目標であり、その仕方こそが心理療法で深められるべき個そのものともいえよう。

コラム

個としての集団、集団としての個

井上嘉孝

一対一のクライエントとの関わり、いわゆる個人心理療法をベースとする筆者は、医療・教育現場などで集団にも関わってきた。その体験をもとに、個を重視するセラピストが集団に関わる意味について考えてみたい。

集団を構成する個々のメンバーは、大きな流れを作る人もあれば、その流れに乗らない人、思わぬ支流に焦点を当てる人、底の部分を拾い上げてくれる人など、実に多様である。集団であるからこそ個性が生かされ、だからこそ集団の場が生きてくる。しかし集団の中でそれぞれの自由な表現がなされるためには、集団が全体として支えられる必要があろう。そこで重要なのは、一人ひとりの言葉や体験を他の人々につなぐことや、個々人が織り成す全体としての意味を共有していくことである。またイメージを拡充していくように、個々人の展開に沿いつつも、それを全体としてのつながりの中に返していくことで、集団全体はその場での体験をしっかりと味わうことができる。そこでは、集団を個として見立てるような全体へのまなざしが求められる。

セラピストにとって、個と集団は矛盾するものではない。個や集団は文字通りのものではなく、「個人」療法の場でも「集団」療法の場でも、個は小さな集団として、集団は大きな個として捉えられる。これは夢に関わる際に主体水準と客体水準という二つの視点を持っておくことに似ている。このような姿勢・視点をもった関わりを的確に行っていくことは非常に難しいが、それを心に留めておくことはいかなる場でも可能であろう。個と集団をさまざまなレベルから捉えて関わること、そしてその大切さと難しさを意識しておくことは、全体性と多義性を持った心というものに、セラピストとして謙虚に向き合う一助となるのではないかと筆者は考えている。

第2章……家族における個と集団

1 親面接における家族の表象

荒井真太郎

はじめに

心理療法では、しばしば家族が主要なテーマとなって面接が展開していくことがある。心理療法は本質的には、クライエントとセラピストの双方が、ユング（Jung, C. G.）の言う自己実現の過程を経ている中で出会う場であると言える。したがって、面接において家族がテーマとなる場合、家族が自己実現の過程で大きな役割を果たしているということになろう。

しかし、「家族がテーマになる」と言っても、内実はさまざまであり、たとえば、クライエントの家族の成員が抱えている個人的問題、家族内の成員同士の相互作用の構造や力動のあり方、家族としての機能（家族の成員の生活全般を保守することなど）、家族において歴史的に引き継がれている問題などがテーマとなる場合がある。また、それらのテーマはしばしば重層的に重なりあっている。

中井久夫[1]は、家族の成員同士の相互作用について次のように述べている。「家庭訪問をして感じることの一つは、家族にはそれぞれ独特の雰囲気があることである。そして、この雰囲気的なものの大部分は、意識にかすかに止まるか止まらないかの、無数の相互作用がとび交ってつくり出していることである。鏡の部屋に閉じこめられた光がとびかい、反射し合って全体として光の雲をつくるのと、それはどこか似ている。（中略）それは家族の成員個々に意識もされないし、自分が発しているという意識もなく、受け取っているという意識もない。それはただ、一種の漠然たる快不快、緊張あるいはくつろぎの多少として認知されるだけである」。家族の中で起きている現象について微視的に捉えて言語化すると右記のように表される。個人心理療法の場で語られる家族の表象は、言わば「光の雲」を通して見える家族の成員の姿であったり、「光の雲」の中での体験において意識された相互作用の一部分であると言えよう。

もともと、心理療法において、家族は、その成員の生活を保守する一方で、家族ホメオスターシスと呼ばれる家族自体の安定のために患者の治療に対して抵抗を示すものであるという考え方がある。フロイト[2](Freud, S.)は、たいていの患者の家族は、精神分析治療に対して反感を抱くものである、と述べているが、患者の治療により家族内で起きている相互作用を大きく変化させる可能性がある治療的試みに対して、家族の成員は抵抗を示さざるを得ないのであろう。

家族が直接的に面接のテーマとなって語られる場合の典型は、子どもの問題を主訴とする親面接である。一般に、親面接の場合、小此木啓吾ら[3]がアッカーマン(Ackerman, N. W.)の考えに基づき、親としての役割にパーソナリティが統合されることを治療目標として重視しているように、親としての役割という側面に目が向けられやすい。また、親の面接の意義として、児童の面接の補助手段であるとするのと、親自身の自己実現の道を追求してゆくことの両極があると[4]考えられている。

本論文では、二つの親面接の事例における、家族内の相互作用についての語りと、親自身の生き方についての語りの部分を中心に取り上げ、家族と自己実現の問題について考察してみたい。

1　事例

【事例1】

クライエント(Aさん、女性)は、中学生の娘が不登校になって、娘とともに援助機関を訪れ、親子並行面接を受けることになった。Aさんの夫は、結婚当初より定職がなく、薬物乱用、家庭内暴力など、かなり情緒的に不安定で、娘が幼少時に離婚している。そのため、結婚当初からAさんが働いて家計を支えてきた。

以下、クライエントの語りを「」で示す。

［第一回〜二回］「娘が身体症状を抱えており、そのために外出が困難になっている。家に閉じこもりがちなので、生活の範囲を少しでも広げて欲しい。娘は一人で電車に乗ることもままならず、自分が娘を外に連れ出さないといけないのではないか」

「私は学校にも友人と遊ぶために行っていたのに、娘が学校に行きたがらないことが理解できない」

［第三回］「娘がカウンセリングを休み、ずっとベッドにいたところを見て娘に怒ったら、部屋にこもってしまって、その日は一日何も食べなかった。私も、娘の年齢の頃には、親に自分のことを話さなかったけど。娘は以前、私と一緒にいたがり、甘えてきたが、最近では、私に向かって『子離れしなさい』とか、『部屋に勝手に入ってこないで』と言うようになった」

「娘が一日中、だらーっとして過ごすのは、理解できない。放っておいたらいつまでもこのまま変わらないのではないか、と心配。娘は、他人から物事を教えてもらうのが嫌いなよう。私が、教えようとしても、『何も言わないで』と言う」

［第四回〜五回］進路の話をしているとき、娘はAさんを喜ばせたいという動機で動くところがある、という話になる。「娘がカウンセリングに通うのも、娘が外に出ると私が喜ぶということがあって来ていると思う」

「娘は、『一緒にご飯を食べれる回数が少ない』『いつも家にいるお母さんがいい』と言う。私の母親は子どもの養育を放棄した悪い人。元の夫のことが、娘にも影響しているのではないか、そういう悪い側面が遺伝しているのではないか。自分の母が無茶苦茶だったので、そういうのはだめだと思ってがんばってきた。親がだらしないから自分もだらしなくするというのはわからない」

娘の友人関係の話から、Aさんの中学高校時代を回想し、友人関係や教師への反発などのエピソードを話す。「私はよく先生に怒られたけど、学校は好きで、今でも行きたいと思うくらい。だから学校に行けないあの子の気持ちはわからない」

[第六回〜八回]「娘とは同じ部屋で寝ている。私が寝ているそばで、娘が机で絵を描いたりしている。私が覗き見ようとすると、『見ないで』と言って怒る。娘は、『いつか親離れする』と自分で言っている。でも『一生、お母さんと一緒にいるかもしれない。結婚してもお母さんのそばに住んでめんどうを見てあげる』とも言う」

「娘は、私がカウンセリングで何を話しているのか気にして、『何を話しているの？』と聞いてくる。娘は、私のことを『子離れできていない』と言っているだろうと思う。私たちのように、何でも話す親子は珍しいみたい。娘は家に一人部屋が欲しいと言っている。この頃私の言うことにも抵抗を示すようになった。反抗期かもしれない」

[第九回〜一二回]「三日ほど前に娘とけんかをした。自分できちんとしなさい、ということを言うと、きーっとなって怒って、自分の手をひっかいていた」

「娘に他のお母さんと比べられる。私の子どもの頃は両親ともに不在のときが多かった。娘はご飯も作ってもらえるし、私に比べるとましだが、他のお母さんに比べられると、足りないところがあるということになってしまう」

「この頃、娘自身の面接で話していることを、私には言わないようになった」「娘が最近、同い年の友人と外出するようになった。以前は、まったくそのようなことをしなかったが」

「娘に、私は他のお母さんよりも怒らないと言われたことがある。まったく怒らないわけではなくて、悔しくて怒る。なんでわかってくれないの、と。この前、娘が夜の九時に帰ってきたことがあった。そのことを私の友人に話したら、『やっと時間を忘れて友達と話し込むということができるようになったんだ』と言われた」

[第一三回〜一五回]「娘がもっと成長して手を離れたときやってみたいことなどはない。仕事をもっと増や

すかもしれない」

「娘がリストカットをした。あと、これは言ったらいけないかな……、娘に彼氏ができた」「私には母親がいなかったから父親を困らせたらいけないという気持ちがあった。私が子どもだった頃は自分で何でも決めないといけなかった。私は何でも要領よくぱっぱとしてしまうタイプ」「知り合いの娘さんが荒れていて、母親に対しても暴力を振るっていたが、あるとき、その娘さんを『苦しいのね』と言って母親が抱きしめて、それから気持ちが楽になったと聞いた」

「娘が家に帰らないということがあった。でも帰ってきたらけろっとしていた。彼氏の家に泊まっていた。彼氏は、娘が家に帰るとリストカットしそうだから、と心配したらしい。自分がいやになることがあったのか。私には言えないのか。娘は私がどれほど落ち込んでいるか知らないと思う。今度のことがあって、同じ年頃の娘を持っている知り合いに何人も相談した」

［第一六回〜一九回］「最近、今までのことをふっと考える。もし、娘に友人や彼氏ができていなかったら、今でも私が外に連れて行っていただろう。でもそれだったら、私との関係だけで、他人とつながるわけではない。ここには藁をもすがる思いで来た。最初のうちは、何をしているのかな、と思っていたが」

「進路のことを、娘にはもっとはっきり言ったほうがいいのか。娘はのんびりしている。私が何か聞いても、『別に』で終わり。彼氏は娘の言うことを聞いてくれる初めての人だったのではないか。娘とは話すことがない。共感することがないというか。話していても一〇分くらいで、何を聞こうか、と考えてしまう」「娘を見ていると、なぜ学校に行けなかったのか、単に起きて行くのがいやなだけなのだろうか、と思ってしまう。娘は考えていることを言わない。言ってくれたらけんかにもなって、お互いに言い合えたらまだいいのだけど、娘は言わないので、『なぜ?』と考えないといけない」「以前は娘にどうやって関わったらよいかわからず不安だった。娘が学校に行かなくなったのは、私が仕事をしているからか、とか」

［第二〇回〜二一回］（Aさんが体調を崩し、入院したが）「娘は一回くらいしか見舞いに来てくれなかった。娘

はあまり心配していないよう。退院して帰宅しても、娘の様子は以前と変わらず、何もしない。もし高校に進学したら、もっと尻を叩いてやらないと、と思う」「娘は自分で起きようという気持ちが出てこないかもしれない。元夫も同じだった。私は自分で起きることしかわからない。元夫は子どもができたら責任感が出てくるかと思ったけど。今、娘には大人になることとか社会に出ることについて教えている」

【事例2】

クライエント（Bさん、女性）は、中学生の娘が不登校になり、Bさんのみが相談に訪れた。ただ、「私が続けて相談に来ないといけないのか」と、自身の来談については気が進まない様子であった。

［第一回］「娘の不登校の理由がはっきりわからない」「娘の性格はめんどうなことが嫌いで好きなことをずっとしているのがいいよう。夫が娘を学校に連れて行ったこともあったが、校門に入った後、またすぐに戻ってきた。よほどいやだったのだろう。娘は学校ではいい子にしていて、先生にも褒められていたので、それがしんどかったみたい」「娘は甘えないほうだった。五、六歳まで指しゃぶりをしていたが、私が髪を梳いてあげたことがあり、それ以来、指しゃぶりがなくなった」「娘と私とは趣味が合うところがある」

［第二回〜四回］「娘は学校には行っていないが、それほど困っていないし、私も困ってない。ここで話すことがない。ここで世間話ならできるけど。他にこういう相談機関はないか。不登校の子は転校できないのか」「娘が学校に行かないのに対して、夫も無理に行かそうとしないので、気が楽。学校は子どもを人質に取られる感じがする。『子どもを見れば、親の育て方がわかる』と言われるが、そういうのは気が重くなる」「自分の子どもでも一人ひとり違う。放っておいてもいい子と手をかけないといけない子とか。最近、娘は手をかけないといけない子かなと思うようになった。私は子どもの頃『女だから〜』と言われるのがいやだった。私は料理とか掃除とか一週間もあればできると思ってる。でもそういう考え方が、娘にとってよくなかったのか」「私は、自分の育て方が悪かったと思ってはいないが、他人からそう言われるのはいや。私は、

こういう育て方しかできなかったと思っている。娘はマイペースでまじめ。あの年で、あの性格ではしんどい」（娘との共通の趣味の話などをする。）

［第五回〜八回］「私は親には放任されて育った。私も子どもに愛情を細やかにかけてはいない。私にはきょうだいが一〇人ちかくいて、私は里子に出された」「娘の不登校はめんどうなこと。私は普通に育ってくれたらそれでいいと思っている」

（Bさんは、昔の日本の家族のあり方で、家を継がない長男以外のきょうだいが成人後にどのように生活していたのか、ということに思いを馳せる。）「今のサラリーマンの子どもには、引き継ぐ土地や財産、仕事がない。引き継げるものは学校に行かせることだけ」（舅姑の出自や仕事の話をし、また、姑には生活用品などを色々と送ってもらっているが、感謝の気持ちをなかなか言葉でうまく伝えられないと話す。また、昔の日本で、家を継がない子どもが、成人後どう生活していたのか、ということを繰り返し話す。）

（家に束縛されるという話題から）「このあいだ、浮浪者が布団を担いで歩いているのを見て、うらやましいと思った」

［第九回〜一一回］「娘は、自分が不登校になったことを友人に話していない。私が中学生のときは、親には話さなかったけど、友人には気持ちを話した。娘は友人も多く、心配していなかったが」「夫は娘のことをあまり怒らないが、機会があれば怒るだろう。私はよく親に怒られた。長女だったけど、細々とあまり動かなかったので。親とか先生から怒られても、自分の都合については説明しなかった。説明しても仕方がないと思っていた。私は学校に行っても馴染めなかった。ぼーっとしていてよく怒られた」

［第一二回］（娘の進路の話が中心だったが次のような話が出る。）「高いところをどんどん上っていって、もう先はないというところまで行って、一歩を踏み出したいと思うことがありますか？　その一歩を踏み出すとまったく違う世界に行くというような。たとえば、私の前に親が寝ていて、親を殺せるな、と思ったり。でも私はそうしない。小心者なので。そういう思いも、ふっと消えてなくなる」

2 考察

「藁をもすがる思い」であっても、あるいは、なかばあきらめの気持ちであっても、相談機関を訪れる親は、家族の成員である子どもが安心して生きてゆくため、その人生の歩みを護るという役割を担っている。村瀬嘉代子[5]が親へのアプローチに関するカウンセラーの基本的態度として挙げているように、親面接では子どもを護ろうとしている親の現状を理解し、その気持ちを汲み取ることが、面接の基盤になると考えられる。

親面接では、子どもの性格、趣味、人間性、抱えている問題について親として理解したいという気持ちが面接を継続する動機の一つとなる。事例においても、このレベルの話題が実際に多い。Aさんは子どもの言動についてさまざまな事実を語りながらも、「子どもの気持ちが理解できない」ということも最後まで訴えていた。これは、青年期の子どもの親として普遍的な悩みであり、「理解できない」と訴えること自体に、親子関係が成熟してゆくプロセスにおいて大きな意義があると考えられる。

子どもの頃に母親から庇護されなかったというAさんにとっては、自分自身が護られて安心感を持てることがなく、離婚後は小田切紀子[6]の言う「自立型」の母子家庭の中で子育てをしなければならない状態であった。離婚後の危機を乗り切り、何とか生活を立て直してきたにもかかわらず、離婚後の女児は思春期に問題が生じやすいというカルターら[7]（Kalter, N., et al.）の指摘のとおり、中学生になった娘の不登校をきっかけとして、深刻な母子分離の問題が生じてきた。Aさんにとって娘との心理的つながりを保つことの意味は、計り知れないほど大きい。娘との間で生じる相互作用は、非常に濃密であったことが予想されるが、Aさんは、娘の気持ちを理解できないと訴えながら、互いに別個の存在であることを受け入れようとしていたものと思われる。

Aさんは「子離れしなさい」と娘に言われており、一方の娘は、友人や彼氏との関係によってAさんとの分離を試み、その過程でリストカットも行った。Aさんは「娘は考えていることを言わないので、『なぜ？』と考えないといけない」と話されたが、これらは、言語による交流の前段階における融合的な関係が、分離―個体化のプロセスを経て、相互に独立した関係へと進んだことを連想させる。また、その娘に「大人になること、社会に出てゆくことを教えている」と話しているのは、母親の役割に加えて、父親的な役割も背負う覚悟を表明しているように筆者には感じられた。

事例2のBさんは、娘との関わりは、事例1に比べると、穏やかで、いくぶん心理的に距離を取っているようであった。しかし、その距離を取ろうとするBさんの内実にはさまざまな感情が交錯していたものと思われる。Bさんは型にはまる生き方を押しつけることに抵抗を持って娘に関わっていたが、娘に対して「髪を梳いてあげることで指しゃぶりがなくなった」「手をかけないといけない子だったかもしれない」と、母親らしい世話によって娘が成長することを自覚する。そして、「こういう育て方しかできなかった」自分について振り返ることになる。親自身の子どもに対する関わり方を見直そうとするときに、親自身が子どもであった時代にどう育てられたか、ということに連想が向いているのは、両事例に共通していることである。AさんもBさんも、親に庇護されなかったという過去を語っている。

Bさんの娘が友人にも気持ちを話していないことから、Bさんは娘の孤独の深さを思いやり、それから自分自身も「親や先生には説明しても仕方がないと思っていた」「学校に行っても馴染めなかった」というような過去の孤独を思い起こしている。Bさんはさらに、過去に抱いたらしい親への殺意についても語っている。Bさんは、「家」は個人を束縛する、あるいは、親は子どもに対して自由を束縛するという罪を犯すものであることを常に意識していて、それゆえ、娘にも生き方を押しつけないという形で心理的距離を取っていたのかもしれない。

二つの事例は、娘との関わり方については対照的な例であるが、両方とも娘との関わりを通して、家族が自分にとってどのような意味を持つか、自分自身がいかに生きてゆくか、ということが重要なテーマとなっているのがわかる。

親が子どもの姿から自分自身の子ども時代について連想し、子どもの姿に自分を重ね合わせることで、自分自身の生き方について自覚的になることは、子どもとの相互作用に確実に影響を与えるであろう。この意味で、親面接において子どものことを語ることは、自己実現に向かうことと必ずしも別次元のものとは言えない。

橋本やよい[8]は、母親面接における「個に至る（個性化の）過程」について次のように説明している。「母親によって語られた『子ども』は、母と子の境目が不分明、意識レベルと無意識レベルの境目も不分明な話題であるからこそ、象徴性、複合的な意味を担ったのであった。中間の語りがつなぎとして成立するためには、治療者は象徴の二重の意味を保ち、語られているのは母のことか子のことかと構造化せずに聴かなければならない。（中略）『はじまり』は現実の子どもの話であった。『終わり』には母親の語りは、母子の未分化な世界から抜け出て個としての母親の話に至っている」。これは、親面接が、子どもの面接の補助的役割を超えて、自己実現につながる事例となる場合のプロセスを示したものである。

親面接において、「現実の子ども」の問題が語られる割合が多くとも、そこには親子間の相互作用を示す語りも含まれるであろうし、また親自身の過去を振り返ることで生き方を見つめなおす作業が行われることがある。この意味で、親面接における目標を立てるとき、子どもの現実適応と、家族の問題を通しての親自身の自己実現とのバランスを考える必要があろう。

心理療法において、家族の表象が重要なテーマとなるのは、親面接に限らないのであって、今後の課題として、面接の場で語られる家族の表象と自己実現の問題について、さまざまな事例を通して検討していきたい。

〔文　献〕（1）中井久夫『中井久夫著作集6巻　精神医学の経験――個人とその家族』岩崎学術出版社、一六～一七頁、一九九一
（2）S・フロイト『フロイト著作集9』小此木啓吾訳、人文書院、八六頁、一九八三
（3）小此木啓吾、片山登和子、滝口俊子「父母カウンセリングと父母治療」〔加藤正明、藤縄昭、小此木啓吾編〕『講座家族精神医学4　家族の診断と治療・家族危機』弘文堂、二五〇～二五三頁、一九八二

（4）河合隼雄『心理療法論考』新曜社、二一八頁、一九八六

（5）村瀬嘉代子『子どもと家族への統合的心理療法』金剛出版、一五二頁、二〇〇一

（6）小田切紀子「離婚した母親の家庭状況の類型から見た心理的適応」心理臨床学研究、21（6）、六二一～六二九頁、二〇〇四

（7）Kalter, N., Rembar, J.（1981）The significance of a child's age at the time of parental divorce. *American Journal of Orthopsychiatry*, 15（1）, p85-100.

（8）橋本やよい『母親の心理療法——母と水子の物語（叢書・心理臨床の知）』日本評論社、五五～五六頁、二〇〇〇

2 個から関係へ、そして心の生態系へ
——心の成り立ちに環境はいかに関わっているのか

石谷真一

1 関係性という視座から心を捉えてきた臨床心理学、なかでも乳幼児研究はその最前線をいくものである

昨今の心理学の、あるいは心理学ばかりでなく人に関する学問の大きな潮流は、個人を自己完結した単体として周囲の環境から独立して捉えるのではなく、環境との相互交渉の文脈で捉える方向へ向かっていると考える。心理学においても、心を一個の閉鎖した機械やメカニズムとして捉える見方に代わって、環境との関係性においてこそその実態が理解されるという視座が広まりつつあると思う。一方、臨床心理学はその端緒から、クライエント—セラピストの関係の場において臨床行為を営み、両者の間に生じる相互触発的な過程を究明しようと試みてきており、すでに一世紀前にこうした関係性のもとに心を理解するという視座を取ってきたといえるだろう。もっとも臨床過程を説明するに当たっては、他の心理学領域と同様、当初は一九世紀の物理学的モデルに依拠せざるを得なかった。たとえば、フロイト(Freud, S.)の提唱した精神分析理論もその最たるものの一つであったが、昨今の精神分析学の動向は、古典的理論の桎梏《しっこく》から自らを解放して、転移—逆転移、二者心理学、関係性、相互交流、間主観性といった概念のもとに、臨床経験を捉えなおしてきている。こうした精神分析学の展開を勢いづけているものに、ここ三〇年の乳幼児研究と乳幼児精神保健の取り組みが挙げられる。

昨今の乳幼児研究は、精神分析学において成人との臨床経験から導き出された発達理論を再検討する動きと、発達心理学独自の乳幼児研究がいわば合流する形で発展してきている。そして新生児はもはや「刺激障壁」に守られた「正常な自閉」状態で生を始めるのではなく、誕生直後から周囲の環境に開かれ、数々の社交的な能力を

備え、特に人間に対して特異的に反応する、関係に埋め込まれた存在であることがわかってきた。そうして言語を使用し象徴を用いる能力を獲得する生後一年半に至るまでに、親（本稿では、生物学的意味での母親に限らず、広く乳幼児の主たる養育者を親と表すことにする）との実際の経験の蓄積から前象徴的で具体的な、関係性にまつわる表象が獲得されていくとされる。[①] すでに半世紀前にボウルビィ（Bowlby, J.）によって乳児期の愛着形成を雛形にした内的作業モデルが提唱されていたが、乳幼児研究は関係についての表象形成が非常に早期から始まること、その際、親の内的表象が実際の育児を通して乳児の表象形成に大きく関与すること、などを明らかにしてきている。さらにこれら乳幼児研究の成果は、近年の神経生物学の発見とも相容れるものであるという。つまり関係のもとに生を始められるよう生物学的に準備されて人は生まれてくるのである。

2　環境世界は乳幼児期の心の成り立ちにいかなる影響を及ぼすのだろうか

臨床心理学では、心を関係性の文脈から捉える伝統があり、昨今の乳幼児研究は心の成り立ちに果たす関係性の役割を、実証的なデータをもとに詳細に描き出そうとしていることを述べた。ただ、心を環境に開かれた、あるいは関係に埋め込まれたものとして捉える際の環境とか関係とは、人間環境であり人間関係に他ならない。乳幼児研究では、この人間界を顕在化した行動レベル（目に見える親―乳幼児の相互関係）と潜在的な表象レベル（親の表象世界や生まれつつある乳幼児の表象世界）の両面から捉え、両者は相互規定的なものと考える。親の表象世界は、親自身の被養育体験を核にして形成されるので、そこには幾世代にもわたる育児についての文化や価値、伝統などが反映される。そこで実際の親―乳幼児心理療法では、親個人の心理的特徴の背後にある、家庭の伝統や価値観・宗教から、親の出自の民族的文化背景まで考慮に入れることが必要とされる。[②] したがって乳幼児研究では親子の関係にもっぱら目を向けるが、人が特定の地域の、特定の風土の、特定の文化を持つ社会に生まれ落ち、育児という営みもその文脈の中で行われることを見過ごしているわけではない。

しかし乳幼児は親との関係以外に、周囲の環境からの刺激にさらされ、また周囲の事物に働きかけながら過ごしている。乳児を取り巻く環境世界は乳幼児の心の形成に与ってはいないのだろうか。こうした環境が直接的に心に影響を及ぼすことはあるのだろうか。あるいは親の心や育児に影響を及ぼすことで、間接的に心の成り立ちに関わることはないのだろうか。乳幼児研究は表象レベルを問題にすることで、心の成り立ちを時間的にも空間的にも広大な背景のもとに考える途《みち》を開いたが、自然やモノといった環境世界をどこまで考慮に入れているのだろうか。乳幼児期の心の成り立ちを考える際に、そもそも親を核にした人的環境とそれ以外の環境世界を区分することができるのだろうかという意見もあろう。知的な発達の面では、乳児の発達の度合いに合わせた適当なモノとの関わりと、モノとの関わりを促す親との関係がいかに重要かは広く知られている。乳児は生後半年ほどもっぱら人という刺激に反応するが、やがて周囲のモノへ関心を広げていく。モノへの操作的関心と経験の蓄積が人の思考の始まりであることをピアジェ（Piaget, J.）は明らかにしたが、一方こうしたモノへの関心と関わりも、親との関係が安全基地となってはじめて進展することも明らかになってきている（たとえば山上雅子[3]）。つまり人的環境とそれ以外の環境とは容易に分けて考えることはできない。両者は密接につながりあっている。実際、乳幼児はモノや周囲の環境世界と主体的に関わることを通して、それらとの間にも情愛的ともいえる関係を持ち始めるのではなかろうか。それゆえわれわれは長じて、親兄弟といった身近な人間ばかりでなく、身近にあって慣れ親しんだモノや環境に対して特別の感情を感じるようになるのだろう。それは近親者に対する感情とともに強固に持続し、人生を左右することすらあるのではないだろうか。このように環境世界が心の成り立ちに果たす役割を、最早期の親―乳幼児関係との関連のもとに考えてみるのが本稿の目的である。

まず取っ掛かりとして、日本語の「愛着」という言葉を考えてみたい。心理学の専門用語としてのアタッチメントはもちろん親との情愛的な絆を意味する。しかし普段、愛着という語を人に対して用いるだろうか。日本語で「愛着がある」「愛着を覚える」という時、その対象となっているのは、着馴れた衣服であったり、使い慣れた調度品であったり、住み慣れた家屋や町並み、あるいは生まれ育った土地や風土といったものではないだろうか。日本人の感覚からすれば、近親者への愛着はいわば自明なことであって、ことさらそれを言語化しないという面もあろう。今、愛着を感じる対象としてモノと場を挙げてみたが、いずれもそれらと一定期間関わるなかで、このような情緒が醸成されてくるのは間違いない。モノならばそれを使い慣れることで、自分の手足となって、つまり身体の延長のように感じられたり、あるいは人生の苦楽をともにした友人のように感じられたりすることで、くつろぎや落ち着き、安心といった感情が呼び起こされる。場とは、まさに人やモノとの関わりが生じるフィールドであり、関わりを見守ってきた環境である。場にはその関わりのいわば履歴が記録されているのであり、その場に立ち戻ることで当時の心境にアクセスすることもできる。つまり、自分の生きてきた証、自分という存在の時間的連続性を確認させてくれるという意義もある。このような場に対する人の情緒的反応は、欧米においても場所への愛着として環境心理学で若干検討されてはいるが[4]、わが国においては「原風景」をテーマにした学際的な研究の蓄積がある。そこで次に原風景研究をヒントにして、環境世界への情緒的結びつきはどのように形成されるのか、臨床心理学の理論はそれをいかに説明するのかを考えてみる。

3 原風景論に見る環境と心の関係を、臨床心理学の発達論はいかに説明するのだろうか

原風景という言葉は、奥野健男[5]が文学作品を生み出す源泉となっている作家の心のイメージを表現するために用いたことに始まる。以後、奥野に触発されて、文化人類学、心理学、地理学、環境教育、建築学といった領域で原風景をキーワードにした研究が散見される。その研究動向については呉宣児・南博文[6]に詳しい。心理学における原風景研究では、大学生や成人への回想調査によって、原風景の想起に伴う感情体験からその心理学的意味を見出そうという実証的研究が行われている[7][8][9][10]。実証研究で得られた原風景に伴う感情体験は、おおむね肯定的なもので郷愁や心の安らぎなどであり、そうした風景に回帰したり、創造したいという思いを呼び起こす。原風景とは住環境、生活環境への愛着を視覚的に表現したものといえる。ただし原風景は現実の場所や風景とは異なり、各人の心に焼きつき刻み込まれた心情風景である。その構成要素は、遠景としての空、山や海、近景としての小動物との関わり、そして何らかの感情体験、の三点が重要とされる。原風景には自然が描かれることが多いが、

自然に乏しい都会育ちの者も原風景を持たないわけではない。原風景はその多くが幼少期の生活体験をもとに作り出され、その人の心の原点となって、ことあるごとにそこに立ち返るような風景でもある。奥野が挙げた幾人かの作家は生涯をかけてその風景と取り組むことで幾本もの作品をものにしたのである。このように原風景は、幼少期の生活環境や住環境が心に強く印象づけられることを示している。ところで原風景に対応する英語はなく、欧米で研究されている場所への愛着とも異なっている。これを日本人の心理的特徴といった観点から検討してみるのも興味深いが、またの機会としたい。

それでは原風景についての上記の研究は、乳幼児期の心の成り立ちについての臨床的理解からはいかに捉えうるのであろうか。まず思い起こされるのは、ウィニコット（Winnicott, D. W.）の移行対象や移行領域の議論[11]である。移行対象との関わりで経験される感情は心を宥め鎮める類で、原風景の想起に伴う感情と共通する面がある。しかし移行対象は前提として親との一体的な関係が享受され、そこから分離が始まる過程で、かつての一体的な情緒体験を想起させてくれるもの、親との情緒体験を象徴するものである。したがって一体的な情緒体験が享受されなければ移行対象はそれとして機能しない。あくまで人との関係が最初にあってそれの代用物なのである。ウィニコットの概念でもう一つここでの議論と関連しそうなのが、心が身体に「住まう」という概念[12]である。ウィニコットによれば、人が身体的な欲求を始めとして自分の身体をわが物として感じ、自分の身体とくつろいだ関係を持つのは、一つの発達的達成である。その前提になるのは親によって身体を世話されること、それも乳児の自我が身体を自分のものであると心理的に体験できるような形で世話されることである。身体は心にとってもっとも身近な環境である。その身体と親密な関係を作り出す上でも親との適切な関係が不可欠なのである。これを敷衍すれば、人が自分の生まれ育つ環境に心理的に住まうことができるためにも、まず親との情緒的関係が前提となり、親が環境への橋渡しをする必要があるのだろう。親が乳児の身体を上記の意味で世話できるためには、おそらく親自身が自らの身体と親密な関係を持っていなければならないだろう。同様に親がまず環境に「住まう」存在であること、環境との間に自我親和的な関係を維持していることが欠かせないであろう。その上で乳幼児の心を周囲の環境へと誘うことが重要であろう。このように親への愛着を土台にして原風景は形作られるというのが、ウィニコットの理論から導き出されるところだと考える。

原風景がわれわれの心に果たしている役割は、コフート（Kohut, H.）の自己対象機能[13]からも理解できるであろう。乳幼児の心は親からの適切な映し返しの経験によってはじめて、まとまりをもって機能するとコフートは主張する。自己対象の体験は空気のように、それがあること自体ことさらに意識されず、その欠如によって起こってくる自己の変調によってはじめて気づかれるものである。発達の始めには親が果たしたこの機能は、次第に内在化され内的対象関係に移行していくが、映し返してくれた親の役割を代行してくれるものを他者や外界に求めることもまた生涯続くものである。こうして自己対象機能は心の内外のあらゆるものが担いうるものとなる。原風景もまた自己対象機能を担う表象と見なすことができるだろう。したがって自己対象という観点も、親との関係が果たしていた役割を環境世界やそこにある事物が担うようになるとする点では、ウィニコットの移行対象と共通する。またいずれの概念も心の内的世界と外界との間に、客観的事実であると同時に主観的現実でもあるような中間的な経験領域を想定する。原風景とはまさにこのような中間領域に生起する心象風景であると考えられる。

4　乳幼児の心の成り立ちには、親子関係の背後に心の生態系なるものを想定する必要があるのではないか

臨床心理学、ことに精神分析学においては心の内と外とを分けて考えるが、原風景という概念にも見られるように、わが国では心理的な事象は純粋に観念的抽象的に扱われるのではなく、自然現象といった外的な現実に託して表現されたり感受されたりする、西洋文化とは異なる体験様式を発展させてきたともいえる。[5] むろん養育者たる親の重要性は欠かせないが、わが国の場合、親との間で交わされる情緒体験は周囲の自然との交わりで感受される情緒体験と連続していたり、あるいは育児自体が、自然も含めた環境世界のリズムやテンポと歩調を合わせて行われてきた面が強くあったのではないか。まったくの自然の中で育児が行われてきたわけではないが、自

然の特徴や推移と密接に結びついた社会・文化をわが国は育んできたし、そのような社会・文化の一環としてなされる育児は、自然と周囲の環境と調和したものになっていたのかもしれない。かつて日本では母親が子にかかりっきりになるようなことはなかったし、できなかった。にもかかわらず、子どもの心が育つことができたのも、親の育児を補充する機能が環境の側にふんだんにあったからではなかろうか。河合隼雄ら[14]はこのような環境（自然環境とそこから育まれた文化的環境を含む）を心の生態系と呼んでいるが、本稿でもこれにしたがって、心が形成される生態系、あるいは心の生態系と呼ぶことにする。本稿でいう心の生態系とは、乳幼児と親との関係の背後にあって、育児に影響を与え、また乳幼児の心の形成に直接間接に影響を与えることが推測される、物理的また心理的な環境世界のすべてを指すことにする。社会や文化、あるいは宗教や価値観が育児に反映されて心の形成に影響するのは明らかだが、心の生態系はこれらの要因を含むとともに、これらを生み出し規定している環境の特徴でもある。したがって心の生態系とはその土地土地によって異なるローカルなものと考えられる。また生態系という言葉で、人が特定の土地で衣食住し生活する生物であるという点を重視し、精神的な面にすべてを還元してしまわず、具体的で実際的な現実の生活が心に果たす役割を強調したいと思う。

以上の推論はいささか観念的で、飛躍したものと思われるかもしれない。しかしスターン[15]（Stern, D. N.）が明らかにした生後間もない乳児の知覚様式は、人に対しても自然現象に対しても等しく刺激を情緒的に感受する働きである。無様式知覚を通して、繰り返され、馴染み深く、一貫していて予測可能な情緒的体験を核にして、乳児は世界を把握し、世界との関わりを深めていく。親が周囲の環境と連続性を持った存在であるなら、乳児が親の延長上に環境を馴染み深く感受していくことも荒唐無稽な推論ではなかろう。翻っていうなら、昨今の、乳幼児の関係性障害や親―乳幼児心理療法の需要の高まりは、育児を支えてきた心の生態系の崩壊によって、育児が親の個人的な営みに集約されるようになってきたこと、それゆえ親の心身の状態が直接乳幼児の心に影響せざるを得ない状況が起こってきているからでもあろう。育児を調整し補足・補償していた心の生態系の崩壊は、環境世界とのつながりを失った孤立無援な親―乳幼児を多数生み出してしまったのではなかろうか。

しかし一方で、こうした変化は人が個人としての明確な意識を持って生きることを選んだことから来る必然の結果かもしれない。もはやわれわれは個人の意識を抹消して生態系の一コマとなって生きることなどできない。心の生態系から自らを振りほどくことで自我を獲得したともいえる。それゆえわれわれは心の生態系を復元するのではなく、新たに創造していくことを目指さねばならないだろう。その際、これまで自然環境や文化・伝統・行事、あるいは宗教といったものが心の成り立ちや維持に果たしてきた機能に自覚的になり、意識的にそれを再生する試みに取り組まねばならないだろう。またこの作業は個人の自我の関与のもとに進めねばならないから、集団的にではなく個々に取り組まねばならない作業となろう。心理療法、特に親―乳幼児心理療法のように心の形成に直接与る場面では、いかにして心の生態系を再生するかといったテーマにも取り組む必要が生じるのではないだろうか。この点でスターン[16]の母性のコンステレーションという概念は興味深い。これは乳幼児を持つ母親が普遍的に経験する心理的布置とされるが、母親が育児を介して祖母や子育ての援助者との間に肯定的で援助的な関係を取り結び、そこから情緒的な支えを得ていく自然な傾向が見出されるというもので、親―乳幼児心理療法もこの布置の一環として機能するという考えである。あくまで人間関係の枠内ではあるが、親の心や育児という営みを個人や世代を超えた大きな循環の中に位置づけられると見る視点は、生態系の再創造とも通じる面があるように思われる。乳幼児の心を育む生態系という発想は臨床心理学の新たな探求領域となりうるのではなかろうか。

5　環境がもたらす非日常の情緒体験は、親との情愛的な絆があってこそ子どもの心を奥行きのあるものにする

原風景研究から得られる示唆は上述したものに留まらない。文化人類学者の岩田慶治[17]は原風景を、カミとの出会いの場・状況と捉え、忘れられない、深く心を揺り動かされる風景としている。カミとの出会いとは、非日常の宗教的体験にもつながりうる驚き、不思議あるいは衝撃といった体験である。これは先述した、馴染んで愛着を感じる原風景像とは異質なものである。分析心理学の用語を借りるならヌミノースな体験とでもいえようか。

また地理学者の寺本潔[18][19]は、小学校中学年までの子どもに手書き地図を描かせるという手法でもって、子どもがいかなる環境認知をしているかを探ってきた。そこには、怖い場所や不気味な場所、秘密めいた場所といった情緒的に色づけされた空間が描かれるという。寺本は、子どもは身の回りの世界を極めて相貌的に認識していると述べているが、幼い子どもにとって環境世界は、近親者との関係だけでは経験できない多様な情緒体験が引き出される場でもあるのだろう。さらに寺本[20]は、タイの農村部に住む子どもたちと日本の子どもたちとの比較研究を行う中で、日本の子どもの地図には、「相貌的知覚をより強めたアニミズム（精霊信仰）的な場所の知覚が著しく欠落している」と述べている。これは、タイ農村部の子どもたちの方が環境世界をより意味深く体験していることを示していると思われる。こうした体験を経ることで、子どもの心はしっかりとその土地に根づき、その地域の自然と文化の多様性に即して多様な情緒体験を抱えられる奥行きのある心に成長するのではなかろうか。一方、日本の子どもは非日常的な情緒を体験し、それに対処する術を習得できないままに成長してしまう恐れもあろう。この非日常の情緒体験を触発できるのは自然物や自然現象のみではないかもしれない。先進国の大都市において科学技術や情報科学の生み出したさまざまなモノや現象がそれに代わることができないのかどうかは検証が必要な問題であろう。しかしここで注意すべきは、自然であれ科学技術であれ、それが子どもの周囲にあるだけで子どもがそれらの環境世界と意味深く関わるようになるわけではないということである。それらの環境世界へ子どもを橋渡しする人の関わりがなくてはならない。その点、タイの農村部では家族あげてというか、村じゅうで自然と関わる生活を営んでいるのだから理想的である。また土地と生活に根ざした文化は宗教性に富んでおり、それが子どもの多様な情緒経験の受け皿にもなっているのだろう。非日常の情緒体験は外傷的に働くこともある。ゆえにこの種の情緒体験はそれを適切に意味づけ、子どもの心のふさわしい場所に位置づけられる必要がある。精霊信仰とはまさにそのようなものであろう。それゆえ発達早期の乳幼児に、親との情愛的な絆を通して、環境への関心や環境と情緒的に関わる体験が伝達されねばならない。それが心の生態系の再生の一歩なのではなかろうか。

6　心の生態系の研究と生態系を視野に入れた臨床に向けて

本論では、昨今の乳幼児研究から飛翔して心の生態系という観点に行き着いたが、これを学問的探求の領域と成すためにはグランドセオリーを求めるのではなく、個々の臨床に立ち返って詳細な事例理解から、心の生態系と呼んだものを描き出す地道な努力の積み重ねが欠かせないと考える。また生態系に注目することは、臨床行為の焦点の変化をもたらすかもしれない。心の内面や関係に注目するだけでなく、クライエントの具体的な生活体験の心理的意味合いを探ったり、主観的な意味合いを色濃く含んだものとしてクライエントの生活体験を促進したり創造することがいっそう重視されていくのではないだろうか。ウィニコットの言葉を借りるなら、「体験の中間領域」での活動をいかにマネージメントするかが問われるように思われる。

[文　献]

（1）Stern, D. N. (2004) Some implication of infant observations for psychoanalysis. In A. Cooper (Ed.) *Contemporary psychoanalysis in America.* Washington D. C.: American Psychiatric Publishing.
（2）Sameroff, A. J., et al. (2004) *Treating parent-infant relationship problems.* New York: Guilford Press.
（3）山上雅子『自閉症児の初期発達——発達臨床的理解と援助』ミネルヴァ書房、一九九九
（4）園田美保「住区への愛着に関する文献研究」九州大学心理学研究、3、一八七〜一九六頁、二〇〇二
（5）奥野健男『文学における原風景——原っぱ・洞窟の幻想』集英社、一九七二
（6）呉宣児、南博文「原風景研究の動向と展望」九州大学教育学部紀要（教育心理学部門）、43（2）、一二五〜一四〇頁、一九九八
（7）星野命、長谷川浩一「幼少期の原風景としての風土——（序報）その心理的パターン」人類科学、34、四五〜七六頁、一九八一
（8）星野命、長谷川浩一「幼少期の原風景としての風土——（第二報）原風景の心理測定法の検討」人類科学、35、一〇五〜一三四頁、一九八二
（9）星野命、長谷川浩一「幼少期の原風景としての風土——（第三報）恐怖・不安のイメージ」人類科学、36、一四九〜一六六頁、

一九八四
(10) 井上佳朗「原風景の心理学的研究」人文学科論集（鹿児島大学法学部紀要）、41、二七〜六八頁、一九九五
(11) Winnicott, D. W.（1971）*Playing and reality*. London : Tavistock Publications.（『遊ぶことと現実』橋本雅雄訳、岩崎学術出版社、一九七九）
(12) Winnicott, D. W.（1965）*The maturational processes and the facilitating environment : Studies in the theory of emotional development*. London : The Hogarth Press.（『情緒発達の精神分析理論――自我の芽ばえと母なるもの（現代精神分析双書 第2期2巻）』牛島定信訳、岩崎学術出版社、一九七七）
(13) Lee, R. R., Martin, J. C.（1991）*Psychotherapy after Kohut : A textbook of self psychology*. Hillsdale, N. J. : Analytic Press.（『自己心理学精神療法――コフート以前からコフート以後へ』竹友安彦、堀史郎監訳、岩崎学術出版社、一九九三）
(14) 河合隼雄、小林康夫、中沢新一、田坂広志『こころの生態系――日本と日本人、再生の条件』講談社＋α新書、二〇〇〇
(15) Stern, D. N.（1985）*The interpersonal world of the infant*. New York : Basic Books.（『乳児の対人世界　理論編・臨床編』小此木啓吾、丸田俊彦監訳、岩崎学術出版社、一九八九・一九九一）
(16) Stern, D. N.（1995）*The motherhood constellation : A unified view of parent-infant psychotherapy*. New York : Basic Books.（『親―乳幼児心理療法――母性のコンステレーション』馬場禮子、青木紀久代訳、岩崎学術出版社、二〇〇〇）
(17) 岩田慶治「原風景の構図」季刊人類学、13（1）、二七〜一三一頁、一九八二
(18) 寺本潔『子ども世界の地図――秘密基地・子ども道・お化け屋敷の織りなす空間』黎明書房、一九八八
(19) 寺本潔『子ども世界の原風景――こわい空間・楽しい空間・わくわくする空間』黎明書房、一九九〇
(20) 寺本潔「子どもの知覚環境研究の展望――メンタル・マップと地理的原風景」愛知教育大学研究報告人文科学、43、七五〜八八頁、一九九四

3 親子関係支援におけるアタッチメント理論と実践の橋渡し

――欧米での歩みの概観と日本での保健機関における親グループの考察

北川　恵

はじめに

一人の人間の健全な心身の発達には、養育者との個別的で情緒的な関係性が不可欠である。そうした関係性がない場合、たとえ衣食住や衛生状態は保たれていたとしても、心身の発達がきわめて阻害されるという事実が、第二次世界大戦後の戦災孤児や親の面会が許されずに長期入院する子どもたちについての研究から明らかになった(ロバートソン夫妻によるドキュメンタリーフィルム、スピッツが提唱したアナクリティック抑うつやホスピタリズム、ボウルビィが提唱した母性剥奪など)。ボウルビィ（Bowlby, J.）は、人間（もしくは動物）が特定の対象に対して形成する情緒的な絆をアタッチメント（attachment）と呼び、とりわけ発達早期のアタッチメントがその後のパーソナリティ発達やメンタルヘルスに影響を及ぼすと唱えたのだが[1]、この考えは、当時の臨床実践の場ではあまり注目されず、むしろ発達研究の領域で大いに注目されて実証研究が進展してきた。

一方、発達早期の親子関係が重要であるという考えは、「三歳までは母の手で」という通俗的な信念として広まり、核家族化・少子化の現代において、出産を機に育児のほぼすべての責任を一人で担うようになるという母親の生活の急変や孤独が、育児困難や虐待へのリスクを高めているという問題もある。実際には、一定の質が保証されている保育施設で過ごすことは、子どもの発達に悪影響とならないことが実証研究で報告されており、より多様な養育形態のなかで、子どもはメンタルヘルスへの保護要因となる安定したアタッチメントを育みうるという知見が得られている[2][3]。

生涯にわたるメンタルヘルスの問題にもっとも効果的に介入するためには、乳幼児と養育者との関係性を支えることと、その際に通俗的な信念ではなく、およそ五〇年にわたって蓄積されてきたアタッチメントについての実証研究知見を統合させて介入実践を行うことが重要であろう。本稿ではまず、理論と実践の橋渡し（bridging the gap）について、欧米での歩みを概観する。ついで、日本におけるさまざまな親子関係支援のなかで、筆者が参加している保健機関における親支援グループの効果と今後の課題を、アタッチメント理論の見地から考察したい。

1 アタッチメント理論と臨床実践の統合——欧米での歩み

1 アタッチメント理論の基本概念

(1) アタッチメントとは

ボウルビィが提唱したアタッチメントという概念は、attachment の attach が「付着する」の意であるとおり、危機的な状況で喚起された不安や恐れなどのネガティブな情動を、他の個体に「くっつく」ことで、低減・調整しようとする行動制御システムのことである。「アタッチメント」という言葉は、日本語では「愛着」と訳されていることが多い。ところが、この訳語には、ある対象への思い入れが強いという意味合い、ひいては、好き・愛情といった意味合いを思わせる語弊があるため、数井みゆき・遠藤利彦は[4]、「アタッチメント」というカタカナ表記を用いることで、アタッチメントの本質的な意味を伝えようとしている。たとえば、アフリカの一部の文化圏などにおいては、母子間の情愛的なやりとりが相対的に希薄であっても、子どものアタッチメントシグナルに親が適切に応答し、安定したアタッチメントが形成されていることが報告されており、メンタルヘルスに関わる親子の絆の肝要は、ポジティブな情緒を交わしあう以上に、ネガティブな情緒を調整しあえる関係性にあるといえる。

(2)　安全基地と探索

また、アタッチメントは、未熟さを意味する「依存」とも混同されることがあるが、むしろ、必要な時にはアタッチメント対象のもとで安全感が得られるからこそ、自律的な探索が可能になるのであり、「安全基地―探索」のバランス関係が重要である。アタッチメントの個人差や、あるいはアタッチメント障害は、この「安全基地―探索」バランスの偏りや混乱・崩壊と見ることができる。

(3)　内的作業モデル、右脳のストレス対処システム

このような、発達早期のアタッチメント関係が、次第に個人のパーソナリティ属性となっていくことを説明するために、ボウルビィは内的作業モデル（Internal Working Model：IWM）」概念を提唱した[5]。つまり、子どもは特定の養育者との具体的な経験を通して、自らのシグナルに養育者がどのように応答してくれるのか、自らは応答されうる存在なのか、というアタッチメント対象と自己についての主観的確信を形成し、これに基づいて、アタッチメントに関する情報を知覚し、未来を予測し、自分の行動を計画すると考えたのだ。こうした個人差のメカニズムは、最近のニューロサイエンスの知見を取り入れて、次のように説明されている。つまり、人間のストレス対処システム回路は右脳に存在し、これは経験の影響を受けながら乳幼児期に活発に成熟をとげる。アタッチメント関係の中核的役割は二者関係における情緒の調整であり、これが安定していると効果的なストレス対処システムが育つ一方、不安定であると乳児は調整不全となり、対人ストレスの際に解離などの防衛を必要としやすい対処システムが構造化されるということだ[6]。

2　アタッチメントとメンタルヘルスの関連についての研究知見

(1)　個人差の測定方法とアタッチメントカテゴリー

アタッチメントの個人差を測定する方法としては、乳児においてはアタッチメント行動に注目するストレンジ

シチュエーション[7]（Strange Situation Procedure：以下、ＳＳＰ）、成人においてはアタッチメント来歴についての語り方に注目するアダルト・アタッチメント・インタビュー[8]（Adult Attachment Interview：以下、ＡＡＩ）が代表的である。ＳＳＰは、現にそこにいる養育者に物理的に接近するためのアタッチメント方略（内的作業モデル）を、また、ＡＡＩは、頭の中に想起された養育者に表象レベルで接近するためのアタッチメント方略を捉えようとするものであり、個人差は次の四カテゴリーに分類される。すなわち、アタッチメント対象に防衛なく接近できる安定型（ＳＳＰ：安定型、ＡＡＩ：自律型）、アタッチメント情緒の活性化を最小化し、接近よりも探索を強調する方略が組織化されている型（ＳＳＰ：回避型、ＡＡＩ：軽視型）、否定的な情緒が最大化しており、探索よりも接近欲求を強調する方略が組織化された型（ＳＳＰ：アンビバレント型、ＡＡＩ：とらわれ型）、さらにトラウマ体験を心理的に解決しておらず、アタッチメント方略の組織化が逸脱されている型（ＳＳＰ：無秩序・無方向型、ＡＡＩ：未解決型）である。[9]

(2)　個人差の連続性、世代間伝達、精神病理との関連

アタッチメントカテゴリーの連続性や世代間伝達の研究からは次のような結果が得られている。[10]まず、養育者のアタッチメントと子どもがその養育者に形成するアタッチメントは高い確率で一致する。乳児期のアタッチメントカテゴリーは、環境要因の影響を受けながらも、縦断研究で追跡している青年期初期まで高い確率で持続する。発達早期のアタッチメント安定性は、その後の幅広い認知的・社会的情緒発達に有意に影響する。また、アタッチメントカテゴリーと精神病理との関連については次のように要約できる。[11]安定したアタッチメントはストレスフルな事態においても精神病理発症を防ぐ保護要因の一つとなる。不安定で組織化されたアタッチメントは、精神病理へのリスク要因の一つであるが、そのまま精神病理とダイレクトに関連するのではない。むしろ、方略が組織化できないトラウマ性のアタッチメントが、解離性障害などの精神病理への重大なリスクといえる。養育者と子どものアタッチメント高一致率を認めた世代間伝達研究においても、深刻なメンタルヘルスの障害の伝達

といえる未解決型の母親と無秩序・無方向型の乳児の関連メカニズムが注目されている。その結果、母親が心的外傷を体験したかどうかよりも、そうした体験を心的に解決できていない場合に、その養育者の子どもは無秩序・無方向のアタッチメントとなりやすいことが実証されており、心的外傷が未解決な母親は、恐怖の記憶が現在の日常生活に突然侵入してかつての不安がよみがえり、そのような時の母親の振る舞いはその場に生じていることとは無関係であるために乳児を脅かすのではないかと考察されている。[12] こうした悪循環でトラウマ的な関係性が再生産される世代間伝達を断ち切るための介入が重要といえる。

一方、成人を対象にした研究や、長期縦断研究からは、過去のアタッチメント体験が苦痛に満ちたものであっても、防衛を用いることなくバランスのとれた見方で落ち着いてオープンに語ることができる「獲得された自律型」の存在が注目されている。[13] このような成人の子どもは、その成人に対して安定したアタッチメントを形成していることが多い。こうした成人は、成長過程において、重要なアタッチメント対象と修正的なアタッチメント体験をもつことができ、それによって過去や現在のアタッチメント体験への「内省能力[14] (reflective capacity)」を獲得したと考えられており、臨床的介入への重要な示唆を与えてくれる研究知見といえる。

3 アタッチメント理論に基づく臨床実践の一例：サークル・オブ・セキュリティ (the circle of security)

アメリカでは、アタッチメント実証研究に基づく介入プログラムとして、サークル・オブ・セキュリティが開発された。[15] これは、ハイリスクの母子を対象に、親子の相互作用を適切化することを目的として、二〇週間、グループで行う親教育と心理療法をかねた介入計画である。子どもとの相互作用を録画したビデオをともに見ながら、以下を高めるための働きかけがなされる。①子どもが「安全基地—探索」バランスのいずれを求めるシグナルを送っているかを敏感に察知し適切に応答すること、②子どもとのやりとりにおいて、自分や子どもの行動、考え、感情についての内省能力を高めること、③子どもへの養育パターンに影響しているような、自身のアタッチメント来歴を内省することである。二〇〇六年七月にパリで開催された世界乳幼児精神保健学会国際大会で、ボリス（Boris, N. W.）が発表したこのプログラムの実際[16]は、まさに理論と実践の橋渡しであった。まず介入前に母子相互作用をビデオ撮影しアセスメントを行う。介入の最初のステップは、どのような問題を抱えた親子にも必ずある肯定的な関わりの瞬間を編集し、それをグループで共有することから始める。そのことが親自身を安心させ、介入プログラムへの不安をもつ親を抱える環境を提供する。ついで、「安全基地―探索」バランスなど、安全な関係性についての図式を共有できるよう、わかりやすい形で伝える。その後、ビデオを振り返りながら、子どもの行動を観察し、内省できる力を高めていく。時にはビデオから離れて親自身の成育史を話す機会も用意する。そして、プログラムの最終段階になって、アセスメント当初の問題を抱えた相互作用を振り返る。その時点では、親自身がより正確に子どものシグナルに気づけるようになっており、今なら違って振る舞えることを実感できるのだ。

このプログラムも含め、欧米では、発達初期のアタッチメントを高めるために、理論、研究、介入、政策を統合させる試みがさまざまになされている。[17]

2 日本の保健機関における親支援の取り組み――筆者の体験に基づく考察

1 保健機関における親子関係支援

日本においては、平成一二年に児童虐待防止法が制定され、大小さまざまな規模の公的・民間ネットワークが構築され、児童相談所を中心とする各機関が連携しながら虐待防止に取り組んでいる。[18]また、予防的な目的で、親子の良好な関係性を促進する取り組みが、医療機関（たとえば周産期ハイリスクへの心理的援助）[19]や保育所・幼稚園（たとえば家庭養育をしている親子への園庭開放や育児相談）などで工夫されている。また、母親同士が互いの育児不安を軽減し、経験を共有するための育児グループ・サークル活動を、地域の行政も積極的にバックアップしている。[20]

このように、親子関係支援のさまざまな取り組みがあるなかで、乳幼児健診などによってすべての乳幼児と親に関わる機会をもつ保健機関は、問題の早期発見、予防、早期介入に重要な役割を果たしている。平成一二年に、母子保健における国民運動計画として「健やか親子21」報告書が出され、児童虐待対策が母子保健業務に明確に位置づけられた。[21]保健師は、健康な子ども育成のための育児指導の役割に加え、虐待予防を視野にいれて家族の健康度をアセスメントし、リスクや問題に応じて各機関と連携しながら、介入をはかることが求められるようになった。[22]支援の方法としては、家庭訪問など個別的な対応に加えて、親の気持ちを継続して受け止める親グループが試みられている。「健やか親子21」では、二〇一〇年までにすべての保健機関で育児不安・虐待親のグループ支援を実施するという目標が掲げられている。上野昌江ら[23]による二〇〇三年度の実態調査では、全国六六二保健所のうち四一五保健所から回答を得て、このうち一〇一保健所で一一七プログラムが実施・実施予定とのことであり、グループ支援の拡大が報告された。現行のプログラムの多くが、保健師がすでに関わっている親を対象に、担当保健師あるいは選定会議で参加者を集い、メンバーの途中参加も認めながら、セッションの回数を決め（問題が育児不安中心の場合は六回までが八〇％、問題が虐待の疑いである場合は八回以上が六六・七％）、ファシリテーターのもとに自由に話す方法をとっていた。グループへの参加職種は、保健師、心理職、保育士が中心であった。筆者が心理職として参加しているグループも、こうした特徴のプログラムである。

2 親グループについてアタッチメント理論からの考察

上記のような、保健機関における親グループについて、筆者自身が関わった限られた経験に基づいてではあるが、アタッチメント理論の見地から、効果と今後の課題について考察したい。

関係性の質を評価する際、愛情深さやしつけの適切さなどさまざまな視点があるが、アタッチメント理論がわれわれに教えてくれるのは、否定的情緒が関係性によって調整されうることがメンタルヘルスにとって重要であるということだ。心が不安で占有されている時には、その人本来の好奇心を発揮して探索したり内省したりできない。育児不安を抱える親は、不安に圧倒されて不全感や罪悪感を膨らませていたり、防衛的になったりしているのであり、親自身が安全基地を必要としているといえる。

家族や地域に安全感を与えてくれる関係性を得にくい親にとっては、親グループのような会が唯一の話せる場であることが多い。はじめは、慣れない場や見知らぬメンバーに緊張していても、「守秘義務」と「無理に話さなくてもいい権利」を保障するファシリテーターのもと、他の親たちの話を聞くだけでも、「こうした悩みは自分だけではない」と気づくことができる。自分が何か言葉を発すると、誰も「批判せず」、大切に耳を傾けてくれる。そうした一つひとつが安心感になる。そうすると、会の場を離れても、「この話は次の会で聞いてもらおう」と思えるような、安全基地の内面化が進んでくる。子どももまた参加期間中に発達をとげる。最初は、見知らぬ場で、しがみつきながらも激しく泣き続けたり、逆に親と離れてもまったく平気であったり（いずれも不安定なアタッチメント行動であり、こうした子の行動に親はますます不安になることが多い）しても、定期的な参加につれて、子どもが場所に慣れて好奇心を発揮できたり、あるいは、明確に親を求めたりするようになる。そうした様子を保育士は的確に捉え、親に子どもの着実な成長を伝えることができる（そして、それは親を安心させる）。保健師、保育士などのスタッフが見守る場で、親同士が支えあい、親も子も安心感を増やしながら、それぞれが本来もつ能力を発揮できるようになっていく。そうした過程に参与しつつ見守りながら、時に、困惑的な事態では、行動の背後にある内面を内省してスタッフに伝え、スタッフが見守る目を発揮し続けられることを支えるような役割が心理職には期待されているのではないかと考えている。

一方、保健機関は地域のすべての親子のための早期介入窓口であるため、長期的な場を提供するのではなく、むしろ巣立ちを促進することが必要である。親グループで友だちができたり、あるいは地域での資源を利用できたりしそうな力の芽生えを感じると安心して見送れるが、そうでない場合のフォローが課題の一つである。グループ終了後は担当保健師がフォローしていくのだが（そうした親にとって保健機関への敷居が低くなっているのは効果の一つである）、長期的な追跡評価も課題である。また、親グループに馴染めなかった人もいることから、グループの効果を評価するためには、グループを継続できた人とできなかった人の差異に関わる要因を検討することも必要であろう。今後は、家族機能を高めるために、夫婦両方を対象としたプログラムも必要かもしれない。さらには、自由度の高い設定になじみにくいハイリスク対象者などのために、アメリカにおけるサークル・オブ・セキュリティのような、実証研究に基づく介入プログラムの考案も今後の課題といえよう。

［文　献］

（1）Bowlby, J.（1969）*Attachment and Loss : Vol. 1, Attachment.* New York : Basic Books.

（2）数井みゆき「乳幼児の保育と愛着理論――子どものより良い発達を求めて」母子研究、21、六二～七九頁、二〇〇一

（3）Schaffer, H. R.（1998）*Making decisions about children : Psychological questions and answers.* Oxford : Blackwell.（『子どもの養育に心理学がいえること――発達と家族環境』無藤隆、佐藤恵理子訳、新曜社、二〇〇一）

（4）数井みゆき、遠藤利彦編『アタッチメント――生涯にわたる絆』ミネルヴァ書房、二〇〇五

（5）Bowlby, J.（1973）*Attachment and loss Vol. 2, : Separation.* New York : Basic Books.

（6）Schore, A. N.（2001）Neurobiology, developmental psychology, and psychoanalysis : Convergent findings on the subject of projective identification, In J. Edwards（Ed.）Being alive : Building on the work of Anne Alvarez. Hove & New York : Brunner-Routledge, p57-74.

（7）Ainsworth, M. D. S., Blehar, M., Waters, E., Wall, S.（1978）*Patterns of Attachment : A psychological Study of The Strange Situation.* Hillsdale, N. J. : Lawrence Erlbaum Associates.

（8）Main, M., Goldwyn, R.（1998）*Adult attachment scoring and classification system.* Unpublished manuscript. University of California at Berkeley.

（9）前掲書（4）

（10）前掲書（4）

（11）前掲書（4）

（12）Ainsworth, M. D. S., Eichberg, C. G.（1991）Effects on infant-mother attachment of mother's unresolved loss of an attachment or other traumatic experience. In C. M. Parkes, J. S. Hinde, and P. Marris（Eds.）. *Attachment across the life cycle,* New York : Routledge, p160-183.

（13） Pearson, J. A., Cohn, D. A., Cowan, P. A., and Cowan, C. P.（1994）Earned-and continuous-security in adult attachment : Relation to depressive symptomatology and parenting style. *Deveolpment and Psychopathology,* 6, p359-373.

（14） Fonagy, P.（1999）Transgenerational consistencies of attachment : A new theory, developmental and psychoanalytic discussion group, American Psychoanalytic Association Meeting, Washington D. C., 13 May.（Online at : http://www.psychematters.com/papers/fonagy2.htm ; http://www.dspp.com/papers/fonagy2.htm）

（15） Marvin, R., Cooper, G., Hoffman, K., and Powell, B.（2002）The circle of security project : Attachment-based intervention with caregiver-pre-school child dyads. *Attachment and Human Development,* 4, p107-124.

（16） Boris, N. W.（2006）Linking attachment-based assessment to intervention. World Association for Infant Mental Health, 10th World Congress.

（17） Berlin, L. J., Ziv, Y., Amaya-Jackson, L., and Greengerg, M. T.（Eds.）（2005）*Enhancing early attachment.* New York : Guilford Press.

（18） 安部計彦「機関連携・ネットワーク構築の現状と課題」〔柏女霊峰、才村純編〕『別冊発達26　子ども虐待へのとりくみ』ミネルヴァ書房、七二～七九頁、二〇〇一

（19） 渡辺久子、橋本洋子編『別冊発達24　乳幼児精神保健の新しい風』ミネルヴァ書房、二〇〇一

（20） 益邑千草「地域における育児グループの育成・支援のありかた」共栄学園短期大学研究紀要、20、一五三～一六九頁、二〇〇四

（21） 山田和子、上野昌江「児童虐待におけるグループ支援の類型化とグループ参加による親の変化——保健所における母親を対象にした実践事例を通して」子どもの虐待とネグレクト、8（1）、一三五～一四二頁、二〇〇六

（22） 徳永雅子「保健所、保健センターにおける対応と課題」〔柏女霊峰、才村純編〕『別冊発達26　子ども虐待へのとりくみ』ミネルヴァ書房、五五～六三頁、二〇〇一

（23） 上野昌江、楢木野裕美、鈴木敦子、加藤曜子、佐藤拓代「保健機関における親支援の取り組み状況——全国保健所における虐待予防のためのグループ支援の実態調査」子どもの虐待とネグレクト、7（1）、三一～三八頁、二〇〇五

4 機能不全家庭における心的外傷からの回復の臨床心理学的アプローチ

杉野健二

はじめに

アルコール依存症家庭で育った子どもたち（Adult Children of Alcoholics）は、「私は親のようにならない」[1]と考え、恥辱的な家族から脱出し、理想や完全や万能を追い求め、自己犠牲を払っても無理を重ね頑張りがちである。誰も成し遂げないような業績を上げ、信頼の厚い関係を構築する。その反面、理想郷の下でまったく対極の絶望的な状況に遭遇し、著しいギャップに悩まされる。

この特徴は、アルコール依存症ではない機能不全家族（Adult Children of Disfunction）でも共通し、他人の世話に明け暮れ、過酷な現実に甘んじ、過去や未来に幻想を抱き、「偽りの自己」[2]によって生き延びようとする。その回復過程は、「真の自己（ありのままの自己）を生きる」こと、つまり他人ではなく「自分を生きる」こと、ごく普通の「現実を生きる」こと、今日の一日を大切にした「今を生きる」こと、が問われる。

1 心的外傷に名前をつけること

フロイト（Freud, S.）は、一八九六年、ヒステリーを性虐待の結果とする「誘惑説」[3]を提唱した。しかし、翌年には性被害は子どものファンタジーとする「衝動説」に転向した。その後、心的外傷による精神疾患は忘れ去られ、治療の対象は、個人の内的世界に狭められた。米国では、一九七〇年代のベトナム反戦運動やレイプ被害者に対するフェミニズム運動など、社会の意識の変化の中で、心的外傷の後遺症に注目された。その結果、一九八〇年、ＰＴＳＤ（心的外傷後ストレス障害）が、初めて精神医学的診断に盛り込まれた。

機能不全家庭のネグレクトや身体的・性的虐待が扱われるようになったが、目に見えない心理的虐待の扱いは困難を極める。機能不全の親が、子どもの人格を侵害しても、愛情や育児や躾の名の下に、否認されてしまう。鬼子母神のように、聖母を装った親が、無意識の内に子どもを支配し、子どもの人生を奪い、世代を連鎖して問題が繰り返されても気づかれないことがある。心的外傷を、いかなる名前で認識するかが問われる。

2　心的外傷を扱うことの困難さと複雑性

心的外傷の回復過程は、ストレス関連障害だけでなく、さまざまな病相を変遷し、統合失調症や依存症、パーソナリティ障害、感情障害、摂食障害、知的障害、発達障害などが疑われる局面がある。

ＰＴＳＤの診断基準の成立までは、多くの戦闘参加帰還兵が、統合失調症の診断で精神病院に収容され、精神病治療に甘んじていた。心の傷を抱える人は、アルコールや薬物、ギャンブル、性などに嗜癖し、依存症に罹患しがちである。パーソナリティ障害も、七〜九割がＰＴＳＤだと指摘されている。心の傷を抱える人の多くは、感情障害を伴い、産業医にはうつ病とみなされる。不安障害や強迫性障害、身体表現性障害、神経症性障害なども、心の傷と無縁ではない。心的外傷がゆえに知的障害が生じ、回復とともに知能の改善が経験される。発達障害は、脳機能の研究が進み、薬物療法や対処法が強調されるが、家族の機能不全や心的外傷が見過ごされてはならない。心的外傷の症状は、突発的で予測不能であり、相反する症状が入り乱れ、その対応は困難さと複雑性を極める。

3　心的外傷の評価とチェックテスト

心の傷を抱えた人は、否認や回避、逃避、抑圧とともに、中核とも言うべき解離によって、真の自己を覆い隠し、偽りの自己で生き延びようとする。したがって、初期の言語面接で、心的外傷の影響を評価することは困難である。治療の初期に、解離やPTSDの深刻さを把握することは、回復過程に生じる危険な行動化の予測に役立った。

ハーマン（Herman, J L.）は、心的外傷を扱う前提として「安全性の確立」[3]を重視し、安全性の目安をチェックテストで評価した。筆者は、ハーマンらの六種類のテストバッテリーのうち、四種類を採用した。それは、「解離体験尺度（DES）」「ベック抑うつ質問票（日本版BDI－II）」「PTSDチェックテスト（PDS）」「自傷・自殺に関する思考・企図のための質問紙（SBQ）」である。心的外傷を扱ってもよい安全性の目安は、DESが三〇％を下回ること、BDI－IIが三〇点を下回ること、自殺の思考や企図が五〇％を下回ることである。安全性を確認してから、心的外傷に接近し、悲嘆の作業によって、PDSが三〇％を下回ることが、回復の目安となる[4]。

一般に、心理テストは、患者様に不安を与えがちである。しかし、このチェックテストには、患者様がそれまで誰にも理解されなかった症状が記載されていて、初めて苦悩に満ちた自分を扱かってもらえる印象を与えた。テスト結果に基づいた説明は、治療の動機づけを高め、治療関係の成立に役立った。

4　対応と回復のマニュアルの開発

当センターは、一九九九年に新築され、病院名が変わり、新病院として再出発した。その後、精神病圏に比して、ストレス関連疾患の割合が急速に高まった。当初、急性期病棟では、パーソナリティ障害の対応に困窮し、市橋秀夫氏[5]の「ボーダーライン・シフト」で、意思統一を図っていた。しかし、パーソナリティ障害の分裂や投影性同一視の防衛への対応の困難さに加えて、ＰＴＳＤの解離の対応に悩まされた。スタッフが、患者様と距離を取ると、患者様の見捨てられ不安を喚起し、理解されず受け止めてもらえない印象を与えた。筆者は、パーソナリティ障害とＰＴＳＤの両方に対応することが、多様な局面に対応可能な視点を持つと考えた。

ある性被害を訴える事例を契機に、ＰＴＳＤとパーソナリティ障害に対応する、ご家族とスタッフのための「対応マニュアル」[4]〔表1〕と、その後に患者様のための「回復マニュアル」〔表2〕を作成し、試行錯誤の末に現在のものに辿り着いた。

[表1] ご家族とスタッフのための「対応マニュアル」:
感情的に『反応する』ことなく、冷静に『対応する』ための心得

①訴えることを、丁重に聞き、動じることなく受け止めるが、巻き込まれない。

②何かをして欲しいと頼まれても、できる限り代理行為をせずに、本人の判断や決断を待ち、本人に任せる。

③言動の表面的なことに、感情的に反応しないように気をつけ、その背後にある望みや苦悩を理解する。

④無理難題をぶつけることには、二面性があることを理解する。
　つまり、一面は本人の苦しみの表現であり、苦しみを自分一人で引き受けられないので、それを誰かにぶつけて、ストレスを解消している。もう一面は、相手の対応の仕方を調べようとするもので、ぶつけられた人がどのように対処するかを見て、相手の反応次第で身の処し方を決めようとしている。

⑤回復過程に起こることは、「必要があるから起こり、重要なことであり、大切なことを教えてくれるサインである」と、共感的な姿勢で受け止める。症状や問題行動は、回復を助けてくれ、良い方向に導いてくれる面もある。

⑥回復過程は、シンプルなことから複雑なことへ、「ゆっくりと、急がずに、一歩一歩」順番に進めていく。
　つまり、回復作業は、「身体の安全(睡眠・食事・排泄)」の確立から始め、次に「精神の安全(感情・衝動の統制)」や「対人関係の安全(治療者・家族・友人)」が達成されてから、心的外傷を扱う方向へ進めていく。

⑦悪い結果を招くのは、「頑張り過ぎ」「無理のし過ぎ」「焦り過ぎ」の為である。回復には、ある時期「ゆっくり休むこと」「いい加減になること」「怠けること」「甘えること」「落ち込むこと」「引きこもること」などが必要となる。

⑧関係者は、客観的な情報を交換し、お互いの労をねぎらいながら関係を調整する必要がある。また、困難な状況によってお互いが引き裂かれることなく、悲観的な事柄をも、肯定的に受け止める力量が求められる。

［表２］患者様のための「回復マニュアル」：回復と自己肯定のための心得

①回復には、あなた自身の「救われたい」気持ちが大切です。他人に頼り、助けを求めても良いのです。やりたいことをして、嫌なことは断りましょう。

②回復には、「休息」が必要です。自分に「休んでもよい」と許可を与え、「ゆっくり休める環境作り」に努めましょう。「眠気」「疲れ」「だるさ」「ボーとする」「物忘れ」などが出てくることは、回復の始まりです。

③回復には、「焦り」や「迷い」がつきものです。行きつ戻りつのプロセスに、しびれを切らさずに、少々うまくいかなくても、諦めないことです。

④誰にも言えなかったことを、「安全な場所」で「信頼できる人」に話しましょう。他人に理解され受け止めてもらうと、あるがままの自分を受け止められるようになります。

⑤辛かった体験を語り、自己を表現すると、失われていた「記憶」や「感情」が蘇り、混乱に襲われることがあります。でも、それは回復の始まりを示すサインです。「泣くこと」や「怒ること」は、回復の第一歩です。

⑥回復過程に起こることは、「必要があるから起こり、重要なことであり、大切なことを教えてくれるサイン」であることを理解しましょう。症状や問題行動は、回復を助けてくれ、良い方向に導いてくれる面もあります。

⑦回復過程は、シンプルなことから複雑なことへ、「ゆっくりと、急がずに、一歩一歩」進めていきましょう。
　つまり、回復作業は、「身体の安全（睡眠・食事・排泄）」の確立から始め、次に「精神の安全（感情や衝動の統制）」や「対人関係の安全（治療者・家族・友人）」が達成されてから、心の傷を扱う方向へと進めていきます。

⑧悪い結果を招くのは、「頑張り過ぎ」「無理のし過ぎ」「焦り過ぎ」の為です。回復に向かうには、ある時期「ゆっくり休むこと」「いい加減になること」「怠けること」「甘えること」「落ち込むこと」「引きこもること」などが必要となります。

⑨辛い思いをしたのは、あなたが悪かったからではありません。自分ばかり責めてきた人は、他人を責めてもよいのです。でも、もし相手を許すことができたら、自分を許し「自分を生きる」ことに役立ちます。

⑩孤立すると無力に陥りますが、他者や社会との好ましい結びつきが得られると、本来の力を取り戻せます。

⑪幸せは、過去や未来に囚われず、「今を生きる」心地良さにあります。今日一日を、より良く生きることに努めましょう。

5　マニュアルの臨床的使用

近年、心のケアは、社会的な課題になったが、うつやアルコールなどの問題を抱える人が、医療機関を受診するのはごく一部である。心の傷を抱える人も、医療や相談機関への来所や、どのように扱われるかをめぐって、不安と懐疑を抱いている。そのような患者様やご家族に、初回ないし初期面接で、マニュアルを手渡し説明することは、治療者の考え方や立場を明示することになり、早期の治療関係の成立に寄与した。

一方で、心的外傷治療は、患者様やご家族が、自分で回復を切り開くことが重要となり、「セルフヘルプ」の視点は欠かせなかった。特に、他者を助けることで、自尊心や有能感を高めている治療者やご家族は、他人の世話焼きをやめて、患者様の判断や選択に任せ、自分の「セルフケア」に努めることが求められた。マニュアルは、患者様やご家族が、自ら難を逃れ、自ら危機を乗り越えるようにも使われた。

回復過程では、治療者やご家族が、患者様の表面的な言動に惑わされず、その背後にあるものを、冷静に「見て」「受け止め」「持ち堪える」ことが鍵となった。そうした段階を経て、「乗り越え」「解決」「成長」がもたらされた。良質の休息が取れると、感情や感覚が蘇り、身体や精神や対人関係にさまざまな変化が生じた。「泣くこと」や「怒ること」など、回復過程に生じることは、大切なものばかりで、不必要なものはなく、どれも回復のサインとして理解できた。治療者もご家族も、患者様に難題を突きつけられると、「闘争か逃走」的ジレンマに陥れられるが、相撲で胸を貸すように、受け「止める」ことが重要であった。治療者やご家族は、患者様の度重なるテスティングに対応することで、力をつけ、柔軟に対処できるように鍛えられた。

精神病様の反応が生じる時期は、統合失調症治療の「ストレス―脆弱性―対処―力量」モデルで対応した。困難な課題は先送りして、生活ストレスを軽減し、基本的なことに焦点化した。もっとも基本的なことは、身体の安全であり、ほど良い「睡眠・食事・排泄」が重要であった。精神の安全は、身体の安全と密接に関連することを強調した。対人関係の安全は、家族や友人の理解や協力が重要で、治療者との信頼関係が先行し過ぎると、理想化や万能感を強め、他者との関係を悪化させる危険があった。

どの精神疾患も、回復には休息が大切であるのに、多くの患者様は「力を抜くこと」や「休むこと」が苦手であった。頑張り過ぎ、無理をし過ぎてきた人は、ゆっくりすることが困難で、対極の「落ち込むこと」や「引きこもること」の大切さに学び、徐々にその中間の「ほどほどの現実」に慣れることを目指した。

心の傷を扱う臨床家は、過酷な現実と対峙し、揺るがずに踏み留まるために、多様なサポートを必要とした。筆者は、その準備として、二人目の教育分析者の門を叩いた。個別のケアに加えて、集団や家族でのケアも必要と考え、患者様やご家族や治療者がともに学び合える、サポートグループやＮＰＯグループとの連携を大切にした。病院内外の研修会や研究会やスーパーヴィジョンなどで、近接領域の人たちとの交流にも努めた。市民を対象とした講演会は、地域社会での心的外傷に関する反応がわかり、臨床実践を進める上で重要な情報が得られた。

6　事例呈示

【事例１】　二四歳、性暴力被害からの回復を訴える女性（愛子）
この事例は、筆者が担当した研修会を通じて紹介された。愛子さんは、性被害への憤りから、過去に関係した部署に抗議し、さまざまな機関に救援を求めた。当センターでも、電話交換士をはじめ、昼夜を問わず職員を巻き込もうとした。筆者は、愛子さんの行動化に対して、対応マニュアル①と②で、関係者に理解と協力を求めた。また、筆者は、ご家族が荒れ狂う愛子さんをどう理解し対処したらよいか、心理教育する必要に迫られた。
愛子さんは、初診時から統合失調症を疑われた。しかし、筆者を理想化し、主治医を脱価値化して診察が成立しなかったので、本人が希望するカウンセリングから始められた。面接の前半は、傷つき体験を語り、理想的な目標を追い求めたが、面接の終了時には、現実感を取り戻した。愛子さんは、子どもの頃から、優秀な姉への葛藤を抱え、親の評価を得るために良い子を演じ続けてきた。就職後すぐに不適応になり、就職を勧めた親を攻撃の的にした。カウンセリングでは、対応マニュアル③を肝に銘じ、背後にある望みや苦悩の理解に努めた。

愛子さんのジレンマは、家族が抱える問題の焼き写しと思われた。筆者は、ご家族の協力が不可欠と考え、家族療法を提案し、愛子さんもご両親も、それを希望された。ご家族は、姉の長期にわたる精神障害が重くのしかかり、家族全体が疲弊していた。筆者は、対応マニュアル④⑤⑥⑦を用いて、ご両親に姉と本人の病気の性質と対処法について説明し支持した。一年半のカウンセリングの後、愛子さんは、入院治療を希望した。三カ月の入院生活は、看護師によると「自己中心的な傾向が強く、周囲の患者様や職員との亀裂を繰り返し、愛子さんの攻撃から他患を守るために、愛子さんのわがままを受け入れることがやむを得ないとしても、忸怩《じくじ》たる思いであった」とのことである。筆者は、他では許されないわがままを、病棟が受け止め、持ち堪え、乗り越える体験があったからこそ、愛子さんが家族の絆を取り戻し、日々の楽しみへと興味を移していくことができたと考えた。そうした中で、叶わなかった主治医との信頼関係が成立し、薬物療法の導入により、その後の好ましい改善を生み出した。退院時の診断は、統合失調性パーソナリティ障害であった。筆者は、この事例を通じて、対応マニュアル⑧のように、回復過程に生じるいかなることも肯定的に受け止めることの重要性を痛感させられた。

愛子さんの治療は、三年計画で関わり、当初は身体の安全を確立するために、理想化された受験や就職よりも、家族の絆を大切にし、親に頼ることを奨励し、良質の休息を勧めた。愛子さんには、二年を越えた頃から、平穏な生活が訪れ始めた。特に、両親や姉との関係が改善し、短時間のアルバイトや習い事やスポーツ教室に通いながら、次第にフルタイムで働けるようになった。この事例は、入院時の解離体験尺度は三八%で、病理の深さがゆえに、身体や精神や家族の安全・安定を重視し、極力トラウマに触れないことがコツであった。

【事例2】 四〇歳、酒乱の父親と支配的な母親のもとで育ち生きづらさを訴える男性（義男）

義男さんは、臨床心理士の仲間から紹介された事例である。初診時の診断は、気分変調症であった。義男さんは、以前から他のクリニックに通い、うつ病で九カ月の休職の後に復職したが適応できず、当センターを受診した。義男さんの当初の解離体験尺度は五二％で、治療過程に深刻な問題の出現が予測された。

義男さんは、飲酒で荒れる父親のもとで育ち、母親も共依存傾向の強い人であった。義男さんは、幼少期から父親のようにならないと考え、無理を重ね頑張り続けてきた。職場ではエリートコースを辿ったが、中年期に至り、対人関係のトラブルから抑うつに襲われた。初めは、肩の力を抜けなかった義男さんも、回復マニュアル①②のように、「他人に頼り、助けを求めること」や「ゆっくり休むこと」の大切さを、徐々に受け入れていった。

身体を休め、治療者やご家族や友人に受け止めてもらう中で、蓄積されたストレスは、さまざまな形で排出された。金縛りで動けなくなり、解離性の遁走や健忘、頭の中に声が聞こえ神のお告げを聞く神秘体験、別の自分が出てきて「寝ずに頑張れ」と言い、目まいで倒れ息苦しくなるなど、次々と症状が移動した。筆者は、義男さんに回復マニュアル⑥で、繰り返し、症状や問題行動は、回復を助け良い方向に導く面があることを伝えた。

義男さんは、紆余曲折の末に、次第に楽になり、ゆとりが出てきた。病前の義男さんは、仕事にのめり込み、アルコールやギャンブルに嗜癖し、家庭では恐れられていたが、次第に家族関係は柔和になった。それとともに、疲れやだるさを感じ、ボーッとしたり物忘れが酷くなり、虚しさや満たされない気持ちに襲われ、泣いたり怒りが出てきた。筆者は、回復のマニュアル②⑤などで、「回復に好ましいサイン」と伝えた。

母親は、義男さんの回復が始まると、共依存関係が崩れる恐怖からか、元の息子に戻そうと、非難を突きつけた。義男さんは打ちのめされ、抑うつや解離の渦に飲み込まれた。症状の激しい波が繰り返す中で、職場からは復職を促され、必死の思いで出勤したが、二〜三カ月すると、睡眠障害や焦りや無理を繰り返すパターンに陥り、再三病休を取らざるを得なくなった。職場の上司も、義男さんの処遇や対応に困り果て、幾度も来院し、筆者の助言を求めたので、対応マニュアルに沿って説明した。

治療が三年目に入り、義男さんは腰を据えて治療に専念し、少し余裕が出たら、息子が駄々をこね、地を出すようになった。妻は、「初めて弱みを曝け出し、人間らしくなった」と語った。義男さんは、新しい職場の上司や同僚に支えられ、高望みをしないで、やるべき最低限のことをして、必要以上のことに手を出さないようにした。復職して一年が過ぎたら、「昔のように症状化しても、何とか乗り越えられる自分が不思議」と語った。

おわりに

筆者が、最初の教育分析を受けたのは、三五歳のときであった。分析家に、「ちょうど良いときに来た」と迎えられたが、ACの問題は中年期の入口にもっとも多く症状化すると言われている。当時の筆者は、芸術療法と家族療法を両輪にして臨床に携わっていた。教育分析によって、原初的な次元で「自己の存在」を受容され、原家族を含め家族を支持され、「機能不全家庭の心的外傷治療」へと方向づけられた。先達の存在によって、三四年にわたる病院臨床を、地に足をつかせ、踏み留まる勇気を与えられたことに感謝する。

〔文　献〕（1）C・ブラック『私は親のようにならない——アルコホリックの子供たち』斎藤学監訳、誠信書房、一九八九
（2）D・W・ウィニコット『ウィニコット臨床論文集2　児童分析から精神分析へ』北山修監訳、岩崎学術出版社、一九九〇

（3） J・L・ハーマン『心的外傷と回復』中井久夫訳、みすず書房、一九九六
（4） 杉野健二ほか「PTSDスクリーニングテストとPTSD対応シフト」アディクションと家族、20（1）、八二〜八七頁、二〇〇三
（5） 市橋秀夫「人格障害の初期治療」精神科治療学、6（7）、七八九〜八〇〇頁、一九九一

［参考文献］

＊ E・バス、L・デイビス『生きる勇気と癒す力―性暴力の時代を生きる女性のためのガイドブック』原美奈子、二見れい子訳、三一書房、一九九七
＊ 杉野健二ほか「アルコール依存症の多問題家族に対する家族療法」アルコール医療研究、7（4）、三〇一〜三〇八頁、一九九〇
＊ 杉野健二「患者の回復に伴う家族の問題の顕在化」家族療法研究、11（2）、一一六〜一二三頁、一九九四
＊ 杉野健二「精神疾患の親のもとで育った被虐待者の治療」子どもの虐待とネグレクト、1（1）、四一〜四七頁、一九九九

5 子どもを使った錬金術
――親からの投影同一化

髙森淳一

はじめに

レイン（Laing, R. D.）がいうには、「自己同一性とは、自分が何者たるかを自らが自らに語って聞かせるストーリーである」。こんな記述を目にすればナラティヴに関心のあるひとは、わが意を得たりと喜ぶに違いない。しかしその直後にはこう続く。「このようなストーリーを信じたい欲求は、しばしば別のストーリーを割り引いて考えたい欲求なのだと思える。別のストーリーはより原始的でもっと恐ろしいものなのだ」[1]。その恐ろしい別のストーリーとは、最初の自己のアイデンティティとはむしろ他者から付与される、というものだ。

実際のところ、最初期の自己は独立自存の自己言及的閉鎖システムと表象するにはほど遠く、対人交流のなかから析出される海月《くらげ》なす構成体である。そこでは、われわれはそうであると見なされる者として自らを認識する。自己は自己を語る以前に他者から語られる。語られるとは型《かた》どられるでもあり、騙《かた》られるでもある。

本論は自己同一性の形成過程において、子どものアイデンティティが養育者（親）から語られる＝騙られる現象を主題とする。その過程は親から子どもへの投影同一化によって展開する。ここでは子どもの心理的発達を阻害しうるアイデンティティの付与を問題とするが、1…親が好ましくない投影同一化を行う動機、2…子どもに付与されるアイデンティティの典型、3…子どもが親からの投影同一化を引き受ける動機について論じる。論及される動機は、親の場合も子どもの場合も、意識されていないことがほとんどである。

1　親が好ましくない投影同一化を行う動機

従来、精神分析の発達理論においては、親は性別や親役割に規定された紋切り型の機能としてしか論じられてこなかった。子どもは内的欲動や依存欲求を親に差し向ける能動的存在であるが、かたや親はその「対象」でしかなく、せいぜい求められる欲求を充足させうるか否かの存在、ともすれば欲動が投影されるブランク・スクリーン扱いである。

贅言を要しないが、実際のところ、親は独自の幻想や期待、不安、葛藤、傷つきを抱えた存在だ。そして子どもの欲求に応じるだけではなく、親個人の内的動機から能動的に子どもに投影同一化する存在である。投影のブランク・スクリーンには、むしろ未分化で可能性に満ちた子どもこそ好適であるし、対人的圧力をかけて自己の幻想に見合うべく相手を変容させる手管も大人のほうが格段に長けているはずだ。

従来、乳幼児は無意識的空想に繋縛《けいばく》された存在であり、かたや親は現実適応的な存在であると暗に想定されてきた。しかし冷静になって考えれば、乳幼児は動物がそうであるのと同じ意味においてきわめて現実に密着しており、無意識的空想が充満しているのはかえって大人のほうではあるまいか。ひとは無意識的空想を脱却することで現実認識に到達するのではなく、現実認識から逃避するために無意識的空想を創出するのではないか。

親から子どもに向けられる投影同一化にはビオン（Bion, W. R.）のいう夢想（reverie）のように良性のものも含まれる。また、子どもにかける適度な期待や健康な自己愛の照り返しは、子どもの発達にとって不可欠ですらある。しかしながら投影同一化は、しばしば親の精神的安寧のため、つまり一種の心理的自己防衛を目的として生じる。それは対自的な心理機制に基づく精神内界的（intrapsychic）防衛と異なり、自分自身の内的世界を安定させるために、他者の主観世界を操作する対人的（interpersonal）防衛である。内的葛藤に自分で取り組み、これを解決しようとする代わりに子どもとの関係へと外在化し、子どもにある役割・属性・アイデンティティを担わせることで心の安定を図ろうとする。

こうした二者心理学――実際には一対一の関係性ではないが――の防衛機制が適用される親の心理的問題には、原家族での葛藤、夫婦関係での葛藤、自己同一性の問題、自己愛の問題などを挙げることができる。

こうした状況にあって、子どもは親から「かのような子ども」(as-if child)として扱われる。つまり子どもが親の投影を体現する場合にのみ、応答してもらえる。そこではまさに子どもの実存体験そのものが、親の自己中心的関心によって変質させられる。[2]

幼児にとって移行対象は子どもを空想から現実へと橋渡すが、親の自己愛に資するような親子関係にあっては、子どもは親にとって現実から空想へと橋渡す機能を果たす。親は子どもにおいて自己の無意識を体験する。そうした心理力動において、さしずめ子どもは親の逆移行対象と見なせる。次節では「かのような子ども」におけるアズ・イフの具体的内容について主たるものを論じよう。

2 付与されるアイデンティティの類型

スタティックな印象を与えるだろうが、ここでは紙幅の都合上、各々の心理力動についてはあまりふれずに、親から子どもに向けられる投影同一化の類型を一覧的に論じてゆく。

これらの類型はあくまで便宜的なものである。それらは相互浸透的であり、類型内でもバリアントがいくらも存在する。また実際は、ひとりの親から複数の類型がひとりの子どもに重積して投影され、かつそれらが著しく矛盾する場合もあるし、あるいは父母で相反する役割を同一の子どもに投影することもある(二重拘束)。善悪の極が分裂して二人同胞の各々に投影されることもあろう。それらは出生順序や性別や子どもの特性、出生時の家庭状況などに左右される。

大まかな分類範疇としては、親の現実の自己像(肯定/否定)(①/②)、親の実現しえなかった自己像(肯定/否定)(③/④)、親の自己愛を補完するためのアイデンティティ(肯定/否定)(⑤/⑥)、親の対象像(原家族/現家族・現在の生活）（⑦⑧／⑨〜⑭）となる。

①現実の肯定的自己像　このパターンでは、親が社会的あるいは家庭的に成功し自分に満足している場合が多い。親は子どもに自己を模倣するよう、極端には自分の等身大のレプリカとなるよう求める。親には、首尾よくいった自分の人生は正しく、自分と同じ轍《てつ》を踏むことが子どもにも最善であるという確信がある。子どもが親の推奨する領域以外でいくら成功しても、肯定的評価はまるで与えられない。子どもの人格的個別性は顧みられず、子どもは自己愛的な親の拡張自我にさせられてしまう。

②現実の否定的自己像　親の自己像のうちで否定的な属性が分裂排除されて投影同一化される。子どもへ排除されるのは罪悪感、劣等感、未熟さ、衝動性といったものである。親は「自己イメージのあらずもがなの面を取り除くために、子どもを利用」する。[3] 単なる投影と異なり、子どもは親から見なされる者（あるいは物）へと変容する。たとえば仮性の知的障碍児の母親は、子どもが端《はな》から知的に遅れているものとして接している。

内的体験に属する罪悪感というよりも過誤や罪や災厄そのものが子どもに転嫁されることもある。その場合、子どもは重荷の担い手や罪喰い（sin-eater）やスケープゴートとしての役目を引き受け、「愛情対象の中に巣くっているようにみえる悪の重荷を自らに引き受ける」こととなる。[4] これが高ずると類型⑬の「不幸の元凶」像に近づく。スケープゴートの救済者的側面が強調されれば、類型⑦-(2)に近似してゆく。

③実現しえなかった理想の自己像　実現しえなかった親の肯定的自己表象が投影される。そこでは親の魔術的万能感や幼児的誇大性が活性化し作動している。親は成功した子どもに同一化して自己愛の拡充を図ろうとする。期待されるありようは社会一般からみて好ましいものであるため、代理的成功者となるよう期待されていると も言える。こうした期待が即、病理誘発的ではないが、その過剰と他類型との複合から問題が生じうる。映画『シャイン』（スコット・ヒックス監督　一九九五年）では、父の夢を代理的に実現しピアニストとして成功せよという期待と同時に、成功して父親のもとから離れてはならないという禁止とが息子に伝達される様が如実に見て取れ

る。

子どもに対する理想化と理想像実現への希求がはなはだしくなれば、子どもは親を困窮から救い出す英雄、救済者となるよう切望される。子どもに天賦の才が備わっていた場合、他の生活能力が犠牲にされながらも親の期待に応えることもないではない。しかしながら多くの場合、子どもは期待過剰に耐えかねる。

また理想を実現した子どもに親が妬みの気持ちを抱くこともある。たとえば虐待を経験したひとは、自分の子どもが安心しきって寝ているのを見て、私は安心して寝てなどいられなかった、あんたは安心して私に頼れて良い、わたしは誰に頼ったらいいの……と感じたりする（conf. 類型⑫）。

④可能性としての否定的自己像　可能性には肯定のみならず否定的な側面も含まれる。実現しなかった自己の姿といった場合、現実の自分と相違する否定的な自己も含まれる。たとえば否認されて発現しえなかった親の攻撃性や性的衝動を子どもが引き受けて行動化し、親はそこから代理的に満足を得る。こうした家族力動は非行少年の一部に見られる。[5]

⑤理想的な親と対になる理想的な子ども　親が原家族のなかで肯定的なアイデンティティを獲得できておらず、その欠如を埋め合わせるために「理想的な親―理想的な子ども」というペア・イメージを求める。理想的な子どものイメージが、依存、従順、無垢という方向に傾けば「永遠の幼児」と言うほうがふさわしくなる。また類型⑭の方向へ傾斜すれば「ペット」となる。この類型⑤は、境界例や心身症の母子関係でしばしば論及される関係である。

⑥比較の劣等者　他者《ひと》を弱者に貶めることで自らは、シーソー的に強者となる。自己愛的欠損を補償するために、他者を貶めて優越感を獲得し、権力による支配によって主導感を物にしようとするひとがある（自己愛的変質者[6] pervers narcissique）。一方、貶められる相手は健康な自己愛、自己評価、有能感を踏みにじられ搾取される。こうした対人力動は職場などの家庭外でも生じうるが、現実に体力、知力において劣等で、教えを受ける立場にある子どもは格好の標的となる。

こうした自己愛的な親は子どもの無知や無能をことさらにあげつらい、自己の失敗や過誤は糊塗する。たとえば息子と将棋を指して負けた父親が、俺が負けるはずはない、何かズルをしたに違いない、正直に白状しろと息子に迫り、子どもはインチキをしていないにもかかわらず、ズルをしたと言わされる。

⑦親イメージ　親子の立場が心理的に逆転していて、親のほうが子どもに幼児的な願望や不安を向ける。それらは、たとえば庇護の欲求、依存心、分離不安、叱責への怯えといったものである。

(1)攻撃的な親（超自我）　批判的・攻撃的な親の表象が投影される。たとえば子どもの泣き声が母親としての自分の無能ぶりを糾弾するかのように体験される。このパターンは類型⑤としばしば張りあわせになっており「慈愛に満ちた親―愛すべき子ども」というペアイメージは「糾弾する親―処罰に価する駄目な子ども」というペアイメージに容易に反転する。そこでは子どもに、糾弾する親表象と処罰に価する自己表象の双方が同時に投影されている。こうした悪いペアイメージの（再）活性化によって虐待が生じうる。

(2)慈愛に満ちた親（心理治療者）　子どものほうが心理的に親の面倒をみることがある。ある範囲内の役割逆転は健全かつ必要でもあるが、義務的な雰囲気のなかで生じると拘束状態が生み出される。家族療法家のベセルメーニ・ナージ（Boszormenyi-Nagy, I.）らはこれを「役割逆転」（親化 paretification）として概念化している。[7]子どもは親の幸・不幸に責任を感じ、傷ついた親を癒そうとする。実際のところ「すでに二歳の子供でも……彼らの優しくなでる手、温かいまなざし、あるいは一緒に遊ぼうという彼らの側からの元気づけが、落ちこんでいる母親を元気にさせるということに気づいている。そして、片方の親、または両親が自分たちの感情を安定させるために少なくとも一人の子供をどうしても必要とし、他方、子供のほうでもこの関係に頼っているといった家族がある[8]」。

こうした家族力動において、しばしば娘（多くの場合、長女）は母親から夫への不満や舅・姑との軋轢について愚痴を延々と聞かされる。愚痴の聞き役、なだめ役、心理カウンセラー、ヒーラーの役割を担う。子どもは自己の体験や感情を中心に据えるのではなく、他者の傷ついた感情に共感するよう促される。子どもは親の親となり、子どもであることができない。そして「親の自己対象の役割を果たして、親の傷ついた自己愛を癒しつづけるために、正常な発達目標を断念して親との共生関係に留まることになる」[9]。上の子が成長過程で運良くこの役目から脱出すると、下の子が（たとえばペット役だった子が）この役を引き継ぐことになる。

場合によっては、障碍を抱えた弟妹の面倒を、親に代わってみる役目を上の子が担う（弟妹の困苦に共感しつつも親の意向を汲み、両者を橋渡しするのだが、そこではやはり自分自身の自発的感情や意向は埒外に置かれる）。

こうした幼児期を経たひとが職業選択において対人援助職を目指すことがままある。

⑧同胞イメージ　夫婦ふたりの時にはうまくいっていたが、たとえば男の子が生まれ、ご主人は奥さんからの関心や世話を赤ん坊に奪取されたと感じる。というのも赤ん坊が後から生まれてきて母親の愛情や関心を自分から奪った弟のように感じられるからである。あるいは男兄弟が子ども時代に早世した母親は、自分の産んだ男児もそうなるのではないかと不安で、過剰にかまってしまう。

子どもを同胞と見なす投影パターンが生じる家族的布置として、しばしば家族を支配する偉大な祖母や祖父が存在し、親と子どもは祖父母の子として同列に位置づけられていることがある。

⑨配偶者代理　配偶者に向けるのが妥当な（愛情、性的、依存）欲求を異性の子どもに向ける。またピュグマリオンよろしく子どもから理想的異性を塑像しようとする。時には配偶者への復讐心が異性の子どもに向けられる。いずれにしても子どもにとって、同性の親は異性の親から否定されており、性別同一性形成において同一化すべき対象が失われる。配偶者にはしばしば原家族での親（あるいは得られなかった親）のイメージが投影されているため、この類型は類型⑦と二重写しとなりがちである。

⑩同盟者　夫婦間に葛藤のある場合、親は子どもを味方につけようとする。そのため家族内で勢力が二分したり、片方の親がひとり悪者扱いされる。たとえば不在がちな父親が悪者とされ、母子同盟（母子密着）が結成されるといった現象はしばしば目にする（ボウエン Bowen, M. のいう三角関係化の一例）。同盟者というより「子分」、「スパイ」といった位置づけもありうる。子どもは両親と直接関係するのではなく、同盟者である親の内的配偶

者表象を通してしか同盟外の親に関われない。この類型は⑦-(2)「慈愛に満ちた親」イメージとしばしば連携している。

バリアントとしては、夫の攻撃・暴力から逃れるために子どもを防護盾として利用することが挙げられる。夫の注意を子どもの問題に向けかえて、自分への攻撃を子どもにそらそうとする。子どもの防護を親の役割と考えれば、これは類型⑦-(2)の範疇に属することになるし、都合上叱られ役を子どもに押しつけるとみれば類型⑬に分類できる。またこの類型の別のバリアントとしては、両親間のレフェリー役を挙げることができる。

家族療法で問題とされる世代境界の不明瞭化・混乱は直接にはおもに類型⑦〜⑩の家族力動から生じる。

⑪生まれ変わり　誕生時期の近接や性別の一致などから亡くなった近親者（よくあるのは祖父や祖母）の生まれ変わりと見なされることがままある。また子どもを亡くした若夫婦は、その代理として次子を求める。その場合、誕生した子どもには生後すぐから亡くなった子どものイメージが重ね合わされる。亡くなった子どものイメージはきまって良いものであり、そのイメージと比較して難詰されることもある。この場合、親の側にスプリッティングがあって、亡くなった子どもの影の部分（と親の罪悪感）が目前の子どもに投影される。子どもは、亡くなった兄姉に一度としてまみえていないのだが、亡き同胞に対して、いわゆる生存者の罪悪感を無意識に抱くことになる。

⑫不幸の同伴者　不幸は道連れを求める。劣等感にさいなまれ不遇をかこつ親は、子どもにもその経験を分かち合って欲しいと願う。つまりひとり子どもが才能を発揮して成功したり、幸せになったりしないよう無意識に願う。時に失敗するよう暗示をかける。子どもは、ともに苦悩することに連帯感を覚え、また自らが苦しみを引き受けることで親の重荷が軽減し懊悩が緩和すると感じる。そのため子どもはしかるべき肯定的目標を追求することに罪悪感を抱き、成長、成功、幸福への道を自ら閉ざす。子どもが自分と違って幸せになることを親が妬んだり、積極的に阻止しようとする場合もある。この類型⑫は類型⑦-(2)、⑩、②と近接あるいは相互連関する。また内容的に撞着する③「実現しえなかった理想の自己像」としばしば組み合わされる。

⑬**不幸の元凶**　人生を不如意と感じる親は、自らの自己愛を防護するためにその原因を子どもに帰す。あんたを妊娠したから仕方なく結婚した、出産のせいで昇進が遅れた、あんたがいなかったら離婚できるのに……といったことを子どもは聞かされる。それらはおおむね親の現実逃避的な口実に過ぎない。つまるところ親は自分の人生に対して責任を担おうとせず、子どもに責任転嫁するわけである。

しかし子どもは自分がいるせいで親が不幸に陥っている、少なくとも負担をかけて親が幸せになるのを邪魔していると体験する。そして自己の存在自体を罪悪と感じ、自分はいないほうが良い（死んだほうが良い）と無意識に考える。サバース（Sabbath, J. C.）によれば、自殺の危険の高いひとの一部は expendable child の役割を背負わされたひとたちである。彼らは親の幸福に対する脅威と見なされており、お前は無用の長物だというメッセージが陰に陽に彼らには伝達されている[10]。

夫婦関係の葛藤化を避けるために、子どもを問題児や悪者に仕立てあげ、夫婦が共同して子どもの問題に対処することで夫婦関係を強化しようとする場合もある（これもボウエンのいう三角関係化に相当する）。

不幸の元凶表象が極端になれば、迫害者となる。虐待される子どもは親からみて無意識では迫害者と体験されていることが多い。ギリシャ神話のエディプスとその父ライオスの場合を想起すると良いだろう。

⑭**ノン・ヒューマンな「物」**　これまで論じた類型ではいずれも子どもの人格的個別性が疎外されるが、その程度が顕著となれば人格性自体の疎外へと至る。その場合、子どもは親の自己顕示のための装飾品、攻撃性や性的欲望のはけ口、不快なものを投げ入れるゴミ箱、捨石として扱われる。子どもは人格というより「it」として、つまり infrahuman や nonhuman な物として扱われる。

以上、子どもの引き受ける役柄のさまざまを論じたが、おしなべて子どもは自己自身の体験と自己アイデンティティを認識しそこない、他者のなかに構成される自己像こそが現実の自己であると信じる。つまりは自分自身になることに失敗する。したがってそこには必ず自他交錯と自己不確実感が随伴する。長ずるに及んでは、他者からの無言の期待を察しそれに即応することに自己の存在意義を見出す（他者中心性）。また他者の問題や不幸に責任を感じ、他者とのあいだで問題が生じた場合、自己正当化ならぬ「他者正当化」によって状況を了解する。こうした性向のために自尊感情は不安定で低下しやすく、鬱気分の心理的温床を抱えることになる。（ただし反・動的防衛として、精神病質的ともみえる自己中心性や対人的感受性欠如が適応手段となるひともいる。）

3……子どもが投影同一化を引き受ける動機

1で論及したように、子どもは現実志向的かつ適応志向的である。子どもが親からの投影同一化を引き受ける理由はまずここにある。つまりは対人的現実に適応するからである。新生児が、生まれてきて何の疑いもなく空気を吸い込むのと同じように、子どもは心理・対人的環境から投影同一化を取り込む。疑念の余地がないため、取り入れ性同一化に由来する心理的問題の濫觴《らんしょう》は自覚の及ぶところとならない。人格形成において子どもが心理・対人的現実にいかに熱心に適応しようとするかは、クライエント理解においてもっと重視されねばならない。

次に挙げられる動機は、心理的紐帯維持への欲求、関係喪失への不安、つまり見捨てられ不安である。子どもは親に依存した存在であって、依存対象である親から見捨てられないために、何であれ投影同一化によって親から外在化される内容物を受動的に受容せざるを得ない面がある。もしそれを受容しそこねたら、親にとって自分が存在しなくなるという絶えざる脅威が存在する。「もしお前が私の求めるようなものでなけりゃ、私には存在しないも同然だよ」、というメッセージを子どもは親から受け取っている。[11]

しかしながら、こうした側面はことの片面でしかない。子どもが依存した存在であることは誰もが知っている。しかしその逆の面は見落とされがちである。つまり子どもは愛情を受け取るだけではなく、与える存在でもある。子どもが親からの投影同一化を引き受けるのは、関係喪失を防御して自己を保全しようという利己的動機のみならず、いや、それ以上に親への愛情、親の苦悩への共苦共感、治療衝迫といった愛他性のためである。子どもは親のために能動的に自らすすんで受苦を引き受ける。それゆえにこそ割り当てられた役割から脱することは難しい。成人して依存する必要がなくなれば、見捨てられ不安は軽減し関係からの脱却は容易になるはずだが、そうならないのは、ひとつには、この見捨てる不安が支障となっているためである。親のシナリオから離脱することに子どもは罪悪感を覚える（分離の罪悪感）[12]。とくに否定的な役割を担わされた子どもは、自分が苦しむことイコール親や家族を援助することと感じており、自分が安寧を得たり成功したり親から分離したりすることは、親を裏切り見捨てる行為であり、破滅に追いやる所業と無意識に思い込んでいる。

おわりに

治療について論及する紙幅はないが、投影同一化を頻繁に使用するクライエントは、実は幼児期に養育者からここで論じたような投影同一化を被っていることが多い[13]。したがってその心理力動を考えるにはどのような投影同一化に晒されてきたかを考慮する必要がある。またそうした投影同一化の主体である親の心理的葛藤を考えるにはクライエントの祖父母の世代についても視野に入れる必要があり、複数世代にわたる理解が要請される。

また、そこでの治療目標は古典的心理学の共通目標である投影の引き戻しや自責感の体得とはおよそ正反対である。罪悪感や自己喪失感に圧倒されることなく、幼児期の対象関係に緊縛された自己同一性や対人認識を放棄しうることが重要である。つまり自他交錯の結ぼれをほどくことが一義的に必要とされる。

[文献]
(1) Laing, R. D. (1961/1969) *Self and others*. London : Tavistock Publications, p77.
(2) Brodey, W. M. (1965) On the dynamics of narcissism : Externalization and early ego development. *The Psychoanalytic Study of the Child*, 20, p165-193.
(3) Berger, M., Kennedy, H. (1975) Pseudobackwardness in children : Maternal attitudes as an etiological factor. *The Psychoanalytic Study of the Child*, 30, p279-306.
(4) Fairbairn, W. R. D. (1943/1952) *Psychoanalytic studies of the personality*. London : Tavistock Publications.
(5) Johnson, A. M., Szurek, S. A. (1952) The genesis of antisocial acting out in children and adults. *Psychoanalytic Quarterly*, 21, p323-343.
(6) Eiguer, A. (1996) *Le pervers narcissique et son comlice*. Paris : Dunod
(7) Boszormenyi-Nagy, I., Spark, G. M. (1973/1984) *Invisible loyalities : Reciprocity in intergenerational family therapy*. New York : Brunner/Mazel.
(8) Richter, H. E. (1979) *Der Gottskomplex : Die Geburt und die Krise des Glauben an die Allmacht des Menschen*. Hamburg : Rowohlt Verlag. (『神コンプレックス――人間全能信仰の誕生と危機』森田孝、内藤恵子、光末紀子、星野純子訳、白水社、二八〇～二八一頁、一九九〇)
(9) 髙森淳一「罪悪感再考――対象関係と愛他性を視点として」天理大学学報、55(2)、一〇三頁、二〇〇四
(10) Sabbath, J. C. (1969) The suicidal adolescent : The expendable child. *Journal of American Academy of Child Psychiatry*, 8, p272-289.
(11) Ogden, T. H. (1982) *Projective identification and psychotherapeutic technique*. New York : Jason Aronson, p16.
(12) Modell, A. H. (1984) *Psychoanalysis in a new context*. New York : International Universities Press.
(13) Grinberg, L. (1962) On a specific aspect of countertransference due to the patient's projective identification. *International Journal of Psychoanalysis*, 43, p436-440.

コラム

赤ん坊をめぐる投影同一視

伊藤(阿部)一美

赤ん坊は、まどろみと覚醒の間を往復しつつ、不快を泣き声に託して、徐々に他者や世界に開かれていく。彼を取り巻く大人たちは、泣き声の意味を、空腹か、オムツか、ねむずかりか、と意味づける。母親に代表される主たる養育者は、ともに過ごす時間が長い分、タイミングや赤ん坊の様子から不具合らしきものを見つけやすいが、それでも泣き止まずに途方に暮れることもある。

他の大人(たとえば、父親)は、母親が抱くことで安定するのを見て「やっぱりお母さんだねえ」と声かけをしたりする。これは、赤ん坊の母親への特別な愛着を確認し、彼女の自信を高める一方、母性神話への固執と他の保育戦力撤退の危機にも繋がる。また泣き止まずに「どうして泣いているの?」とその意味を尋ねるとき、単に現状把握のための質問というだけでなく、周囲の大人から母親への万能感的期待と、あやしがうまくいかぬことへの失望も含むことがある。

延々と続く泣き声は周囲の大人の心性を退行させやすい。彼らの中にも不安や無力感が惹起し、赤ん坊に向けて投影的な同一視が起こり、双方の不安や怒りがまぜこぜになって母親に向けられることもあろう。母親は大人の心から排出された〝泣き止まぬ赤ん坊〟をも抱えるべく期待される。夜泣きのときに、赤ん坊本人の苦痛や自分の疲れを気遣う以上に、家族や近所からのクレームに怯える母親は決して少なくないだろう。

核家族化と少子化の時代、新メンバー登場による家族力動の変化は大きく、受け止める家族内の緩衝機能も弱い。赤ん坊の寄る辺なさは家族に伝播する。しかし、新米の母親が大人メンバーの内側に生起する不安のマネージメントまで期待されるというのは酷である。そもそも子どもは、母親にとってもユニークな個性をもった他者である。だからこそ、言語以前の寄る辺ない理解困難な赤ん坊を日々観察し、共感的・妄想的理解を積み重ね、試行錯誤するのである。

育児支援を考えるとき、母親を彼岸の赤ん坊に手の届く〝特別な〟存在にしたてあげ、唯一の理解者と崇めることは、母子を癒着的関係に追い込むことになりかねない。家族や周囲の大人たちは、いかに〝母親〟を力づけるかだけではなく、なにやらよく泣き了解不能なエイリアンを扱いかねる此岸の〝共同担当者〟として、途方に暮れてみてはどうだろう。案外これが、母親にも赤ん坊にも家族全体にも、パワーを与えるのではないかと思うのである。

コラム

母子教室が少人数である意義について

鳴岩伸生

二歳児とその親を対象とした母子教室事業に関わって四年になる。その教室は、発達上の問題の有無にかかわらず、二歳児の母子全員が対象である。現在、保育士、保健師、臨床心理士の三〜四人のスタッフで、一〇組前後の母子を継続的に担当しているのだが、丁寧な目配りと対応を行うにはこの規模が適当であることがわかってきた。というのも、これ以上の母子を受け入れたときには、スタッフの目が十分には届かなかった経験があるからである。

母子ともに器質的には健常であっても、母子関係の悪循環が子どもの発育に悪影響を与えている事例は少なくない。少し気になる子どもがいれば、様子を見守りながら、適宜スタッフが関わりを持つ。この時期ならば、親子関係に問題が生じていたとしても、スタッフのちょっとした関わりだけで好転することも多く、親子関係の問題を持ち越した大人の事例に比べると、格段に即効性がある。このような早期に、子どもたち一人ひとりを、各分野の専門家が見守る体制をとることで、放っておけば大きくなる問題を未然に防いでいるように思う。

二歳児というのは自己主張が強まる時期であるが、母親にとっては、子どもの「イヤ」にうんざりしたり、ことばの遅れが気になったりと、戸惑いを覚えることも多い時期である。そのような時期だからこそ、母親同士が交流しながらお互いを支えあう場が必要となる。私の関わっている地域は人口が少なく、同年代の子どもを持つ母親たちが交流を持てることだけでも意義深いのであるが、ふと都市部の事情が気になった。都市部ならば、同年代の子どもを持つ母親は、近所に数多くいるだろう。しかし、親しい友人すら近くにいない母親たちは、どのようにして子育ての戸惑いに対処しているのだろうか。報道を通じて虐待の事件を耳にするたびに、その母親を支えられる人が周囲にいたのかが気になる。いくら人口が多くても、心理的には過疎地帯のような都市も存在するのではないだろうか。母子教室は、母親同士がそれぞれの「個」を支えるネットワーク作りの場を提供することで、母親の孤立を防ぐという大きな意義を持っていると考えられる。

今、役所でも企業でも人員削減や予算削減の波が押し寄せている。税金の無駄遣いを減らすのはよいが、乳幼児期の子育て支援に関わる人員だけは決して減らしてはならない。なぜなら、母子への細やかな支援体制を作ることこそ、私たちが安心して生きられる未来への最も確実な投資だからである。

コラム

親子並行面接という構造のはざまから見えてくる家族

安立奈歩

親と子の「個」どちらも尊重するため、私は親子並行面接を基本構造としているが、〈別々にお話しする〉〈秘密を大切に〉といった説明が通用しない時にむしろ、その家族の重要なテーマが現れてくることがある。

一〇歳のA子は、面接室に誘うと「いや！　お母さんは私の悪口を言いに来たんだから」と断固反対し、母親から離れようとしなかった。廊下で一悶着した後、〈悪口を言いに来てるとしたら大変。まずお母さんと一緒に話しとくほうがよさそうやね〉と提案し、母親にも了解をとった。A子曰く、家では母親がA子に関する相談を電話でしており、A子に丸聞こえなのだという。母親もこれを認め、A子の叫びを知ってハッとされた。A子はその後、私に話す内容と母親に話す内容を分化させ、個の輪郭を少しずつ作っていった。

中学生になったばかりのB実の母親は、B実のいない場で「B実が何を話してるか教えてもらえますか。秘密なのはわかってるんですけど……」とB実担当の私に尋ねるようになった。来談のきっかけは、

B実が母親に話した内容が夜中、父親に逐一報告される現場を目撃したことで、B実は人が信じられない状態にあった。B実の語りが両親の間では生命なき報告事項へと姿を変え、それをもって子を理解したと母親が考えていることが問題だったのだ。私は、〈ご夫婦でB実さんのお話をされるやり方が今ここで再現されてしまいますね。『秘密なのはわかってる』のかな？　……うーん〉と伝え、母親面接へと戻した。母親はその後、子育てと夫婦関係のあり方に向き合い始めた。もっとも、ここからが長い道のりであったが。

この二事例は、お会いしてきたクライエントの方々からエッセンスを抽出した仮想事例である。「個」を守ろうとする親の動きが、逆に子の「個」を侵襲するという構造が現代の親子関係には多い。しかし、二事例とも形こそ異なれ、面接構造の揺さぶりを通じて「個」と「つながり」のあり方を真摯に問うている。面接構造の説明などではもちろん伝わらない。親子並行面接という構造を手がかりに、心理臨床家が心を使って出会い直したことが治療的に機能したのである。個が個であること、つながりをつながりと感じること、その本来の姿を今ここで体験する機会が柔軟かつ積極的に設定できる点を、親子並行面接という構造の内包する力として見直したい、と私は考えている。

コラム

個であること、母親であること

植田有美子

乳幼児の子育て相談で、さまざまな母親たちと出会う。自分から来談される方もいれば、周りから指摘され来談される方もいる。来談動機は、発達段階に沿った育児の悩みといったものから、重い障害や問題行動、育児不安や母親自身の問題まで多岐にわたる。こちらは気楽に来談をと思っていても、母親にとって子育て相談に行くことは決して嬉しいことではない。相談機関に行くということ自体が、子どもに問題があるという烙印を押すこと、もしくはそれが自分のせいだと認めることと感じられ、抵抗を持つ母親も少なくない。しかし、この時期の心理面接は、母親の個としてのアイデンティティの再構成にも大きな意味を持つように思う。

妊娠、出産を経て女性は身二つになり母親になる。また、今まで築き上げてきた人間関係とは違った、子を中心にした新たな集団に、母として／個人として関わっていかなければならない。それは父・母・子という家族、さらには祖父母を含めた関係であり、ご近所のママ友達とのつきあい、保育園・幼稚園との関係であるだろう。橋本やよいは「女性は、受胎し自分と一体化した子どもを産み出すことで母親になるのであり、その過程でいったん個としての自分を壊す」[1]という。母になるとは、時に個としての存在が揺らぐことであり、面接の中でも母親自身が幼い頃体験した深いレベルの感情が揺り動かされることが多々あるように思う。

母親自身にはほとんどふれず、子どもについての話だけで終結していく事例がある一方で、母親自身の悩みが中心となり、当初の子どもについての主訴が解消した後も面接が続く場合もある。順調に育っているように見える子どもの母親でも、ゆっくり話を聞くと、「もし（母親が）私じゃなかったら……」と、悩みや不安、自信のなさを語られることは多い。いずれの場合でも、セラピストとの関係の中で不安が受けとめられ安心感が生まれると、単なる外からの刺激への反応ではない、母親の内から生じる語りが紡がれていく。それゆえ、子育て相談では、子どもの問題や育ちに主眼を置いたサポートと、母親を主体とした心理面接という視点が両方必要である。重要なのは、最初の気づきはあくまで子どもと不可分な形で生じるということである。現実の子どもを前に、一緒にその育ちを見守ることで、母親の中の内なる子どもが息づくような、そんな印象を持っている。

［文　献］（1）　橋本やよい『母親の心理療法――母と水子の物語（叢書・心理臨床の知）』日本評論社、一〇～一一頁、二〇〇〇

第3章……………グループ療法

1 グループワークにおける差異と器

大山泰宏

1 マタイ受難曲でのペテロの否認

J・S・バッハの『マタイ受難曲』のクライマックスのひとつは、ペテロの否認の場面であろう。イエスがユダの裏切りにより捕らえられたとき、「この男もナザレのイエスの仲間だ」と、傍観者のふりをしていたペテロを人々が告発する。ペテロは「何を言っているんだ。私はあの男など知らない」と無関係を通そうとする。しかし「おまえは確かに、あいつの仲間だ。おまえは嘘をついている」と群衆の声が挙がったとき、ペテロは声をはりあげる「誓って言う。私はこの男など知らない」と。まさにそのとき鶏が時を告げ、「鶏が鳴く前におまえは私を三度裏切るであろう」というイエスの預言が満ちたことに気づいたペテロは慟哭する。その直後に歌われるアルトのアリアが、有名な「主よ、憐れみたまえ Erbarme dich, mein Gott!」である。

あまりにも有名なこのアリアについては、ここで今さら詳しく説明するまでもない。「主よ、憐れみたまえ。むせび泣く私を見てください。あなたの前でこの心も眼差しも涙に濡れるのを」と繰り返し歌われる静謐なアリアを聴くとき、誰もが心を掻きむしられ、涙を流さずにはいられない。ナチス侵攻の重い空気がヨーロッパを覆っていた一九三九年、アムステルダムでのメンゲルベルクの指揮による有名な歴史的録音では、聴衆が声を抑え嗚咽するのが聞き取れる。

ペテロの否認とそれに続くアリアに、なぜ私たちはこのように心打たれるのか。そこには、精神分析的に見て、とても見事な構成がある。ペテロが裏切りの言葉を、天地神明への誓いとして言い放つとき、私たちにはペテロを非難する気持ちが生じてくる。自分の身を護るために最愛の師を裏切ったペテロに対する非難の気持ちが。しかし、それに続く「主よ、憐れみたまえ」のアリアによって、その非難は覆される。もしこのアリアがアルトではなく、ペテロによって歌われたらどうだろう。それは、きわめて単純な個人的な後悔の物語にしかならないであろう。私たちのペテロに対する憤りは、已《や》まない。しかし、このアリアをアルトが静かに歌い始めるとき、私は気づかされる。私がペテロを非難していたとき、それはちょうどペテロがイエスを裏切ったように、私も自分とペテロを区別することで、ペテロを裏切っていたのであると。不都合なものを切り捨てることで、自分を保とうとしているのだと。私も自己保身のためには、ペテロのように人を裏切るような脆弱な人間ではないか、ペテロを非難する資格はあるのかと。ここに一種の人間の脆弱さと罪に関する普遍的な真理の次元が立ち上がり、「主よ、憐れみたまえ」の呼びかけは、私自身の神への呼びかけとなるのである。

それと関連しつつ、ペテロの否認と慟哭の流れの中には、もうひとつ別の重要なテーマがある。ペテロを次第に追い詰めていく群衆の声は、個を失った集団のおそろしい力動である。マタイ受難曲では他の場面でも、コーラスが効果的に使われ、ぞっとするほどの群衆の残酷な声を表している。たとえば、イエスがまさに磔刑になろうとする場面、コーラスは「Lass ihn kreuzigen! 奴を磔にしろ」と繰り返し叫んで迫っておきながら、その舌の根も乾かないうちに同じ声が「Wie wunderbarlich ist doch diese Strafe! なんとひどい仕打ちでしょう！」と静かにコラールを歌い始める。その両価値の反転を聴くと、なるほどクライン（Klein, M.）が描こうとした妄想分裂態勢の世界とは、このようなものかと納得できる。ペテロを否認へと次々と追い詰めていく声も、心理的な断片を分裂したまま投げつけるすさまじい破壊力をもっている。そのような破壊を受けたペテロは、「この男など知らない」と、今度はその否定の断片をイエスへと投げつけるのである。そして聴衆である私は、やはりペテロを否定する気持ちが出てくることで、この破壊をペテロへと投げつけてしまう。聴き手の「私」は、コーラスで表現されている群衆の位相に置かれ、心の奥底のアンビバレントな対象関係が引きずりだされる。しかし、「鶏が鳴く前におまえは私を三度裏切るであろう」というイエスの預言が成就したとき、ペテロはイエスが初めから何もかも知っていたことを知る。自分が断片的に投げつけていたものが、実はイエスの器と赦《ゆる》しの中にあったことを知るのである。そのときに強い後悔と涙が込み上げてくるのである。怒りの断片を投げつけていた私も、このプロセスに共鳴し、「私」は確固たる自己の器に包まれる。

思いのほか長い説明となってしまったが、「主よ憐れみたまえ」のアリアが心を打つに至るには、このような心の動きがある。この複雑なプロセスは、実際には実に一瞬にして生じる。投げつけた非難や怒りが、自分に帰ってくること。そして、自分の罪を自覚すること。これは、同時に「自己」が成立する瞬間でもある。再びクラインのシェーマを使うならば、妄想分裂態勢から抑うつ態勢へ移行する瞬間であるともいえる。断片的に外部に投げつけていた怒りや攻撃が、自分に帰ってきて、それが自分のものであることを確認する。こうして外部へ投げつけていた否定を引き受けるとき、そこに自己が生じる。自己の否定も含んでこそ自己の器は生まれ、自己は連続するのである。

2 グループワークにおける個と集団

この小論で試みたいのは、このマタイ受難曲のペテロの否認に象徴的に表現されている、「私」の個体化について考察することである。そこから、ファンタジーグループなどのグループワークで目指されるべきものは何なのか、そしてそこでのファシリテーター（セラピスト、世話役）の役割を再考することである。なぜこのような考察を行うのか。それは、これまでのグループ理論では、個体化の力動が扱えないという認識によるものであり、また、これからのグループワークでは個体化の契機をどのように組み込むかが、とりわけ重要になるであろうという、現状認識と未来予測に従ってのことである。

これまでのグループワークが自明の前提としていたのは、グループはすでに個体化された個人、すなわち自己の器と一貫性を獲得した個人が集まり構成するということである。グループワークでは人々はいずれ個に帰っていく。グループの凝集性や活動性が高まったり、超越的な自己に包まれるような体験をしたりしたとしても、それはあくまでも過程にすぎず、グループは最終的には解散し、個々人はその体験を日常の生活に持ち帰っていく。いくら関係が重視されるとはいえ、個というものが、その始まりにおいても終わりにおいても前提となっているのである。

このように個ということが前提となっていながら、いや、個ということが前提となっているからこそ、グループワークの理論では、個人がその狭い個体性をいったん失いつながるということが、必要であると考えられている。個人として狭い意識の中に生きているところから、自己を解き放ち、護られた空間の中で日常では表出できないような感情や想念を表現し、またグループの他のメンバーに受け入れられる体験を通して、自己の変化を目指すということが、基本的な理論構成となっている。

このような理論化においては、しかしながら、自我ということと自己ということとがしばしば混同されていることを指摘しなければならない（意識ということと自我ということとも混同されてもいるが、このことには今回は立ち入らない）。「我を忘れる」という体験は、けっして「自己を忘れる」ということではない。我を忘れたとしても、あるいは非常に無意識的であったとしても、そこでの体験を登記しつないでいくような自己の器というものは、グループ療法であれ仮定されなければならない。そうでなければ、そもそもグループでの体験は、その状況での特殊な体験であって、個人にはその後には何も残らないであろう。逆説的であるが、個があるからこそグループという形態が生きてくるのである。

自己の器としての個がない集団とはどのようなものか。それはちょうど、マタイ受難曲でキリストを追い込んでいく群衆のようなものである。コーラス隊のこうした未分化な力に関しては、ニーチェ（Nietzsche, F.W.）が『悲劇の誕生』でも記すところである。[1] ギリシャ悲劇は、まずは観客も含めたコーラス隊のみの構成によるものが、もっとも初期の形態である。個々の登場人物を演じる俳優が前景に出て、それをコーラス隊が背景として取り囲むという構図は、ずっと後になってからであり、劇作家の創作でもある。コーラス隊のみの悲劇には、そもそも見る者と見られる者の区別もない。演じるという虚構もない。コーラスが悲劇の物語を歌うとき、悲劇はそこにいる人々自身のものとして新たに生まれ直し、人々はそれを生きていた。神々の意志として人格化される、登場人物たちを襲う過酷な運命には、そもそも一貫性や筋道などつけられない。むしろ、コーラス隊による未分化なデュオニソス的な力の奔流でしかあらわせない類のものなのである。悲劇とは元来そのようなものである。しかし、登場人物がペルソナとして分かれ、それが演じられるようになったとき、そこには登場人物の葛藤が生まれ、観客と演じ手の区別が生まれる。同時にそれは、人々の自己としての意識の誕生を示すもの、内面の成立を示すものなのでもある。

3　現代における自己の器

ここ最近急速に、自己の構成のあり方が変化しつつあるという直観をもつのは、筆者だけではあるまい。とりわけ人々があらゆる生活の側面において電子メディアで囲まれるようになったこの数年において、この変化は大きい。かつて近代的な自己というものが、個室での読書と省察によって鍛えられたとするならば、今や人々は個室の中でも電子メディアによって他者とつながり、一人に立ち返るちょっとした時間にも、携帯電話の通信をチェックする。ゆっくりと省察するというより、できるだけ素早く反応することが良しとされる状況に、若者たちは生きている。

もちろん、自己の構成のあり方が変わったといっても、それを建築物のような構成物が組み変わったとか、これまでとまったく異なった心理療法の理論が必要になったなどと考えてはならない。人格のもっとも基礎的な部分は、それほど変わったという感じはない。しかし、人格というものは、あくまでも関係性の中で規定され現象するものであるがゆえ、メディアの変化に応じて他者の中での自己の位置づけと表出とが変化してきているのである。そして、これまで心理療法において暗黙の前提とし、セラピストが問わないですんでいた事柄を、すなわちクライエントやグループ成員の努力に依存していたことを、セラピストが意識して行わなければならなくなってきているのも、事実である。

筆者はほぼ一〇年にわたり、ある医療・福祉・保健関連の専門学校の教育の一環として行われるファンタジーグループに、世話役として関わってきた。そこでは、おおむね、ボディーワーク、フィンガーペインティング、フィンガーペインティングの「作品」の切り絵、ギプスを使った仮面（自分の顔の型をとる）の作成、作品を燃やすことでの終わりの儀式という、日本のファンタジーグループで考案され発展してきた技法を取り入れて、二泊三日のスケジュールで行っている。これらの技法の詳細については、樋口和彦、岡田康伸[2]を参照されたい。このグループワークを行うのは、年にただ一度のことであるが、さすがに一〇年のあいだ定点観測を続けてくると、二〇歳台の若者たちの心性の変化とでもいったものを感じざるをえない。もちろん、筆者のほうもこの一〇年のあいだで変化しているわけで、学生の変化として映じるのは、こちらの思い込み、あるいは学生と筆者とのあいだの関係性に起因するものである可能性も否定できない。

とはいえ、筆者だけでなく他のファシリテーターとの打ち合わせや振り返りのときなどにも、やはり学生の何かが変わってきたのではという思いを確認せざるをえない。たとえば、近年学生たちの感想の中に「非日常というけれど、自分がふだんから知っているメンバーとこのようなことをやっても、日常と変わらない」「いつもと変わらない作業をしているにすぎない」というものが出てくるようになった。ふだんの生活場所から離れて、ふだんは行わないようなワークをしたとしても、それが決して非日常の空間を構成しなくなったのだということに、まず驚かされる。そしてさらに驚くのは、こうした感想を言う学生であっても外部観察者の目からすれば、グループワークに「のって」、アクティブに自己を表出し、意味ある相互作用を仲間とのあいだで展開しているように見えることである。このような、外部観察により得られる状態と内観との大きなずれは、これまでは見られなかったものである。

またもうひとつの驚くべき変化は、「自己に向かい合う」ということが難しくなってきたということである。

たとえば、仮面作りのワークは、否応なしに自己に向かい合うことを要請する技法である。立体的な無表情の自分の顔の写しを見ることは、まるで自分の死に顔を見るような、なんともいえない感じがするものである。明らかに自分であって、しかし自分のもつ自分のイメージとは異なるという存在に直面するものである。また、その仮面を最後に燃やしたり破壊するときには、やはり独特の自己浄化のようなないとおしい感じがするものである。私たちは自分たちの体験からこのように仮面の作成を位置づけており、またその位置づけはこれまで有効であった。しかし今や、「それはそれ（仮面は自分とは無関係の別物）」として笑いの対象にしたり、簡単にごみ箱に捨てたりするといったことが目立ち始めている。また、フィンガーペインティングを再構成する切り絵にしても、切り絵に含めにくい部分はゴミにして捨てる、という行動が出始めている。「全部を使うこと」という教示をするにもかかわらずである。

このような徴候を結びつけていくと、そこにはひとつのパターンが浮かび上がってくる。そこでは人格の一貫性といったものや、抑圧という機能が弱くなり、代わりに解離や排除といった心的機能が優位になっているのではないかと、考えざるをえないのである。これまでのグループ療法の理論においては、個人療法と同じくいわゆる人格の「抑圧モデル」とでも言うべきものに準じていた。もちろんこれは初期フロイトの定式化によるものである。そこでは意識の一貫性にとって不都合なものは抑圧され、無意識のもとへと沈んでいく。なぜならそれは、人格の統合性や一貫性を脅かすものであるからである。このモデルでは、個としての人格の統合体があり、それが時間的にも空間的にも一貫した存在であるということが前提とされているのである。

この抑圧モデルにおいては、意識に不都合なものとされる心的内容には、パラドキシカルな性質がある。それは、抑圧される心的内容が何であるか、その意味を知っておかなければそもそも抑圧という機制は生じないということである。この意味では、抑圧される内容とは、すでに自己の体系の中にあるものである。すなわち、抑圧された内容に潜在的に向かい合っているという背景的な心的作用があってこそ、抑圧は生じるのである。

これに対して、解離や排除といった心的機制の場合、人格の一貫性ということが前提とされなくなる。極端にいえば、人格は状況に応じて断片的であり、そこには抑圧モデルのときのような人格の垂直性や層、前景と背景といった関係が成立しない。そこでは、異なる人格のもつ意味内容は、互いに排除的な関係にある。すなわち、一方での意味は他方には届かないのである。ちょうど、群衆を示すコーラス隊が、一貫性なく両価値性を反転していくように。

4 自己の器を作るためのファシリテーターの役割

解離というあり方は、ある意味で自然なことでもある。こころというものは、そもそも固定されたものではなく、状況に相関するものであるからである。自己が状況から独立に想定されるのは、虚構であり幻想である。その意味では一種の倒錯であるともいえる。重要なのは、そうした幻想が成立しなくなっているということである。私たちは、自己という幻想を引き受けることで、一貫した私としての主体を作り上げている。解離的な人格の構成は、電子メディアによって断片化された状況に包まれる現代では適応的な生き方であるとはいえる。しかしながら、過去を引き受け決断し未来へ投機していくという、自己の一貫性と歴史が問われるときに、それは途端に弱さを露呈する。自分が傷つかねばならなくなったときに、あるいは傷を引き受けて生きねばならなくなったときに、途端に破綻するのである。

岡田康伸[2]は「日本人は発散は得意だが統合が苦手である」と指摘し、ファンタジーグループの参加者がこの不得意な統合を体験できるためには、世話人こそが統合力をもっていなければならないと指摘している。この統合を自我的な統合として考えてはなるまい。世話人による分析と抽象化といった心的働きによる統合ではなく、もっと原初的な統合の力である。それは、一言でいえば一つひとつの体験を収束させ「経験」としてつないでいく、自己の器とでもいうべき統合の力であろう。この自己の器に集まってこそ、心的過程のダイナミズムが生じるのである。そして、世話人の統合力とは、そのような自己の器であり、参加者の自己の器の構成を助けるものである。

この考えのもとで、では具体的にファシリテーターは、どのような事をなせば良いのか。現時点では、筆者はまだ模索している段階である。たとえば、粘土による作成のようなワークを全体のプログラムの最初にもってきて、しかも基本的には一人で作業を行ってもらうことを試みたりもしている。また、グループの中で個を失い抑圧していたものを発散するのではなく、グループの他者との差異をリフレクトするようなワーク（たとえば構成的エンカウンターグループの、「無人島脱出ゲーム」や「図形伝達」など）も取り入れようとしている。このように集団の力を、これまでとは逆に個人の個体化と差異化を行うために利用する契機が含まれていることが、ファンタジーグループの成否に大きく関わっているように思える。

現時点では、以上のようにアイデアの萌芽として抽象的な形でしか書けず、またその方法が実際に有効なのかどうか、実証的に説得力ある経験も積み重なっていない。しかし、そのことをファシリテーターが意識するということの意義の大きさを小さく見積もってはならない。いったいどのようなプロセスが生じるのか、ファシリテーターが見通しをもっておくということは、重要な器となる。解離的な心性に住まう人々にとって、グループの中で自己に向き合うことは、非常に苦しい体験となる。自己から切り捨てていたものを自己の一部として突きつけられるとき、そこには激しい抵抗が生じる。これは、抑圧していたものを意識に昇らせるときの抵抗よりも、はるかに激しいものであり、また原初的な暴力的なすさまじさをもつものである。否定の断片は、しばしばファシリテーターに投げつけられる。しかしそのときにこそ、一貫した存在として見通しをもって、ファシリテーターがその場に居続けるということが、参加者の自己の器を作ることにつながっていく。こうした困難なプロセスを辿るとき、『マタイ受難曲』のアリアが、私を導いてくれている気がするのである。

[文　献]（1）F・W・ニーチェ『悲劇の誕生』西尾幹二訳、中公文庫、一九七四
（2）樋口和彦、岡田康伸編『ファンタジーグループ入門』創元社、二〇〇〇

2 家族心理面接における個と集団

亀口憲治

1 家族心理面接の特徴

1 個人面接から家族心理面接へ

心理面接と言えば、臨床心理士のような心の専門家でなくとも、誰しも「一対一の対話」を思い浮かべることだろう。さまざまな分野で、「個と個」、あるいは「我と汝」の対話という構図も抵抗なく受け入れられてきたところである。わが国の心理臨床の第一世代が、個人の意思や心情を軽視してきた戦前の封建思想に基づく集団主義や全体主義への反発から、近代的個人主義に基づく欧米の心理臨床に倣い、「個を尊重する」姿勢を錦の御旗として掲げてきたことも無縁ではない。しかし、このような心理面接の一般的なイメージが、家族療法に端を発する家族心理面接の発展によって徐々にではあるが、揺らぎつつある。

その背景要因として、いまや二一世紀の心理面接が必ずしも伝統的な「一対一」の面接構造に限定されなくなりつつあることを指摘したい。集団療法やグループカウンセリングはその先駆けであった。しかし、これらの心理面接では、その目標や前提が「個の成長」にある点では、同一の臨床的パラダイムを共有していたと理解してよいだろう。では、家族心理面接の発展によってもたらされつつある、心理面接の本質的な「パラダイム変化」とはなんだろうか。それは、一言で言えば、「関係を尊重する姿勢への移行」と言えるかもしれない。ただし、それは戦前のような「個の否定」や「全体への従属」への逆戻りを意味するものではなく、「個の尊重」を含みこんだ多層的で立体的な「関係の尊重」を目標とする姿勢への移行である。

もっと平たい表現を使えば、「人は一人では生きられない」ことを率直に認めようとすることにつきる。したがって、この心理臨床における移行は、まったくの素人にも、母親に抱かれている乳児にも納得してもらえるはずの前提に立ち戻ることなのである。子どもの問題であれば、その養育に当たる母親だけでなく、母親を支えている父親を排除せず、子育てパートナーとしての両親との面接をためらう必要はないはずである。しかし、ごく最近に至るまで、意見が対立している両親を同席させたままで、果たして有効な心理面接が実施できるものか、おおいに疑問視されてきたことも事実である。適切な面接技法を身につけないまま、感情的になりやすい両者を相手に、ただ受身で話を聞くだけでは、かえって状況を悪化させる危険性があることは否定できないからだ。

親子関係に問題がある場合にも、ほぼ同様の判断が下されることが多く、わが国の子どもの問題をあつかう心理臨床の分野では、「母子並行面接」が定番の面接構造となって久しい。ここでは、心理臨床におけるこのような構造的特徴は、わが国の子育てがもっぱら母親のみによって担われている社会的実態と見事に相似形をなしていることに注目したい。子育てのみならず、心理臨床においても、意識的もしくは無意識的な「父親不在」あるいは「父親排除」の構造が維持されている。従来型の心理臨床家が、心の専門家としてその面接構造の維持に貢献していることは明らかである。果たして、このままの状況が続いてよいのだろうか。私はおおいに疑問を感じている。

もっとも、これまでの心理面接がクライエントの自発的来談を大前提としてきた経緯からすれば、心理面接への動機づけが乏しい父親を無理に来談させても効果を上げる見込みは薄いだろう。父親の積極的な関与が必要だと判断する臨床心理士であっても、いざ同席面接に踏み切る際に、大きな壁を感じて断念するのも無理のない話である。とりわけ初心者であれば、複雑な事態を避けようとする心理が働き、同席面接に踏み切ることをためらうだろう。いずれにしても、同席面接の成功例を見聞きする機会がないままで、両親や夫婦、さらには子どもまで同席する面接構造を採用することは難しいにちがいない。わが国でこれまで同席面接が広く採用されなかったのには、それなりの理由があったのである。

2「関係」に働きかける

それにもかかわらず、最近、さまざまな領域の現場で同席面接を特徴とする家族心理面接が試みられるようになってきているのは、なぜだろうか。さらには、同じ東アジア文化圏に属する韓国や中国の心理臨床家や若い初学者が家族心理面接に大きな期待を寄せつつあるのは、なぜだろうか。いくつもの要因があげられるが、端的には「心の危機」と並んで、「関係の危機」が臨床心理の現場に持ち込まれるようになったからではないだろうか。わが国に限らず、情報化社会の発展とともに、「個の尊重」というより、むしろ「個への埋没」と呼べるような状況が家庭内でも進行し、親子や夫婦であっても「親密な関係」を実感することができなくなりつつある。皮肉な話である。コミュニケーションを促進するはずの情報機器の発達によって、親子や夫婦の間の親密なコミュニケーションが阻害され、たがいの不信が助長されるような危機が家庭内に生じ始めたのである。家族心理面接の実践は、そのような変動社会を生きる家族内での潜在的な危機やニーズが母胎となって生み出されたのである。

家族心理面接の特徴は、なににもまして家族関係そのものに働きかける積極性にあるといってよいだろう。やや極端な表現を使えば、緊張や葛藤、あるいは矛盾をはらんだ関係を「クライエント」と見なす視点である。典型的な母子並行面接では、このクライエントを直接に見聞きする機会は少なく、あったとしても周辺的なエピソードとしてあつかわれることが多い。つまり、母子関係の特質そのものが臨床心理士によって認知されるのではなく、あくまでも問題を抱えた子ども個人の母親への「関わり方」や、悩みを抱えた母親個人の子どもへの「関わり方」が焦点となっている。

それぞれの関わり方の問題点は、各々の臨床心理士によって個別に対処される。この面接構造では、双方の臨床心理士は目前のクライエントの母親代理、あるいは子ども代理を務めることになる。母子が双方の代理と新たな関わり方を経験することによって、結果的に現実の親子関係も改善されるだろうと期待されているのである。

関係の改善は、個人面接が成功した場合に期待される「副産物」として位置づけられている。しかし、代理はしょせん代理でしかない。双方の臨床心理士はたがいに別室にいるクライエントの心理的変化を直接に知ることはできず、代理としてはきわめて不十分な役回りに終始する以外にないからである。

もっとも、母子並行面接がかならずしも最良の面接構造として意図的に選択されているのではなく、むしろわが国に根強く残る性別分業の現実からの要請によるものかもしれない。今後、父親がより積極的に子育てに関与できるようになれば、親子同席面接や、両親面接と子ども面接の並行など多様な面接形態が必要とされるにちがいない。その際には、母子あるいは父子の関係、あるいは両親の関係を直接に観察し、その問題点をともに解決する試みがごく自然に行われるようになることだろう。

2 家族心理面接における個の尊重

1 個の「壁」を破る

「個」という漢字の語源は、「別々に固く領域を分かって孤立するもの」を意味するそうである[1]。さらに、「固」の文字は、固く枯れたものを表していることも興味深い。いずれも、外部ではなく、内側に収縮し、運動を停止する変化が強調されている。心理臨床の世界が、なによりも「個」を尊重する精神を優先してきたことからすれば、このような語源論を持ち出すことは不興を買う所業かもしれない。

私があえてこのような指摘をするのは、戦後わが国で心理臨床が誕生したばかりの頃に、「個の尊重」という言葉が果たした役割と、現在におけるそれとの間に大きな差異が生まれていると感じることが多くなったからである。確かに、戦前の強固な集団主義によって自由な言論が圧殺され、個人の意見など無視されて当たり前であったような時代を生き抜いてきた人々にとって、この言葉は、実に貴重なものだっただろう。

しかし、戦後日本社会が急変したことにより、当時この言葉が発していた積極的で肯定的なメッセージ性は急速に失われつつある。「オタク」という言葉の氾濫に見られるように、多くの若者が他者と直接にふれあい、こころを通わすことを積極的に避け、まさに古来の字義通りに、「別々に固く領域を分かって孤立する」ライフスタイルに埋没するようになっている。

引きこもり青年の問題に取り組む臨床心理士にとっても、彼らの個を尊重しつつ、そのかたくなな「壁」を打ち破ることが求められつつある。しかし、第一世代の指導者から刷り込まれた個の尊重の原則を破ってまで、「個の壁」の破壊に突き進むことは、初学者にとっては容易なことではない。誰が、責任を取ってくれるのか。多くの若い臨床心理士が、この「壁」の前で立ちすくみ、ジレンマを感じているのではないだろうか。同様に、引きこもり青年の親たちもとまどいの渦中にいる。「ただ、待つしかないのか。いや、待つことは心理臨床の鉄則のはずだ。しかし、結果が求められている……」。堂々めぐりの議論が続く。クライエントのみならず、心理臨床そのものが新たな課題を突きつけられているのではないだろうか。いずれにしても、この壁の存在を無視することはできない。

2　個の「コア」を見つめなおす

個の壁を外側から打ち壊すことは論外にしても、個の壁の内側で密かに息づいているクライエントの心の「コア」そのものを、違った視点で見つめなおすことはできるだろう。そこで、従来とは少し違った認知の枠組みや思考法を採用することが必要になってくる。たとえば、家族療法やブリーフセラピー、催眠療法、あるいはナラティヴ（物語）療法等で広く用いられる「リフレーミング（reframing）」という臨床的概念は有益である。これは、個の内容はそのままにしておき、それを取り囲む枠組みを別のものに取り替えて見ることをさす。たとえば、同じ絵画作品でもそれを収める額縁を取り替えることによって、その絵の印象が大きく変わり、鑑賞者と絵の関係にも変化を及ぼすようなことを意味している。

臨床的には、個としての不登校児の心のコアを理解する際に、「学級」や「学校」という問題の枠組みに縛られず、生活基盤である「家庭」に視点を移すことなどが具体的に考えられる。臨床心理士がこの新たな枠組みの中で不登校児を見つめなおすと、彼らが病弱な祖父母や世話が不可欠なペットの動物と親密な関係を維持していることや、家族内のものごとをもっとも敏感に察知していることなどが判明することがある。臨床心理士がその隠れた役割を指摘し、肯定的に意義づけることから家族関係が改善し、やがては不登校問題そのものが解消する事例は少なくない。[2]

3 個の中の「家族」

複数の家族員が同席することが多い家族心理面接でも、単独面接が行われることがある。また、ＩＰ（問題や症状を呈していると認定された人物）自身が、その内面を情感ゆたかに語ることがある。その主題は、親や子ども、あるいは配偶者のことである。つまり、家族との関係にかかわる問題が圧倒的に多い。面接初期には職場や学校、あるいは健康上の問題と見えていたものが、実はその根底に家族との関係にまつわる強い葛藤を抱えていたことがしだいにわかってくることもある。

家族心理面接の枠組みでは、通常の心理面接で強調される母子関係に限らず、父子関係や夫婦関係、きょうだい関係、あるいは祖父母との関係も複合的にからんだ家族関係の網の目（家族システム）が浮かび上がってくる。これは、従来の個人を対象とする心理力動的アプローチで重視されてきた「家族力動」と似た側面も持っている。ただし、家族心理面接の場合には、個人内の家族力動を他の家族がどのように認知するか、また他の家族員の内的な家族力動をどのように認知しているか、さらにはそれらがどのように相互作用を行っているかを綿密に、あるいは立体的にとらえていく。しかも、それは臨床心理士によって一方的に行われる作業ではない。むしろ、臨床心理士の役割は、各家族員が同席面接を通してたがいの「内なる家族」を見つめなおすための舞台を準備し、黒子の役割を果たすことにある。

家族心理面接における家族力動とは、精神分析理論を基にして臨床心理士の頭の中に形成される「説明のための図式」ではなく、家族員が現実の相互作用によって生み出す行動連鎖の流動的パターンである。家族自身がそれまで陥っていた、「渦」にも似たまさに力動的な悪循環のパターンから抜け出すことによって、個々の家族員の内なる家族像も変化し、やがてそれが好循環となり、現実の生活場面での主訴の解決へとつながっていく。つまり、家族心理面接における個の尊重とは、主訴を抱えた個人（ＩＰ）のみならず、ともに生きる他の家族員の個も同時に尊重することにほかならない。臨床心理士がその姿勢を貫くことによって、家族自体の「自己組織化」のプロセスが進行し、主訴の解決にもつながるのである。

3　家族心理面接における集団の理解

1　集団としての「二者関係」

個と集団の対比で考える際に、われわれが無意識に想定する集団とは、おそらく「社会集団」であり、少なくとも一〇人くらいの人間の集まりを指しているのではないだろうか。しかし、あえてその最小のサイズを想定すれば、「二者関係」も集団に含まれる。さらに、その起源にまでさかのぼれば、分娩前後の妊婦と子どもの関係も特異な二者関係であり、ある種の「集団」だと言えるかもしれない。また、子どもの誕生の前提となる「夫婦」という二者関係も、集団としての最小の要素を備えている。

このような視点を持ち込むと、個と集団を明確に対比させる従来のものの考え方が揺らいでくる。個と集団の間の線引きが、難しくなるのである。とりわけ、幼い子どもと母親の関係については、二者が密着し、ほぼ一体化したような状態（愛着の形成）は、むしろ子どもの初期発達にとって不可欠な要素ともなっている。しかし、種々の理由で、母子の密着状態が発達の後期にまで持ち越され、子どもになんらかの心理的問題が生じれば、臨床心理士に出番が回ってくることになる。

子どもの問題をあつかう臨床心理士にとって、母子並行の面接構造によって母子分離を促す作業は定番ともなっている。臨床心理士が間に入って、あたかも癒着したような状態になっている母親と子どもの心の境界面を慎重にはがし、たがいに新たな「個の壁」を形成し、自律的になれるように援助する。その実現にあたっては、母子のいずれにも偏らない中立的で細やかな臨床心理士のかかわりが求められる。この点では、母子同席の家族心理面接でも、その構造が異なるとはいえ、配慮すべき原則にさほど大きな隔たりはない。また、極度の不安から母親にしがみついて離れない子どもの事例では、臨床心理士の立場がなんであれ、母子同席面接を回避することは難しい。この場合には、好むと好まざるとを問わず、母子同席を前提とした家族心理面接の構造を採用することになるからだ。

2　集団としての「三者関係」

家族心理面接の構造的特徴は、前述した二者関係よりも三者関係を対象とするときにさらに際立ってくる。フロイトが提唱したエディプスコンプレックスという臨床的概念が広く知れ渡っているために、これまでも両親と子どもの間の三者関係が心理面接で十分に検討されてきたと思い込んでおられる方も少なくないかもしれない。しかし、それは誤解か、もしくは幻想に過ぎない。事実は、あくまでも子どもとしてのクライエント個人の心の中に生起する、両親との関係にまつわる心的現象としての「コンプレックス」であり、現実のクライエントと両親の間の相互作用の特性や関係そのものを直接にあつかったものではない。

かたや家族心理面接では、問題を抱えた子どもが両親と同席する形で面接が進められる。このような面接構造の中で、臨床心理士は親子の三者関係を直接に観察し、問題点の確認や適切な援助を行う。その際に、子どもが両親の間に座るのか、それともいずれかの親のそばに座るのか、といった着席をめぐる行動の観察だけでも、親子三人の関係の特徴を査定するうえでの重要な手がかりを得ることができる。もちろん、子どもの年齢によって判断基準は異なり、総合的な判断力が求められることは言うまでもない。

必要とされる総合的な判断の中には、文化差への目配りも含まれる。とりわけ、日本では、欧米と異なる「集団の規範」が存在することに意識的であるべきだろう。わかりやすい例で言えば、子どもがいる夫婦の場合には、わが国では母子が一体として意識されることが優先され、欧米のようなカップルとしての意識化は後回しにされることが通例である。たとえば、就寝形態から日米の親子関係の比較調査を行った東洋、柏木恵子、R・D・ヘス[3]によれば、日本で三歳の子どもと母親が一緒に寝る比率は八〇%を超え、アメリカの約二〇倍に達していたという。ここには、夫婦関係よりも母子関係を重視する日本の家族の特徴が端的に示されている。しかし、このようなこともふだんは意識されず、とくべつ問題視されることもない。

私は、同じように母子関係を最優先する傾向が、現代の心理臨床の世界でも続いているのではないかと見ている。母子並行面接という面接構造も、日本の文化的な特徴と無縁ではないだろう。つまり、この面接構造は文化的な（あるいは集合無意識的な）規範に合致しているからこそ、揺るがないのではなかろうか。大多数の臨床心理士が、この面接構造を素直に受容しているのも当然かもしれない。

少々穿った見方かもしれないが、このような母子関係に偏在した日本文化の構造的要因が、「男女共同参画社会」のスローガンを掲げたさまざまな施策の効果が上がっていないことの背景にあるのではないだろうか。ちなみに厚生労働省が推進している育児休暇取得率は、母親の七二・三%に対し、父親については〇・五%（二〇〇五年度集計）にすぎないそうだ。つまり、わが国では、子育てのために育児休暇をとるような父親は、統計上は異常と分類されかねないことになってしまう。この事実は、高邁な理念だけでは、文化的規範を変えることが難しいことを示唆しているように思われてならない。

この論法をいささか強引に臨床心理の世界に持ち込めば、両親面接や親子同席面接にこだわる臨床心理士も異常視されかねない。私自身、家族療法の実践を通じて、わが国における性別分業文化の「壁」の厚さを痛感してきた。しかし、いかなる文化も変容の潜在的可能性を有しているはずである。そうでなければ、激変する国際的環境の中で日本人が生存を維持することはできない。私の希望的観測では、面接構造についての文化変容が、わが国の臨床心理士のあいだでも水面下で徐々に起こりつつあると見ている。

3 家族という「集団」の文化を理解する

現在、われわれが実践する家族心理面接の源流は、一九五〇年代に欧米で誕生した家族療法にある。[4] そのパイオニアたちが問題を抱えた家族に見出したものは、個々の家族に固有な「家族文化」の規則に沿った循環的な行動の連鎖や特有のコミュニケーションパターンであった。しかし、家族自身が、そのことに気づいていることはむしろまれであった。考えてみれば、日常の家庭生活の壁の中に留まる限り、壁そのものの存在や影響力を客観視できないのかもしれない。

その意味で、家族療法の初期の理論形成段階において、文化人類学者のベイトソン(Bateson, G.)の貢献が際立っていたのは、ごく自然ななりゆきかもしれない。[5] 彼が率いたグループは、精神的な問題を抱えた家族とその家族に対峙する心理臨床家の双方が囲い込まれている見えざる「壁」の存在を指摘した。そして、その影響力を説明するために、「二重拘束理論」というきわめて大胆な仮説を提唱した。初期には、母親と精神病の息子の二者を対象としていたものが、やがて三者関係や家族集団全体を対象とするまでに拡大し、さらには通常の人間関係にまで拡大して適用されるようになった。

ユング派の資格を持ち、ベイトソングループの一員でもあったワツラウィック[6](Watzlawick, P.)は、人間のコミュニケーションが七つの基本的な前提によって構成されるとするシステム論的な考え方を示した。彼が、その卓抜な理論展開と技法的洗練により、ブリーフセラピーの発展に大きく貢献したことは、わが国の臨床心理士にもよく知られている。しかし、彼の関心は、その後は家族文化の理解や関係改善ではなく、もっぱら症状や問題の解消に向けられていった。

家族療法家の中でも、とりわけ集団としての家族の文化的特徴や多世代間の文脈を重視する人々は、「文脈療法」

と呼ばれる学派を形成した。その創始者であるナージ[注1](Boszormenyi-Nagy, I.)はハンガリー出身の精神科医であり、その発想は東西文化の融合に向けた雄大な可能性を秘めているとも言える。また、一人ひとりの家族員が自らの個を尊重しつつ、他のメンバーのことも思い遣る姿勢は、現代日本の文化的風土にもマッチする特徴を有していると言えるだろう[7]。

まとめ

本論のキーワードである「家族心理面接」は、多くの臨床心理士にとってまだなじみのうすい言葉かもしれない。しかし、長く家族療法を実践してきた私にとっては、この言葉がわが国の心理臨床の世界に存在してきた見えざる「壁」を突き崩す決め手のように感じられる。本論の冒頭で述べたように、家族心理面接は家族療法を専門とする臨床心理士の「専売特許」ではなく、臨床心理士であれば、誰もが実践しうる面接形態として徐々に受け入れられつつあるからである。

二〇世紀末までの家族療法は、システム論や同席面接の採用を大前提としていたために、これが多くの初学者やその指導者にとっての壁となっていた。この未知の壁に興味を抱いた臨床心理士は決して少なくなかったが、その壁の内側にまで足を踏み入れる者は例外的な存在だったと言える。とりわけ初学者にとって、この壁は厚く、そして高く感じられていたようである。しかし、いかに臨床心理士の経験が浅いと言っても、臨床現場で家族との接触を避けて通ることはできず、受理面接や初回面接の実態からしても、家族心理面接の重要性はクライエント個人との心理面接に劣るものではない。

クライエントの個を尊重するあまり、家族や学校、あるいは職場などの集団の運営規則との間で齟齬をきたし、さらには自らも孤立する危険性は、初心者に限ったものではない。これは、一人職場の臨床心理士にとっては、むしろ日常的な課題かもしれない。その意味で、私は個と集団のバランスを適切にとる「臨床の知」は、家族心理面接の発展によってもたらされる可能性が高いと予測している。個と集団、さらには臨床心理士その人自身をも視野に入れた、心理臨床の複合的な「文脈」（システム）を読み解く技法の開発と、その指導法の確立が切望されるゆえんである。

［文　献］
（1）藤堂明保『漢字語源辞典』学燈社、一九六五
（2）亀口憲治『家族臨床心理学——子どもの問題を家族で解決する』東京大学出版会、二〇〇〇
（3）東洋、柏木恵子、R・D・ヘス『母親の態度・行動と子どもの知的発達——日米比較研究』東京大学出版会、一九八一
（4）亀口憲治編『家族療法』ミネルヴァ書房、二〇〇六
（5）Hoffman, L. (1981) *Foundations of family therapy*. New York : Basic Books.（『家族療法の基礎理論——創始者と主要なアプローチ』亀口憲治訳、朝日出版社、二〇〇六
（6）Watzlawick, P., et al. (1967) *Pragmatics of human communication : A study of interactional patterns, pathologies, and paradoxes*. New York : Norton.
（7）野末武義「文脈療法における事例」〔亀口憲治編〕『家族療法』ミネルヴァ書房、七五～九〇頁、二〇〇六

［注］1　このハンガリー出身の家族療法家の名前を正確に発音することは、アメリカ人にとっても難しいそうで、これまで、Boszormenyi-Nagy, I. の和名表記は、「ボスゾルメニーナジ」「ボスゾルメニイ-ナージ」「ボソルメニイ-ナージ」「ボゾルメニーナージ」「ナージ」など、さまざまに表記されてきた。アメリカでは、Boszormenyi を略し、Nagy と呼ぶことが通例である。そこで、本書ではBoszormenyi-Nagy, I. の和名表記を「ナージ」とすることにした。

3 グループにおける「変容」について

國吉知子

1 グループにおける「共感」の段階的変容

個人療法ではセラピストとクライエント間の共感が重視され、セラピスト側の共感する姿勢が問われる。だが、グループではさらに「メンバー同士で相互に共感し合う」という現象が生じる。また、同じ課題や問題について考えたり、話し合うなかで、自他の相違を実感したり、話の中心にいる複数のメンバーを「傍観者として〝客観的に〝見る」ということも生じる。その意味では、グループの場における「共感」という現象は「メンバー間の相互作用」を通して、大変複雑な様相を呈することになる。つまり、「共感」ということだけで考えると、話の当事者として共感されたり、共感したりするだけでなく、傍観者としての共感というレベルも含まれ、また共感したりされたりする対象はメンバーの数によってさらに増える可能性が高まるのである。コフート(Kohut, H.)[1]は、共感を相手の内的な世界を客観的な観察者としての立場を保ちながら同時的に体験する試みであると定義している。従来の共感の定義では、「相手の立場に立つ」「相手の感じるように感じる」ということに力点が置かれているが、共感の前提としては、客観的な観察者、すなわち自他の相違を認識していることが重要である。皆川邦直[2]も共感について、クライエントの問題や感情をクライエントの立場にそくして理解するだけでなく、セラピストとクライエントが互いに相手の意見に対して反論する自由を持てるときも共感と言える、としている。そこで、共感性の醸成プロセスをグループ力動の変容を通して見直してみると、グループでも初期段階では対立を避け、自分の本音を抑制してでも無難な反応をしようとする。そして、回を経るうちに親密さが増してくると、いわゆる「仲の良さ」を強調する〝共感的過ぎる〟言動が多く見られるようになる。その後、凝集性が高まり、自由にものが言い合える雰囲気ができてくると、必ず何らかの衝突や反発が起こる。辛らつなことが言い合えることが「信頼の証」と言わんばかりの状況となることもあるが、ほとんどの場合、大きく振れ過ぎた振り子がほどよい振れ幅に戻るように、徐々に自由でなごやかで、それでいて、ある種の規律や配慮のきいたグループに落ち着いてくる。グループはこのような過程で変容し成長をたどっていく（ただし、こういったプロセスを経るには長いスパンを必要とする）。このプロセスを見てみると、つまり、共感に至るまでに、「他者との一致を模索する時期」、「他者との一致を強調する時期」、「反発や反論が出る時期」、「自由と規律が生まれる時期」という段階をたどっていることがわかる。ここで注目すべきは、やはり「反発や反論が出る時期」であろう。つまり、真の共感に至るまでには、当然ながら、メンバー間の「同一視」や「感情移入」の段階は必要であるが、「反論や反発」といった分離の時期を経る必要があるということである。「反論」は皆川も述べているように、自らの抱く感情を対象化し、自他との相違を意識化していくプロセスである。そして、この「反論」の段階は「感情移入」や「同一視」の強調される段階を経た後に現れるものである。筆者は、この分離、あるいは客観的観察、反論といった視点を、共感の本質を理解するうえで大変重要なものと考える。人と人との出会いとは、相手に対する「わからなさ」に直面することでもある。この「わからなさ」に対して、どれだけ辛抱強く誠実な態度をとれるかが特に臨床家には必要な能力であろう。この側面を見落としていては真の共感には至らない。一見、このような分離あるいは客観視や反論といったものは、「相手の立場に立つ」といった感情移入とは相容れないように感じられるが、反論が閉ざされた状態での意見交換など、もはや対等かつ民主的な関係ではありえず、意味をなさないことは言うまでもない。当然のことながら、互いに疑問点を率直に出したり、ノーと言い合えることが保障されていることは、個人の主体性を尊重し守り合うものである。メンバーが互いに異なる意見や異なる立場を示すことができることによって、その場に現れるさまざまな問題に対して多角的な視点を持つことが可能となり、自分の意見が相対化され視野が広がっていく。こういった相互の相違点を認める雰囲気のもとでこそ、他者を信頼する気持ちが形成、修復されていくことができる。このことは、後述する「価値観の相対化」の基礎となるものである。このように考えると、グループにおいては、コフートらが言うところの共感における客観的な観察者としての機能が高まると考えられ、それは、単なる同調や感情移入だけではなく、分離的要素も含みこんでの共感的体験の段階に速やかに至りうると思われる。

このグループ全体の変容のなかでは、共感性の変容という目に見えにくい微細な変容がメンバーにも生じている。実はこのような変容こそメンバーにとって、つけ焼刃ではなく、しっかり「身についた」変容なのだと言える。たとえグループで「劇的な変化」らしきものを体験して、自分が生まれ変わったかのように感じられたとしても、時間とともに感動は薄れ、ほとんど何も残らなかったり、後から抵抗のようなものが反動として生じてくることが多い。激しく感情を揺さぶるようなワークを行うグループなどには、「常連」と呼ばれる、「刺激」を求めながらも真の変容を実は求めていないのではないかと思えるような人たちが繰り返し参加したり、そういったグループのファシリテーターがまるでカルト集団の教祖のような位置に祭り上げられたりする場合すらある。グループが胡散臭いもののように誤解されるのは、こういったケースがまれにあるためであろう。ファシリテーター側が自我肥大を起こさぬよう、グループの危険性を意識化しておく以外、これらは防ぎようがないようにも思える。要するに、目先の変化にとらわれないこと、真の変容というものは、実は本人も気づかないうちに、ゆるやかに密やかに生じるものであることを、ファシリテーターもメンバーもともに肝に銘じておくべきである。

時に、グループ内においてすべてのメンバーに大きな共感的感情が共有された場合、共振、同調し合う波は二者間よりも大きい揺さぶりを持つものとなる。共感だけではないが、グループメンバーに共有される感情の揺れは、時として制御できないほどの威力を持つこともある。暴走と見えるときすらあり、これがグループの持つ怖さでもあり面白さでもある。また、グループで発言したこと、自分がとった態度は、個人療法のとき以上に後になってからも心の中で反芻し、さまざまな角度から反芻しつづけることが多いように思われる。それはまさに心が大きく「ゆらぐ」体験である。たとえば、グループでメンバーとのやりとりがそのときはうまくいったように思えてもそれだけでは十分ではない。その事象がその当人だけでなく、他のメンバー個々にはどう映っていたのだろうか、という別の多彩な視点がグループには常にあるため、その場では思い至らなかった多様な疑問が自分の心の中に生じてくる。まさに、後からきいてくるボディーブローのようである。もちろん、このような「ゆらぎ」は個人療法にも当然つきものではあるが、グループの場合はもっと頻繁かつ複雑になるように思う。このゆらぎに対して反芻する態度は、特にファシリテーターにとって不可欠である。なぜなら、ファシリテーターこそ、さまざまなメンバーの状況を理解し、起こっている現象に対してのメンバーの個々の視点には常にセンシティブでなければならないからである。このように、グループ体験ではその場だけでなくその場を去ってからの「ゆらぎ」も非常に大きく、深いものである。

2　価値観を相対化する座標軸を提供するグループ

互いの価値観を理解し合うというのは一見簡単なようで、恐ろしく難しい。価値観とは自分の生きてきた過程の中で選び取った（あるいは選び取らされた）ものの見方や本人にとっての「当たり前」という信念であるとも言える。したがって、価値観にはその人の人生や生育歴そのものであるとも考えられるだけに、価値観の相違は自己否定あるいは他者否定につながってしまいやすい。自分の価値観を相対化し、one of them に過ぎないと認識することは、自分の価値観が誰にとっても当たり前であるという幻想（認知の歪み）に疑問を呈することでもある。だが、実際に価値観は多様であり、たとえば、世代間の価値観の相違に直面するとき、多くの人はそれを受け入れ理解しようと歩み寄るよりは、他者否定（「最近の若い者は…」）に走ることが多いようである。もちろん、他者を理解する困難さは、心理臨床に携わる者であれば誰もが体験的に知っていることである。自分が大切に思っているとについて、他者とのズレを感じることは、個人面接の場におけるセラピストとの二者関係間でも当然ありえることである。だが、二者間では、しばしば自我の脆弱なクライエントの場合、「セラピストが正しい（＝私が間違っている）」といったような極端な結論への帰結、二者択一を目指す構造をとりやすい。一方、グループでは、三者以上の多数が同時にその場に存在し、さまざまな意見が交換されるため、その差異は相対する二つの意見ではなく、多彩な意見からなる「面（座標）」を構成しうる。思いもよらない考えや着想は、個々人にとって互いに異質な要素を多く内包するグループ、つまり、「ゆらぎ」の幅の大きいグループの方が豊かである。（ただし、単に意見がバラバラであるだけでは不十分で、そこからある程度まとまった意見やアイディアとして収斂させていくには、それに応じた適切な人数配置やメンバー間での信頼感や共感が必要であり、単にメンバーの数さえ多ければ良いというものではない。）中野民夫[3]は「グループ」を「参加」「体験」と並んで「ワークショップ」を成立させる重要な要素として挙げ、「グループというのは、一人や二人ではない集団での相互作用の中で学びあうということ」であり、「先生と生徒のような関係ではなく、基本的に対等な参加者一人ひとりが主人公であり、その学びの場を構成するかけがえのない一員」となるものであるとしている。このように、対等に多様な意見をかわし合うという相互作用を通して、互いに学び合う「対等性」は民主的なグループを形成するうえで非常に重要な要素であり、自らの価値観から脱中心化するという「変容」を起こす構造を持つのである。

また、意見を数名でぶつけ合うことは、「私だけが意見を開陳している」という羞恥心や、ためらいやプレッシャーの強いメンバーにとっては、そういった抵抗感を緩和し「他のメンバーと同じ作業をともに行っている」という安心感と連帯感を生む。さらに、二者間では構造的に、内輪話、つまり、プライベートトークとなりやすい傾向が強調されるのに対して、メンバー数が増えることは、それだけで（話の内容がプライベートな内容であっても）場の公共性が高まることにもなる。その点からすると、これは、文化的に「主張する」ことに対して大変慎重さを要求される日本においては、グループ内での発言は、安全な場での主張体験を提供する効果も合わせ持つことが考えられる。当然ながら、自分の意見や考えを、さまざまな受け止めの幅を持つ複数のメンバーに対して主張するためには、自分が何を主張したいのか、自分が今どのように感じ、考えているかという自らの状態を明確化しておく必要があり、その意味では、グループの中で意見を揉みあっていくプロセスを通して、自らの価値観を否応なく思い知ることになり、さらに自己への気づきが高まるという循環が生まれるのである。

3 非日常的空間であることによる変容

グループの最初に、ファシリテーターは、グループで生じる内容はその場から持ち出さず「この場に留めておく」ことをメンバーに求める。このことは心理的問題を取り扱うグループにおける最初の重要な契約である。メンバーが互いに安心して話し合ったり、自分を表現したりできるためであるが、このように、グループの場は非日常の場であり、日常的な利害関係によって影響を受けにくいことが重要である。日常生活での関係性が入り込みにくいグループでは、自分の新たな側面の呈示や自己開示がスムーズに行われやすく、互いに新鮮な自分の一面が提示されやすい。よく同じ職場や学校の研修会等でグループワークが実施されることが多いが、理想を言うならば、日常的に濃密な関係の人と同じ小グループやペアを組むことは避けるように、企画者やファシリテーターは配慮するべきであろう。同じグループに職場の上司など利害関係の強い人が入ることで、リーダー役割が固定したり、メンバーの自由な表出が抑制されたりして、グループ内の自然な力動が妨げられる場合がある。複数の他者の前であるにもかかわらず、日常的ペルソナを外し、素を表現できることを保障することが大切である。

グループの中で利害関係から開放され、素の表情が現れてきた例を一つ挙げる。以前、筆者が勤務していたある社会教育の場での月一回開催の継続グループ（一泊二日、六回で構成）の例であるが、そこでは、参加者は全員が男性で、しかも初対面同士のメンバーであった。初回であっても一泊二日の二日目には、だいたいのメンバ一の緊張が解けていたにもかかわらず、その中に一向に緊張がほぐれず身の置き所のない風情の男性が一人おられた。その方は自由なグループの場でもなかなか会社重役という「裃」を外すことができず、完全に場から浮いた状態であった。グループ内の発言でも、理屈ばかりが勝っていて、綺麗ごとが羅列され、なかなかその人自身の感情や実感に裏づけられた想いは語られにくく、他のメンバーも「偉いさん」のニオイが漂うその男性には困惑していた。（おそらく日ごろの会社重役という役割が自らのアイデンティティとなってしまい、その役割を解くことができない状態であったと思われる。）こういうケースは特に壮年期の男性の場合、しばしば見られるものである。筆者はつとめてその男性を単なる一参加者として接するように心がけた（ただし失礼のないように距離を慎重に測りながら）。そうこうするうちに、その男性の外見が三回目あたりから急に変化し始めた。まず服装が高級な背広、ネクタイからカジュアルな普段着となり、回を重ねるうちに、自分に似合うデザインや色の楽な服装を身につけられるようになった。そのことに気づいた周囲のメンバーが「お似合いですね」とフィードバックを返すことが刺激となったのか、その男性は見違えるように生き生きとし、表情も豊かになり、グループでの発言内容も柔軟かつ実感を伴うものに変容していった。また、同時に家庭でも妻や子どもとの会話が増えたとの嬉しい報告もあった。それは硬く凍りついた塊がゆるやかに融けていくイメージの変容であり、単に場に慣れたというようなものではなく、アイデンティティの変容が見られた一例であった。筆者の経験では、一般的にこういった外見やファッション上の肯定的変容は特に女性に顕著に見られ、自由な発言や表現が保障され自己洞察が促進される継続グループの場合、女性であればほぼ全員、外見上に何がしかの変容が生じる。そのありようは、まさにその人らしさが表に現れてくるような変容であり、個性とはこのように多様性のある美しさを持つものかと驚かされる。だが、この男性の例を通して、このような外見的変容は女性のみならず、男性の場合でも現れ、内的変容の一つの指標となりうることが理解される。

4 変容の根底にある個別性と普遍性──子ども時代の自分を語るワークから

ここで、実際のグループで話された内容を（もちろんプライバシーには配慮して）若干示すことにしよう。メンバーは、四〇代後半から五〇代後半にかけての五名の女性である。筆者がファシリテーターを務め、二〇年近く続いてきた小グループであり、厳しい意見も含め、何でも率直に話し合える関係である。以下は、ある最近の回で「小さい頃の自分を語る」というテーマで自由に思い出すことを語っていただいたものであるが、そこから二名の方の内容をごく簡単に報告する。

Aさん：「子どもの頃、自分の性器は人と違っておかしいのではないかという不安を持っていた。女性として自分は〝できそこない〟ではないかと。ずっと忘れていたが、この不安は大人になるまで続いた」

Bさん：「幼少時脳炎に罹患したことを親が自分にだけ隠していたため、周囲の反応（Bさんの行動を教師や周りの大人がいちいち誉めたりするなど）に不安を覚え、屈折していた。素直でない、イヤな子どもだったと思う」

いずれも、自分の中に忘れ去られていた〝未消化の感情〟を伴う体験が語られている。（特にAさんの語りは〝ペニス羨望〟と対比して考えると非常に興味深いものであるが、ここでは触れない。）語りに対してのグループでのやりとり（メンバー同士の意見交換やフィードバック）を通して、Aさんは最近まで自分の中に、「子どもの頃から自分は〝女性であること〟で勝負してはいけない」という考えがあったことに気づかれた。それは、男性性が価値あるものとされるAさんの家庭で男性性を求められて育ってきたことと関連すること、さらに、五〇代も終盤になった最近、自分でもなぜか急にお洒落することに抵抗がなくなったのは、「もう女性を〝売り〟にする年齢でなくなった」という判断から、お洒落を〝卑怯な手段〟であると考えることが少なくなったことに関連していることに思い至られた。

Bさんは何事にも醒めた印象を与え、メンバーからのポジティブなフィードバックが入りにくい方であるが、そういう態度とこの幼少時の屈折した経験が結びつくことに気づかれたようであった。ここではファシリテーターが、単に「小さい頃の自分」というテーマを提示しただけであるが、メンバー（ここでは割愛したが他のメンバーも含めて）が想起したのは「今頃どうしてこんなことを思い出したのか」と一様に不思議がるような内容であった。この封印されていた〝未消化な感情〟にメンバーによる共感的な相互作用が加味されることで、現在の自分のコアを形成する感覚の源流を示す断片として捉えなおすことができたように思う。ごく短時間でこのように中核的な経験や感覚を想起できたのは、おそらく長期間ともに成長してきた仲間であるという信頼感や共感性の高さゆえであろう。「安心して何でも話せる場」という構造が、自然にメンバーを自己内省的な方向に導いたのではないか。また、その後のメンバーの話し合いについては（若干侵襲的な解釈も含まれたが）メンバー同士の対等な関係での多様な指摘を通してたどりついた解釈であるからこそ、自らも比較的素直に受け入れられる新たな物語（関連性や意味の発見）となりえたのだと思われる。興味深いのは、全員が子ども時代の「不安やこだわり」について語っており、それは子ども時代に誰もが多かれ少なかれ抱くであろう普遍的な感情や感覚であるように思われた。それらが共有されることで、相互に共感し合える土壌ができ（普遍性）、それでも自分が疑問に思うことはどんどん質問でき、またその答えも、自分の経験や感覚に基づいて自由に考え、発言できる雰囲気があることにより、質問された人の自己洞察が深まった（個別性）と言える。また、その個人の子ども時代のエピソードと今のありようとの関連が見えてくるという気づきが〝どのメンバーにも生じる〟ことを通して、事例の「個別性と普遍性」を同時に体験的に理解できる構造を持っていた。これは二者関係では得られにくいグループならではの特徴である。すなわち、機能しているグループには、自然に「普遍性」と「個別性」というものが、ともに備わっているものである。相手によって紡ぎだされる語りは常に変わりうる。つまり自分が体験したり、考えた末に発見したと思える内容でも、実は聞いてくれる他者があって初めて、それらが無意識の中で記憶として選び出され、脳裏に甦って語りとなる。これは個人の心理療法でも同じことであろうが、聞き手が複数であっても成立するのである。

おわりに――自己理解を促す「変容」とは

変容は自己に気づくことから生まれる。だが、自己への気づき（自己理解）は、決して自分を客観的に見ることだけを意味するのではない。尾崎新[4]は、「自分を客観的に見ること」の限界を示したうえで、自分を理解する方法は「主観的でよいから自分を多面的に観ること」であるとし、主観は偏見や先入観に支配されやすいため「偏見を持たぬようにすることではなく、さまざまな種類の異なった偏見をできるだけたくさんもつこと」が大切であるとしている。自分という奥深く未知なる対象は、出会う対象や場面によって、自分にも与り知らない反応を示すものであるが、その反応を掬い取り意味づける認知は主観によって影響されている。グループメンバーから自分とは異なるフィードバックを得ること、また自分をグループという器の中で対象化し、相対化することで座標軸の修正を促進していく。このように、グループ体験は活用次第で教育分析的な自己理解を生み出す場ともなりうるパワフルな方法である。適用の効用と限界をわきまえたうえで、今後も心理臨床の領域で（臨床心理士の養成も含めて）、グループ体験がさらに展開していくことを期待したい。

［文　献］（1）　H・コフート『自己の治癒』本城秀次、笠原嘉監訳、みすず書房、一九九五
（2）　皆川邦直「精神科面接の構造と精神力動」精神科治療学、5（8）、一九九〇

（3）中野民夫『ワークショップ――新しい学びと創造の場』岩波新書、二〇〇一

（4）尾崎新『ケースワークの臨床技法――「援助関係」と「逆転移」の活用』誠信書房、一九九四

4 ワールドワークのパースペクティブ

藤見幸雄

はじめに

国際紛争、ジェンダー、戦争、環境問題、性的指向への差別、ドメスティックバイオレンスといった社会問題に取り組むワールドワーク（world work）は、プロセスワーク（process work）の発展形態の一つである。それはプロセス指向心理学（POP）と同様にユング心理学の理念のいくつかを継承するものであるが、夢分析や箱庭療法などを通じて個人の内面における集団性（集合的無意識）を取り扱うだけでなく、実際の（外的な）組織、集団、家族、社会、世界を対象としている。それは文字通りの集団療法であるが、同時にパースペクティブ（視座）でもあり、ワールドワークから得られた知見はプロセスワークの個人療法の中にも積極的に取り入れられている。この小論ではパースペクティブを中心に、ワールドワークの紹介を行いたい。

1　対立、葛藤を肯定するワールドワーク

初めに特徴として挙げたいのは、ワールドワークが組織や集団内の対立、葛藤、分断、憎悪、混乱、不信を排除しない点である。むしろ肯定し、大事にしていく（とはいっても、紛争や暴力を見逃したり野放しにするのではない。かといって一面的に抑え込むのでもない。必要な介入を行いながら対立や分断のプロセスを見守っていく）。ワールドワークは、グループを身体、紛争や対立をそこに生じた症状に譬え、プロセス指向心理学に倣って、すでに生じて

いるが隠蔽されている葛藤や混乱を丹念に捜し出し、意識化することから始める。周知のように、プロセスワークは、個人の身体症状を潜在的な意味や目的を宿したものとして肯定してきた。その考え方を組織やグループにも適用しているのである。したがって、ワールドワークは、表面的にあるいは対処療法的に対立や葛藤を取り除くことはもちろん、問題解決、調和、集団の治療、を目標としたものではない。結果として以上のことが生じ得るとしても、前提には、症状、すなわちここでは対立、葛藤、憎悪等の深層には有意義な意味やメッセージが潜んでいる、という目的論がある。そうであれば、紛争や混乱を否定的なものと短絡的に決めつけて排除するのではなく、それらを詳細に調べ上げ、できるだけあるがまま直視するところから着手するのである。

　これは言うにはた易いが、実践するには大変な困難さを伴う。個人療法では科学者のように場の外にいることを装うことも可能だが、民族紛争や差別を対象としているワールドワークでは、セラピストやファシリテーターは集団の標的になり易く、よって場の内部に居続けることを強要される。対立や葛藤の中に留まることは、まるで火の中に座ること（sitting in the fire）だ、とミンデル[1]（Mindell, A.）は言う。紛争や混乱の渦の中に留まることは、傷つきや苦痛をもたらすが、ワールドワークにおいては、絶望、無力、無知、無常、弱さの体験は必然である。しかし火を絶やさず対立の渦中に居続けることで、錬金術の業《わざ》は成就し得るのではなかったか。この姿勢はユング[2]（Jung, C. G.）から引き継がれたもの。

　誰であろうと火や毒にさわれば、それが（クライエントの）火の弱い部分であっても毒の薄い部分であってても何らかの傷を負わないでは済まないものだ。つまり真の医者（セラピスト）たる者はいついかなる場合でも（クライエントの）傍に立っているのではなく、常に（プロセスの）渦中に身を置いているのである。
〔（　）内は筆者によるもの〕

先ほど、集団内の対立や混乱は、個人の身体症状のようなものだ、と記したが、後者が個人の個性化や自己実現の過程に意味あるものであるように、前者は集団のそうしたプロセスに不可欠なものだと言えるだろう。「セラピー（therapy）」は語源的には「奉仕」や「世話」を意味するが、ワールドワークには、組織やグループ（組織やグループのメンバー、個人のだけではなく）の個性化の過程に奉仕するといった側面がある。

2 ホログラフィックなドリームフィールド（夢の場）

ところで、集団療法は集団を対象とするとはいっても、その実、集団を利用して個人の心理的治療、幸福、成長、自己実現や、個人と個人の関係性の改善を目指すものが大半である。それに対してワールドワークは、集団の力動そのものも取り扱う。なぜならば、性差別や人種差別といった社会的テーマを個人の次元にのみ還元することはできないと考えるためだ。社会心理学の言うように、集団は個々人の総和以上のものである。しかしその一方で、多くの社会心理学やグループダイナミクスのように、集団心理を個人心理から切り離して捉えることもしない。

ワールドワークは個人心理療法とも集団心理療法とも異なり、第三の立場として「夢の場《ドリームフィールド》」という観点を採用している。それは集団と個人とを同時に取り扱う視座であり、集団と個人間の流動的な往来を促す立場である。それは夢の場を個人の内面にだけでなく集団の深層にもあるものと想定し、両側面をヒンズー教や華厳教のようにマクロコスモス＝ミクロコスモスとして、あるいはホログラム的に捉えている。ある時点における大集団の問題は下部集団やあなたの内部、社会や地域の対立は家族や個人の内面にも相似的に見出されると考えるのだ。であれば、あなたの内的な葛藤と、あなたの属する集団を二つに引き裂く勢力の間に共時的連関性を見ることができるだろう。ホログラムでは、部分が全体を映し出す。

あるいは、あるマイノリティグループを抑圧する外的な人物と相似的なあなたの内なる人物が、あなたの同性愛的指向性を周辺化していることに気づくことだろう。また、あなたの内的な批判者が社会における支流派の価値観を無自覚に支持していたことに意識が向くかもしれない。部分と全体は反映し合っているとも言えよう（これは、部分が全体の原因である、あるいは全体が部分の原因であるとする因果論とは異なる考え方である）。

であればワールドワークにはインナーワークは不可欠であり、インナーワークはワールドワークそのものであるとも言える。ただし、ワールドワークはすべてのプロセスを内的世界に還元することはしない。ホログラムの観点から、あるプロセスや葛藤を内的に十二分に深めるとともに、それらを集団における重要な(諸)側面として、集団に向かって表現し、集団のプロセスを深めることに寄与するのである。そして集団（の深み）からの応答を待ち、それをまた内面で吟味していく。つまりワールドワークにおいては、内面と外面（の深層）、個と集団間の往復が不可欠とされる。それは、夢の場が私たちの内面にだけでなく集団の深層にも存在するからだ。夢は私たちの中にあるのと同時に、私たちは夢の中にいるのである。

3　ドリームアップからロールへ——ユニバーサル・ドリーム・フィールドを媒介として

プロセスワークの初期に、対人関係や転移・逆転移を理解するために、「ドリームアップ（dream-up）」という見方が導入された時期があった。たとえばある男性クライエントは、猟師が逃げるうさぎを撃ち殺す、という夢を見た。そして面接室での彼（の自我）はうさぎに同一化していた。話が前後するが、彼が面接室に入り挨拶したとたんに、なんとセラピストはクライエントを撃ち殺したい衝動に駆られるではないか！

こうした場合、プロセス指向心理学は、クライエントの夢に着目する。セラピストがある衝動や欲望、行動に促される場合、その原因がクライエントの夢の中にあるかどうか、調べるためである。この例では、原因がクライエントの夢の中に確かにあった！　セラピストがクライエントを撃ち殺したくなったのは、クライエントが見た猟師とうさぎの夢のため、というわけだ。他者の夢の場《ドリームフィールド》の一部に無意識の内に取り込まれて行動化させられたり、そうした衝動を感じさせられること、をＰＯＰはドリームアップと命名したのだ。

しかしこれは、ニュートン・デカルト的な人間観を前提にしていないだろうか。すなわち、他者や場と切り離された近代的個人をベースとしているのである。そうであればこそ、セラピストは自分がクライエントを撃ち殺したくなった欲求を、自分から切り離されたクライエントの夢にのみ帰することができる。セラピストはクライエントの内的世界の外部に立つことのできる中立の存在というわけである。

しかし面接空間では、セラピストの無意識または夢の場《ドリームフィールド》が、クライエントをドリームアップしないのだろうか。セラピストの夢の次元に影響を受けて、クライエントはセラピストの前で「うさぎ」のような自分《アイデンティティ》（役）を演じさせられていた、と考えることもできるであろう。

意識、特に集合的無意識のレベルでは、意識（や存在《リアリティ》）の境界が容易に超えられ、融合状態にあるとするユング派の仮説に従うと、誰が誰をドリームアップしたのか、を言うことは大変困難になる。

「味噌買い橋」という昔話がある。[3]

昔、飛騨の沢山《さわやま》というところに、長吉という信心ぶかい正直な炭焼がいた。

ある夜枕もとに仙人のような老人が現れて、「高山の町に行って、味噌買い橋の上に立っていてみよ。大そう良いことを聞くから」と言ったかと思うと、目がさめた。

夢であったが、長吉はさっそく炭を売りながら高山の町へ出て、味噌買い橋の上に立っていた。まる一日立っていたが、何も良いことは聞けなかった。二日目も三日目も良いことは聞けなかった。五日目に、味噌買い橋のほとりの豆腐屋の主人が不思議に思って、「なぜ毎日そこに立っているのか」とたずねた。

長吉は夢の話をした。豆腐屋の主人は笑い出して、「つまらん夢なんかあてにしなさるな。わしもこの間夢を見たよ。老人が現れて、なんでも乗鞍のふもとの沢山とかいう村に長吉という男がいる。その家のそばの松の木の根元を掘れ、宝物が出ると言うたが、わしは乗鞍の沢山なんていう村はどこにあるか知らないし、よし知っていたとしても、そんなばかげた夢なんか信ずる気にはなれん。悪いことは言わない。

お前さんもいいかげんにして、お帰んなさい」と言った。

それを聞いた長吉は、これこそ夢の話に違いないと、身も心も躍る思いで、お礼もそこそこに急いで、飛ぶように村に帰って行った。帰るなりに松の木の根元を掘ってみると、金銀のお金やいろいろの宝物がざくざくと出た。

そのお陰で、長吉は長者になった。村の人びとから福徳長者と呼ばれた。

長吉が豆腐屋の主人をドリームアップしたのだろうか。それとも豆腐屋の主人が長吉をドリームアップしていたのだろうか。

今日プロセスワークは長吉のドリームフィールドと豆腐屋の主人のドリームフィールドの深層または背景に、ユング派を参考にその両方が共有する集合的《コレクティブ》な夢の場を想定し、「ユニバーサル・ドリーム・フィールド（普遍的な夢の磁場）」[4]、あるいは量子力学をヒントに、〝entanglement（「もつれ、もつれること―もつれさせられること」、「巻き込み―巻き込まれること」）[5]〟と呼んでいる。また、長吉と豆腐屋の主人との何らかの（非因果的な）「関係性（という主体）」が夢を見た、と考えるのである。そして長吉や豆腐屋の主人は普遍的な夢次元（後述する「間身体」的次元）を舞台とする役者《ロール》と捉えるのだ。そのことから、長吉が豆腐屋の主人をドリームアップしたのか、はたまたその逆かを探ることから、コレクティブな夢の次元に、どのような役割《ロール》が布置されているのか、という点にPOPの関心が移っていった。そして二人に共有されたコレクティブな夢は（またはこの昔話では老人がコレクティブな夢の作り手であると想定すると、老人は二人の夢を通じて彼の夢が）、長吉や豆腐屋の主人という役によって実現されることを望んでいる、とプロセスワークは考えるのである。

4 間身体

メルロー＝ポンティ[6]（Merleau-Ponty, M.）によると、まず、「自分の左手を右手で握る時、左右の手の間で、〈さわる手・さわられる手〉の関係は容易に逆転しうる。こうして身体はおのずと一種の反省作用を行い、この反省作用の中で両方の手は同一の身体の分肢として共存している」。

これを筆者なりに解釈すると、さわっていた手が、いつしかさわられる手に逆転してしまうのだが、それは両手の境界が否定され融合するからであろう。そこに右手とも左手とも異なる、右手プラス左手以上の新たな「同一の身体」が生み出される。そして左右の両方の手は、新たな同一の身体の分肢《チャンネル》として共存する。

同様のことは他者との関係の中でも生じる。「もしも私が他人の手を握って、彼がそこにいるのをはっきり知るとすれば、それは彼の手が私の左手と入れ代わるからであり、私の身体が、逆説的に自らがその場になっているる〈一種の反省〉のうちに他者の身体を併合するからである……彼と私はいわば一つの間身体性の器官なのである」[6]。

セラピストとクライエントは一つの間身体の器官《チャンネル》なのだ。しかしセラピストの身体、クライエントの身体のみを見ていただけでは、間身体を捕えることはできない。それが右手プラス左手以上、私プラスあなた以上の次元に属する身体であるためだ。

先ほど、プロセスワークでは、セラピストとクライエントとが出会う間身体な場においては、「うさぎ」や「猟師」を個人の夢のみに還元することはできない、と述べたが、プロセスワークは、各ロールをメルロー＝ポンティの言う「同一の身体」や「一つの間身体性」のように捉えている。

ワールドワークにおいては、間身体的な場においてどういった役割がどのように布置されているか、を見抜くことが最重要課題の一つだが、ここではロールが普遍的な夢の場に根ざしていることに、留意しておいていただきたい。

5 ロールとゴーストロール

ワールドワークは人種差別、人権、環境問題と取り組むが、そのとき、対立や混乱の背景（深層）に夢の次元を想定する。そこが既存の社会運動や政治と異なる点である。ＰＯＰでは夢は人間だけでなく、グループや組織、コミュニティも見るものである、と考えられている。それは長吉と豆腐屋の主人との「関係性（という主体）」が、個人（人間）を超えて夢を見る、といったのと同じ理由からである。そして集団やコミュニティの見る夢の実現に寄与すべく取り組んでいく。夢とワークするのは、アスクレピオス神殿での「夢療法」を信じた古代ギリシャ人同様、夢には自然治癒力、奇跡、創造性、魔法が潜んでいると仮定しているためだ。個人療法においても解決不可能とされていた困難なケースが夢の次元や、理性では説明不可能な共時性が発動することで打開されることがあるが、ワールドワークでも同様の恩寵や幸運が夢（の次元）からもたらされることを願う（祈る）のである。

夢の次元はコルバンのイマジナルな世界と言えるが、リアルな濃密感や臨場感を伴う場である。これは悪夢を思い出すと理解しやすいであろう。私たちは悪夢の中でリアルな苦しみや恐怖を体験する。

夢の次元に根ざす各役割は、強烈な磁力を発しているが、そのことは磁石とその上に置いた薄紙、そしてさらにその上に撒いた砂鉄から想像すると理解しやすい。砂鉄は紙の下の磁石に従って紙の上に、ある形を描かされる。夢次元に宿るロールは磁石のように強力なそしてリアルな力を発する磁場であり（夢次元自体が磁場のようであるが、そこに根ざす各役割も磁場に譬えることができる）、普段、私たちは、砂鉄のように磁石に左右されて、ある一定の形を反射的に描いていることに気がつかない（「うさぎ」を演じていたクライエントと「猟師」になることに駆り立てられていたセラピストのように）とＰＯＰは考える。

ロールを見抜いていくにあたっては、ユング心理学を借用して対極的あるいは弁証法的に捕えていく。磁石でいえばＮ極とＳ極であり、易学のメタファーを使えば陰と陽である。ロールは個で見ていくのではなく、必ず「対」で把握するところからワールドワークは始められる。

ロールの中でも特に重要なのは「ゴーストロール」である。それは夢の磁場に存在するが、意識化されることなく幽霊の様に背景から私たちを翻弄する役割であるが、このロールを見抜けるかどうかが、ワールドワークの分岐点となる。

以前[7]にも書いたことだが、某ワールドワークでポーランド人とロシア人の間で歴史的問題が議論される機会が持たれたことがあった。しかし一〇分たっても二〇分たっても話し合いは進展せず、それどころか沈黙が続いた。場の緊張が高まる。業を煮やしたアメリカからの参加者の一人がなぜ双方とも一言も発しないのか質問すると、ロシア人の一人が「Ｋ〇〇」とつぶやく。ロシア人だけでなくポーランド人も大きくうなずいているではないか。私たちの多くには、何が起きているのかさっぱり理解できない。ファシリテーターの一人が先ほど言葉をつぶやいたロシア人に状況を質問すると、今度はポーランド人の何人かが、「ＫＧＢ（旧ソビエト連邦の国家秘密警察）、ＫＧＢ」といっせいに叫び始めた。

筆者はショックを受ける。ポーランドとロシアからの参加者によると、いま、その場に「ＫＧＢ」がいて彼（女）らを監視しているに違いない、というのだ。ソ連が崩壊して久しいというのに、「ＫＧＢ」がいる、とはどういうことなのか。筆者だけでなく、会場にいた参加者の何人もがポーランド人、ロシア人の怯えた様子を見ながら、彼（女）らの発言を真に受け、セミナー参加者の中で誰がＫＧＢだろうかと、会場全体を何度も見回したほど、そのシーンはリアルだった。

幸運にも、私たちの態度の変化に気づいたポーランドからの参加者の一人が、「この会場にＫＧＢがいないことはわかっています。しかしＫＧＢの存在を感じずにはいられません。だから私たちは何十分もの間、押し黙ったまま、一言も発することができなかったのです」というようなことを言った。

ポーランド人、ロシア人の反応はＰＴＳＤによるものだろうか。ＫＧＢは共同幻想、共有された迫害妄想だろうか。両グループは一時的に「統合失調症状態」または「狂気」に陥っていたのだろうか。

プロセスワークはＫＧＢのようにリアルさや臨場感の伴うロールを夢次元の存在、すなわちイマジナルな存在と捉える。そうした前提の上で、以上のようなゴーストロールやロールを意識化し、それらに発言の機会を与えることで対話を促していく。

ＫＧＢのリアルさやその場の臨場感は伝わっただろうか。その役割は夢次元に宿っているのだが、そこから類推すると、ワールドワークはＫＧＢのような夢次元の存在を起点に、参加者皆で夢を見る（ドリーミングトゥギャザー）ワーク、いや共有する間身体的なゴーストロールやロールによって、深い夢の次元にイニシエートさせられるワークと言えよう。

これに対して社会学や歴史学は、それらが基盤とする合意《コンセンサス》された現実《リアリティ》の次元から、ＫＧＢを捉えることだろう。一方、ワールドワークは、ＫＧＢや各種の対立、紛争を、合意された現実と夢次元の現実の両面から（以下に見るように、立脚点の移動に注意しながら）把握していく。

分極化されたロールとの取り組みは、私たちの意識《アウェアネス》（注：自我意識ではない）の立脚点を、自分が同一化していない極のロールに入れることにより行われる。その方法としてロールプレイやドラマセラピーのように役割のスイッチを試みることも少なくない。しかし、真に重要なのは、意識や立脚点の移動である。先の例から引くと、夢の場に布置されている「うさぎ」と「猟師」の役の内、クライエントは「うさぎ」役に同一化していたが、それが彼の自我イメージでもあった。こうしたときプロセスワークでは、自我や自我が固着している（「うさぎ」の）イメージからアウェアネスを抜き取り、それの対極的なロール、ここでは「猟師」役またはその立脚点にアウェアネスを投じることを試みる。それは「うさぎ」の側から「猟師」についてイメージをふくらませるのと、「猟師」の立場に立ち、その役に深く沈潜して、そこから想像力を働かせるのとでは、その役に対する理解度がまったく異なるからだ（注：あるいは、アメリカの立場からイスラームについてイメージするのと、イスラームの立脚点に立ち内側からそれについて想像したり、感じとるのとでは雲泥の差があるのと同じである）。

アウェアネスや立脚点の移行は意識の変容を必ず伴うが、それは伝統的には、チベット密教やシャーマニズムで用いられてきた意識のテクノロジーである。このワークにより、たとえば「テロリスト」が、「自由のための戦士」にリフレームされ得ることが、内的実感を通して理解されることだろう。

6　全体論的（holistic）パースペクティブ

完璧性が純白、光、陽に譬えられるとすると、全体性は白と黒、光と闇、陽と陰と言うことができるだろう。ワールドワークが対立や葛藤、紛争を肯定するのは、全体性のためには陽だけでなく陰、つまり対極性を尊重する必要があると考えるためである。whole（全体）とheal（癒える）は語源を同じくするが、集団の癒しにも、対立の両側面が同じように（つまり全体が）大事にされなければならない。支流派だけでなく非支流派や少数派を尊重する全体論的立場は支流派には受けが良くないのと同時に、マイノリティにも評判が悪い。どちらも自分の立場のみを支持されることを期待しているためだ。ワールドワークは政治への関心を強く持っているが、既存の体制を肯定する保守派でも、マイノリティを一面的にサポートする社会運動派でもない。

左右両陣営を受容する立場を、POPは「深層民主主義（deep democracy）」と呼ぶ。ミンデルは既存の民主主義がうまく機能していないのは、民主主義に深さ（夢現実の様な深層の次元）が欠如しているためだと言う。

対極ロールの内、主流派によって周辺化《マージナライズ》されている極ないしマイノリティのロールの立場にしっかり立つと、リアリティと意識の次元が自ずと深まっていくことを体験する。主流派や自我がそれら自身の立場からイメージしていたのとは異なる姿が開示される。プロセスが夢の次元まで深まると、表層で「テロリスト」であったマイノリティ側のロールが、深層では「自由を求める戦士」のロールに生まれ変わるのだ。深層民主主義は、表層では「テロリスト」であるものが、同時に深層では「自由を求める戦士」でもあることを見通していくパースペクティブでもある。そのことによって、民主主義は深みのあるものとなり、その理想に一歩近づける、とワールドワークは考えている。

文化人類学や社会学は主流派によって文化の周辺に追いやられたマイノリティグループをサポートする。たとえばオーストラリアのアボリジニーやアメリカ先住民の文化を。しかしそうした先住民文化の中核をなすスピリチュアルな伝統、つまりアニミズムやシャーマニズムを字義通りに（体験的に）肯定することはしない。遅れた文化的遺産として斥けられることも少なくない。

これに対してワールドワークは、合意された現実の次元で周辺化されたマイノリティは、同時にリアリティのより深い次元（たとえば、夢の次元）に抑圧されていると考える。したがってマイノリティを支えるには、文化の周辺と文化の深層に同時に目を向けることが不可欠なのである。文化人類学と、意識とリアリティの深層に取り組むスピリチュアルな諸伝統が、共に必要なのだ。

全体論的パースペクティブを実践するには、私たちは自分の立場を相対化しなければならない。ワールドワークでは、自分が無自覚の内に一面的あるいは自己（自我）中心的、自己愛的、「日常（自我）意識中心主義」的立場に立っていたことを、いやというほどくり返し思い知らされるが、全体論的立場の見方を身につけてこそ、集団のプロセスに寄り添い、深く参与することができる。なぜならばそのとき自分の立場だけでなく、対極の立場と深い次元の両方をを肯定する深層民主主義を実践できているからである。また、陰陽の場は深層心理学者の言うように内界にあるが、ドリームフィールドについて議論した際に述べたように、同時に集団の根底にも存在する、とプロセスワークは想像する。しかしワールドワークのような場で、二律背反的立場をそのまま受け止めるのはとても困難なことだ。相克する状況に留まることを、くり返すが、sitting in the fire と言った。

7 ランクの観点

これまでの議論は、夢の場や夢の次元を中心に進められてきた。しかしワールドワークで取り上げられる差別や民族問題、環境問題などと取り組むには、歴史的、社会的、政治的、多文化（文化人類学）的パースペクティブを取り入れることが必要である。それらは基本的に「社会によって合意された現実」または「日常的現実」に根ざしているが、そこでは「ランク」の観点、「ランク」へのアウェアネス（ランクの意識化）が不可欠である。「ランク」は、「格（差）、階層性、上下関係、（権）力関係」などを意味するが、それが意識化されないことが、コミュニケーションギャップや他者に対する想像力の欠如、の重要要因だとされている。

プロセスワークは、基本的にあらゆるコミュニケーションの問題の背景には、ランク（格差）の問題が隠されている、と考えている。たとえば、上司と部下、親と子、カウンセラーとクライエント、教師と生徒との間に問題が生じる場合、両陣営とも、自分の依って立つ立場からのみ主張しているのではないだろうか。立場を目線と言い換えてもいいが、相手側も自分と同じ目線で問題を見ていると思いがちである。

しかしワールドワークは、対極的な立場間には、格差や目線の違いがあって、その違いがある問題Xを一方にはYに、もう一方にはZに見せている、と考えているのである。

両者の内、ランクの低い側は無意識の内にコミュニケーションに違和感を感じ、言語化できなくてもランクの存在をどこかで意識することがある一方、ランクの高い側は、それに気づかないことが多い。ランクの存在に気づかずにいられることが、主流派の最大の特権の一つと言われている。しかしランクや格差を明確に意識化して相手の体場に立つことができないという点では、両者とも同じである。

ランクに対する無知、無自覚はセクシュアルハラスメント、パワーハラスメント、ドクターハラスメントなどの中核にある問題と考えられるが、ＰＯＰはランクの違いを一面的に批判するのではなく、意識化し、建設的に活用できるようになることを奨励している。

ランクには大別して三種類あるとされる。一つ目は社会的ランク。たとえば所与の歴史／社会的コンテキストにおける経済格差、ジェンダーの違い、肌の色の違い、学歴差、年令差など。

二つ目は心理的ランク。所与の歴史／社会的コンテキストから受ける影響に対する、心的能力の度合の違い。例えば、同じような差別状況において、Ａは被害的になりがちであるのに対して、Ｂは自己肯定感が高く、のびのびしている。主流派の心理療法は、心理学的ランクを向上させることを目標としてきたと言えるだろう。

三つ目はスピリチュアルランク。これは所与の歴史／社会的コンテキストからも自己（自我）（あるいは心理［学］的ニード）からも自由で解放されている度合。プロセスワークはトランスパーソナル心理学と同様、スピリチュアルな次元を意識化している。

おわりに――新しいパラダイムに向けて

ワールドワークは心理学と社会学、歴史学、政治学を包括した学際的なワークである。また多文化的でもある。内と外、個と集団をホログラム的に取り扱い、存在《リアリティ》と意識の深層の次元に取り組み、神話学（今回は議論しなかったが）をも取り入れている。ＰＯＰはワールドワークの実践を一つ一つ積み重ねながら、社会問題に取り組むための二一世紀に適しいパラダイムを模索している。［注1］

［文　献］（1）Mindell, A.（1995）*Sitting in the fire : Large group transformation through diversity and conflict.* Portland, Or. : Lao Tse Press.（『紛争の心理学――融合の炎のワーク』長沢哲監修、青木聡訳、講談社、二〇〇一）

（2）Jung, C.G.（1944）*Psychologie und Alchemie.* Zurich : Rascher Verlag.（『心理学と錬金術Ⅰ』池田紘一、鎌田道生訳、人文書院、一九七六）

（3）関敬吾『日本昔話大成３』角川書店、一九七八

（4）Mindell, A.（1985）*River's way : the process science of the dreambody : information and channels in dream and bodywork, psychology and physics, Taoism and alchemy.* London, Boston : Routledge & Kegan Paul.（『プロセス指向心理学』小川捷之監訳、高岡よし子、伊藤雄二郎訳、春秋社、一九九六）

（5）Mindell, A.（2000）*Dreaming while awake : Techniques for 24-hour lucid dreaming.* Charlottesville, Va. : Hampton Roads.（『24時間の明晰夢――夢見と覚醒の心理学』藤見幸雄、青木聡訳、春秋社、二〇〇一）

（6）Merleau-Ponty, M.（1960）*Signes.* Paris : Gallimard.（『シーニュ』竹内芳郎他訳、みすず書房、一九六九）

（7）藤見幸雄「グループの実践：国際紛争解決に取り組むプロセス指向心理学――ワールドワーク入門」臨床心理学、4（4）、四五八～四六三頁、二〇〇四

[参考文献]

* 青木聡「マンションの修繕と紛争調停のグループ・ファシリテーション」臨床心理学、4（3）、四二一～四二三頁、二〇〇四
* 藤見幸雄、諸富祥彦『プロセス指向心理学入門』春秋社、二〇〇一
* 藤見幸雄『痛みと身体の心理学』新潮社、一九九九、〔文庫〕二〇〇四
* Mindell, A.（1996）*The shaman's body : a new shamanism for transforming health, relationships, and the community.* San Francisco, CA: Harper.（「解訳、共に夢を見ること」『シャーマンズボディ――心身の健康・人間関係・コミュニティを変容させる新しいシャーマニズム』藤見幸雄監訳、青木聡訳、コスモス・ライブラリー、二〇〇一）
* 藤見幸雄「プロセスワークにおける身体――関係性におけるドリームボディ、「間身体」の立脚点から」プシケー、24、五二～七五頁、二〇〇五
* 藤見幸雄「心理療法における『意識』の使い方――プロセス指向心理学の立場から」〔氏原寛、成田善弘編〕『意識と無意識――臨床の現場から』人文書院、二〇〇六
* 桑原香苗「ワールドワーク（a）――POPのグループ・プロセス」〔藤見幸雄・諸富祥彦編〕『POP、プロセス指向心理学入門』春秋社、二〇〇一
* Mindell, A.（1992）*Riding the horse backwards : process work in theory and practice.* London, New York : Arkana.（『うしろ向きに馬に乗る』藤見幸雄、青木聡訳、春秋社、一九九九）
* 前掲書（4）
* 村川治彦「ワールドワーク（b）――アジアン・ワールドワーク（一九九六、サンフランシスコ）」〔藤見幸雄・諸富祥彦編〕『POP、プロセス指向心理学入門』春秋社、二〇〇一
* 長沢哲「融合の炎――日本語読者のためのまえがき」〔文献〕（1）所収
* 坂元仁美「ワールドワークへの招待」現代のエスプリ435、一一七～一二四頁、二〇〇三

[注] 1 ワールドワークの進め方やその詳細な実際例については、拙書、『痛みと身体の心理学』を参考にしていただきたい。

5 グループワークとしての事例懇談会
──児童養護施設における養護職員支援

森　茂起

はじめに

児童養護施設（以下、養護施設あるいは施設と記す）における心理臨床は、模索の時期から、制度的な整備と量的広がりを経て、定着の時期に入ったと考えられる。平成一八年度より、常勤化促進に向けた厚生労働省の施策により、常勤心理職を置く児童養護施設への補助金制度が各自治体で始まり、その活動は今後いっそう拡大すると思われる（形態は各自治体によって異なっている）。

虐待を受けた子どもへの治療的関わりは、「個人心理療法」を一方の柱に置きながら、「児童養護職員等への助言及び指導」という、養護および環境療法に関わる業務がもう一方の柱となる。しかし、子どもに直接働きかける個人心理療法に比べると、養護職員との連携あるいは養護職員への援助の方法論は十分論じられていない。養護職員は、家庭生活に相当する基本的部分で子どもと関わり、しかもその関わりは長時間かつ長期間にわたる。言わば子どもと寝食を共にする体験は、職員の人間全体を巻き込むものになりやすい。それに加え近年は、虐待を受けた子どもの増加に伴い、子どもが受けたトラウマの作用が職員の負担となっている。

トラウマを受けた被害者と関わる援助者が体験する特殊な問題は、精神分析的心理療法の枠組みでは、転移、逆転移の問題として理解でき、近年のトラウマ学（traumatology）においては、「二次的外傷性ストレス」「代理トラウマ」「共感疲労」といった概念によって捉えられている。[1] 概念的枠組みは何であれ、養護職員は、子どもが抱えるトラウマ由来の作用の影響を受け、その作用は援助者の人間全体を巻き込む。

したがって、児童養護施設における心理職の職務には、技術的、知識的な援助だけではなく、職員を支える役割、そして職員が子どもから受け取って重荷となっているものを処理する役割が含まれる。本論ではこうした背景を踏まえ、私がセラピストおよびスーパーヴァイザーとして関わってきた養護施設の経験から、今述べた職務の一つの形としての事例懇談会について検討する。懇談会を、子どもとの関わりのなかで職員が抱えることになった心的内容を扱うグループワークの場として捉えるのが基本的観点である。

1 事例懇談会とグリッド

私の関わる養護施設では、各ホームごとに一カ月から二カ月に一回の頻度で事例懇談会と称するミーティングを開いている。当初、職員全体が出席し特定の発表者が事例を発表する一般的な事例検討会を持っていたが、生活をともにするホーム単位での討論のほうが各職員の発言機会が多くなり、密な議論が可能と考えたため、この形態に移行した。各ホームの職員数は、七~八名程度である。検討する事例はあらかじめ決めず、困難を感じている事例、あるいはしばらく話題に上っていない事例などをその場で選択して検討している。時間は二時間を基本とする。日によって異なるが、二~三例について詳しく取り上げ、触れることのできなかった子どもに最後に少し言及するといった形になることが多い。印刷資料を用意することはなく、情報も口頭で語るようにしている。資料を用意するとどうしても視線が資料に行くことが多くなるからである。

懇談会の流れを整理したり、進行中に方向を選択したりするうえで、私はビオン（Bion, W. R.）のグリッドを参照している。正確に言えば、私の臨床を導く一つの視点としてビオンのグリッドが機能しており、そのため本懇談会にもそれが反映しているということである。

ビオンのグリッドについてここで詳説するのは無理なので、詳しくは他所にゆずる。(2)(3)(4)(5) グリッドの考え方の一つの軸は、クライエントあるいはセラピストの発言、行動を、「思考の成長」の観点からレベルに分けることである。

ビオンはこのレベルを、「β（ベータ）要素」、「α（アルファ）要素」、「夢思考・夢・神話」、「前概念」、「概念」、「一般概念」、「科学的演繹体系」、「代数学的計算式」の八段階で記述している。これを「思考」と呼ぶのはビオンの精神分析理論が背景にあってのことで、詳しく触れるゆとりのないここでは、さしあたり「心的内容」と言ってもそれほど誤解は招かないだろう。ただし、ベータ要素は身体的なものと未分化なレベルなので注意が必要である。「夢思考・夢・神話」は呼び名として収まりが悪いので、ここでは「物語」としておく。実際、ナラティヴセラピー（物語療法）はおよそこのレベルを扱う方法のように思える。

私たちの心の活動は、これらの間をあちらにこちらにと移動しながら行われる。体の感覚も伴うような「イライラ」した状態から、怒りの言葉が生まれ、そこから「何が言いたいのか」への理解が生まれて、まとまった思いが表現される、といったプロセスは、セラピーでも日常場面でもいたるところで体験することができる。

グリッドのもう一つの軸は、クライエントあるいはセラピストの発言が、セラピーの作業を進行させるものか、それとも後退させるものかによる分類である。普通「抵抗」と見なされるものは、後者に含まれる。

先ほどのトラウマの視点に照らせば、養護施設においては、心の内容として捉えることができない、原初的な段階の動き（β要素）が、子どものなかにも職員のなかにも活発に働いている。[6] 原初的なレベルにある心身的内容が働いて、職員を巻き込んだ結果である。その扱いが、養護施設の重要な課題の一つである。

個人面接内だけでなく、グループ内で進行する現象にも、グリッドで記述されているような各レベルの心的内容があり、グループの作業を進行させたり後退させたりしていると考えられる。

2 懇談会事例

事例H（女児、小学校中学年）をめぐる討論を提示する。以下の記録で、発言として提示されている言葉は、録音に基づいた逐語記録から語尾などを一部整えたものである。一部は内容を括弧内に要約する。考察の都合上、

【1】～【3】に区切って提示する。プライバシー保護の観点から、家庭背景などは抽象化している。大文字アルファベットは男性職員、小文字アルファベットは女性職員を表す。Tはスーパーヴァイザー（筆者）である。

話題は、最近見られた問題行動（他児のノートなどへの落書き）から始まっている。

【1】

a① 以前にも見られた突拍子もない行為があった。学校を熱で休んだときに、いない子の引き出しを開けて、その子の持ち物にいたずら書きをしたり、破ったりしたことがわかった。それもかなり怒られたあとでやっと言う。それも最終的な部分で言えてないところがある。そういう事がまだ出てきてしまう。たぶん寂しかったのだとは思う。ずっとついていてあげられないから。大きなお姉ちゃんなんかが、自分が持っていない、目移りするようなものを持っているので、そういうのに興味を持つ。そこで自分の名前を書くんですね。最終的にはぐじゃぐじゃと消したり。持ち主の名前を書いたり。そういうのがたくさん見つかった。

T① それは普段からか、そのときにまとめてやったんですか。

a② そうなんじゃないかと思うんです。でも一個だけは以前にやったんです。

T② 本人がそう言ったんですか。

a③ 全部そのときにやったということで話をしていたら、どうしても一個だけ「違う」と言い張ったのがあった。それはもっと前にやっていた。（漢字の枠を塗ったり、太字で白枠になっていたらそこを塗ってみたり、と具体的な落書きについての話。）

T③ 面白い落書きですね、落書きの仕方が。

a④ このいたずら書きの前は、自分の髪の毛を切る、というのがあったんですけど。今回はいたずら書きが結構出てきたんで。

B⑤　ちょうど休み中だったんですけど（熱を出して面会ができなかった）。本人としたらショックだったと思うんです。また、この休みにたくさん帰ったんですよ、子どもが。ちょっとかわいそうかな……

T⑥　中高生はほとんど残ってたんですけど、小学生は大半ですよね。

C⑥　本人が熱出したんですね。

C⑦　休み中ほとんど寝て過ごす、みたいな。子どもは減るし、外遊びが大好きな子が外に出られないという。

（家族の面会に関する具体的事情の説明がある。）

D⑦　（落書きについて）あのぐらいの年齢で、面会もない、外でも遊ばれへん、というなかでの単なるいたずらレベルのものではないのか。

a⑦　それはたぶん、引き出しを開けたときにペンがあったと思うんですね。そのペンで、目の前にあった漢字表を塗ったのかな……

D⑧　目の前に塗り絵があったら、それで遊んでいた、という可能性はないの？　いたずらなのか、遊びなのか、どっちに近いの？

a⑨　それは遊び感覚だったと思うんですけど……たぶん欲しかったと思うんだけど、バンドエイドにH（自分の名前）とかJ（他児の名前）とかバカとか書いてそれをぐちゃぐちゃと……

T⑨　バカ、みたいなことも書いてるの？

D⑨　物が欲しくてなのか、持ち主に対する日ごろの思いからなのか？

T⑩　どちらにしても、書きたくてダーッと書いたんだけど、あとでまずいな、という感じを持った。途中で止めるのではなく、最初にバーッとやってしまう気持ちと、あとでこれはまずいな、という気持ちがHちゃんのなかで別々になっている。ちょっと奇妙な考え方ですね。

a⑩　欲しい、という気持ちと、意地悪される、と言う気持ちは、ある。

f⑩　たとえば「欲しかったん?」って聞いたら「違う、腹立ったから書いてん」とか言ったの?
a⑪　Bさんが聞いたときは「意地悪されるから」って言ってたみたいなんです。でも私には「Kちゃんいっぱい持ってるから、欲しい、欲しいから」と。
f⑪　「意地悪されるから」というのは言い訳なのか?　それとも、本当の原因なのか。
a⑫　確かに、落書きは手当たりしだいにやってはいない。
T⑫　ちゃんと選んでやっているわけですね。
a⑬　ええ。「小学~年生」とかの本のなかの写真、ポスターに落書きしている。
f⑬　その本は誰の?
a⑭　それはKかな。でも、Lのものも落書きされてる。
T⑭　やられたのは二人?
C⑭　基本はKのですね、ほとんどKの。
a⑮　Lはもっと前にやられてた。
D⑮　Hが攻撃されたときに、そういうのをぶつけるときにそういう出し方をしてる可能性が高い、そうすると限定されてくる、「いたずら」になる。
a⑯　いたずら、ですね。
D⑯　手当たりしだいに自分の感情をぶつけている落書き、みたいなイメージで初め聞いてたけど、全然違うかな、という感じがするね。

落書き事件から討論が始まっている。a①の「学校を熱で休んだとき…破ったりしたことがわかった」の部分が問題の提示である。具体的エピソードの説明なので、「物語」だが、次の「最終的云々」では、いつもそうであるという全体を見たうえでの意味づけの兆しがあるので、「前概念」で、「寂しかったのだ」で、「概念」としてまとめられている。ただし、「ぐしゃぐしゃと消したり」という表現は、文字から受ける身体的感覚に触れているので、「β要素」が含まれている。

Tの発言は、事件の詳細を確認しながら、T③でその「落書きの仕方」に注目している。特に前半では、意味を汲み取りまとめるよりも、具体的エピソードや、身体感覚を含む体験の方向に話題を向けるようにしている。a④の「髪の毛を切る」エピソードは、本児の「β要素」の身体を通じた発現とみなすことができる。そのあたりから「ショックだった」「かわいそうかな」（B⑤）「ほとんど寝て過ごす」（C⑦）といった、「β要素」、「α要素」、「物語」、のいずれかに相当するレベルの発言が多い。C⑦は説明不足で意味が取りにくいところがあるが、「物語」としてしっかり成立する前のこのような語りでも発言できる雰囲気が重要である。明確に説明できなければ発言をはばかられるような「事例検討会」では、心が活発に働かない。

しばらくして、D⑦で、主任的立場の職員から、「いたずらレベルのものではないのか」という意味づけ（概念）が提示される。この提示から、落書きの状況がいっそう詳細に語られる。「バカ、とか書いてそれをぐちゃぐちゃと」（a⑨）という感覚が再び語られたのち、職員との会話が報告される。「Kちゃんいっぱい持ってるから、欲しい、欲しいから」（a⑪）のような、子どものイントネーションまで模倣した言葉そのままの報告には、「物語」のレベルよりも、身体的な感覚を含む、サリヴァン（Sullivan, H S.）の言う音声的コミュニケーション[7]（vocal communication）と考えれば、「β要素」が含まれている。こうした職員の「生の」体験にまで降りるなかで、本児の落書きが手当たりしだいの行為ではなく、対象の限定された「いたずら」であるという理解が生まれている（D⑯）。一つの「概念」の出現である。

【2】

T⑰　Kに対して普段はどうなんですか。特別なんか出てきます？

a⑰　あんまり日常のなかでは接点がないんです。ただ、四月から……

C⑰　（部屋換えによる環境の変化の説明）大人の目に見えないところでHに対する攻撃が増えたんかなあ、というのはありますけど。

（部屋換えによってHが孤立することが多くなったことがうかがえる発言が続く。）

a⑱　全然、生活違うから、遊びも違う、というのもあって。女の子の関係が難しくって、Aもそのなかには入れない。だけどIとHも一緒には遊べなくって、だから、どっちかと言ったら、H一人、I一人、KとMがくっつくという、四月やったかな、という気がしてるんですね。

T⑱　四月からのそういうなかで、なんか自分は損してる、不遇だという、そういう感情はあったわけですね。それがまあ休みで自分だけ残ってる、というますます不遇な状態になって、そういう気持ちの流れはあるわけですよね。

（数日前に再び部屋換えがあり環境が変わったという話のあと、前年の、自分で髪の毛を切ってしまうという事件に話が移る。状況の検討が続き、発作的に切ってしまった様子が浮かび上がってくる。）

T⑲　自分で散髪しようとした、という感じとは違いますね。

a⑲　一瞬の魔が差した、というか、たまたま前日に、はさみを借りたみたいなんです、折り紙をするために。それで自分の手元にあったみたいなんですね。で、そのはさみで切った。

T⑳　さっき言われた、未分化でよくわからない感情、そういうのが、突然、奇妙な行動に出てる、という感じですよね、髪の毛もそうだし、はさみでテーブルに傷つけるのもそうだし。連休のときのいたずらにしても、計画的にどうとかというより、そのときに非常にもやもやと何かがあったのを、バーッとやってしまって、やってから、こりゃいけないと思って消していった（中略）ほんのちょっとしたきっかけで、偶然というか、魔が差したというか、そういう感情というのは言葉で言えないですね。やる前に口で言うというのも、他の方法で表すということもできない。暴力的には出ない？　いたずらする代りに。

B⑳　言えない分すぐにこう、たたくとか……そういうのは、かなり……

a⑳　中間がないんで、緊張している度合いは高いというのはある。いまだに緊張感感じるんですね。それがぬけると、自分では抑えられない、舞い上がったような状況になってしまう。両極端。

（就寝時の甘えについての話題が続く。）

T㉑　根元には不安感、というのか、しがみついてないと安心できないような、怯えた感じ、寄る辺ない感じがあるわけですよね。普段の話はどうですか、わかる話、ちゃんとできます？　どんな話してます？

B㉑　言葉の意味がわからない、というのがかなりあって、言葉でしゃべっててもそれが伝わらない、というのがあるし……覚えてはきてるんですけど……うまく答えられない……

T㉒　そういう、べったり大人に関わってくるときは、しゃべってこないんですか？

B㉒　……まだまだ言葉が同じような言葉……

e㉒　同じ年齢の子に比べると、長いセンテンスの会話はまだまだ。わりと短いですよね？

T㉓　かなりまだ、年齢からすると遅い。

e㉓　特に、注意受けるような場面で、緊張がすごい高くなって、それだけで構えてしまって、語彙数の少なさ、会話の未熟さが加算されるわけだから、ますます緊張が高まって、叱られるんだという気持ちと、うまく表現できない、というのがあいまって……

T㉔　このいたずら書きのときもそうでした？　かなり、硬くなってましたか？

C㉔　硬くなって、話する前に涙流してる……

e㉔　たとえば、やり忘れたことがあったりするじゃないですか、週末になると学校の上靴を持って帰ってきて、洗うんだけれども、残ってるのを、「あらなんでかな」っていうだけで、ちょっと聞いただけなのに、もう身構えちゃって。

a㉔　自分のことで何か言われる、というときの緊張感がすごく高いのかな、ただ聞きたいだけなのにな、ということでもう。

T㉕　叱られるんだ、という意識が先に。

B㉕　……勝手に作ってしまうときがあって、知ってるの？　知らないの？　って聞かれたときに、覚えてなかったと思うんだけど知ってる、と作ってしまって、話合わへんとか……

T㉖　すごく、言われる、怒られる、という思いが強いんですね。この子もお母さんからの虐待を受けてるわけだから、なんかすごいきついことをやられた、という感じがまだ残っている、というのはあるでしょうね。ちょっとしたことでもすごく強くやられるんじゃないか、怒られるんじゃないかと先回りして感じてしまって、不必要ないろんな言い訳したりとか、固まってしまうとか、そこをほぐすのが、プレイの課題でもあるし、普段でも課題ですね。

Tから事件の背景にある人間関係について問い（T⑰）、部屋割りの問題が話題となる。Tが子ども集団で孤立してる状況を簡単にまとめたことから（T⑱）、前年の発作的に髪を切った事件に話題が移行する。ここでもTが、両事件に共通するHの特徴をまとめている（T⑳）。このまとめは、「β要素」の発現としての突発的な行動という理解を伝えるもので、いくつものエピソードを総合的に理解する「一般概念」から「科学的演繹体系」に属する内容である。それが次の作業を活発化させるなら促進的だが、まとめによって考える作業が途絶えるとすれば後退的にもなりうる。Tは暴力的な行為はないかと問いかけて、別の具体的エピソードを求めるが（T⑳）、話題は攻撃性よりも、むしろ強い緊張という本児のもう一つの特徴に向かう。Tは、まとめすぎへの危惧から暴力という別の側面へ目を転じたが、職員はむしろ問いかけの前の「言葉で言えない」に反応し、緊張と強い甘えという両極端な特徴に目を向けている（a⑳）。言葉で伝えることができないという一つの理解（一般概念）から（B㉑）、注意を受ける場面に顕著であるという新しい気づき（前概念、概念）が生まれる。「話する前に涙流している」という身体感覚にも通じる具体的な報告（「β要素」の観察に基づく「物語」）を受けて、上靴をめぐる別のエピソードが想起される（物語、e㉔）。このような新たな想起が起こるときは、活発な思考が働いているときである。

それによって本児のある側面の理解が進む（a㉔）。Tはそれを、虐待という事実と結びつけている（一般概念）。

【3】

B㉗　まだ、スポーツができるからね、体を使うことは楽しくできるんですけど、ドッジボールも上手やし。

（運動神経のよさが指摘され、運動の場面では生き生きとし、他児から信頼もされることが具体的に話される。）

a㉘　学校での友だち関係の評価、というのは、なかなか話せない、一緒に遊べない、だから、そういう集団でグラウンドで何かして遊ぶ、というときはいいみたい。でもお友だちに暴力を振るってしまう、お友だちが傷つくようなことをしてしまう、というのは聞くことがあったんです。新学期に入ってからは聞いてないんですけど。

T㉘　昨年度までは。

a㉙　意地悪をしてしまうことがある、という。

T㉙　それもなんか、わけもなくね。はっきりとトラブルがあって何かする、とかじゃなくて、いきなり押したり。

f㉙　あの子は他愛なく、ふざけてやってるだけなんだけれど、やってること自体は、ふざけてやるようなことじゃないと相手は思う。明らかに相手は怒る、と普通だったら思ってしないことを何ともなくする。

B㉙　力の加減っていうのがまったくないですから。

f㉚　相手が嫌がるようにわざと言うんじゃなくて、日常会話的に乱暴なことを言う。

a㉚　相手が嫌がるような言葉を使って。

f㉛　そういう言葉でしか、関われない。すわって、「こうやんなあ、ああやんなあ」「Aはこうやったよ、私はこうやったよ、あなたはどう？」みたいな会話はできない。能力的なものもあると思うんですけど。何か、言いっ飛ばし、みたいな感じ。

（ここで内にある攻撃性の問題に話題を向ける。）

T㉛　なんかすごい感情がもやもやと、未分化で、これがあったからこう腹が立つ、とかじゃなくて、いつももやもやもやもやある。それがぽっとそんなところに出たりね、押したりするときもなんとなく軽くなんでしょうけど、なんか気持ちがこもってるんでしょうね、言葉にもなんか怒りがこもってしまう。傷つけるようなニュアンスがこもってしまう。

e㉛　根底に怒り、攻撃的なもの、がある、と感じることがある。どういうときに、と言われると困るんですけど。あの子の目つきかな。落ち着かないときとか、思っていることがあるのに表現できないとき、やぶにらみと言うのか、目の表情に出ませんか？　あの子。

B㉛　横にらみというのか。

T㉜　そういうのが、ちゃんと表現できないから、母親の虐待から始まって、それ以後もいろんな嫌なことが積もり積もってきてましてね。今これがあるからこれが腹立つ、じゃなくて、なかにこもったものが出てくるという、そんな怒りなんでしょうね。やられたほうは何をやられてるのかわからない。いたずら書きにもそういうのがこもってる。まあ、スポーツが唯一、思い切って自分を表現できる、しかも、周りの人にも喜んでもらえる、そういうもんでしょうか。

（スポーツは本児が攻撃性も含めて力を発揮できる場であることを確認するとともに、今後、さらに複雑なスポーツに取り組んだときに、どれだけゲームを理解していけるかが課題だという指摘を行う。最後には、母親の状況と、母親との間に起こった恐怖体験について話し合う。母親には愛情もあり、子どもの母親イメージの改善と、現実の親子関係の調整が先の目標となることを確認した。）

運動が得意という別の話題に転換する（B㉗）。先の部分で、落書きという問題行動の背景が探られ、本児の他の特徴の理解にもつながったことで、「突拍子もない行動」をする子どもという違和感から、本児の全体を受け入れる感覚にグループ全体が移行したため、よい側面を見ようという発想が生まれたのではないか。こうした働きが、グループワークの「包容」[8,9]の作用である。

　全体として本児の能力を評価する話題のあと、話題は攻撃性という先ほどの主題に戻っていく。ここでもTは、「β要素」の排出という発想の助けを借りて、「もやもや」という身体感覚を伴う表現を用いて整理している（T㉛）。それを受けて実際そのような感覚があるという経験が語られる（e㉛）。目の表情について他の職員も同意する（B㉛）。ここには、本児の視線から受ける言葉にならない感覚の経験がある（β要素）。それを言葉で語ることで、職員の違和感が共有され（包容）、「物語」あるいは「概念」のレベルへの変形が起こった。このあと、ここでは触れないが、母親との関係を扱って本児の話題を終わっている。

　一つの例を素材に、懇談会の流れを検討してみた。話題は、子どもの言動、および子どもと職員の関わりに限定し、職員自身の個人的問題が扱われることはない。しかし、子どもに関して語るなかに、職員の「β要素」から「一般概念」までの思考、あるいは心的内容が現れ、それを扱っていくことで、懇談会が心的内容を包容する器の役割を果たす。子どもから受け取ったあらゆる心的内容を扱う一つの方法として機能していると考えられる。

〔文　献〕
（1）C・R・フィグリー「共感疲労――ケアの代償についての新しい理解に向けて」〔B・H・スタム編〕『二次的外傷性ストレス――臨床家、研究者、教育者のためのセルフケアの問題』小西聖子、金田ユリ子訳、誠信書房、三～二八頁、二〇〇三
（2）J・シミントン、N・シミントン『ビオン臨床入門』森茂起訳、金剛出版、二〇〇三
（3）森茂起「イメージの生成から見た心理療法過程」甲南大学臨床心理研究、10、二〇〇二
（4）森茂起「臨床家のためのこの一冊『ビオン臨床入門』」臨床心理学、5（3）二〇〇五

（5）W・R・ビオン『精神分析の方法I』福本修訳、法政大学出版局、一九九九
（6）森茂起「トラウマによる主体の損傷と生成」〔森茂起編〕『トラウマの表象と主体（心の危機と臨床の知1）』新曜社、一九七～二一九頁、二〇〇三
（7）H・S・サリヴァン『精神医学的面接』中井久夫ほか訳、みすず書房、一九八六
（8）前掲書（2）
（9）森茂起「児童養護施設におけるプレイセラピーと『包容』」〔東山紘久、伊藤良子編〕『遊戯療法と子どもの今（京大心理臨床シリーズ3）』創元社、一六六～一七八頁、二〇〇五

6　集団活動における心理臨床的視点について

浅田剛正・平松朋子

はじめに

心理臨床の実践活動は、これまで個別面接を中心に発展してきた。心理療法やカウンセリングなどの営みを続けてくる中で、クライエント一人ひとりと向き合う過程に現れる〈こころ〉の諸相に関する知見が、現在の心理臨床を支える基盤として積み上げられている。一方、筆者らは現在、心理臨床実践活動として、個別面接に加え、不登校児を対象とした適応指導教室・精神科デイケア・学校現場（スクールカウンセラーとしての活動）等の集団活動に関わっている。さまざまな社会的活動において〈こころ〉の領域に関する援助が要請される中、筆者らを含め多くの心理臨床の専門家が個別面接だけでなく集団活動にも活動の幅を広げている。

心理臨床が多くの領域に認知される中、集団活動では特に、特別な専門的訓練を受けていない他職種のスタッフとも、心理臨床的側面について協働する必要がある。協働する上では、心理職は他職種に対して単なる技術的な指導をするというよりもむしろ、基盤となる視点を同じくして、その異なる立場や役割から、その実践現場に即した対応を模索する創造的な過程を求めたい。しかし、その基盤として共有すべき視点が不明確であるがゆえに、いまだに円滑な連携を取ることの難しさがあるのではないだろうか。そこでは、筆者らにおいても、われわれが持つべき心理臨床的専門性を改めて自問することも多いのである。

集団活動と個別面接とは「決して対立的、対照的なものでなく、むしろ同じものと考える立場が（中略）狭義の臨床心理学の側から起こってきている[1]」。それぞれの場の構造の違いはあるものの、そこには個々人の〈こころ〉

を援助する場としての共通の視点が存在するように思われる。そのような視点を本論では「心理臨床的視点」として表し、改めて検討したい。

1 集団活動における三つの状況

以下では、集団活動の実践において一般的に対応に苦慮すると思われる三つの状況を取り上げて、具体的に検討していく。それぞれの状況における具体的な事例を、筆者らの視点から語り直すことを通じて、集団活動における心理臨床的な視点を示すことができるのではないだろうか。むろん、唯一絶対的な見方を示そうという意図ではない。そもそも心理臨床が目指す「臨床の知」[2]は、「物事には多くの側面と意味があるのを自覚的に捉え、表現する立場（シンボリズム）」に立つものなのである。

以下で示す事例は、教育・医療領域での集団活動において典型的に起こりうる状況を想定して例示した。これらは筆者らが実践現場において実際に関わった事例である。ただし、必要な情報以外は若干の修正を加え、人物名はアルファベットで示している。また、施設によって呼称は異なるが、本論では患者、生徒、クライエントなどと呼ばれる集団の構成員を「メンバー」とし、看護師、ワーカー、教師、そして臨床心理士、カウンセラーといったその集団に責任を持ち、運営する立場の者を「スタッフ」として統一しておくこととする。

1 状況①：集団活動の枠組みとメンバーの矛盾した訴え

集団活動の中では、その全体の運営方針とメンバーの意向がかみ合わないことが起こる。しかし、スタッフがメンバーの意向すべてに応えることは、現実的に不可能であるばかりか、集団活動をその本質的な目的から逸らせてしまう危険性があることも少なくない。そのような状況にスタッフはその都度頭を悩ますことになる。

【事例1】

Aは進学を境に周りの学習レベルについていけなくなったことから不登校となった経緯を持つが、自由な雰囲気の集団活動の中では、自分の得意なゲームなどに興じ、生き生きと過ごすことができるようになっていた。しかし、Aは次第にその集団活動の自由な場に違和感を覚えるようになる。スタッフに対して、ここではなぜ勉強をしないのか、強制されないと自分はやらないのに、と訴え始めたのである。ここは何かを強制するところではないと説明しながら、丁寧にスタッフがその気持ちを聴いていくうちに、Aは次第に自ら「自分は自由な時に何をしていいのかわからないんですよ」と語るようになった。

【事例2】

ある集団活動では、メンバーとスタッフが活動内容についてともに検討するミーティングプログラムが週に一回設定されている。しかし、そのプログラムになると、多くのメンバーがさまざまな理由で参加を避ける傾向にあった。また、メンバーの主体性を尊重したいスタッフだったが、いくらそこでメンバーの自由な発言を求めても、自発的な発言は生まれず、時間だけが過ぎていくということが続いていた。その反面、活動に対するアンケートではこのプログラムが必要である、という結果が出るのである。

そこでスタッフは方針を再検討し、メンバーの発言を引き出すことを諦める代わりに、ミーティング前には必ず終了時間を設定し、スタッフが中心となってその時間内で必要最低限の議事を進めることを始めた。すると、徐々に参加人数は増加し、自ら議題を持ち込むメンバーさえ出てきた。

ここに挙げた事例の他、いわゆるルール違反など、活動の運営方針に対してメンバーがそこから外れた動きをする例は少なくない。こうした状況を、スタッフ側はどのような〈こころ〉の動きとして理解するだろうか。

事例1で、Aは集団活動に参加してしばらく満足を得ていた後、その集団の枠組みに反した要求を出している。

Ａは学習を拒否する形で不登校になりながらも、今度は逆に学習を求めて自由な集団活動に異を唱えたのである。この一見矛盾した言動の背景には、Ａの抱える自由と強制との間に挟まれた葛藤が見えてくる。自由を求めるだけであれば、安心できるその集団活動の枠組みに異を唱える必要もなく、強制を求めるだけであれば、学校での学習に精を出せばよい。このどちらも選ぶことができない矛盾こそ、Ａが不登校になってまでも抱えているテーマと言えるのである。集団活動の方針とＡの意向とのズレは、そういったテーマにＡ自身が向き合うための重要な転機となっていたように思われる。

事例２では、アンケートでのミーティングの場が必要であるというメンバーの意向は、その後の主体的な利用につながっているが、そういった主体性が表現されるためには、一貫性のある安定した枠組みが必要であった。逆に、メンバーがミーティングプログラムを避けていた状況は、メンバーにとって自由であるがゆえに不安定な場として映っていたのではないだろうか。そのことをめぐって、メンバーはスタッフに対して、参加が必要だと認めながらも回避してしまうという、矛盾した訴えを示していた。

二つの事例において、メンバーがスタッフに対して示した矛盾する訴えは、解決の糸口が見えにくいために、他者からはその意味が見失われがちである。しかし、表面上の動きとしては矛盾しているが、Ａの訴えが自身の不登校と関係していたように、メンバーの抱く根本的な葛藤がこのような訴えのベースにあるとも考えられる。また、安心できる場を求めて活動に参加しながらスタッフへ抗議をするという矛盾した仕事を、わざわざその活動に足を運んでまで行うことは、メンバーにとってある程度の心理的な負担が伴う。容易には解決に結びつかないがゆえに、メンバーが内面の葛藤として保持し続けてきたテーマは、ここで改めてスタッフとの関係の中で表現されるのである。フロイト(3)(Freud, S.)が「反復強迫」として分析経験の中から見出した、この一見矛盾を孕んだメンバーの訴えにこそ、メンバーの生きるテーマに新たな展開を開く可能性があると言えるのではないだろうか。

また、メンバーのこうした〈こころ〉のテーマが顕在化するためには、事例１のように、メンバーに活動内容を強制しないという枠組みが必要となる。メンバー独自の〈こころ〉を尊重し、存在を受け入れている地盤があるからこそ、その中で感じた自らの矛盾した思いを表現することができるとも言えるだろう。ただし、事例2で当初の自由な場へは参加自体が困難であったように、メンバーの〈こころ〉のテーマは、その場の関係において安定し、かつ一貫性を持った枠組みにこそ現れる。枠組みを提供する側からすれば、メンバーが訴えることすべてに安易に従ってしまうことは、むしろメンバーの〈こころ〉の現れの機会を奪うことになる。それは要求を無視することでもなく、要求に応じて枠を壊すことでもない。すでにある枠組みを揺るがせず、その中で現れる葛藤を受け止め、ともに向き合っていくことが重要となると考えられるのである。

2 状況②：メンバー間のトラブル

集団活動が対人関係の場であることから、メンバー同士の衝突が起こることは避けられない。メンバーによっては、トラブルが引き金となってその後の集団活動への参加が難しくなる場合もあるだろう。そのような対人関係的なトラブルをどのように扱うのかが集団活動の難しさでもある。

【事例3】

友人関係のトラブルから不登校になったDは、「信じられると思った相手からいつも裏切られる」と被害的であり、また相手に対する猜疑心も強い。集団活動の中でEという同年代の親しみやすいメンバーに声をかけられることにより、少しずつ打ち解けることができるようになるが、Dのちょっとした誤解からEとの間でトラブルが起こるようになった。一方、Eは相手に対して批判的なことを表現しにくく、Dに一方的に非難されると陰で泣いたり自虐的になったりしていたが、次第に、Dに接するときには挨拶程度の軽い会話に留めるようになった。また、そのようなEに対して「距離を置かれている感じがする」と気がついたDは「私がしつこかったかな」と内省するようになった。

【事例4】

集団活動において一人で過ごす時間が長いFであったが、自分がいる場所で他のメンバーが争い事を起こすことにイライラし、「気になる」「うるさい」とスタッフに訴えてきた。はじめは争い事に介入しないスタッフに対し不満を漏らしていたが、次第に「気になるときにはそこから離れることにした」と自ら他の場所に移り、距離を取るようになった。

ここに挙げた事例は、集団活動の中で起こったトラブルを表すものである。事例3のDは、他者を信じる―信じられないということが極端に揺れ動き、安定した他者との関係性の基盤を築きにくいことがうかがわれた。事例の経過では、新しくEとの関係ができていったんは打ち解けることができたものの、Eに対する信頼感に葛藤が生まれ、相手を巻き込みながら関係を確かめる動きが出てきた。しかし、Eとの二者関係の中で自身を振り返るようになり、そこから「私がしつこかったかな」という内省的な言葉が生まれている。意識せずに他者を巻き込んでしまうDにとっては、ふと我に返る瞬間であっただろう。一方で、Eはどのメンバーにも分け隔てなく好意的に接しながらも、自分から他者との距離を保てないというテーマを抱えている。ここでは、Dからの攻撃に対して受動的、自虐的に応じてしまうという侵入に対する守りの薄さがうかがえる。そのようなEにとって、Dと適当な距離を置くという動きが主体的に出てきたことは内的に大きな意味があったと思われる。

また、事例4では、活動中一人で過ごす時間の長いFであったが、そのような特徴的な対人距離の取り方は、集団に対する抵抗などF固有のテーマが背景にあったと考えられる。トラブルというFにとって侵襲的な事件により、そのような対人距離の取り方自体が揺るがされたと捉えられよう。はじめはスタッフに介入を求めていたが、経過の中で、その場を離れて他者との間に適当な距離を置くという主体的な動きが現れてきたことがうかがえる。

以上の事例経過から、集団活動の中で起こるトラブルは、当人たちに留まらず、それを取り巻くメンバーや集団全体にも影響を与えながら起こっていることが示唆されよう。事例4のFのように、トラブルに一見関わっていないように見えるメンバーであっても、多様な反応を示していることがわかる。Fはそもそも集団活動から一歩距離を置いたところで過ごしていたのだが、トラブルを通して否が応でもメンバーや集団への意識を高めることとなった。集団への意識は、通常の集団活動での過ごし方の中から自然と起こってくる場合もあるだろうが、このようにトラブルに巻き込まれて、はじめて引き出されてくる場合もあるだろう。トラブルという現象は、個々人を巻き込むだけの高いエネルギーを持ち、それによってメンバーが自身のテーマと向き合う機会となる可能性を秘めていることが理解される。

また、そのような状況下で、直接的であれ間接的であれ、そこに関わるメンバーたちが、自身のテーマに主体的に向き合おうとしていることも重要である。トラブルでは、相手からの攻撃による傷つきなど、ネガティブな体験を伴う場合も多いと思われる。しかし、そこでの個々のメンバーの〈こころ〉の動きこそが、さまざまな対人関係の中で生き延びるための今後の本人の力となりうるのであり、また、そのような力が個々人の心理的テーマの変容につながる転機となるのである。

このような主体性の現れにスタッフの関与が機能していることも着目すべきことである。トラブルに対し外的に介入するのではなく、個々のメンバーの主体性が現れるプロセスを眼差し続けていることがその場に意味を持たせる。また、ここでスタッフの守りや枠が機能していることで、トラブルがスタッフのいない場で発生するなどのさらなる行動化へ進む危険性が回避される。その安心感の中でこそ、メンバーは自らの〈こころ〉のテーマに取り組めるのではないだろうか。

3 状況③：スタッフの感情と連携のトラブル

集団活動には複数のスタッフが関わることが多い。実践現場に生身の〈こころ〉を持った人間として身を置く限り、トラブルはメンバーにのみ起こることではなく、当然スタッフ自身やスタッフ間にも現れることである。

【事例5】

スタッフGは、メンバーから親しまれる面倒見のよい女性である。Gは集団活動で馴染めないあるメンバーの個人的な相談に、しばしば長時間を割いて応じていた。しかし、その結果、他の仕事の負担が他スタッフに回ることもあった上、集団活動の中で個人への関わりが偏り過ぎることについて、批判的な指摘をするスタッフもいた。他のスタッフがメンバーの個人的な相談に対して回避的であるがゆえに、結果的に一人でメンバーを抱えなければならないという孤立した状況にGは立たされていた。

【事例6】

スタッフHは、メンバーにだけでなくスタッフに対してもよく気を回し、しばしば多くの仕事を一手に引き受け、残業も厭わず活動を運営していた。しかし、それにもかかわらず、一時期メンバーやスタッフからHの仕事ぶりに批判が重なることがあった。その内容は些細な行き違いや、ちょっとしたミスなどである。Hが仕事に対して真面目な姿勢を持っていることは周知されていたので、不真面目さという点で批判が向くことはなかったが、しばしばHの能力不足であるとの指摘や、性格的な問題への言及がなされることもあった。

ここではしばしば一般の組織的な活動において忌避されがちな、スタッフの私的な〈こころ〉の動きをあえて取り上げた。事例5で、Gと周りのスタッフの間に現れたのは、孤立感と拒否感のテーマと言えよう。一方、個人的な相談で特定のスタッフを独占するメンバーは、そうせざるを得ないほど、集団の中で孤立感を感じていた。そして、同時に、そういった独占を周りで見ている他のメンバーは、孤立するメンバーを集団の中に受け入れ難く感じていたのであった。こうした現象は、G個人の問題としてスタッフ側だけに収めるべきことではなく、それを超えた意味を持つ。つまり、Gをめぐるスタッフ間のトラブルは、自らの中で個別性と共同性をどのように折り合いをつけていくべきかという、メンバー、スタッフそれぞれが〈こころ〉の内に抱えている葛藤の表面化であるとも言えるだろう。

同じように、事例6でHの問題が表面化してきた時期には、メンバーの中ではうつ病を抱えたメンバーが多い状況にあった。その中でHへの不満が表面化することは、精力的に頑張りながらも、報われずに燃え尽きてしまった、もしくは今後もそうなるのではないか、というメンバーが抱える不安がそのままHの置かれた状況に重なっていると言える。いわばメンバーは意識せずとも、自らが抱える不安な気持ちをHに強く伝えているのである。

以上のように、スタッフが感じる〈こころ〉の次元のテーマは、メンバーを含めた集団の持つテーマと決して無関係であるとは言えないだろう。メンバーの中で潜在的にくすぶり続けている葛藤は、一人では容易に直面化することのできない困難なテーマであることがほとんどである。医療機関や相談機関に通うメンバーの場合は特に、困難なテーマを持つからこそ、その場を必要としているとも言える。そうしたテーマに基づく葛藤が、メンバーにだけでなくスタッフの〈こころ〉にも顕在化するならば、そこではじめて、これまでメンバーが個々で抱えざるを得なかったテーマを、援助者として認めたスタッフに預けることができたということになる。スタッフ間でのミーティングなどを通じて、スタッフが自らの〈こころ〉のテーマと積極的に向き合うことによって、それがメンバーの抱えるテーマを新たな地平に開かせる契機となりうるのである。

2 まとめ

以上、集団活動の中で起こってくる三つの特徴的な状況を、筆者らの視点から検討してきた。それぞれの局面は、集団活動の中でも明確な対応の道筋が見えにくく、より速やかに解消され回避されるようなスタッフの対処が求められがちである。そのような局面に対し、筆者らは、対処法や解消法を積極的に提示するのではなく〝心理臨床的視点からどのように見ることができるか〟ということを具体的に検討してきた。

ここでの心理臨床的視点というのは、臨床現場での〝今、ここ〟にある自らの内的体験を通して、個人や集団を〈こころ〉の次元から見ることである。このような視点で見ることにより、集団活動は、メンバーの抱える固有の心理的テーマが相互に働き合い、変容してゆく場であるということに改めて気づく。また、対応に苦慮する局面においてこそ、メンバーやスタッフの〈こころ〉が通常よりも活性化し、個々のメンバーの抱える心理的テーマの固有性や対人関係のあり様がより鮮明に現れてくるのである。そこに積極的な意味を見出し、メンバーとともに取り組んでいくことが、心理臨床の専門的援助活動と言えるのではなかろうか。

ところで、筆者らは、個別面接も含めた日々の心理臨床の実践活動において、上記のような心理臨床的視点に基づいたアプローチの有効性を実感している。また、多くの集団活動の営みにおいて、〈こころ〉の専門家が集団活動を構造化するまでもなく、すでにこの心理臨床的なアプローチが機能している場合も多いのではないだろうか。しかし、われわれが〝心理臨床的〟と感じる視点が、いまだはっきりと〈こころ〉の次元から明確化されておらず、整理されていない状態にあることも感じているのである。たとえば、本論で扱ったような集団活動での各局面を、個々のメンバーの〈こころ〉の動きとして認識した上で対応している場合もあれば、心理的な側面を特に意識せずともさりげなく自然に対応している場合もあるだろう。後者のような対応は、個々のスタッフの独自の感覚や経験知に基づいて行われており、取り立てて着目されることがないようにも思われる。その、スタッフが自然に行っているような行為を含めた〈こころ〉の次元における営みを意味づけ明確化していくことが、専門化された心理臨床のこれからの課題であると言えるのではないだろうか。また、われわれはそのような明確化によって、われわれ自身の臨床現場での関与がどのように機能しているかということをよりクリアに示し、ひいては心理職と他職種との円滑な連携体制の構築にもつなげていく必要があろう。

集団活動は心理臨床現場の一形態であるという見方もできる。本論で述べた集団活動という現場における心理臨床的視点が、個別面接においてのみ有効なものではない、心理臨床の汎用性を示す一助になれば幸いである。

〔文　献〕
（1）高石浩一「グループアプローチの実際――出会いから別れまで」〔滝口俊子、桑原知子編〕『心理臨床の世界』放送大学教育振興会、七八頁、二〇〇三
（2）中村雄二郎『臨床の知とは何か』岩波新書、一三四頁、一九九二
（3）S・フロイト「快感原則の彼岸」『フロイト著作集6』小此木啓吾訳、人文書院、一五九頁、一九七〇

第4章……………グループによる訓練

1 グループ・フィンガーペインティングにおける個の表現と他者との共存

岡本直子

はじめに

筆者は心理学専攻の学生を対象とした講義のなかで、描画、粘土、コラージュ、ドラマなどを媒介とした表現療法の理論と技法の概説と並行して、これらの技法を用いたグループワークを行っている。このようなグループワークは受講生にとって技法の体験にとどまらず、自己のあり方や他者との関わりに関するさまざまな気づきを得る感受性トレーニングとして位置づけている。筆者はファシリテーターとしてメンバーの表現や内省過程を見守るなかで次のことを考えるに至った。グループには、単に個人の集まりにとどまらないグループならではの力動が生じるが、自己を表現したいという気持ち、あるいは表現したくないという気持ちは他のメンバーの影響を受けていかなる変遷をたどっていくのであろうか。また、グループでは他者との表現の交わりも生起するが、その際、メンバーはお互いにどのように歩み寄っていくのであろうか。これら疑問点を踏まえ、本稿では大学生を対象に行ったグループ・フィンガーペインティングで生じる現象に注目する。フィンガーペインティングとはショウ[1]（Shaw, R. F.）が幼児の教育方法として考案し、後にナポリ[2]（Napoli, P. J.）が心理療法の技法として発展させた、絵の具を筆ではなく指や掌につけて描く技法である。集団形式のグループ・フィンガーペインティングとして行われる場合は、三～六名のメンバーが一枚の模造紙に描いていく。複数のメンバーが一枚の紙を共有して描くという設定は、メンバーが自他の表現を目の当たりにしたり領域をめぐるやりとりを体験したりすることが必然的に生じる。このため、先に記した事柄を検討する上で適切であると思われる。このような特徴をもつグループ・フィンガーペインティングを題材にして、グループにおける個の表現と他者との共存に関する論考を行う。

1 グループの枠組み

空間作りとウォーミングアップに引き続き、メンバーをランダムに四〜五名ずつに分けるゲームを行った。原則として描いている間はメンバー同士で言葉を交わさないよう伝えた。ファシリテーターもメンバーに話しかけることを控えて各人の表現を見守り、後のシェアリングで用いるため、描かれている過程をデジタルカメラで撮影して回った。

描くのを終えると、シェアリングを行い、描いたものを味わいながら、感じたことを語り合うように促し、その後は正面の位置やタイトルを話し合いで決めるよう求めた。

2 グループ事例

これまで筆者が見守ってきたグループのうち、個の表現と他者との共存という観点において対照的な特徴がみられた二グループに焦点を当てる。個々人がシェアリングで語った内容を作品の写真とともに紹介する。なお、それぞれのメンバーが描いた領域が比較的明確であったグループ1に関しては、どのメンバーがどこを描いたかがわかるように実線で色分けし、メンバーが描いた部分を明示するために実線と同色のアルファベットを併記した［写真1］。グループ2に関しては領域の侵入や重ね塗りが頻繁に生じたため、このような区分は行わず、作品の写真のみを示した［写真2］。

【グループ1】

作品の正位置は、力強い円の渦が目を引くため、渦がもっともよく見える位置が選ばれた。タイトルについては、渦が太陽のようで、その周りも躍動感があふれている一方で、Dさん（女性）が描いた右上の部分から静かな落ち着きが感じられるため、最初は「静と動」というタイトルであった。しかし、動きも静けさも含めて生命であるということからこのタイトルになった。

Aさん（女性、左下の黒線内の領域）：「私は普段から絵を描くので、始めるまでは自分一人で描きたかった。他の人に自分のところに入ってこられたら嫌だなと思っていた。描き始めたら無心に、どんどん自分が描くスペースを広げていった。ただ、自分の領域の中心部分は他の人に入ってきて欲しくなくて、そこは赤や黄色で塗った。中心部分から遠くなって隣の人と領域が重なる所までくると、隣で多く使われている色をそこに乗せてとけ込むようにしたり、隣の人のタッチ（点々で描く）を真似たりして調和するようにした」

Bさん（女性、左上の赤線内の領域）：「他の皆が黙々と描いていたためにすぐに自分の世界に入ることができた。他の人が描いているものを見ていたら、自分の描きたいイメージがどんどん形になっていった。他の人に誘発されて明るい色を使って力強い絵になっていった気がする。一人だったらこんな絵にはならなかっただろうな」

Cさん（男性、右上の緑線内の領域）：「あまり皆と合わせようとは思わず自分の好きなように描いた。でも、手形を押したところで、他の人が見てどう思うか気になり、手形を消してしまった。手形はある意味自分の本心の部分だから。自分は描いていて隣の人の色と合わせようとはしなかったけど、隣の人が自分の絵に調和させてくれて嬉しかった。中央の部分は皆と一緒に少しずつ手を加えていった。自分の絵だけじゃつまらない世界だったけど、皆の絵と重なっていくとエネルギーのある力強いものになった」

Dさん（女性、右側のピンク色の線内の領域）：「他の人の領域に何だか入りづらくて、少し侵入してみたもののやはり遠慮してしまい、うまく入ることはできなかった。両隣で描かれているものと自分の描いているものを比べ、相手のものに色を合わせてみたり、相手の絵の雰囲気に合ったものを自分の絵にとり入れていった。そうすることで一つのものを作り上げていけると思った。Aさんの大きな円からエネルギーを受け、私とBさんとでCさんの静かで落ち着いた景色につなげていくようなイメージの絵になった。エネルギーの多い元気いっぱいの、その中にもきちんと静かなものが存在している絵になった」

［写真1］グループ1の作品　作品タイトル「生命」

グループ1では、個々人の領域が比較的明確に区分して描かれていたものの、他のメンバーとの領域が近くなる部分ではお互いに近い色や形を描くなど、歩み寄るような穏やかなやりとりが見受けられた。不可侵な部分は大切に守りながらも他者ととけ込める領域を柔軟にもっていたり（Aさん）、他のメンバーに誘発されて自分の世界に向き合い、他のメンバーが描いたものからエネルギーを吸い上げていった（Bさん、Dさん）。また、積極的なコミュニケーションは行わないものの、無理のないペースで他者とつきあい、自分なりにグループに心地良さを感じたりもした（Cさん）。皆が他のメンバーの描いたものからエネルギーを受け、かつ、他のメンバーの描いたものに落ち着きを見出すという、躍動感と沈静の共存の心地良さを体験したといえよう。領域をめぐっては、他者の領域への侵入は控えめであったと思われる。お互いが個性を大切にしながらも、隣接する領域と色を合わせることで融合する部分をもったり、メンバー全員で中央部分に少しずつ手を加えていくなど、メンバー同士が尊重し合い一つの作品を仕上げていったと推察できる。

【グループ2】

作品の正位置は、顔が目立っているため、顔が正面から見える位置が選ばれた。メンバーそれぞれが領域を自由に使い、良い意味で互いの作品を侵略し合ったものの副産物という意味でこのタイトルがつけられた。他人の領域に手を加えるのはFさんが最初に始めたため、Fさんの名が副題に入った（グループ2の作品にはそれぞれのメンバーの名前が記されたが、本稿では名前の部分には薄緑色でマスキングを施した）。

Eさん（男性、主に右下の顔の部分を描いた）：「自分は普段は気を遣うことが多いけど、今回は人の描いている所に侵入することにもあまり遠慮を感じたり領域にこだわったりすることなく、紙全体に指や手を伸ばしていった。作品にのめり込んで、色の流れに身を任せたような感じだった。皆の形が現れてきた段階で他のメンバーの描いているものに興味がわいたり、他のメンバーが求めていることが自然と伝わり、話していないのにコミュニケーションがとれている実感があった。最初から最後まで楽しくて仕方なかった」

Fさん（女性、主に左下の虹の部分を描いた）：「最初、色鮮やかで明るいものを描きたくて虹を描いた。他の部分を描いている間にIさんが虹の上に人を描いてくれて、それを見て和やかな嬉しい気分になった。その嬉しい気持ちのままに、Gさんが白く色づけした部分（「目玉？」と矢印が描かれた先）に顔を描き足して魚にした。言葉はなしにどんどん発展していく過程が楽しかった。楽しみながらも、他のメンバーがやりにくくならないよう注意もしていた」

Gさん（女性、主に左上の青い部分を描いた）：「最初は言葉を交わさないことで、お互いの共通認識が確認できず、やりにくさを感じていて、しばらくは左上の部分を青く塗っていた。それがやがて、海のイメージを描きたくなり、広い範囲を描くようになった。その時に皆が自由に描き始めたのを見て、自分も冒険をやってみようという気持ちに駆られ、絵の具をチューブから直接紙の上に落としてみた。すると、それを見た皆も冒険心が刺激されたようで、私が落とした絵の具を広げたり絵の上にティッシュを貼ったり、手に絵の具をつけてスタンプのように押したりすることがグループ内で流行った」

Hさん（女性、主に上の真ん中部分を描いた）：「だんだん場所や描き方など関係なしになって好き勝手に描くようになった。ただ、途中からは、自分が描くより皆が次にどういうことをするのか気になり、見ている方が多くなった。上乗せと侵入が繰り返されて色が混ざったこととあまりの自由さに少し疲れてしまった」

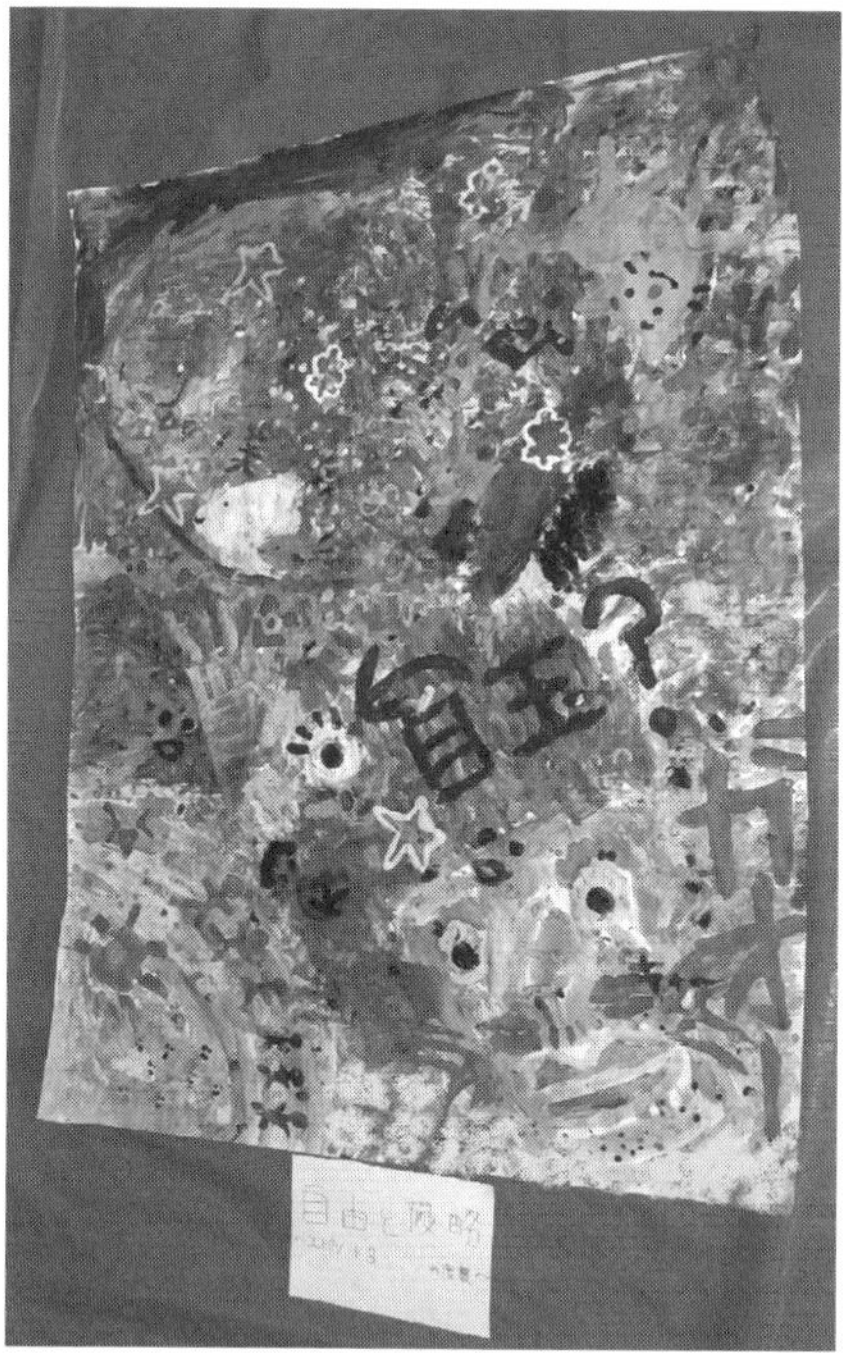

［写真2］グループ2の作品
作品タイトル「自由と侵略～エピソードFの復讐～」（Fはメンバーの名前）

Iさん（女性、右上部分を主に描く）：「最初は何も考えずに手指に絵の具を塗って紙につけていた。途中から、他の人の描いたものの上から塗ったり、わざと変な感じにしようとしたりと悪戯心がでてきて面白かった。全体的に秩序だったものはなくて、それぞれが自由に、時には他人のものを侵略しながらできたような感じ」

グループ1では領域が比較的明確に分かれており、重なる部分については穏やかなやりとりが展開したのに対し、グループ2は異なる様相を示した。このグループでは、最初こそ座っている手前の紙面が各自の領域として保たれていたが、手形を押したりして遊ぶような感じで進めていくうちに、次第にメンバーが動き回り、紙面は隙間をほとんど残さずに埋められていった。メンバー同士でペイントを重ねていくうちに消えていったものもあった。特定の形を描こうとせずに絵の具で遊ぶにしたがい、描きたいテーマが各人のなかに生じてきたことが見てとれる。また、フィンガーペインティングという日常とは異なる世界に身を置き、心にわき上がるものが即興的に表現されたり（Eさん）、他のメンバーからの働きかけを心地良く受け止め、また別のメンバーへの働きかけを行ったり（Fさん）、当初は言葉を用いないことに不自由さを感じていたものの、描いていくにしたがいイメージが芽生え、他のメンバーの様子に誘発されて冒険的試みを行い（Gさん）、それを見た他のメンバーがまた冒険を試みるというような相互作用が生じたことがうかがえる。しかし、このような活発なやりとりや激しい領域の侵入のなか、途中でその動きについていけなくなったメンバーもいた（Hさん）。他者の領域に手を加えたり加えられたりすることは、その意図や受け止め方が肯定的であるなしにかかわらず、緊張を伴うものである。最後はメンバーがお互いの名前を紙面に書いたが、この時は皆が目で微笑み合い、親しさ、楽しさ、穏やかさなどの心地良い雰囲気がグループ全体に醸し出されていた。終盤のこの作業は、緊張が頻発した後にグループ全体でそのプロセスを振り返り納めていくものであったと考えられる。

3 グループ・フィンガーペインティングにおける個の表現と他者との共存

グループ・フィンガーペインティングでは、メンバー間の領域をめぐる問題が避けられない。メンバーは最初は自分の領域の中心部分から描き始め、少しずつ描き広げていくが、誰かの領域と接する時、お互いの領域を越えるか否かのせめぎ合いが生じる。このせめぎ合いは個人の心のなかで生じる場合もあれば、他者との間で生じる場合もある。すなわち、領域を越えて良いか否かの逡巡が個人のなかで生じることもあれば、侵入を巡って自己と他者との間で非言語レベルでのやりとりが生じることもある。他者に対する働きかけが相手を尊重する緩やかな形で行われる場合、相手の抵抗を減じるのみならず、その相手がまた別の他者に働きかけることをも促進する。加えて、他者から働きかけを受けることによって個々のメンバーは自分の表現したものを別の角度から見直し、新たな気づきを得ることもある。翻って、相手の表現と異なる表現を持ち込むなどの急激な形での働きかけが行われる場合、相手にそれは受け容れがたく、抵抗を増しかねない。

しかし、直接的な働きかけがない場合もメンバーは互いに影響を与え合っていると考えられる。すなわち、他者が表現したものからエネルギーを得て自分の表現につなげていったり、新たな発想を得たり、穏やかな表現を見て落ち着いたりする者も存在するのである。その際、お互いに言葉は交わさなくとも非言語レベルでプレイフルネス（playfulness）、安心感、信頼感を共有し、自ずと共同作業へとつながっていくことも少なくない。また、他者と同じ場を共有することそれ自体が個々人のイメージを活性化し、頭で考えるのではない即興的な表現を促進していくとも推測できる。

その一方で、他者と交わることに消極的な者や、他者のエネルギーに圧倒される者も当然のことながら存在しよう。表現するものが本人にとって重要な意味をもつがゆえに自分の表現のみに没頭し、他者の働きかけを拒む者もいるであろう。また、表現の意味づけとは別に、他者に合わせることなく自分のペースで表現を行いたい者もいるであろう。これらの場合、他のメンバーは彼／彼女らに対して通常以上に気を遣い、緩やかな働きでもって彼／彼女らを集団へととり入れようと試みることが多い。適切な働きかけがなされた場合、表現そのものには表さないにせよ彼／彼女らはそれを心地よく受け止め、グループの一員としての実感を得ると考えられる。

おわりに

本稿では、大学生のグループ・フィンガーペインティングを通して、グループにおける個の表現と他者との共存のあり方について検討を行った。安心感のあるグループのためには、メンバーが自由に表現を行うと同時に、お互いの個性やペースを尊重していくことが必要である[3]。そのためには、グループの導入段階でお互いの個性を垣間見ることができるようなウォーミングアップをとり入れるなどの工夫も有効であろう。また、徳田良仁が述べている[4][5]ように、グループで集団力動が好ましく働く場合と危険性をも含んだ場合とがあることを念頭に置く必要もあろう。

グループでは、単に個人の集まりにとどまらないグループならではの力動が生まれる。どの部分は個人のものとして守りどの部分は他者と共存を試みるかの微妙なせめぎ合いが、メンバー一人ひとりのなかにもグループ全体にも生じているのである。このように各自の個性に集団力動が加わるグループは、個々人に思いがけない体験を与えるものであり、この意味でもクライエントを対象としたグループにとどまらず、心理臨床の専門家を目指す人たちの訓練として積極的に活用されることが期待できよう。

〔文　献〕（1）R・F・ショウ『フィンガーペインティング――子どもの自己表現のための完璧な技法』深田尚彦訳、黎明書房、一九八二
（2）Napoli, P. J. (1946) Finger painting and personality diagnosis. *Genetic Psychology Monographs*, 34, p129-231.
（3）岡本直子「パーソナリティ傾向と表現体験との関連性についての研究――大学生のグループ・フィンガーペインティングを通して」沖縄国際大学人間福祉研究、3（1）、五五～七〇頁、二〇〇五
（4）徳田良仁、大森健一、飯森眞喜雄、中井久夫、山中康裕監修『芸術療法1　理論編』岩崎学術出版社、一九九八

（5）徳田良仁、大森健一、飯森眞喜雄、中井久夫、山中康裕監修『芸術療法2　実践編』岩崎学術出版社、一九九八

[参考文献]

* Case, C., Dalley, T. (1992) *The handbook of art therapy.* London : New York : Tavistock / Routledge.（『芸術療法ハンドブック』岡昌之監訳、誠信書房、一九九七）
* 樋口和彦、岡田康伸編著『ファンタジーグループ入門』創元社、二〇〇〇
* Yalom, I. D. (1985) *The theory and practice of group psychotherapy, 3rd ed.* New York : Basic Books.

2 心理臨床教育におけるグループ体験

高石浩一

はじめに

本書はまず何よりも、岡田康伸先生の御退官を記念する一冊であるので、お約束の岡田先生体験から始めよう。筆者がまだ大学院生の頃、とある大物のクライエントから面接で相談室に待機していた筆者に電話が入った。聞けば、相談室に来る途中で新興宗教の道場に連れて行かれ、そこで持ち金を全部寄進してしまったので、面接に支払うお金がない、ついては今日の面接料を貸しにしておいてくれないか、という趣旨だった。電話口で戸惑う筆者に、傍らで事情を聞いていた岡田先生は、さっと筆者の手から受話器を取り上げ、「それじゃあ、今日はダメですな。また次回料金持って来てください」と相手の返事も待たずに電話を切ってしまった。講義や講演など、大人数の前で汗を掻き掻きしどろもどろになりながら話をする岡田先生の姿を見慣れていた筆者にとって、先生のこの潔い姿は驚きであると同時に、深い畏敬の念を抱かせる力強さを兼ね備えていた。気さくで、感情豊かで、シャイで、ちょっと頼りなくて、書いた字が読めない岡田先生を、筆者が師として仰ぎ始めた瞬間であった。

岡田先生は集団の前に出ると緊張するが、集団の中で活動される時には非常に生き生きとしている。ひょっとすると先生は、人見知りが強い寂しがり屋なのではないか、それを悟られないために（ほとんど誰が見ても明らかなのだが）、自らを奮い立たせて仮面作りなどのグループワークを、自らの主要な心理臨床活動の一つに選ばれたのではないか。[1] もしそうであるなら、学部時代から三〇年近く、毎年細々グループワークをやり続けている筆者も同じ穴の狢《むじな》である。師と似るのは、嬉しくて、ちょっと恥ずかしい。

心理臨床教育、とりわけ臨床心理士を養成する大学院教育に携わるようになって、グループ体験は筆者にとって、個人面接と切り離せない貴重な臨床活動となった。クライエントさんの話を聞く際にも、筒井康隆の短編「欠陥バスの突撃」[2]よろしく、クライエントさんの中の誰が今語っているのか、誰が話の内容と矛盾した姿勢や溜息をつかせているのか、次は誰が語りだそうとしているのか……などと考えるようになった。カンファレンスの場では、誰の発言が誰の反論を引き出し、報告者のどの側面が聴衆に違和感や「腑に落ちなさ」を掻き立てて空気を険悪なものにしているのか、などと分析するようになった。筆者にとって内的なダイナミズムは外的なグループダイナミズムと等価であり、少なくとも比喩以上のものとなった。こうした視点でケースカンファレンスを見たり[3]、クライエントさんの夢を見たり、あるいはよりダイレクトにグループワークの展開を見たりといった試み[4]は、すでに他所で述べてきたつもりである。そこで本論では、原点に立ち返って、なぜグループ体験が臨床心理士に求められるのか、臨床心理士のどのような側面を醸成しようとしているのか、それをもたらす実践的なグループ体験を、大学院における心理臨床教育においてどのように具現するのか、といった点について論じてみたい。

1　臨床心理士に期待される四つの資質

心理臨床学会のホームページによれば、臨床心理士に期待される資質は①アセスメント、②心理相談、③地域援助、④調査研究の四つである。このうち、まず①のアセスメントに関しては、心理臨床の対象となるクライエントさんの見立て、援助方針設定の根拠となるクライエントさんの状態像や資質、才能や弱点の把握といった作業ができる能力であり、必要とあらば補助的手段としての心理テストを施行、分析できる能力である。これは、大学院のカリキュラムではインテーク実習や、インテークカンファレンスを通して習得されるべきものである。②の心理相談は、端的にケース実践とケースカンファレンスを通して訓練される。見立てに基づいた臨床実践、臨機応変な応答と状況に見合った介入、それらを通してクライエントさんに役立つ適切な援助をする能力である。

言うまでもなく、臨床心理士養成を目指す大学院では、心理臨床センターを設置してこの実践教育を中心課題として積極的に取り組んでいる。④の調査研究については、研究者養成を意図した従来の大学院教育がもともと担っていた使命であり、修士レベルの論文を仕上げること、といった修士論文指導の形で実践されている。

さて問題は③である。地域援助のタイトルのもとに期待されている臨床心理士の資質は、各地域で活動しているさまざまな組織や機関、公的資源と協力して臨床心理学的援助を行うこと、既存の諸機関との軋轢を避けながら、願わくばむしろコーディネーターとして関連諸機関の調整役として機能すること、地域援助の目的に向けて下支えし、全体の円滑な協力体制を作ることである。要するに、組織の中で場の空気を読み、適切な身の振り方をわきまえる能力を持ちなさいということである。これは性格の違う個々人の特質を生かしながら、全体として大きな目的のために集団を組織運営していくグループ実践につながる側面を持っており、筆者はこれをグループマネージメント力と呼んでいる。

ところがこの能力を意図的に「教育」したり「訓練」することは、実は非常に困難である。少なくともこれは、正規の大学院カリキュラムの中に組み込みにくい。ＳＳＴや人間関係トレーニングなどといった形での実践が行われているが、これは能力のある者を見出す場にはなっても、それを養成するところまでは、なかなかいかないからである。むしろ日々の研究室での大学院生活、クラブやサークルなどでの活動、アルバイトやボランティア先での人間関係、さらには学会や講演会などの地域支援活動への参加を通じて、偶発的にしかし半ば必然的に身につけざるをえない能力であると言えよう。

こうした観点に立つと、この④の資質養成に向けて、われわれがなすべきことの本質が見えてくる。そういった偶発学習が起こる「場」を提供すること、グループ体験を保障し、支える容器（いれもの）を用意すること、その中で起こるさまざまな人間関係の傷つきや軋轢を精一杯学生たちに体験してもらい、しかもそれらによって彼らが傷つき過ぎないよう目配りをしておくこと、万一（以上に頻繁に起こる）傷つきに対しては、それをさらに本人にとって実りあるものに転化できるよう援助すること……つまりは、大学院生を預かるわれわれ自身がグループ体験をまっとうすることである。

2 個人面接とグループマネージメント力

それにしても、臨床心理士にこの種のグループ体験は実際に必要なのだろうか。面接室にこもってひたすらクライエントさんの言葉に耳を傾ける……その資質向上を第一義として、他の事柄は後回しでもよいのではないか。大学院という短い養成期間にあれもこれもを持ち込むことは事実上不可能ではないのか。そもそも、こういったグループ体験は、個人面接とどのような関係にあるのだろう……。

実はこの点について、筆者は長く無関係であると考えていた。少なくとも深く密度の濃い個人面接をできるカウンセラーと、グループに深い達成感のあるグループ体験をさせるファシリテーターは、両立しがたいとは言わないまでも、相当別種の能力を必要とするのではないかと思っていた。事実、ともすると研究室では疎外されがちな、あるいは集団の中に埋没しがちな内向的な院生の中に、キラリと光る産毛のような感性を持った個人面接を行う者が少なくなかったという印象があるからである。また一方で、院生たちの中でリーダーシップを取る学生は、ともすると個人面接においては相手を巻き込んだり、粗雑で荒っぽすぎるという印象を持つことが少なくなかったからである。しかし卒業後の長期にわたるフォローアップをしていくと、内向的で繊細な感性を持った学生が、臨床心理士となって自らの足がかりを得て活躍し、やがて社会性を兼ね備えたがゆえにその繊細さにいっそうの磨きをかけて現れたり、他方でグループのリーダーシップを取っていた学生が、やがて身の丈にあった運命的とも言えるクライエントさんとの出会いを通じて、深層に届く意義深い個人面接の報告をするようになるといった経験に数多く出会って、こうした思いは払拭された。筆者の中には、次第次第にグループ体験と個人面接が相互に相乗効果を持つ、ともに臨床心理士として不可欠の要素である、という思いが強まっていった。現時点で考えうるこの根拠を、以下に列挙してみたい。

①クライエントさんの悩みは、もっぱら集団不適応……つまりグループ体験の中から生じている。したがって、グループ体験を持たなかったり、乏しかったり、偏った小集団体験しか持たない治療者は、必然的にクライエントさんの悩みに対するリアリティが乏しくなる。もっとも義務教育が普及しているわが国では、学校での体験をはじめとしてグループ体験を持たない治療者は基本的にありえないし、その程度や質も想像力の問題として解消できるはずである。さもないと、未婚の治療者は離婚問題を扱えないことになってしまうし、健康に不安のない治療者はターミナルケアをできないことになってしまう。それでもなお、経験はあるに越したことがない……というのが、心理臨床教育の現場における実感である。[注1]

②面接室の維持管理は、大学院附属のセンターなどで臨床を行っている限り、守られていて視野に入ってこない課題である。しかしいったん臨床心理士として外の機関で働き始めると、毎週決まった時間に決まった場所を確保すること、自由で守られた空間を維持することがいかに困難なことか、思い知らされることになろう。これは優れて組織内、グループ内での承認や許諾、専門性の認知などといった臨床心理士の社会性を必要とする課題である。たとえばスクールカウンセリングに行けば、保健の先生や担任の先生が同席のもとで面接を行わねばならない事態が生じるかもしれないし、家庭訪問を命ぜられるかもしれない。病院なら面接中に主治医や看護師が飛び込んでくるかもしれない。そうした状況のもとで、いかに自らの専門性を発揮できるような人間関係、環境、面接構造を構成できるかは、まさに当該の臨床心理士のグループマネージメント力にかかっているのである。「守秘義務だから」「大学院ではそうしていたから」などと、現場や組織では受け入れがたい主張を繰り返し、やがて疎外されて疎んじられる一群の「下手糞な」若手（に限らない）臨床心理士たちの話を聞くたびに、こうした側面を少しでも心理臨床教育に組み込めれば……という思いにとらわれている指導者は少なくないのではないか。グループ体験が、そういった側面を補完する機能を持つならば、これは個人面接を維持するうえで非常に重要な、ひいては臨床心理士に必要不可欠の資質ということになるのではないだろうか。

③個人は本当に「個」人なのかという本質的な問いに立ち返ると、先述の筆者のような見方がリアリティを持

ち始める。多重人格などというドラスティックなものを想定しなくとも、個人は状況に応じてさまざまな側面を併せ持った存在であり、グループ内の軋轢にも似た葛藤を抱えて思考し、行動決定を行っている。そもそも内的力動的見方とはそうした事態を指していたのではなかっただろうか。翻って組織やグループもまた独立した個々人の集合体ではなく、それぞれの機能を限定してグループ目標のために有効に活用していこうとする有機体であり、たとえば会社組織や学校組織をまとめて「法人」と呼んだりする。こういった観点から考えると、森を見ずして樹は見えず、グループ体験なくして個人面接は十分に行えないと言えるのではないだろうか。

3 臨床心理士のグループマネージメント力の本態

さて、心理臨床教育におけるグループ体験の重要性が以上の理由から認められたとして、ではその内容とはいかなるものなのだろう。グループマネージメント力という抽象的な言い方でまとめられている、臨床心理士が期待され、果たすべき機能とは一体どのようなものなのだろう。ここで重要なのは、「臨床心理士」という部分である。組織やグループ内にあって、リーダーはリーダーとしての役割を持ち、監査役や受付はそれ自体独自の役割を担っている。その意味で臨床心理士として、少なくとも臨床心理学を学んだ者として期待され、果たすべき役割は、それ独自のものであって、「リーダーとしての心得」や「秘書のお仕事」「中間管理職の責務」などといった既存の諸役割のハウツー本に記載されているとは期待しない方がよい。臨床心理士は臨床心理士として、自らのグループマネージメント力を定義し、性格づけていく必要がある。以下に掲げるのは、さしあたり冒頭に掲げたように三〇年近く細々と続けてきたグループ体験を通じて、またさまざまな臨床現場で仕事をしてきて、とりあえず現時点で筆者が考える「臨床心理士のグループマネージメント力」の構成要素である。

①バランス感覚

臨床心理士に期待される力のうち、非常に重要な資質はこのバランス感覚である。というのも多くの組織において臨床心理士は中心的役割を占めないからであり、むしろ役割のはっきりしているいくつかの機関や個人の調整を任されることが多いからである。あちらを立てて、こちらを次に立てる、この場では何を一番大切にし、別の場では何にこだわるか……こういった判断を的確に行える力を、筆者はバランス感覚と呼びたい。下山晴彦[6]は「つなぎモデル」という呼び方で臨床心理士のこの側面を強調したが、明確な形にとらわれない、レンガとレンガの間を埋める漆喰のように自在に自らの姿や役割を変えることのできる機能や能力も、併せてこの要素として掲げたい。

②時機（時宜）を読む力

すでに鬼籍の人となってしまったが、かつて大阪女子大学にいた名物心理臨床家、井上亮先生は「われわれの仕事は進んでやったらいかん、頼まれてからやるもんや」と当時後輩の院生だったわれわれに教え諭してくれたものであった。機を見て敏に……というのではない。むしろ可能な限り望まれる時期を待つ、ということである。ちなみに昨今の会社組織などでは、言われてからやる、あるいは言われてもやらない若手社員への批判が喧しいが、臨床心理士に期待される役割はむしろ意図的に「やらない」ことである。われわれの主な仕事は、予め問題を起こさないように配慮することではなく、起こった問題に対処する対応が基本である。規定やガイドライン作成に忙殺されて、いざ緊急事態が起こったときの対応ができないようでは、臨床心理士としては失格である。もっとも、そういったものの作成を命じられたなら、やらねばならない。それを臨床心理士の仕事ではないと突っぱねるのは、愚の骨頂である。仕事はやりたいことをやるのではない、やって欲しいと望まれたことをするのである。臨床心理士など、新参の業種はなおさらそうである。けっしてすでにある役割や権益を脅かしてはならない。狭間にすっぽりと抜け落ちていることを補い、あるいは隘路に陥ち込んでしまっている人を援助するのである。このあたりの心構えもまた、筆者の言うグループマネージメント力の一要素である。

③手を出さずにいる力

これは上記の資質と重複しているように思われるかもしれないが、実はさらにその裏づけとなる能力であり資質であると言った方がよいかもしれない。時機を見る……具体的には頼まれるまで動き出さないためには、上記のような「気の利かなさ」への悪評、風評に耐える力が必要である。また同時に、「わかっちゃいるけど手を出さない」自制力、さらにはそういったあり方を認めてもらえるだけの専門性や自身の人間性への信頼を、それまでに獲得しておかねばならない。頼めばやってもらえる、援助してくれるだろうが、できるところまではこちらで精一杯やっておこう……そう思わせるような存在になること、そう思わせる存在として認めてもらえることが、臨床心理士としての資質の中核である。

④導く力と支える力

導く力は従来からリーダーが備えるべき資質として、管理職やリーダーの養成研修などで繰り返し高唱されている能力である。ただ臨床心理学を学んだ者なら、導く力には必ず反作用として現状を変えようとしない力が働くこと、表面上の服従の裏には隠れた反発があることを知っているはずである。またそれが、導こうとする者自身の中にもあることを知っているはずである。ユングの分析心理学を学んだ者なら、一面性はたえず「影」に脅かされ、個人もグループもともに全体性を希求する衝動に衝き動かされることを知っているはずである。その意味でグループ内の異端分子、導こうとする方向に対する反発分子は、できるだけ切り捨てることなく取り込まねばならない。両立しがたい葛藤を内包できる存在になることは、自我心理学における重要な達成である。ところで、導く力を父性的な力と見なすなら、支える力は母性的な力である。一見相反する両方の力をグループは必要としている。多くのグループには必ずと言ってよいほど、リーダーとともに女房役と呼ばれる存在がいるが、これはこの両方の力を役割分担しておくことで、グループ運営を円滑に運ぶことができるという先人の知恵の賜物である。

⑤見通す力と見返す力

これは個人面接では、見立てと治療プロセスのふり返りの能力に相当する。どういった方向に進んで行きそうか、どのような過程を経て現在に至ったのか……全体のダイナミズムによって、コックリさんのコインよろしく、個人面接もグループも往々にして予想もしなかった方向に進んで行ってしまいがちである。そうしてそれが実はクライエントさんが、あるいはグループの一人ひとりが望んでいた方向だったのだと、後づけのように納得するのもコックリさんの比喩に倣う。臨床心理学的な見方、という意味では「死の床（＝臨床）から」見る姿勢が求められる。「無意識の側から」あるいはユングの言う「自我ではなく自己から」見る姿勢……意識的には見出しがたい隠れた意図や目的を見通すことが、それに相当する。事態が進行中の意識の姿勢は、ユングの喩えでは「夜の航海」であり、森田正馬風に言うなら「あるがまま」、筆者に言わせれば「ま、いっか……」である。

以上のような内容を持った力が、さしあたり筆者の考える、臨床心理士に求められる「グループマネージメント力」の本態である。もちろん多くの理論や理念が画餅であるように、実際的な意味で完全にこれを実践することは不可能である。相互に矛盾し、両立しがたい能力を求めていることも承知している。それでもなお、集団であれ個人であれ、臨床心理士として人とともにやっていこうとする者は、こうした力を備えておきたいと思う。そうしてそれを培うのが、心理臨床教育におけるグループ体験である。

4 実践例を通して

先述のように筆者は、三〇年近く毎年細々とグループワークを行ってきた。とりわけここ一五年ほどは大学院生にティーチングアシスタントとして参加してもらい、学部学生に対するグループ体験というだけではなく、大学院生に対するグループマネージメント力教育という視点も導入して授業を構成してきたつもりである。その形式が、初期の無構成のベーシック・エンカウンターグループから、やがてある程度の意図や主題を持った構成的エンカウンターグループへと移行してきたのは、筆者の行うグループワークが当初から「教育」として位置づけられていたからに他ならない。参加者によって密度も内容も大きくぶれるベーシック・エンカウンターは、その成果も変動が大きすぎるように筆者には思えたからである。

筆者の行う構成的エンカウンターグループは、拙論[4]でも述べたように個人面接と同型であることを意識して構成されている。一連の流れは導入から深まり、息継ぎとさらなる深まり、やがて日常への回帰という形で組まれており、もちろんこれは毎回の面接と同時に、個人面接全体の流れと同型である。そこでの参加者の体験は、多く「予想外の展開でした」「何をするのかわからなかったけど、期待していた以上に楽しかった」と報告されている。[7][8]一方、臨床心理士養成の一環として、ティーチングアシスタントとして参加した大学院生たちがどのようにそれを体験し、また自らの心理臨床体験の中に位置づけていったかは、後の反省会とレポートで報告されている。そのいくつかを以下に掲げたい。

• 小グループにわかれた後に、一グループを任されてファシリテーターとして関わりました。予想外に難しかったです。何が難しいといって、ほんの六、七人のグループなのに、話した言葉が伝わらない……伝わったように感じられないことが一番でした。……改めて、どんな言い方で話せば人に伝わる言葉を話せるのだろうと、考えさせられました。
• 楽しかった、という皆の感想が信じられない。あんなに大変だったのに……。でもよく考えてみると、大変そうにしていたのは自分だけで、盛り上げなきゃとか、皆が意見を言ってくれるようにとか、意識しすぎていたようにも思う。いつも仕切りたがりで、面接でもクライエントさんの話す方向についていきなさい、と先生方に繰り返し言われるのも、ひょっとしたら同じことなのかもしれない。
• 彼らから話しかけてくるのを待っていたら、結局何も話せないままに終わりました。(「彼らはもっと話したがっていたよ」と筆者が言うと)……え、そうなんですか？　待つのが臨床家の仕事といっても、時と場合によるんですね。もっと話しかければよかった……いつも後で後悔するんです、僕は。

〔写真1〕グループワーク合宿

・グループワークは凄いと思いました。何がと言葉にはしにくいですが、身体でいろいろなことを感じた気がします。イメージや箱庭も、何がどうだと言葉にしがたいのに凄いことが起こっている。もっともっと他の院生たちにも、これを体験してもらえばいいんじゃないか。そうすれば、もっとセンスが磨かれるという気がします。

改めて言うが、グループ体験を通して学生や院生たちが何を学ぶかは、彼ら次第である。意識的には筆者が「グループマネージメント力」と呼ぶ諸能力を、彼らが体得していってくれれば……とは願うが、そこには常に企画者の意図や慮りを超えた無意識的な何かが起こり、何かが展開する。したがってわれわれができることは、上述のようにグループ体験ができる「場」を提供すること、そこでの体験を十分に彼らに味わってもらい、願わくばその成果を自らの糧として心理臨床に生かしていってもらうこと、である。

ちなみにわれわれがクライエントさんに対して行っている日々の心理臨床の営みとは、まさにこのことに他ならない。その意味で、心理臨床教育とは心理臨床そのものでもあるというのが、目下の筆者の結論である。

〔文　献〕
（1）樋口和彦、岡田康伸編著『ファンタジーグループ入門』創元社、二〇〇〇
（2）筒井康隆「欠陥バスの突撃」『陰悩録――リビドー短篇集』角川文庫、二〇〇六
（3）高石浩一「事例研究私論」臨床心理研究（京都文教大学心理臨床センター紀要）、1、五一～六二頁、一九九九
（4）高石浩一「グループアプローチの実際――出会いから別れまで」〔滝口俊子、桑原知子編〕『心理臨床の世界』放送大学教育振興会、七四～八四頁、二〇〇三
（5）高石浩一「イニシアルケースについての覚書――見立ての主観性とその意義」臨床心理研究（京都文教大学心理臨床センター紀要）、7、九九～一〇六頁、二〇〇五
（6）下山晴彦『臨床心理学研究の理論と実際――スチューデント・アパシー研究を例として』東京大学出版会、一九九七
（7）高石浩一「グループ体験合宿報告」京都女子大学学生相談室紀要、24、五一～五四頁、一九九三
（8）高石浩一「グループ体験合宿報告」京都女子大学学生相談室紀要、25、五〇～五五頁、一九九四

〔注〕

1　不登校経験を持った治療者が不登校児童に会う、会社を辞めて臨床心理士になった治療者が産業カウンセラーとして社内不適応のクライエントに会う、子育て経験者が子育てに悩む母親に会う……多くの実例に触れてきた筆者にとって、こうした事態の評価は非常にアンビバレントである。端的に言えば、やはり未婚の治療者に離婚問題は扱いにくい。子どものいない治療者に、子育ての不安や不満は共感しがたいと思う。しかし、同種の問題を抱えていた（る？）ことが、治療者のおごりや先輩としての優越感を生み、あるいは未解決の自らの問題との共振で転移逆転移の渦に巻き込まれてしまうことが起こりうる……いや、ほとんど必ずと言ってもよいほど起こることを鑑みれば、共感しやすいからといって同じような問題を抱えたクライエントを優先的に面接しようとするのはいかがなものかと思う。初心者のイニシアルケースにおける無意図的な出会いについてはすでに論じた[5]ので改めて論じることはしないが、転移は起こるのは仕方なくとも、意図的に起こすものであってはならないと思う。生きている限りいろいろな経験をしておくにこしたことはない……と、これはもう筆者の人生観に過ぎないのかもしれない。

3 訓練段階における非言語的グループワークの意義
――グループでの箱庭制作およびフィンガーペインティングで生じた体験から

竹林奈奈

1 学部生対象のグループワークを担当した体験から

1 「人間関係学実習」の構成について

心理学科を有する多くの大学において、「実習」という形態で、少人数グループの中でのさまざまなやりとりを通して他者との関係性や集団力動を体験する、という授業がカリキュラムに組み込まれていることが多いと思われる。本稿では、筆者がある大学において学部生を対象とした「人間関係学実習」という授業を非常勤講師として担当した中で体験したことについて、また、自分自身が学部生時に「カウンセリング実習」の授業を受ける中で体験したことについて、考えたことを述べる。

「人間関係学実習」は、一年間にわたる授業であり、初期にはまずは「自分を理解する」ということをねらいとして、二〇答法や九分割描画法などを行い、それぞれの課題を体験して感じたことをグループで話し合うという形で相互理解を深めていった。後期に入って「イメージをやりとりする」というテーマで、スクイグルやグループでの箱庭制作、またファンタジーグループにおいて行われるフィンガーペインティング（切り絵を含む）などを行った。全体として非言語的なワークの比重が大きくなるよう、カリキュラムを組んだ。これは、体験を通して学ぶという側面の強い「実習」という授業では、講義形式の授業よりも非言語的なコミュニケーションについてより効果的に学べるのではないかと考えたからであるが、自分が受講生として体験した「カウンセリング実習」の影響を強く受けている。受講者数は一二人で、毎回一〇人前後が出席していた。

その中で、「グループでの箱庭制作」と「フィンガーペインティングとその後の切り絵」のセッションにおいて、筆者にとって非常に印象的な体験が生じたので、その二つを取り上げて考察する。

2 グループでの箱庭制作のセッションから

グループでの箱庭制作（以下、グループ箱庭とする）は、「箱庭が作られていく過程を分析することと治療者の訓練」を目的として、岡田康伸[1]により始められたものである。非言語的な相互作用を体験するという目的にも有用と考え、実習にとりいれた。方法は、岡田[1]にほぼ準じているが、制作過程の分析を目的とはしておらず、流れをできるだけ切りたくないと考えたため、カメラでの撮影は行わなかったのと、グループワークの中の一つの課題として行ったので、継続的には行っていないという点のみが異なる。

また、まずは制作者と箱庭の一対一の体験を味わうため、グループ箱庭に先だって「一つのミニチュアを選び、置く」という体験[2]を行った。これは、「ミニチュアの中から、『これだ』と思うものを一つだけ選んで、砂箱の中の『ここだ』と思う位置に置く」[2]というものである。二人組で面接室に赴き、片方が作り手、もう片方が見守り手となる体験をし、終わったら実習室に戻ってくるように伝えた。このセッションにおいて、あるペアがかなりの時間になっても戻ってこなかったので、筆者が限界と感じたところでタイムリミットを伝えに行くと、ある実習生（以下Aとする）はアイテムを置くことができず、砂をさわりながら過ごし、山ができていた。その後、グループでの振り返りの中でAは「先生がノックしたのは絶妙のタイミングだったと思う。あれより早かったら早すぎる（もうちょっとしたら置けたかも）と感じていただろうし、遅かったら見守り手に悪いと思って無理にでも何かを置いてしまっていたかもしれない」と語った。筆者としてはそこまで考えて部屋をノックしたわけではなかったので、驚くとともに、Aが「無理に置く」ということを回避できて本当によかったと思った。

次週にグループ箱庭のセッションを行った。一巡目、四番目となったAがアイテムを置く（左下にピアノ）と、次の実習生は箱庭の真ん中に大きな木を置いた。この「木」には複数の実習生が影響を受けたようで、その後はこの木を中心として世界ができあがっていく流れが生じた。作成後の話し合いにおいて、Aは「自分が置いたすぐ後に木が置かれて、癒される感じがした」と語った。Aはそれまで数回（筆者が把握したところでは少なくとも二回）グループ箱庭を体験したことがあったが、いずれも〝置きたいアイテムを選んで置く〟ということができず、他者が置いたアイテムを倒したり、アイテムを選べず手持ちのタバコを砂につきさしたり、という表現をしていたとも語った。おそらく、自分でもどうしてそのようなことをしたのかよくわからないまま、そのときのメンバーに対して罪悪感を感じるとともに自らも傷ついていることが、語られる口調から伝わってくるようであった。それらの体験がありながら再びグループ箱庭に臨むということは、Aにとって不安を感じさせるものであっただろう。「木」を置いた実習生は、「真ん中が空いていてさみしかったから」その木を選んで置いたと振り返りの中で語ったが、Aにとっては自分が置いたすぐ後にこの「木」が置かれたことで、それは中央部のさみしさをうめるとともに、自分の今までの行為を許すものと感じられ、自らの傷つきも「癒された」感覚を持てたのではないかと推測できる。ともかくAは、はじめて最後までグループ箱庭にコミットすることができた。

このAの体験を支えていた要因を考えてみると、このグループが継続的なものであったことの意義が大きいのではないかと筆者には感じられた。おそらくそれまでのグループ箱庭は、継続的なグループの中で行われたものではなく単発のグループでのものであり、今回の体験とはその点が一番異なっていたのではないかと考えられるからである。グループの継続性が、もちろん質にはよるが「守り」の働きをするものであり、その守りによって、単発の集団の中では表現することが難しかったAの自己表現が促進されたと考えられる。

Aは自分でもレポートの中で「言語よりも、非言語的表現の方が自分に合っている」と述べており、また筆者が観察していても、非言語的な表現に関する資質が非常に豊かであるように思われた。だからこそ、「集団」「他者との相互作用」という制約がある中で「非言語的」表現をすることは、難しい面があったのかもしれない。非言語的表出には、ただ「自由」であるだけではなく、十分に「保護された」空間が必要であることを、改めて教えてくれる体験であったように思う。

ちなみにAは、年度末の全体を振り返るレポートにおいて、「(この実習全体を通して)人との関係の重要性を実感をもって学べたという感が強くします。それは、関係を作る手段の重要性ではなく、関係性そのものの重要性です」と述べている。

3 フィンガーペインティングと切り絵のセッションから

実習で行ったグループによるフィンガーペインティングと切り絵は、ファンタジーグループ[3]において実施されている方法を参考としている。これは、ファンタジーグループの活動の中心とも言えるもので、まず四人から六人で一枚の模造紙にフィンガーペインティングを行う。ファンタジーグループでは翌日にその作品を同じグループで鑑賞した後、切り絵を行ってまた新たな作品を作る。どちらの作業においても、言葉を一切使わないことが重要とされている。この実習では、切り絵のセッションはフィンガーペインティングの翌週に行った。

これらのセッションは、人数の都合で二つの小グループに分けて行われた。フィンガーペインティングは、どちらのグループもやや遠慮がちに始まり、片方は最後まで描かれたものが混じり合うということがなく「お行儀のよい」作品となったが、もう片方は途中から一人の実習生が意図的にダイナミックな動きを見せたことで、それに呼応するように数名の実習生が色を重ね合う、といったものになった。セッション後のレポートから引用すると、「みんなが描いている絵をまとめたいと思い、どうすればまとまるか考えていたときに、他の人が、紙の端から端までにわたる大きな亀裂を描いた。みんなからは反感をかいそうなものだったが、それを描いてくれたことでみんなの絵がまとまったように見え、描いた人が自分と同じような気持ちを抱いた気がして、わたしはすごく嬉しかった。自分ができなかったことを他の人がやってくれたことで自分の欲求も満足し、同じ気持ちを共有していたという喜びを味わうことができた。そのときにグループで作業する良さを感じた」。この記述には、反感を買いかねないある表現が、喜びを与えることもあるということが、よく示されていると思う。「お行儀の

［写真1］切り絵の作品

よい」グループのメンバーたちも、自分たちの完成後にもう片方のグループのやりとりを見ることで、体験こそできなかったものの、ダイナミックな相互作用を目の当たりにできたようであった。

筆者にとって特に印象深かったのは、次週に行った切り絵のセッションである。セッションの後半になって、フィンガーペインティングでダイナミックな表現が見られたグループに属するある実習生（以下Bとする）が、紙を細く切って模造紙の縁に貼りつけるということを始めた。そのうち、縁全体をそのように飾りたくなったのか、その作業に没頭し、一方でそれを最後までやり通そうとするとかなりの時間がかかりそうだということも感じて、明らかに焦っている雰囲気が周りに伝わった。メンバーのうちの何名かがBの意図を汲み、手伝う流れが自然発生的に生じ、模造紙の縁全体を紙で飾りつけた作品が時間内に完成した［写真1］。

Bの年度末レポートによると、Bはいくつかの要因から当初グループへのなじめなさを感じていたが、徐々に自分を表現できるようになっていった、とのことであった。一番印象に残ったセッションとして、フィンガーペインティングと切り絵を挙げ、「(フィンガーペインティングでは作品が）だんだん激しく、濃くなるのを見ながら心の動揺を隠せなかった。一瞬緊張感が強く走り、人の絵に何も手を出すことができなかった」、切り絵は「思わぬ展開でびっくりしたけど、今までの実習の中で一番充実感を感じさせる実習であった」「途中であきらめたかったけど、何らかの形でも自分の存在を残したかったし、人の手を借りてやっと満足感を得ることができるようになった」と述べている。また、実習の初期には人に関心を持てない自分に気づいたこと、中期では自分の存在が人を緊張させているように感じたことを振り返りながら、「人との関わりを避けた私であるからこそ人の助けを必要としたことで、アイロニーを感じさせる実習だった」と結んでいた。他人を緊張させるらしいと感じていた「自分の存在」を残そうとする試みの中で、あきらめようかとも考えたときに、他のメンバーから助けの手がのばされたのである。この手助けが自発的にまったく言葉を用いずに行われた点も意義深いと感じられるが、人との関わりを避けていたBが、提供された人からの助けを素直に受けいれることができた点もまた、大きな意味があると考える。

人を緊張させるとも感じていた「自分の存在」を残す試みの中で、他者からの助けを拒絶せず受けいれることにより、Bはその「自分の存在」を他者からも受けいれられていると感じ、また自分でも受けいれることができたのではないだろうか。それは、それまでの実習の中で、人との関わりを避けがちである自分をみとめ、受けいれることができていたからこそ可能になったと言えるのではないだろうか。ここにも前項で述べたような、グループの継続性による守りが働いていると思われる。

4 グループの継続性による守り

グループワークは、関係性のいきいきとした体験を提供するものであり、また、非言語的表現には防衛をゆるめ、自分の新たな面を知ることが期待されるため、心理学の実習授業においては非言語的なグループワークが多く実施されると思われる。そのワークが意義を持つためには、グループ内での非言語的表現が促進されることが前提となる。2や3で述べてきたように、AやBの表現を促進した要因の一つとして、グループの継続性が考えられたことから、非言語的なワークは単発で行うよりも継続的なグループの守りの中で行うことで、より有用となるのではないかと考えられる。

特に、学部生のような訓練段階の初期においては、大学院生やすでに心理臨床の仕事を始めている人たちと比べて、集団の中で自分を守りながら自己を表現する力が脆弱な（それゆえに常識にしばられない新鮮な動きが生じることもあるが）場合が考えられる。そういった初学者を対象に非言語的なグループワークを行う際には、継続的なグループの中で行うことが、安全感を高め、豊かな表現を促進すると言えるのではないだろうか。

ところで、自らがこういったグループを「見守る」立場に立つことは、自分自身が実習を受けた際の体験についても改めて振り返る機会となった。次項ではその体験について述べる。

2　自分自身の体験から――切り絵の作業の中で生じた「取り憑かれ」体験についての考察

学部四回生時に受講した「カウンセリング実習」において、筆者にとってもっとも印象的だったのは、フィンガーペインティング後の切り絵のセッションであった。（以下、体験部分の一人称は「私」とする。）

フィンガーペインティングのセッションでは、周りを見ながら、ただ自分の描きたいように描いていたように思う。このセッションにおいては、もちろん非日常的な体験をして「楽しかった」とは感じたものの、自分の行動を自分でコントロールしている感じは失われず、「没入」体験とまではいかなかった。日常生活とは離れた設定で行われるファンタジーグループとは違い、大学の実習という枠組みが、深くのめりこむのを防いでいた側面はあろう。後の振り返りの中で、他グループが激しいやりとりをしていた様子を聞いて、私の中のどこかに「そういうことをしてもいいんだ」という気分が生まれたことは記憶している。

次週、切り絵のセッションが始まると、私はどんどんその作業にのめり込んでいった。そのために、その際感じていたことや考えていたことを言葉にすることは難しい。ただ、後半感じていたことをかろうじて言語化すると、フィンガーペインティングの作品の中から、なぜか「形」が次々と見えて仕方がなく、見えたからには切り取らなければ、という切迫感を強く感じ、その感覚に動かされるようにして、取り憑かれたように次々と自分に「見えた」ものを切り取っていたようである。後から聞いたところでは、私以外の実習生は、徐々に切り絵の作業を終えてゆき、最後に残った私が作業を終えるのをしばらく待ってくれていた。その中の一人が、私が自分で終わりにするのは難しそうだという雰囲気を察してか、「オ」「ワ」「リ」という文字を切り取り始めていた。その姿はもちろん私には見えていなかったのだが、その雰囲気が伝わってかどうか、彼が「リ」の文字を切り取り終えるのとほぼ時を同じくして、私も作業を終えることができた。ここで私は「取り憑かれた状態」から解放され、しばらくして切り取られた「オワリ」の文字を見て、自分が見守られていたことを実感した。それまでの私には周りは一切見えていなくて、ただ目の前にはフィンガーペインティングの作品があり、私に切り取られるのを待っている「形」たちがあるようだった。何かを「見出している」と感じられるほどの主体性もなかった。これほど自分で自分の行動をコントロールできない状態に陥ったのははじめてだった。自分の主体性を奪われ、そして奪われていることも自覚できないという体験であった。「夢中になり我を忘れる」状態だったとも言えるが、それは楽しいというものではなく、強迫観念に突き動かされた、どちらかといえば苦しい気分であった。

切り絵は「切ることが形を作ることである以上、より意識的にならざるを得ない」[3]と一般的には考えられ、フィンガーペインティングでの退行から現実の意識に近づける役割があるが、Bや筆者が体験したように（二人の体験の意味はもちろん異なると思われるが）、フィンガーペインティングでは十分に退行できない場合、切り絵においてより「思わぬ展開」をみせる体験になる可能性があることを、指摘しておきたいと思う。

後から振り返ると、取り憑かれている間に筆者が体験していたことは、ロールシャッハ法の刺激図版を見て何かを見出す、という作業にやや似ている部分があるかと思う。馬場禮子[4]は「（ロールシャッハの図版が）彩色されているということは（黒白も含めて）、見るものの感覚に直接的に働きかけて、さまざまな感覚や気分を誘発する効果的な刺激となっている。（中略）この色彩や濃淡の刺激に直接間接に揺り動かされることが、感覚や感情に根ざした個人的な連想を活性化し、現実検討を弱めて自分の情感の世界へと入り込んでいく傾向を強める大きな要因である」と述べている。また斎藤久美子[5]は、ロールシャッハ法の課題の特質について、刺激そのものの「カオス」性を挙げ、その混沌とした刺激を何かに「かたどる」ことで、「意味喪失不安」を解消し、未知状況を既知化することが、課題の求めるところである、と述べている。グループでのフィンガーペインティングの作品は、複数の人間の無意識が投影された多彩色の刺激である。その刺激を前にして、まさに現実検討を弱められた、と言えるであろう。その上、その彩色された刺激には、ロールシャッハの図版にはある「輪郭」というものはないので、紙いっぱいに広がった「カオス」を目の前にしていることになる。「カオスの中から何かをかたどる」体験ではあったが、そこに自我が関与しているという感覚は持てなかった。ロールシャッハ法においては、見えたイメージを「言葉」に置きかえて反応とすることで、おそらくかなり意識的に「かたどる」ことができるのだろう。切り絵においては、「言葉」は用いない。イメージをイメージのままに切り取る作業である。そう考えてみると、筆者の体験していたことは、ロールシャッハ図版を前にして、何かが見えるがそれを言葉にできない体験と似ている、と表現するとより近くなるように思う。

この体験から筆者は、自分の行為が自我のコントロールを超えることがある、ということを身をもって学び、またその怖さを実感した。その体験は、その後精神病的な世界を抱えて生きていると推測される人々と関わる際に、その人の体験世界を想像する上で、いくらか役に立っているのではないかと感じている。また、そのような体験をしたときに、他者の言葉ではなく存在に確かに支えられているという実感を持てたことも、心理臨床の仕事を続けていく上で大きな支えになっている。このような非言語的交流によって体験されることは、決して知識として、また教えられて身につけられるものではなく、複数の人間の無意識が交錯する非言語的なグループワークの中でしか味わえないものであっただろう。実際に臨床を始める前にこういった体験ができたことをありがたいと感じている。このように、その後の臨床を支える体験になるという点においても、訓練段階における非言語的なグループワークの意義が存在すると考える。

謝辞　一九九五年度の京都大学「カウンセリング実習」において指導してくださった倉光修先生と実習をともにしたみなさんに、また、天理大学「人間関係学実習」二〇〇二年度の受講生のみなさんに、多くのことを教えていただきました。特にAさんからは、本稿を読んでいただいた上で、発表の許可をいただきました。記して感謝いたします。

〔文　献〕
（1）岡田康伸『箱庭療法の展開』誠信書房、一九九三
（2）石原宏「箱庭制作過程に関する基礎的研究」京都大学大学院教育学研究科紀要、49、四五五〜四六七頁、二〇〇三
（3）樋口和彦、岡田康伸編『ファンタジーグループ入門』創元社、二〇〇〇
（4）馬場禮子『ロールシャッハ法と精神分析——継起分析入門』岩崎学術出版社、一九九五
（5）斎藤久美子「人格査定のスーパーヴィジョン——投影法（ロールシャッハ法）における基本問題」〔氏原寛ほか編〕『心理臨床大事典』培風館、五九八頁、一九九二

4 事例検討会における個と集団

山本有恵

はじめに——事例検討会という体験

1 事例検討会への問い

事例検討会において何を学べばよいのか？　事例検討会とは何をする場なのか？　これらの問いは、心理臨床に携わりはじめた当初から事例検討会に参加するたびに筆者の裡に抱かれてきた。少なくとも訓練を始めたばかりの心理臨床家にとって、事例検討会がいかにして臨床家の訓練たり得るのかということは一つの重大な問いであろう。果たしてこれらの問いに明確な答は用意されているのだろうか。

日本心理臨床学会(1)によれば、事例検討会とは「ある程度進行した事例、または終結した事例など、実際の事例を通して具体的にさまざまな角度から検討し、病理の理解、技法的工夫の可能性、他事例との比較を行なう。それによって、技法的理解を深める」ものである。確かに、このような側面は事例検討会にそなわっているだろうから、これは冒頭の問いへの一つの明確な答えと言える。しかしこのような答えは一人ひとりの臨床家の実際的な問いかけに用をなしているとは言い難いのではないだろうか。というのも、臨床家、特に訓練を受けはじめたばかりの者から発せられる冒頭のような問いには、より具体的に、「技法的理解を深める」とはいかにすれば起こり得ることなのか？　それはいったいいかなる体験であるのか？　といったことが切実に込められているからである。大学院での訓練を受けはじめ、初めて事例検討会の場に身を置いたとき、筆者もまた「いったいわたしはこの場で何をすればよいのか？」という問いに襲われた。

本稿の筆者は心理臨床の実践に臨むようになって数年の者であり、決して数多くの事例検討会に参加してきたとは言い難い。そのなかで、この問いは、少しずつその形を変えつつもいまだにその問う力を失ってはいない。そこで本稿は今一度これらの実際的で切実な問いかけから出発しようと思う。

2　訓練としての事例検討会

事例検討会は、いかにして臨床家の訓練たり得ているのだろうか。

この問いについて、桑山久仁子ら[2]は「事例検討会では何が起こっているのか」という問いに立ち戻り、事例検討会の訓練的意義を、その体験から研究することを試みた。それによれば、事例検討会においては、発表者であれ参加者であれ、各々は「自らに固有の事例への視点」を持って事例に関与しており、同時にそのような視点があらわれていることが明確化していく契機を得ている。また、発表者であれば「事例の何をどのように発表するのか」といったことを考えながら、参加者であれば「何をどのように考えてコメントするか」といったことを考えながら、そうした自らのありようが事例検討会を展開させ、その構造（枠）を決定づける一要因となっていくことを体験している。そして、このような体験としての事例検討会において臨床家は自らの視点の固有性、そして事例への関与のありようを「意識化すること」を求められており、それは個々の臨床場面において、臨床家がクライエントの語りに自身を関与させていく際のありようとつながっていくであろうことが考察されている。

桑山らのこのような考察は臨床家の実感に即したものであり、筆者にも頷けるものであるので、本稿ではここに手がかりを得つつ、事例検討会において求められているという「意識化すること」を「自覚」ということから考え、表題に即した考察を示すことを試みたい。

先の桑山らの研究に述べられていたような「意識化すること」が、事例検討会において臨床家に求められており、そしてそれが臨床家の専門性として必要とされる訓練であるのならば、それが何の手立てもなく各人の努力にのみ任されてなされていくには少々困難が伴うのではないかと思う。むろん、臨床家各々の精進なくしては訓練は立ち行かないだろうが、筆者はその意識化の土壌として、「自覚」ということをまず検討しておきたい。

1　〈構え《スタイル》〉としての自覚

われわれ日本人の日常において、「自覚」という言葉はありふれて用いられる。「自覚が足りない」「もっと自覚をもって」などといった言葉はよく耳にするものであり、このように言われると、言われた側はついつい「自覚せねば」と頭を悩ませる。しかし自覚とはそのように可能になるものなのだろうか。

中村雄二郎[3]は西田哲学への考察において西田幾多郎の「自覚の深化・発展」について述べている。その深化とは、「自己が自己を見る」こととして捉えられていた「自覚」が、「自己が自己において自己を見る」ということとして捉えなおされていくことであった。

「自己が自己を見る」ような自覚は、見る主体である「私」が能動的に「見る」目的語、つまり客体としての「私」を見ることであり、それは単なる自己反省や自己分析のような作業でしかなく、まさしくわれわれの日常にありふれている。それは「見ようとして見る」ことの恣意性を免れないだろう。しかしこの「自己が自己において自己を見る」ような、言わば「深化した自覚」には、「自己が自己を見る」ことが生じる〈場所〉として、「自己」が入れ込まれていると言える。

この〈場所〉としての「自己」のありようは、見ようとする自我的主体であるような自己とも、そうして「見る」ことの目的語であるような客体的自己とも異なっているだろう。筆者には、この〈場所〉としての「自己」

とは、自身にいまだ意識化されていないような自己のありようまでもを含んだ〈わたし〉という主体的なありようとして言い換えられる。それはたとえば、面接の最中《さなか》には気がつかれなかったことに面接の記録を書きながら気づいていくことがあるように、臨床家に生きられていながらもいまだ意識の光を当てられてはいないことを孕んだ、全体性としての「生」のありようである。それは直接的な意識的思考の対象とはなり得ない。たとえば面接記録やレジュメの記述といった形で浮かび上がってくることによって意識化へと向かうものである。

ひとたびそのような〈わたし〉というありようが、意識化の起こり得る〈場所〉として「自覚」に入れ込まれたならば、主体は、「見る」という次元から「見える」という次元へと開かれていくことになる。すなわち、客体的自己に意識を傾注してその対象を分析していくような見るという「行為」から、まなざしを向けてその目に映ることを待ち受けるような「ありよう」への転換が、この自覚の深化においては遂げられているのである。

このような「深化した自覚」は、「意識化を求められる」という受動的な主体のありようから、「意識化を待ち受ける」という（本来的な意味での）自発的な主体のありようへの転換を生じせしめる〈構え〉なのだ。このような自覚においてもたらされる意識化は、「見る」ということの恣意性を免れるというだけでなく、臨床家の「見え方」そのものを決定的につくり変えていく力を持つことになる。なぜなら、そのような「見え方」はわがままに選び取られたものではなく、「見えてしまう」とも言い得るものであり、いったんその見え方への気づきがもたらされたならば、それは不可逆的であるからだ。

2 自覚的な「個」と「他者」の契機

本稿のテーマの一つである「個」とは心理臨床にかかわるあらゆる場面において常にその基底をなしている。事例検討会においても、事例、すなわちひとりの人間の生を見つめていこうとする態度は常にその基盤となる。事例検討会における個とは、きわめて安直に考えて発表者や参加者、また事例としてあらわれるクライエントの各々を指すことができるだろうが、仮にもしも実際に個人・個別であるという事実にこだわれば、われわれは発表事例に対して「私ならこうする」とか「私の経験では」とかいうような、自身の事例の内容と比較することに終始するようなことしかできず、また、発表者にしても「私の事例なのだから、私にしかわからない」という態度に固執することになってしまうだろう。確かに参加者は皆それぞれに個別の体験を抱えており、事例発表の内容それ自体は発表者であるセラピストとクライエントだけのものであるが、なんらかの示唆を得ようと事例検討会に臨んでそのような個に執着することは愚かでしかない。

　しかし、なぜ当の本人でもない者が事例にあれこれ好きなことを言えるのか。この問いに対して筆者が確認しておきたいのは、事例検討会においては臨床家が「自らに固有の視点」でその事例に関与しているという至極当たり前のことである。すなわち事例検討会において各々の臨床家は、その視点は個別でありながらも、そのまなざしの先を同じくしているのである。ある事例が各々に固有の視点で語られるということは、各々のまなざしの着地点が個別であるということであっても、そのまなざしの先にあるものが個別であるということではない。この当たり前のことは、いざ事例検討会の場に臨んでは忘れられがちですらある。各々の臨床家の視点が個別であるということが、そのまなざしの先をも個別なものと見なすような態度と混同されることは、どうやら時として起こっている。しかしそれは「視点における個別性」とでも言うべきであって、各々の個別的な臨床経験はその「視点における個別性」を決定づけるだろうが、そのまなざしの先にひとつの事例を見るということにおいて心理臨床という視座を共有していることは忘れられてはならない。すなわちそれは、「自覚的な個」として事例検討会の場に臨んでそのまなざしの先の事例が如何なる見え方で目に映るか、ということを問いつづけていくような共通の姿勢を各々の「個」が生きるということである。このような姿勢は、「これが私の見方である」と、定まった見方、すなわち己の視点の個別性に安住する態度とは相容れない。

　そしてまなざしの先の事例がいかに見えるかと問い続けていくような姿勢こそが、「自覚」を〈構え〉とするということであり、すなわち自覚的な「個」として気づきを待ち受け、自身の見方の意識化を生じせしめるものである。この「自らに固有の視点」の意識化が起こるときとは実に、その視点の自明性が崩壊するときであり、同時に、新たな見え方に開かれるときなのである。このこと、すなわちその見方が意識化されるだけでなく常に改まっていくことの可能性を知っているか知らずにいるかには、大きな違いがあるだろう。すなわち、自覚的な「個」として事例検討会に臨むということは、事例検討会において「自らに固有の視点」は意識化されるだけでなく、改まっていく可能性を生きるということである。そしてこのような「個」が事例検討会に臨んで「自らのありようがその構造の一要因となる」ことを体験するとき、そこに「他者」という契機が不可分にからみ合うという理由で、それはもはや単に個人、個別であるというだけのこととは言えない。

実際に複数人が集う場である事例検討会においては、発表者、参加者の「視点の個別性」それぞれが、ひとつの事例にさまざまな見方を提供する。しかしすでに述べてきたような自覚的な「個」として各々が事例検討会に臨むときには、そのような個別の視点の「寄せ集め」に留まらないものとして、事例検討会が生成されはじめる。

すでに述べたように、自覚的な「個」は〈わたし〉において浮かび上がるものを待ち受け、その意識化を企てているが、そのような「個」が集まって事例検討会が行われ、そこでのやりとりが重ねられるときには、「自己が自己において自己を見る」のみならず、言わば「自己が他者において自己を見る」ことが可能になる。事例検討会においては、「わたしの語り」を受けて返される「他者の語り」のなかにさえも、自らに固有の視点を意識化する契機がもたらされているのである。すなわち自覚的に気づきの待ち受けを生きる主体は、事例検討会において「他者」をもまた自己が自己を見る〈場所〉とすることができるのだ。

この、自覚の〈場所〉として「他者」という契機が与えられることのうちには、各々の経験や事例ごとの差異といった「実際的に個別である」という次元での比較を行うことが可能になっているだけではなく、「他者」のまなざしを生きる可能性が与えられている。（このことを考えるとき実際の臨床場面を想起せざるを得ず、訓練としての事例検討会の意義が一つ示唆される）。このとき、他者もまた「個」として自覚的に事例検討会に臨んでいるからには、その見え方は、意識化において意識化において崩壊しては改まっていく可能性に常に開かれているはずである。そのまなざしを生きるとは、畢竟、自身がその可能性に開かれることと同値であろう。すなわち、事例検討会においては、意識化の生じる〈場所〉として、〈わたし〉のみならず他者という契機がもたらされている。

そして、いずれにせよそのような〈場所〉とは、それ自体、きわめて動的なものである。また、どちらか一方を自己が自己を見る〈場所〉に限定することは不可能だろう。とすれば、事例検討会においてはさらに、〈わたし〉と「他者」の多重的で動的な「からみ合い」であるような〈場所〉があらわれてくることとなる。

3　一回的な過程としての「集団」

そしてこのような事例検討会とは、各々の視点を提示するだけのものではなく、それらが対話という形で不可分にからみ合いながら気づきを生じせしめる可能性を持った動的なプロセスとなり得る。それは「いま、ここ」において極めて一回的に生成されるものであり、このような一回的な生成の過程としての事例検討会は、個の寄せ集めであるような「加」ではなく、それ自体がひとつの全体であるようなありようを見せはじめる。

事例検討会においては「自己が他者において自己を見る」という自覚もまたそこに臨む臨床家がとり得る〈方法〉となっているのであるから、「個」はそれぞれ不可分に関与せざるを得ず、その動的な関与のありようは、もはやそれ自体がひとつの「個」と言ってよい。すなわち「個」が単なる個別であるということに留まらなかったように、事例検討会においては「集団」もまた単に複数人の集まりであるということに留まらず、それ自体があるひとつの、一回的な「生きられる過程」と言える。

このような一回的な対話生成の過程を生きる体験をするということそれ自体が、心理臨床家にとってきわめて訓練的であることは言うまでもない。臨床場面でのクライエントとの対話のプロセスは、まさに個が個別であることに留まらず、二人であることが単なる数の問題に留まらない、それ自体が「個」として動いていくような一回的な過程であることは、広く臨床家の実感にそぐうものであるだろう。事例検討会における「集団」とはまた、そのような一回的な過程の体験と言えるのではないだろうか。

このような「集団」的企てとして、事例検討会はその動的なありようをあらわにする。その動的なありようは何よりも、臨床家それぞれがその「動き」のなかに身を置くことを求めている。筆者ははじめに「自覚」という〈構え〉を挙げて、そこにおいて「自らに固有の視点」が意識化されるだけでなく、同時にそれが改まっていく可能性を述べてきたが、ここで仮にその可能性を生きる主体を各々の臨床家からひとつの「個」としての事例検討会に移してみるとき、その主体の動的なありようは、「見立て」において改まっていく可能性に開かれているのではないだろうか。それは、「見立てなおし」の可能性であり、直線的に結論であるような見立てを定めようとするものではないし、また、見立てを放棄することでもない。そうではなくて、このことは、動的な過程である事例検討会を「個」として考えるときにはその主体もまた常に改まっていく可能性を持つということなのである。

そしてそのような「集団」、すなわちそれ自体がひとつの「個」であるような事例検討会は、またさらなる自覚の〈場所〉となり得るものではないかと考えられる。このとき、この「集団」は〈われわれ〉という人称を代理しはじめるのである。そこには「自己が〈われわれ〉において自己を見る」ような自覚がもたらされる可能性があると筆者は考えている。この「われわれ」という人称は時として非常に危ういものである。というのは、これは一人称複数であるけれども、すでに述べたように「複数人」であるという事実に拘泥してしまえばとたんにこの人称は崩壊してしまうものであり、また統合や融合への志向と勘違いされれば、複数人の見解を一致させよう、統一見解に向かおうとするような態度につながりかねないからである。しかしこの人称はあくまで、臨床家の各々が「自覚的な個」として事例検討会に臨むときに生成されてくるような一回的な過程そのものを言う一人称である。それは「事例検討会」という主体の一人称と言えるだろう。この一人称をもって「自覚」の〈場所〉たるような事例検討会を、各々の臨床家の「個」としての「自覚」が生成していくのではないかと筆者は考えている。

おわりに

事例検討会において臨床家は、その「個」としてのありようを意識化していくべく、「自覚」という〈構え〉をもって臨み、常に新たな見え方に開かれていくということ、そしてそのような臨床家の姿勢から一回的な過程である「集団」としての事例検討会が生成されてくるということ、これらが現時点で筆者の事例検討会の体験にそぐう実感である。

「自覚的な個」として事例検討会に臨むということを忘れ、実際的に個別であることに拘泥してしまった者にとっては、事例検討会は自身の経験を引き合いに出すばかりの場となり、そこでは経験者・熟練者が数多くの経験を参照して述べた意見が力を持ちやすくなってしまう。熟練者の視点を示されることは確かにきわめて有意義でおもしろいものであるが、決してそこに絶対的に基準となるような「正解」を求められはしないのが、心理臨床の難しさであり奥深さなのであろう。「事例検討会で何をすればいいのか？」という問いに迫られるとき、正解を求めたくなるのに堪えて、その一回的で動的な過程に身を投げ込むべきであり、そうしてもたらされる「見え方」に驚きをもって開かれていくべきであろう。そして、訓練という段階にあっては、その動的な過程を生きることが**できるかできないか**という問題の前にまず、**生きようとするかどうか**ということが大きな問題としてあるのではないかと思うのである。

［文　献］（１）心理臨床学会教育・研修委員会「自己研修の手段について」心理臨床学研究Vol．9特別号、四六〜四九頁、一九九一
（２）桑山久仁子、鳥生知江、竹中菜苗、井上嘉孝、浅田剛正、清水亜紀子、矢納あかね、皆藤章（京都大学大学院教育学研究科）「ケ

ース・カンファレンスの意義に関する研究――大学院におけるケース・カンファレンスの体験のふり返りを通して」日本心理臨床学会第24回大会ポスターセッション

（3）中村雄二郎『共通感覚論――知の組みかえのために』岩波書店、一九七九

［参考文献］＊菅啓次郎『オムニフォン――〈世界の響き〉の詩学』岩波書店、二〇〇五

＊大江健三郎『新しい文学のために』岩波新書、一九八八

5 保育者養成コースにおける〝表現する〟活動の試み

番匠明美

1 学生と〝表現する〟活動

保育者を目指す学生を対象として子どもの理解をテーマにいくつかの講座を担当している。筆者が所属する短期大学の児童教育学科では三〇～四〇人程度のクラス単位で受講することが多い。学生たちと授業を通じて〝表現する〟活動を行ってきたのは、何をねらいとしていたのか、これまでの活動を振り返りつつまとめていきたい。

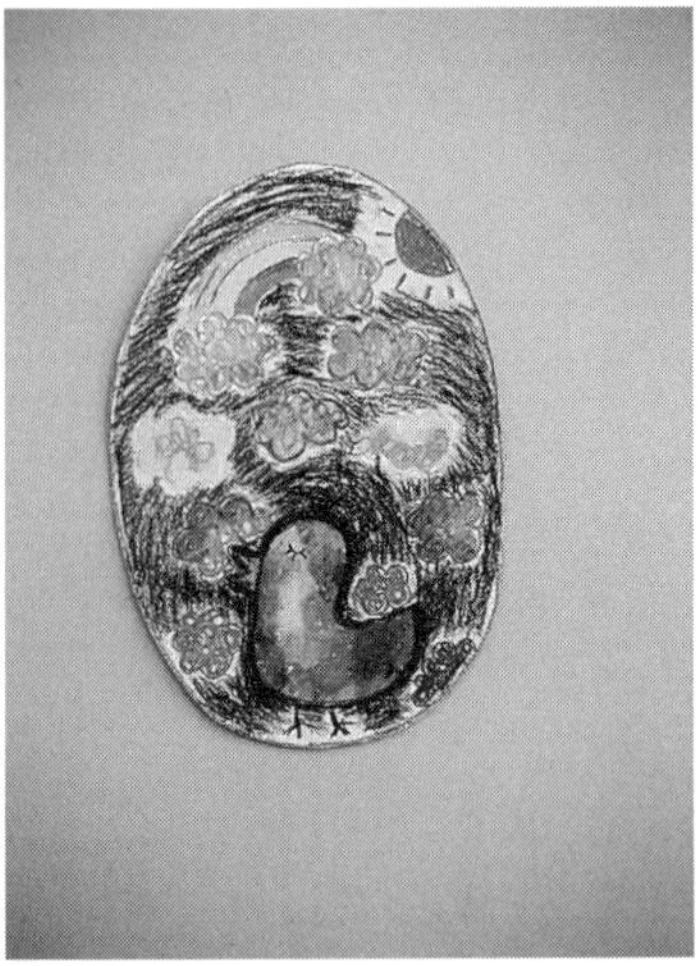

［写真1］「夢」

子どもについての理解を深めるときに、現場での経験を自分の中に意味あるものとして蓄積し、次の関わりを考察するために知識は必要、それと同じぐらいに一人の子どもがどのように過ごしてきてそして今ここにおり何を感じてこれからどこへ向かおうとしているのかをそばで感じ取れる保育者としてのあり方を身につけること、そのためには保育者が自分自身に向けての柔らかい心の扉を持っていることが大切であると話すことにしている。そして、後者のことにまず体験的に関心を持ってもらうために授業で〝表現する〟という実習を取り入れている。

実際は卵型色彩法［写真1］や粘土製作など心理療法の訓練で筆者が経験してきた方法を利用している。しかし、表現しそれをとらえ直すことに、治療ではなく、次の一歩を踏み出す意味をより強く込めて学生たちには紹介したいので、授業では〝表現する〟活動や作業と言うことにしている。

ある保育園の朝。登園したA君が迎えに出た担任のM先生に一生懸命話をしている。どうやら前日に虫の描かれたページを園の本から抜き取り自分のリュックにそっと忍ばせて持ち帰ったらしい。それはいけないことだと家で諭され、年長のA君は自分で事の次第を説明し、もうしないと約束しているようだった。最近A君が虫に大変興味を持ち、園では図鑑などを自分なりに調べていたことをM先生は知っていた。A君のたどたどしいが心から自分の思いを伝えようとする話をひとしきり聞いた後「うーん、A君の気持ち、すごーく先生に伝わってきたわぁ」とM先生は感慨深い表情でA君を見つめた。その言葉に、A君の表情がハッとして次の瞬間パッと晴れやかになった。そばで聞いていた筆者は「これから気をつけようね」といった意識的共感的な返答を予想していたのだが、このM先生の言葉に心がサーッと浄められていく感じがした。

子どもの心の奥にめがけて言葉を発するにはまずその子どもの言葉を心の奥深いところで受け止める先生自身の心が開かれていることが大切だ。そしてこの先生の言葉はそこに居合わせた母親たちや園児たちの心の深いところにも届いていく。一対一のやりとりがいずれ先生と子どもたち、そしてそれを見守る親たちをも含めたクラス全体としての心の扉を開いていくことになる。

幼児期の子どもたちが充実した日々を過ごすためには、意識的には解釈し得ない、目に見えない獏としたものをそのまま大切に受け止められ、それは大事なものなのだとまた大切に子どもの心に返してもらう体験の積み重ねが必要である。また、学生たちの、自分をこれでよしとして次に何がしたいのか、どう進むのかといった心の作業には、まずは自分はここにいて生きていてよいのだという実感が土台となり、それはその人自身の幼児期の充実感に支えられている。

今まさに青年期のまっただ中にあって、自らの幼児期を振り返りつつ子どもたちと向き合い、いずれ保育者となる自分自身を思い描く学生たちは、授業という限られた場ではあるが〝表現する〟活動を通して、①保育者として子どもが表現したものにどう向き合うのか、②青年期の課題として保育者を目指す自分をどう受け止めていくのか、③幼児期にある子どもにとって今、何が大切なのか、個々に深め方は異なるがこれら三つのテーマと取り組んでいる。

〝クレパスを手にとって描いてみて、こんなにゆっくりと流れる時間を感じたのは久しぶり。アー忙しかったんだ。なぜかホッとした〟。実習後のある学生の感想である。遊戯療法のエッセンスが散りばめられた園庭の中に保育者としての自分の居場所を見つけていこうとしている学生たちと今の時代に幼児期を過ごす子どもたちが社会の流れの中で共通の問題を抱えているように思える。どんなに時代が変わろうとも、人間らしさの揺るがない部分を子どもたちには生きてもらいたいし、それをともにできるのが保育者ではないだろうか。

2 〝表現する〟活動に目指すもの

1 自然に代わるもの

甲虫はスーパーで買う物。身近な自然が失われていく中で、現代っ子らしさを示す例によく挙げられる。これが何の疑いもなく子どもの思いとしてあるならば、それもやはり経験から生まれたのである。草いきれにむっとして他との関わりの中に自分が生きていることを感じさせられ、石ころに躓いて擦りむいた傷はいずれ癒えるがまたそのうちケガはする、汗を垂らしてじっと待てば目当ての蝶が飛んでくることもある。そういった自然とのやりとりに子どもは自分らしい生き方の智恵を身につけていった。意図して作られ管理された自然も、バーチャルな世界での自然体験もそれには及ばない。唯一代わるものは保育者との直接的な心の関わりの中にこそある。一人ひとりの子どもの実感のこもった心の揺さぶられる体験場面の積み重ねが、子どもの自分らしさを支えていく。

自然から身につけることは多いが、その中の一つ〝待つ〟というあり方を〝表現する〟活動を通して実体験してもらいたい。能率主義の視点が保育の現場にも浸透しつつある今、子どもを〝待つ〟ことは個性をいかす関わりを考えていく視点となる。——自分の中から湧いてくるものを待つ、形になってくるのを待つ、言葉になるのを待つ、現実となるのを待つ。それらが摑めないもどかしさ、実感できたときの喜び、そこに意味を見つけられたときの嬉しさ——学生たちの経験は見守られつつじっくり待ってもらえた子どもの体験に重なる。

2　からだで結びつくもの

場面緘黙症のBちゃんとの遊戯療法。トランポリンに乗ってBちゃんとセラピストは背中合わせに座っている。揺れるたびに「クックックッ」とBちゃんから笑い声が漏れ、しばらくすると下に降り両手を大きく振り上げては、トランポリンを太鼓のように叩き周囲を回り始める。セラピストには何か儀式のような不思議な踊りに思えた。二人の踊りはしばらく続き、角張っていた彼女のからだ全体が生き生きとして、プレイルームに響く音が彼女の「私だ、私だ」という声のように聞こえた。Bちゃんは急に立ち止まると両手の指を大きく広げてじーっと見つめている。セラピストにも同じように見せ、それはまるで「私の手がここにあったよ」と嬉しくて叫んでいるような表情であった。

遊戯療法の過程で子どもが変わっていくとき、それまで借り物のようであったからだに実感がこもり、その子どもの全体性が現れ出てくるように思われる。からだの実感を通して生きている自分と出会うということかもしれない。〝表現する〟活動の場合は、直接さまざまの材料に触れそれを利用していく過程で、初めは小手先でちょっとやっていた学生が次第にからだ全体からのめり込んで〝私の手がもっと深いところに眠っていた生の自分に触れる〟という体験が生じることがある。学生にはこの体験をもとに、①子どもを見つめる視点、②保育者である私を振り返る視点、③そして両者の関わりを少し離れたところからとらえる視点という三つの視点を育ててもらいたい。

3　感受性と直感力の回復

子どもたちと関わるときには〝楽しい〟とか〝変だ〟あるいは〝こんなことをやってみよう〟といったいわゆる感じ（感受性）と思いつき（直感力）が知識力と同等に大切である。〝表現する〟活動の最後に自分の中でどんなことが起こって終えてみてどう思うかといった感想を出し合うことにしている。おずおずと学生が「何かすーっとした気分で」と言うので筆者が「うんいい感じだ」と答えると「え？　そんなことでよいのですか」と驚いている。自分の言葉でゆっくりと感じたことに目を向けて語ることには自信がない。これまで積み重ねてきた教育は、感じとったものを意味あるものとして発信していく力をあまり大切にしてこなかったように思われる。

ある母親から心配そうに保育園の子育て相談に電話がかかってきた。〝紙おむつについたうちの赤ちゃんのおしっこが青色と違うのですが〟と、これは保育士であった先生から伺った話である。溢れる情報に惑わされ、生活感覚から離れた、深刻ではないが本人は非常に悩んでいるこのような相談が最近増えている。相談窓口の充実とともに、子育てに関するこういった不安は子どもの育ちに関わっていくときに必要な感受性と直感力を心の深いところから呼び戻してやる作業で解決していくのではないだろうか。そのためにも〝表現する〟といった活動を知識の獲得と同じぐらいに絶えず、繰り返し、経験できる場を子ども時代から提供していくことが必要だ。

4　クラスとしての体験

授業では担当者が一人であるという現実的な制約もあるが、グループ単位で活動する場合も含めて、中心をクラスに置いて考えている。

学生が感想によく書いているのは、同じテーマで取り組んだにもかかわらず異なる作品ができること。それだけ一人ひとりの生きてきた、生きている、生きていこうとする世界が違うことに気づいたこと。また、〝表現する〟ことを通してできあがってきたものは、どんなものであれ自分の作品が不思議と一番愛しくなる体験。ある学生はそれを分身のようだと言い表した。そしてお互いの作品を尊重する態度が生まれてくる。作品に関する友人の思い入れを知ることで目の前にある表現の背景にそれだけの心の流れがあったのかと、そこに至る過程に目を向けることの大切さに気づく。

そういった体験を一コマ一コマ重ねていき、個々の学生に応じた思いをすくいあげることができればクラスとしての深まりが始まり〝バラバラのみんな〟が〝個性的な一人ひとり〟に彩りを変え、底の大事なところが共有できていれば後は自由でよいのだという空気がクラスに生まれる。この経験を学生たちが後に保育の現場に出て担当するクラスの子どもたちとの関わりに繋げていくことができればよいと思う。

3　〝表現する〟活動の一例——フェルトボール製作

〝表現する〟活動を行う場合には素材やテーマができるだけ保育者を目指す学生の生活に近いところにあるもの、保育の現場で子どもたちとともに利用できるものを心掛けている。活動の組み合わせは毎年少しずつ変えているが、卵型色彩法を経験した次の年度に〈フィンガーペインティング→カッティング→粘土で自己イメージ製作→フェルトボール製作→色砂で私の印製作［写真2］〉の順に行っていく流れが、クラスの枠組みの中でグループの体験から個々の内面に向き最後に印を作ることで、学生たちの気持ちには収まりがよいようである。

活動全体の流れの中で何が起こっているかをとらえることも必要だと考えているが、ここでは造形表現の教材からヒントを得て授業に取り入れたフェルトボール製作［写真3］について述べる。実際に学生に提示するテーマは、まじめで固い印象の学生が多いクラスでは〝ころころ転がる私の心〟、楽しみすぎて枠が外れがちなクラスでは〝フェルトボール製作〟などそのクラスの雰囲気に合わせて変えている。

具体的には染色された羊毛を使い、小さなボールを作るという表現活動である。これまでに数多くのすばらしいフェルトテキスタイル作品を発表しているジョリー・ジョンソンは、フェルトは羊の毛から作られるもので地域によっては冬の寒さ夏の暑さをしのぐために利用され日常生活に深く根ざしたものとなっていること、日本では茶会で見かける赤い毛氈《もうせん》も昔はフェルトで作られていたこと、モンゴル地方で発掘されたパオからはシャーマンが使用したと思われるフェルトで作られた人形が発見されていることなど、フェルトに関する興味深い歴史的背景を指摘している。

比較的単純な作業でフワフワした羊毛がかちっと固いボール状になるという変化と、豊かな色合いから自分の好きな色を自由に選んで作ることを楽しめること、さらにフェルトボールを作り上げていく過程での作り手の関わりに先生と子どもの関わりの大切なポイントが重なって感じられることが活動の一つに取り入れた理由である。

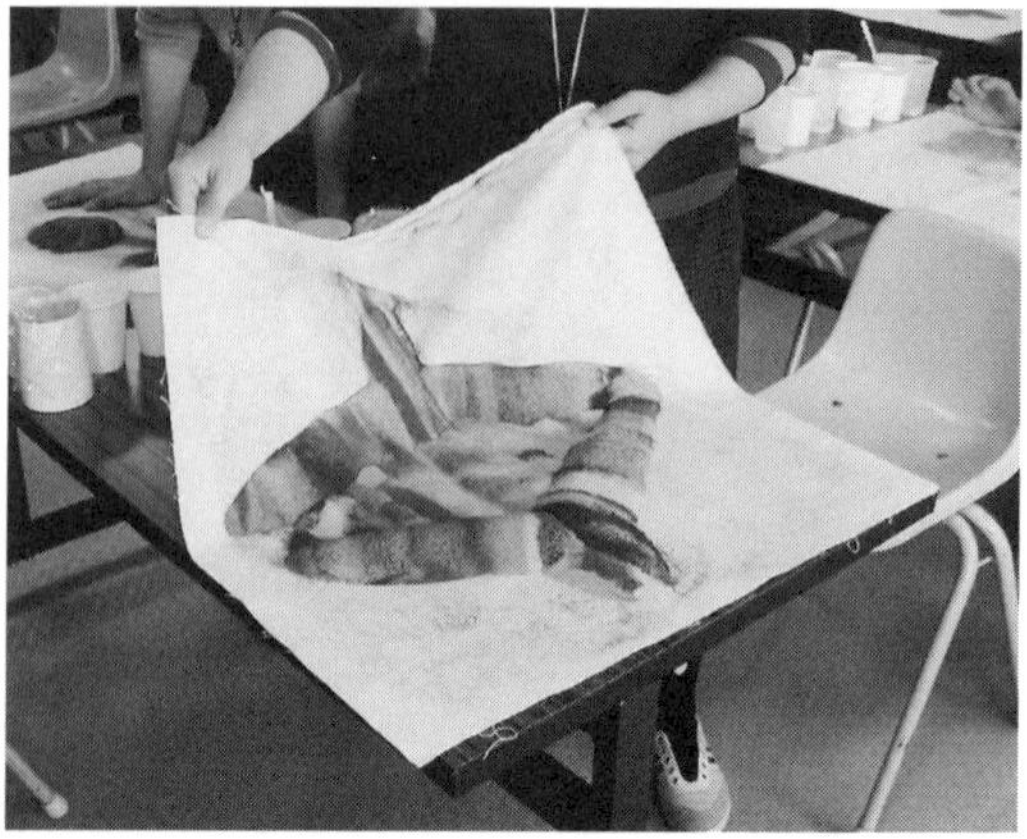

［写真2］　作品を終える瞬間

■準備する物　染色した羊毛、両手の入る深めのボール、湯を沸かすためのポット、石鹸、タオル。

■手順　①羊毛の固まりをきつく巻きつけて中心部を作る。②表面に好きな色の羊毛を少しずつしっかりと巻きつけ、湯で溶かした石鹸液をかける。③石鹸液をつけながら両手の中で羊毛のボールを転がす。④全体的に固くなってきたら握り込むように押し丸める。⑤タオル上で力を込め丸くなるよう転がす。⑥最後に軽く濯いで乾かす。

以上の過程が作り手と羊毛の気持ちにぴったりとそって進めば、フワフワした羊毛がその風合いを残しつつ、固くかっちりとしたフェルトボールとなる。ジョンソンはフェルトを生み出す要素として、①羊毛、②水分、③温度、④ph、⑤石鹸、⑥震動、⑦圧力、⑧時間、⑨フェルトに対する興味を挙げている。[1] これに筆者は⑩フェルトを通じてあるところへ向かおうとする作り手の思い、を加えたい。このように多くの要素が絡み合う中から生み出されてくるということも、フェルトが作り手の心を引きつけていく興味深い側面である。

赤ちゃんに触れるように優しく両掌の内に抱えて転がしていく。この作業を温かくてヌルヌルする石鹼液のついた手の中で行うのが何ともいえない心地良さを呼び覚ます。それを続けていくとボールが自分から次第に固くなってくる。その瞬間をとらえ、作り手もぐっと力を込め丸めていく。このボールと自分との対話の中でフェルトボールができあがってくるところに非常に意味深いものを感じる。それらの関わりからは、凝縮された時間の中で行われる私と私の心の対話であったり、からだと心の、母と子の、先生と子の対話といったものが連想された。また、ボールの丸い形からは〝求心力と遠心力〟がイメージとして湧いてくる。しかもそのボールは〝私〟が作ったいわば分身としての存在力を持っている。内面深くに向き合うと同時に、ころころと果たして〝私〟はどこへ向かっていくのかという思い。

この体験をした学生の感想の中に「初めは固く固くと羊毛を丸めていくのに、丸くなって石鹼液をつけるときには優しく優しくというギャップが楽しめた。作っていくうちにボールが自分にとって〝大切なもの〟に見えてきて丸くなることがとても嬉しかった」「できあがったフェルトボールはふんわり優しそう、でも作るためにはすごく力と根気が必要だった。指先が痛くなるほどしんどかったけど楽しかった」などがある。作業の過程と作品の中に学生が指摘するようにギャップのあるもの、相反するものをしっかりと抱えていることもフェルトボールの魅力である。特に学生たちは相容れないいろいろな思いをどう自分の中に抱え持っていくかという心の問題と向き合う時期にある。日常生活の中では避けられがちな生々しい関わりの中で、自分の手が作り出す〝私のフェルトボール〟に自身の問題を重ねて体験していくことができるのかもしれない。

大学において自由に参加できる〝表現する〟活動の試みとしてこの製作を行ったときのことである。小学校五年生の男の子と五歳の幼稚園児の女の子、そして母親の三人で参加した家族では、母親がどれにしようかと色合いを迷うのを尻目に、二人の子どもたちは見事にさっと自分の好きな二色をそれぞれ選び巻きつける作業に取りか

【写真3】

かる。母親はいろいろな色をたくさん混ぜ合わせたボールができあがった。作業後「子どもたちはしっかりと自分の色を選んでいてびっくりしました。日頃は二人をせかして口うるさい私の方が迷ってしまって、考えているうちにこれもあれもとどんどん膨らんでこんなになりましたね、これが私かなあ」と母親は苦笑しながらも子どもたちの力を見直して満足気な表情で話されたのが印象的であった。作り手の中で生じてくる言葉にならない体験を、作品を見ながら自分の言葉で紡いでいくことの重要性を教えられる出来事であった。

　ある学生が次のような感想をまとめている。「フェルトボールは色を重ねていくほど深くなり形になってくる。一色一色重ねていくうちに落ち着いていくのがわかった。フワフワする気持ちもあったが〝心が深くなる〟ような気がした。友だちも同じように感じているだろうと思えることが不思議」。作業の過程で作り手の心とフェルトボールとが絡まり合いながら閉じていた心とからだが少しずつ開かれまた結びついていく様が感じ取れる。

4　今後の課題

　保育者を目指す学生たちと向き合うとき、筆者がこれまで遊戯療法で出会ってきた子どもとの関わりから得られたものが参考となってきた。また、教室という場で材料と手順を提示すれば、その枠組みの中で後は学生一人ひとりが自由に取り組んでいくという姿勢、〝表現する〟活動の過程をともにし、最後にできあがった作品を皆で味わうとき、筆者自身が箱庭療法の訓練で身につけたものが非常に大きな支えとなってきた。以前ゼミの学生たちと原則として五回と回数を限定し〝自分と向き合う〟ことをテーマに箱庭療法を行ったことがある。このとき、幼稚園教諭を目指しながらも何かすっきりしない、〝これ〟というものが摑めない感じがすると、自分の将来像にぼんやりと悩みを感じていた学生が、箱庭を作っていく過程で「何か自分の中で信じるものが欲しい。それは宗教とか信仰とかではなくて、物でもだめ」と心の中のもやもや感を言葉にし、自分のテーマが明確になってきた。そして最後の回にできあがった作品のある部分を指して「これが私の信じるものです」と、その学生の心の中に中心となり支えとなるものが実感できるようになったことが示され、自分の歩みを自信を持って進めることができるようになった。

できあがった作品について無理に言語化せずそこにあるものを大事に抱えていくことも大切であるが、同時に先の例のように、特に学生の場合には少し客観的に、表現する過程とその作品に展開された「自分の世界」をとらえ直し、それをできるだけ自分の言葉に換えていく作業が〝私〟を実感し明確にしていくうえで重要である。教室での〝表現する〟活動は作品ができていく過程と、それを個々で味わい皆で共有するところも含めて考えなければならないが、後半の部分が時間的制約もありまだ十分ではない。授業ごとにそれぞれの作品に対して個々に応じた取り上げ方を模索することが、むしろ筆者にとっての訓練になっていたことを学生たちに感謝している。

保育において〝表現〟はその領域をわざわざ設けているほど重要な部分であり、また美術では造形教育というとらえ方がある。臨床心理学の視点に偏らず、他分野での表現に関する活動と連携し、ますます深刻な課題を抱える子どもが増える中で保育者となっていく学生たちのために、子どもとの関わりが深められ拡げられていくことを目指した取り組みを考えていきたい。情報が溢れ、効率の良さが求められる現在の社会の流れに並行して、それと同じぐらい勢いのある、じっくりと子どもの育ちを見守る流れを作るためにはより多面的な視点が必要だ。

学生たちは、おそらく子どもが社会の集団に入っていくその初めの一歩で出会う人となる。一人ひとりの子どもの長い人生を支える大切な出会いとなるような関わりを築いていってもらいたい。

[文　献]（1） J・ジョンソン『フェルトメーキング――ウールマジック』青幻舎、一〇頁、一九九九

[参考文献]＊ 小泉博一、吉田直子編『現代のエスプリ413　表現と癒し』至文堂、二〇〇一
＊ 精神療法、特集　芸術・表現療法の現状と問題点、31（6）、三～六四頁、二〇〇五
＊ J・ジョンソン『フェルトメーキング　ウールマジック』青幻舎、一九九九
＊ 番匠明美「グループワークレポート」健康管理報告（夙川学院短期大学学生相談室・医務室）、15、二九～三二頁、二〇〇六

コラム

臨床家の訓練におけるグループスーパーヴィジョンの効用

永田法子

臨床家の訓練において、スーパーヴィジョンは不可欠である。しかし、心理臨床家を養成する大学院の急増や地域事情によって、個人スーパーヴィジョンを行うことは人的にも時間的にも難しい状況となっている。筆者の勤務校では、大学院生のスーパーヴィジョンを、五〜六人程度のメンバーが固定された小グループで継続的に行っている。グループスーパーヴィジョンは個人スーパーヴィジョンに比べて浅いといわれるが、やってみると思いのほか効用もみとめられる。

第一に、時間的な効率、経済性があげられる。ヴァイジーは修士課程の学生が大半であり、初心者が留意すべきこと、陥りやすい問題点などは共通しているので、これらをまとめて助言指導することができる。また限られた在籍期間に多くのケースを担当することは難しいが、年齢、性別、主訴、病態水準などの異なる多様なケースに接することによって、間接的学習とはいえ、ある程度経験不足を補うことができる。

第二に、ヴァイザーの影響力の相対化と、グループのホールディング機能があげられる。他のメンバーの前でケースを報告するにあたり、自己開示と防衛のバランスを各メンバーが考える。それが適度の距離を生み、個人スーパーヴィジョンに比べると、ヴァイザーへの依存や濃密な関係性に歯止めがかかる。一方、継続的に報告を聞くことによってケース理解がメンバーに共有され、自分のケースが「みんなもわかっているあのケース」となり、セラピストの孤独感や不安感が軽減される。時間外にも学生どうしで話し合っている場面が見られ、グループ自体が互いにホールディングする機能を育てていくように思われる。また、メンバーの年齢、性別、経験の違いから、「どうしてそう応答したのか」「自分ならこうするかもしれない」など、思いがけない指摘や意見が出て、ケース理解の視点が広がることもある。

　しかし、当然デメリットもある。学生の個人的な問題が面接に反映していると思われる場合は、グループ内で指摘することは難しい。短時間で複数のケースのスーパーヴィジョンをこなすには、個々のやり取りに対するきめ細かな指導は限界があり、ごく基本的な知識技術の伝達と、ケースの見立てや流れを読む作業に重点が置かれることになる。また、メンバー構成によってグループの雰囲気や力動が大きく変わり、時にはマイナスの相互作用をもたらす場合もある。これらの点を補う方法を念頭に置いていれば、グループスーパーヴィジョンは有効な教育訓練方法と考えられる。

　なお、実施にあたっては、グループ内での共同守秘をはじめとして、メンバー全員に同じ倫理性が要求されることはいうまでもない。

第5章……………教育臨床における個と集団

1 教育臨床的授業の試み

青木真理

はじめに

心理臨床に関わる者は、どちらかというと個人指向的で集団を苦手とするのではないかと思う。私自身そうだったが、仕事上、学校の心理臨床、つまり教育臨床と関わるにつれ、集団不適応状態に陥った個人を対象に心理面接を行うという援助だけでなく、集団の問題を考えるようになった。学校のなかでの子どもの時間は、授業がもっとも長く、そこはさまざまな教育的働きかけ、さまざまな行為が互いに影響し合う場である。本論では、大学の附属中学校で中学生を相手に行った授業を題材に、授業のなかで行う教育臨床、教育臨床の観点から見た授業を考えてみたい。

1 中学生を対象とする授業

1 授業の意図

私の所属する大学は附属小学校、中学校、養護学校、幼稚園をもっており、そこでは二〇〇四年より「大学教授による授業実践」という取り組みを始めた。私が附属中学校で行った授業も、この取り組みの一環である。また、私は二〇〇二年から附属中学校でスクールカウンセラーとしても仕事をしているので、この授業はスクールカウンセラーによる授業という側面ももっている。

授業は、同僚の宮前貢と協同で、二〇〇三年、二〇〇四年、二〇〇五年と三年連続で行った。宮前は大学院で林竹二[注1]のもとに学び、福島県の小学校で長く教鞭をとり、教育行政職、校長職を経験、福島大学教育学部附属小学校でも教員、副校長を務めた。副校長時代には文部省（当時）の指定を受けて教科再編の研究に取り組み「人間科」「地球科」[(1)]という合科的・教科横断的な教科を試行して、その後の「総合的学習の時間」の先駆け的な試みを行った。義務教育学校教員としての専門科目は社会科、大学教育における専門は教育実践学である。

ここでは二〇〇三年に附属中学校二年生を対象とした授業について紹介する。[注2]

2「人間と人間の心」についての授業

何についての授業をするかについて、宮前と相談し、「人間」とすることになった。宮前の師である林竹二が取り上げ、宮前も附属小学校で教科再編のテーマとしたものである。「人間」は多面的な素材である。宮前と私は、異なる専門と個性をもつ。それぞれの視点で「人間」に迫ることにより、生徒に多面的なものの見方とそれらの統合を示唆することになると考えられた。また授業者も生徒も人間であり、「人間」について考えるということは、とりもなおさず「自分」について考えることになる。

教育課程上は「道徳」に位置づけて授業を行い、時数は四時間として構想した。最初の二時間は宮前が「人間の生きてきた姿をたどりながら、人間は何を考え、どう生きているか」を考える授業を行い、それを受けて私は「人間の心の育ち」について、乳幼児期から晩年までを見ていきながら、生徒が自分の心の成長について振り返ることができる授業を行うことにした。言ってみれば、前半は人類の歴史をたどり、後半は個人の歴史をたどるということになる。人間の大きな歴史と小さな歴史についてふれたあと、人間の思考を超える自然存在について示唆して授業を閉じることにした。

3　授業の実際

【第一回】人間が「巨人」になったわけを考える　授業者：宮前　参観者：青木、学級担任

生徒と宮前はこのときが初対面である。イリイン（Ilin, M.）、セガール（Segal, E.）共著の『人間のあゆみ[2]』の冒頭の文章を資料として用い、そのなかの「機関車を苦もなく持ち上げる腕があ」る「巨人」は誰だと思うかを考えさせ、ワークシートに書かせた。この教材はかつて宮前が附属小学校「人間科」の授業のなかで用いたものである。この問いに「人間」と書いた生徒は四〇数名中二名だった。実はこの巨人が「人間」であることを明かした（生徒からは驚きの声）うえで、「巨人」「大地の支配者」になったわけをさらに生徒たちに考えさせ、人間たちの「欲望」を実現するために「考える力」を働かせたからであるところまで話し合う。

授業後、感想の記述を求めた。これは第二回以降の授業でも同様である。

【第二回】人間は「考える力」を何のために働かせたかを考える　授業者：宮前　参観者：青木、学級担任

前時のつながりから、どういうときに「考える力」を働かせているかをまず考えさせた。次いで、古代人と現代人の頭蓋骨を比較した図を掲示、その違いについて考えさせる。生徒は頭蓋骨の骨格と脳の大きさ、思考力の発達を関係づけてとらえた。「道具」の発展についても考えたうえで、授業者は「ああしたい、こうしたいという人間の欲望を満たそうとする『心』、昨日出されたM君の『欲心』は、人間の『考える力』を突き動かす力がある。だから、考える力と欲望（欲心）は深く結びついているということになりますね。それでこの次は、青木先生と『人間の心』について勉強することにしましょう」と話して二時間の授業を閉じた。

【第三回】「人間の心の育ち」について考える　授業者：青木　参観者：宮前、学級担任、女子大学院生

第二回の授業の最後に「人間の心」という命題が出され、本時につなげられた。これには私は少々あわて

た。「心」を定義するのは難しい。できれば定義しないで「育ち」に焦点を当てて話そうと考えていたからである。授業を前にして、「心」について心理学の辞典をひいたが、「心」そのものを説明する箇所はなく、「心理学」とは「心」を扱うものでありながら、それについての明示を避けていることが改めて確認された。『広辞苑』を元に一応の私なりの「心」の定義を考えたうえで、授業に臨んだ。

カウンセラーとして生徒と接していても、この学級ではほとんどの生徒と初対面であるし、生徒集会で話したことはあるが授業で話すのは初めてである。しかし宮前の授業を教室の後ろで見たり、生徒の作業中見回ったりするなかで、この生徒集団への親しみをもつようになっていた。

自己紹介したあと「宮前先生は『心』について考えましょう、っていったので、困ったと思った。実は『心』とは何か、ということはすっとばしていこうと思っていたんだけれど、考えざるを得なくなってしまいました。そこで『心』って何かを皆さんにまず考えてもらいたいと思います」と質問を投げかけ、前時までを踏襲してワークシートに書かせた。「心」は「感情」「気持ち」「心配」「思いやり」「好き嫌い」「感じたり思ったりすること」などが挙がった。人との関係の文脈で「心」を考える傾向が見られ、この点は人との関係のなかでの育ちにふれていくのに準備性が整っていると思われた。私は、授業前に心理学の辞典を調べても「心」は載っていなかったこと、言葉の辞書には載っていてたとえば『広辞苑』では「知識・感情・意識の総体」とある、と述べたあとで、「心」の暫定的な定義（ものを見たり考えたりする働きすべてを「心」という）を示し、同時に、「心」を定義することが難しいことにふれた。

次いで模造紙二枚の大きさの「心の発達年表」［図1］を黒板に貼った。心の発達はいろいろな観点から語ることができるが、この授業では「私」（自我）がどのように成り立ち、育つかに焦点づけて、「心の発達」を追うことにした。「年表」としたのは、前時二時間において人類の歴史について学んだのと同様、人の一生も歴史として記述することができるという、人の歴史性に注目させるためだった。また、発達の過程で、人は必ず人との関係のなかで生き、成長することをおさえたいとも考えていた。

[図1]「私」の発達年表

年齢	区分	私の成り立ち	運動機能・からだの変化
0歳	乳児期	「お母さん」と一体	首がすわる
2カ月		「お母さん」という他者	寝返り
6カ月			ひとり座り
8カ月		人見知り＝きずなの形成	ハイハイ
10カ月		好奇心〜行動の広がり	つかまり立ち
1歳			歩き始め
2歳	幼児期	排泄訓練＝自律性 自己主張	
3歳		こころのなかの「お母さん」	
6歳	児童期	新しい社会との出会い ヨコのつながり	
12歳	思春期	異性との出会い 変化するからだ 親との新たな関係 反発 「私」って何？	第2次性徴
20歳	成人 青年期	進路選択と新しい家つくり	
35歳	中年期	次の世代育て もう一度「私」って何？	更年期
60歳	老年期	いかに生き いかに死ぬか	

年表は乳幼児期に始まって老年期までを右から左までと示されているが、すべてを一度には表示せず、巻紙のように、少しずつ示していった。まず、赤ちゃんの生活について、参観者として授業に参加していた子育て中の女子大学院生に説明してもらった。乳児期の「人見知り」現象が、養育者とのきずな成立と関連していることにふれ、その現象と関連深い「いないいないばあ」遊びを説明する際には、指名して生徒二人ペアで「いないいないばあ」を実演してもらった。

幼児期の排泄訓練が、人生で最初の重要な自律の仕事であることにふれたうえで、「このように、ためておいてここぞというときに出す、というのは、排泄以外にありませんか」と問いをなげたところ、まず「考え」という意見が出て、前時までの授業の影響を受けていることがうかがわれた。次いで「感情」。「心」の定義にも挙がったキーワードで、一三歳、一四歳の生徒たちには、「感情」はビビッドに体験されている興味深くも難しいことなのであろうと思われた。さらに「涙」が挙がりこれには授業者は「すごいなあ」と感動した。

幼児期に自己主張が始まること、この時期と思春期が似た特徴をもっていることを示唆して、第三時を終わった。

【第四回】「心の育ち」を考える（続き）　授業者：青木　参観者：宮前、学級担任

引き続き「年表」を用いて、児童期、思春期、中年期、老年期について説明した。生徒は思春期にあたるので、小学時代と現在で感じ方や親との関係で変化したことはないか、考えてもらった。「勉強しようとする前に勉強しろといわれるとむかつくようになった」という意見が出、同意を示す生徒が数人いた。それを受けて、「反抗」が、親と異なる価値観を創り出すための「もがき」であることを説明し、今後生徒たちは自立の過程、親との新しくて安定した関係作りの過程を時間をかけて歩むであろうことを示唆した。生徒にはまだ遠い先のことだが「人生の予告編」として、中年期と老年期についてふれた。

ここまでの人間の心の発達について概観したあと、「私」について考えさせた。「ウーフはおしっこでできているか[3]」を例にとり、生徒自身も「何でできているか」、そして「私って何?」について考えさせ、メモをさせ、数人に発表してもらった。「何でできているか」については、「水、骨、筋肉」といった物理的な構成要素に加え、「感情」「心」「経験」などの意見が挙がった。「私って何?」に関しては、「世界にひとりだけの人」などが挙がった。当時SMAPの「世界にひとつだけの花」が流行していた影響もある。

最後に、二時にわたって示した心の発達は〝一般法則〟であり、それにほぼ従いつつも、一人ひとりの「私」はちがうことを強調し、「みなさんそれぞれの『私』を大事にしてほしい」と話して締めくくった。

授業計画のなかの「自然の存在」についてふれることができずに予定した授業四時間が終わった。宮前と相談して、学級担任にもう一時間もらい、第五回の授業を行うことにした。内容は、前半は「自然を考える」、後半は「漢字のなかの〝心〟」とした。

【第五回】「縄文杉はなぜ残ったか」「漢字のなかの〝心〟」　授業者：青木、宮前　参観者：学級担任

授業の前半で私は、樹齢数千年といわれる屋久島の縄文杉の画像資料を提示し、屋久島が世界自然遺産に指定されていることを確認した。次いで屋久島では実は江戸時代から屋久杉の伐採が始まり、木材に利用されてきたことを紹介して「ではなぜ、縄文杉が現在まで生き延びてきたか」を問うた。生徒たちは、首をひねったが、なかなか答えが見つからない。縄文杉は木材としては適切でなく、つまり利潤追求の営みに適さなかったということが、その要因であることを説明。木材資源という価値が見出されなかった縄文杉に対し人間は現在、「貴重な自然遺産」という新しい価値を見出したこと、人間のその都度の思いや願いを超える意味を自然がもっていることについて示唆した。

縄文杉についての話が長引き、後半はじっくり話し合う時間がなかったが、宮前が、屋久杉の利用についていろいろ考えてきたように、人間は常にあれこれ迷いながらよりよいこと(もの)を求めて生きていること、「心」が使われている三〇〇以上の漢字を提示して、人間の心の動きの複雑さや多様さを示唆した。人間はいつもあれをこれをどうするかと考え、迷いながら生きていることなどを話して授業を締めくくった。

第五回の授業のあとの感想は、全五時間の授業全体を見渡してのものとなった。そのいくつかを紹介する。

・何回か受けた授業のなかで印象的だったのが人が生まれてからの成長の様子を先生が黒板に出したときでした。私はこれまで一四年間生まれてきてから本当にたくさんの人が周りにいて大きくなったなどと深く考えたことはなかったけれど、その授業を受けて人とはどういった生き物で、何をしながら生きているかなど考えさせられました。この授業の他にも人の心についてなどを学びました。人とは、毎日過ごすなかで一番身近な生き物です。だからこそ一番よく知っていると私は思っていました。しかし人について学んでいくうち人の力の偉大さを改めて知り、そして驚きました。このように授業を受け新たな発見をしたことによって、私は、人という生き物についてとても興味をもちました。これからも人について考えることができたらよいと思います。

・難しいことを考えさせられた五時間の授業でしたが内容の濃い、いい授業だったと思います。

・まさか授業のなかで〝考えること〟を考えるとは思わなかったので、意外で楽しかったです。

2 「授業」という臨床の場

授業者がゲストティーチャーであったこと、切り口が変わっていたことなどの点で、この授業は生徒たちにとって、新鮮で異化効果のあるものだったようだ。たとえば「考える」ことについて考えるという授業のテーマの新鮮さ、自分の存在が時間の流れのなかに位置づけられること（昔の自分と今の自分がつながっている）の再認識のおもしろさなどを生徒は体験したのではないかと思う。

授業者である私にとっても、この授業の体験は、中学生対象の授業、ティームティーチングの授業、専門領域の違う教員との協力、といった点で新鮮であった。また「人間」というテーマは当然ながら奥深く、学際的にまた総合的にアプローチしうる魅力的な題材であるとも思った。

一年間を通して授業を行う教師の授業と異なり、単発の授業はイベント的な色彩が強い。だから一般の授業とは区別して考えなければならないとは思うが、それでも、授業は興味深い集団臨床の場であると感じた。

公立の中学校でスクールカウンセラーをしていたとき、やはり授業者として授業に参加させてもらったことがある。ある年は二年生のクラスで二時間かけて「コラージュ」製作を行い、別の年には二年生のすべてのクラスで一時間ずつもらって、グループエンカウンターを行った。ここでそれらの詳細な検討はせず、大雑把な印象のみにとどめるが、「コラージュ」では、担任教師が「ふだん授業に熱心に取り組まない生徒が夢中になっていましたね」と評した。そういう生徒もいたが、コラージュという表現がどうしても合わなかったのだろう、まったく手をつけず、あげく台紙を鋏で切ってしまった男子生徒がいた。「グループエンカウンター」は、どのクラスでもあまり生徒が「ノッて」こず、成功とはいえなかった。こうした自己開示を求めるエクササイズと作業は、授業者と生徒のあいだに、ある程度親しい関係があってこそ成立しうるものなのだろう。

その経験に比べると、二〇〇三年の附属中学校でのこの一連の授業は、授業者にとっても楽しい、発見のある授業だった。成功の原因は、ひとつには附属学校の生徒たちは教育実習、研究授業など部外者の受け入れに慣れているということ、この授業を行うにあたって授業のねらいを副校長、学級担任と話し合って一定の目的意識を共有していたこと、それから、宮前という授業のベテランと組んだということが挙げられる。最後に、授業のテーマの選択も重要である。「人間」について考えること、人間であることを認識することは、授業の参加者（生徒、授業者）すべてに関連し、参加者は自分の体験や内界を探る作業と、自分の歩みを俯瞰的に見る作業のあいだを行き来する。「グループエンカウンター」や「ソーシャルスキルズトレーニング」において重要視されるシェアリング（ふりかえり）の作業が、それらエクササイズのような構造のなかに位置づいていないにしても、授業者の講義、個人の作業、意見の陳述等、一つひとつの営みの隙間に生じうる。

私の担当した「心の育ち」の部分についていえば、「中学生になってなんか変わったと思わない？」と問いを投げかけると、「お母さんに勉強っていわれると、なんか知らないけどムカッとくる」という発言があり、そのまわりでうなずいたり「そうそう」という声が上がる。この体験の共有により、自分ひとりでなく同年代が同様の体験をしていることを知る。また前時で、乳幼児期以来の時間の流れ、育ちを取り上げていたから、この「なんか知らないけどムカッ」現象が、あるプロセス上にあることを示唆することはたやすい。「幼児期と君たち思春期はどこか似ているんだよ」と布石を打ってもいる。ミクロ的には「ムカッ」はきわめて個人的で一瞬の出来事なのであるが、マクロの視点から見れば同一平面上では同年輩集団に共通する出来事であり、時間的にはそれは育ちのプロセス上の一段階である。そのことが、生徒らに、うっすらとではあるかもしれないが体験的に理解されたのではないかと思う。生徒の感想に「最近よく親とケンカしててヤバイなーって思っていたけど、みんなもケンカしているみたいでよかった」というのがあったが、これは、時間軸の同一平面上における視野の広がりを示しているし、「乳児期と思春期が似ているというのは、わかる気がする」「私たちの今は、私の乳児期や幼児期に深く関わっている（つながっている）とわかった」は、現在を時間の流れに位置づけて理解したことを示す。「反抗期の話を聞いて私も似たような部分があります。けど、話を聞いて反抗することも大切なんだと思えた」という感想は、同輩との共通性を見出し、かつ、反抗の発達上の意味にふれ、つまり時間的な理解を示している、総合的な感想といえる。

心の問題を扱うという点で、私が行った授業は「心理教育」としても分類でき、カウンセラーの活動のなかの「予防的・開発的」カウンセリングに相当するといえるだろう。「心の育ち」理論の理解を求めながら、人は人との関係のなかで育つということを強調したのは、「どう生きるか」という課題の投げかけでもある。上述した「最近よく親とケンカしててヤバイなーって思っていたけど、みんなもケンカしているみたいでよかった」という女子生徒の感想にはそのあと「やっぱり人間ってひとりじゃゼッタイ成長できない」という一文が続く。保健室に来て養護教諭とおしゃべりしていたこの生徒の姿を私はよく見ていたが、その心のうちにいろいろな思いがあったのだと思えば、しっかり思春期を生きていたのだという気がして感慨深い。

「人間について考える」という大テーマのもと「人間の心の育ちについて考える」という教材は、興味深い可能性をもっている。ただ、これをエンカウンター的体験へと結びつけるためには、生徒と授業者が一緒に共通の目標を追いかけるという状況が整えられていないといけない。その状況を整えるのはいつもたやすいとはいえない。この二〇〇三年附属中学校の授業では、状況が整っていたが、スクールカウンセラーがひとりで、一回の授業受け持ちだけで、それを成し遂げるのは難しい。一回限りの授業でゲストティーチャーが子どもの存在の深いところまで降りていくというような業は、林竹二ならできるのかもしれないが。

本論は段々に、スクールカウンセラーが、授業という場で臨床するにはどうしたらいいか、という方向に傾きつつある。スクールカウンセラーは幸い、訪問者ではなく、なかば学校という住まいの住人である。住人であることを生かして、学級担任、生徒集団と少しずつ親しくなる。コンサルテーションを通じてでもよいし、短学活で学級訪問する、授業を見学する、校内を散歩する。管理職、学級担任らと学校ならびに子どもへのアセスメントを共有し、現段階で手をつけられそうな課題を絞る。その課題の克服に向けて、授業という場を借りて臨床活動を行う、という前段階の準備が重要であろう。既成のエクササイズを借りて心の問題に迫るのもありだが、より一般的な授業の方法である、何らかの「教材」をもとに、意見を出し合う、考えるという行為のなかに、案外、「私との出会い」や「他者との出会い」は見え隠れしていそうである。

〔文　献〕（1）庄司他人男・宮前貢「教育課程経営と校長の責任」福島大学教育実践研究紀要、41、二〇〇一
（2）M・イリイン、E・セガール『人間のあゆみ――人はどのようにして巨人になったか1・2・3』樹下節訳、理論社、一九七四
（3）神沢利子『くまの子ウーフ』ポプラ社文庫、一九七七

〔　注　〕1　林竹二は宮城教育大学在任時、全国の学校などを行脚して「人間」「開国」「創世記」などをテーマにした授業を行った。その実践は『授業 人間について』（国土社、一九七三）などに記されている。

2　この授業実践についての詳細は以下の論文に報告されている。青木真理・宮前貢・遠藤博晃「小・中学校連携を目指したカリキュラム開発研究にかかる一実践―中学校における『人間と人間の心』についての授業実践の試み―」福島大学教育実践研究紀要、47、二〇〇四

2 教育現場における心理臨床

康 智善

1 生き埋めにされたウサギの赤ちゃん

数年前のことである。某新聞の教育トピック欄で、ある小学校で起こった出来事が取り上げられ、それが社会にちょっとした波紋を投げかけたことがあった。その出来事は、小学校のウサギ小屋で母ウサギが赤ちゃんを生んだことから始まった。小屋の当番だった低学年女子児童が、登校してすぐに赤ちゃんが生まれていることに気づき、どうしたらよいのかわからないので慌てて担任の若い男性教諭に報告した。担任教諭はすぐにその児童と一緒にウサギ小屋に行って確認したところ、母ウサギのそばにピンク色の小さな肉の塊がいくつかピクピク動いていた。動物を飼育した経験もなく、ましてやウサギの赤ちゃんを見るのは初めてだった教諭はすっかり狼狽し、どう対応すればよいのかわからず頭を抱えた。そこで運悪く授業開始のチャイムが鳴った。

その生真面目な男性教諭は、当時新任だったこともあり、その日の授業を完璧にこなさないといけないという責任感で頭がいっぱいだった。チャイムが鳴った以上、授業に遅れるわけにはいかない。そこで何を思ったか、教諭は「授業に遅れてはいけないから」という理由で、近くにあったスコップで地面に穴を掘って、生まれたばかりのウサギの赤ちゃんを生き埋めにした後、児童を連れて急いで教室におもむいたというのである。ウサギの赤ちゃんを殺される現場を目の当たりにしたその女子児童は気が動転し、学校では一日中放心状態、帰宅後も様子がおかしかったので不審に思った両親が児童に事情を聞いたところ、事の経緯が明らかになったという。むろんそれは学校のみならず地域全体を巻き込んだ事件に発展し、結果的には教育委員会によってその男性教諭に対する処分が下された。

この出来事が新聞に掲載されるとすぐに一般読者から多数の投書が相次ぎ、新聞紙上で異例の特集が組まれた。もちろん投書の多数はその新任男性教諭に対する非難や教師としての適性を疑問視する大人の声で占められていた。しかし出来事そのものよりもさらに驚くべきなのは、全国の小学生からよせられた投書の一部に、その教諭の取った行動が「正しいこと」あるいは「仕方のないこと」とする意見が少数ながらいくつかみられた事実である。その理由は「学校の先生であるのだから、授業を優先するのは当然」というものだった。動物の命よりも授業が優先されるなどという考えは、常識からいって到底許されないものであろう。それを是とする考えは何か突拍子もない、常識はずれの意見のように思われる。しかし筆者はその背景に「学校」という場のもつ潜在的な規定力の大きさを感じるのである。

筆者は、決してその教諭の行動やそれを支持する考えを肯定するものではない。しかしながら実際問題として、教育現場で子どもたちや先生方と関わるなかで、ときとして論理的思考が麻痺してしまったり、明らかに誤った判断を下してしまったりする場面を目にすることがある。それはあたかもその場にいる皆が魔法にでもかかってしまったかのように、単純な事実に全員が気づかなかったり、物事についての正当な判断ができなくなったりしてしまうのだ。学校という場は、個人の意志が集団のもつ暗黙の規範によって大きく左右される場所でもある。いや学校に限らず、あらゆる大規模な社会集団の中では必然的に起こってくる現象だともいえるだろう。そういう大きな集団の中で、基本的に「個人」を対象として機能する心理士がいかに動けばよいのか。これは大変難しいことである。教育臨床に携わるものは常にそのことを意識している必要がある。

2 集団における暗黙の規範

先の男性教諭は、なぜ判断を誤ったのだろうか。これを個人的な資質の問題に帰するのは簡単である。しかし小学生からの投書の一部に教諭の行動を支持する意見があったのはなぜだろうか。単なるナンセンスで済ませてよいだろうか。あるいは社会的に未熟な「子どもの考え」として黙殺してしまってよいものだろうか。筆者はそうは考えない。子どもたちにそう言わせるような「雰囲気」のようなものが、学校にはあるのかもしれないからである。こうした事態を考えるにあたって筆者は、個人が「なぜ判断を誤ったのか」を問うよりは、「何によって判断を誤らされたのか」を追究すべきだと考えている。もしその教諭がもっと柔軟な態度でその場に臨んでいたなら、むしろウサギ当番の女子児童と一緒に悩んだ方がよかったのかもしれない。そして授業を始める前にクラスの子どもたちにそのことを告げ、「みんなはどうしたらいいと思う?」と素直に意見を求める方法もあっただろう。それはそれで生き物の命について貴重な学習の場となったであろう。あるいはもっと単純に、赤ちゃんのことは母ウサギにまかせ、小屋に覆いを掛けて刺激しないようにして、その場を離れてもよかっただろう。おそらくこれくらいのことは、落ち着いて考えれば誰にでも思いつくことだろう。しかしその教諭はそこに思い至ることができなかった。

これはあくまでも憶測だが、その生真面目な教諭は新任であるがゆえ、周囲のベテラン教師からの評価が気になり、きちんと仕事しなければならないとの思いが強いプレッシャーとなって作用していたかもしれない。あるいは困っている児童の目の前で、先生である自分が迷いを見せまいと思い、とっさに目の前の問題を「解決」しなければいけないと考えたのだろうか。そういう背景的要因が絡んで異常な行動に及んだとしたらどうだろう。もちろん教諭個人の資質的な問題もあるにせよ、臨床家ならば、どういう複合的要因が一連の「ストーリー」を構成しているのかを読み解く目をもつ必要があるだろう。

土居健郎[1]は、一定の集団において成員同士の相互作用が進んでくると、決して口には出されない「暗黙の了解」のようなものが生じ、それによってその場全体を包み込む一種の雰囲気のようなものが醸成される結果、全員がその場の雰囲気に抵抗できなくなる状態が生起すると論じている。いったん生じた「暗黙の了解」は、いわゆる以心伝心的な水面下のコミュニケーションとして各成員の自律性に少なからず影響を与えることになる。もちろんこれが成員相互の意思疎通において促進的に作用することもあれば、阻害的に作用することもありうるだろう。

これと同様の考えはビオン[2]（Bion, W. R.）の説に遡ることができる。ビオンは、集団内に生じる無意識的なグループ心性を「基底的想定」という概念によって説明した。ビオンが仮定した「基底的想定」は、「依存」「闘争―逃避」「つがい」の三つの下位概念より構成されている。「依存基底的想定」においては、グループの個々の成員は無力で、グループの誰かもしくは何かが万能的な解決をもたらしてくれるという幻想が優位である。「闘争―逃避基底的想定」においては、グループ全体に対する敵がいて、その敵と闘争するか敵から逃避するかの選択を迫られる幻想が優位である。「つがい基底的想定」においては、グループにおける何らかのペア（それが人であれ信条であれ）が、グループに希望をもたらしてくれるという幻想が優位である。これらの幻想は、グループの凝集性を維持し、グループが崩壊しないための防衛として用いられるため、非常に強固な拘束力をもって個人の思考や判断に影響を及ぼすことになる。

いずれの理論にも共通なのは、これらの「集団における暗黙の規範」は、常に非言語的かつインプリシットなコミュニケーションとして作用し、決して言語化されることなく、それでいて個人に対して絶対的な影響力をふるう点である。臨床心理士が教育現場に入り込んで仕事をする際、ときおり感じる一種の「やりにくさ」は、この暗黙の規範が一因をなしていることが多いのではないだろうか。運営をめぐる困難な問題の生じている学校では、教師集団全体が不安を抱えている場合が多いので、現場に入った心理士が「専門家」として過剰な期待を負わされたり（＝依存基底的想定）、あるいは逆に、腹を探られまいとする教師の消極的抵抗に苦戦したりする（＝闘争―逃避基底的想定）など、ふだん個人の心理面接を専門にしている心理士にとって頭の痛い状況に出くわすことになる。スクールカウンセラーであれ教育アドバイザーであれ、外部から来たものが教育現場に入っていく際、最大限の注意を払う必要があるのは、その「場」を支配している集団の雰囲気が、どのような潜在的要因によって規定されているのか、問題の渦中にいる人物（先生・生徒・親など）がそれぞれどのような内的ストーリーを背景にもつかを「読み解く」ことである。むろんそのためには基本的な情報収集が必要なことはいうまでもない。

上に述べたことの例証として、筆者が実際に関わった事例に則してこの問題を考えてみたい。次の事例は地域の中学校における教育コンサルテーションの一環として行われた活動の一部である。ただしプライバシーを考慮して、細部に手を加え大幅に改変してある。

3 事例──信頼を失った元エリート教師が子どもたちとの絆を回復するまで

【事例の概要】

A先生（男性）は某国立大学の教育学系大学院を修了したのち、有名進学校でもあるその大学の附属中学で数学の教師となった。しかし基本的に生徒との意思疎通がとれず、授業でも不手際が多かったため保護者やPTAから批判の声が強く、結果的に「指導力不足」を理由に転任させられ、商店や住宅の密集する下町の公立中学に赴任してきた。A先生は「元エリート」としてのプライドを捨てることができず、赴任先の教師ともあまり交流がなく常に孤立した行動をとっていた。二年生のクラス担任もしていたが、生徒との交流も依然としてうまくいかず、頑として自説を曲げない態度はクラスの生徒たちとの間に微妙な壁を築き上げていた。

そんなある日、生徒との間に決定的な断絶を作ってしまう出来事が起こった。文化祭でのクラスの出し物を決めるための書類を届け出る必要があったのに、A先生はクラス全体で話し合うことを失念してしまい、提出締め切りが迫っていたので独断で出し物を決めて書類を出してしまったのだ。そして後で生徒たちが結果を知って驚き抗議すると、「みんなで話し合うよう確かに伝えたのに、誰も話し合いをしないので自分が決めた」と、嘘の言い訳をしてクラス全体の反感を買ってしまったのである。その後、クラスでリーダー格の子どもたちを中心としてA先生に対するボイコット行動が始まり、A先生担当の数学の授業とホームルームの時間は、クラスの三分の二以上が退席してしまうという異常事態に発展した。従順な附属中学の生徒と違ってはっきりと意思表示をする下町の生徒たちの勢いに内心恐れを感じながらも、その先生は「自分は間違っていない」と言い張り、生徒たちとの対立は決定的なものとなっていった。それを見かねた学年主任と教頭が間に入って双方の意見を聞いては見るものの、言った言わないの水掛け論になるばかりで解決の糸口は見つからず、最後に校長からの依頼で筆者が心理教育コンサルテーションを行うことになった。

まず教頭と学年主任から全体的な経緯を聴取したのち、A先生と個別面談を行ったが、A先生の態度はどちらかといえば拒絶的で、心理士である筆者に腹を探られまいと身構えているようでもあった。数回にわたる面接のなかで筆者はまず最初に、大変な状況に置かれたA先生の苦労をねぎらうとともに、問題の原因や責任の所在を追及する意図はまったくないこと、今後のクラス運営の立て直しをまず第一に考えたいことを簡潔に伝え、謙虚にA先生の話に耳を傾けるよう心がけた。A先生が転任してきた裏事情については、情報としてあらかじめ知っていたが、面接では一切そのことにはふれず、漠然と前任校との校風の違いや生徒の雰囲気などについて尋ね、A先生の感じたことを中心に聴取していった。そうこうするうちにA先生も積極的に話すようになり、附属中学と違って理解力の高い子と低い子が混在するクラスで教えるのが難しいこと、自己表現が下手でうまく相手と気持ちを通じ合わせることが難しいなど、個人的な話を進んでするようになり、クラス担任を続けることの不安や教師としての自分の能力に不安を感じながらも、生徒たちの前ではしっかりしないといけないとの思いが強く、いつも緊張してしまうことなどが語られた。筆者はA先生の素直な自己開示に心を打たれながらも、「でも先生はそんなご自分のありのままの姿をさらけ出すのを『恥ずかしい』と思っておられるように見受けますが、それは本当に恥ずべきことなのでしょうか」とコメントしたところ、A先生はその言葉を反芻するようにしばらく目を閉じて考え込まれていた。校長と教頭は、A先生をクラス担任から外すことも検討していたが、筆者は「それは最後の手段であり、今は別の可能性に期待したい」とA先生の留任を支持し、決定はしばらく保留になった。

それからしばらくしてA先生は、自らクラスの生徒たちを集めて話し合いの場を設けた。そこで先生はクラス全員の前で初めて謝罪の言葉を口にした。「事の発端はすべて自分のミスによるものである。失敗してはいけないという思いが強すぎて、結果的に自分の犯した過ちを否定するという、教師としてあるまじき行動を取ってしまい、みんなに迷惑をかけた」と、苦渋に満ちた表情で話した後、「自分のせいでこうなったのだから、自分の責任でクラスを立て直したい。みんなも協力してほしい」と訴えた。クラスの生徒たちは静かにA先生の話を聞いていたという。その後の経緯は教頭と学年主任から伝え聞いた情報しかないが、授業をボイコットしていた生徒たちはクラスに戻り、クラス全体が以前より活気を取り戻し、A先生も時々失敗しながらも積極的にクラス運営に取り組むようになったということである。

コンサルテーションにおいて筆者がとった介入の方針は、問題そのものを直接的に解消させるような短絡的方策を決して取らないという一点のみである。問題の直接のきっかけは常に個人の行動にあるが、その行動を引き起こさせているのは背景に潜在する個人の「ストーリー」であり集団における暗黙の規範であり、換言すれば集団と個人の関係性の問題である。したがって個人の責任を追及したり処罰したりしたところで、集団の全体的な力動が変わらなければ何も解決せず、それはまた別の問題となって再び出現することになる。上記事例は、A先生が自分の過ちを認め、謝罪することで生徒たちと和解したという、非常に単純な構図をもっている。それなら最初から謝罪させれば早期解決したのではないか、あるいは早々にA先生を担任から外せばよかったのではないかという声が聞こえてきそうである。それはそれでとりあえず表面的には功を奏するだろう。しかし解決に至るプロセスは決定的に違うし、問題の解決が集団にもたらす影響もまったく違う。A先生はエリート校からの転任にともなう「傷ついたプライド」という潜在的ストーリーをもっているし、赴任先で新たな関係を構築していくという教師としての成長課題ももっていた。クラスの生徒たちは「わからず屋の先生」に対し、ボイコットという非常手段に訴えることで対決し、自己主張しながら成長していくという潜在的ストーリーをもっていたともいえる。客観的に考えれば、先生の行動も生徒のボイコット行動も、学校社会では「あってはならないこと」であり、普通ならどちらも処罰の対象になるような出来事かもしれない。しかしこれを処罰によって解決しようとする姿勢が優勢になれば、学校は即座に「教育収容所」へと変貌するだろう。それよりは問題を乗り越えていくプロセスで他者との絆の体験を重ねていくことの方がはるかに有意義であるし、そのプロセスに接することができるのは教育臨床の醍醐味であるともいえる。

4 集団に潜在するストーリーを読む

岡堂哲雄[3]は、学校心理臨床における「問題行動」の意味を、①厄介物、②入場券、③信号、④安全弁、⑤問題解決手段、の五つの側面から考察している。岡堂の論はおもに子どもの不適応行動について述べられたものであるが、これは子どもに限らず教師や親の行動についてもいえるだろう。

①厄介物は、周囲の注目を集めるために問題行動が厄介物の様相を呈しやすいことをいう。②入場券は、問題行動そのものが問題なのではなく、それはあくまでも入り口に過ぎず、心理的援助への入場券のようなはたらきをすることをいう。③信号は、心に問題が生じたことを示すヘルプのサインの意味。④安全弁は、心のバランスを保つためのはけ口としての意味。⑤問題解決手段は、問題行動そのものが、本人にとって心のバランスを取り戻すための解決手段でもあるという意味である。

この中で重視したいのは、②入場券の側面である。つまり顕在化している問題は、潜在的な諸々のストーリーが輻輳《ふくそう》した結果として生じるものであり、背景には複雑な集団力動が存在している。これはもちろん、個人に対する心理療法においてもまったく同じことがいえるので今さら詳しい説明を加えるまでもないと思うが、教育臨床においては心理療法的に内省を深めるアプローチ、すなわち「垂直方向への深化」の側面に加えて、ケースワーカー的に機能して横の連携を強めたり相互理解を促すための中継ぎ的はたらきが要求されるシチュエーションに直面することが多い。このアプローチはむしろ現実的なレベルでの横の協力体制を構築する「水平方向への広がり」の側面をもっている。この垂直方向と水平方向の両側面を両立させながら心理的にアプローチするスタイルが、教育コンサルテーションにおいては必ず要求されるといってよい。垂直方向ばかり重視すれば、個人の心理療法はできても集団へのアプローチはできない。水平方向ばかりに目がいけば、バタバタと忙しく立ち回るわりに問題は一向に解決しないという事態に陥りやすい。臨床心理士の多くは個人の心理療法に重点を置いた訓練を受けていることが多いため、水平方向へのアプローチがうまくできず、教育現場では一対一の局面にしか対応できない「タコ壺的」カウンセリングに陥ってしまい、学校集団の現実から遊離してしまう危険がある。そのために教育コンサルテーションの技能を習得するための訓練が必要ではないかと考える。

石隈利紀[4]の定義によれば、コンサルテーションとは「異なった専門性や役割をもつ者同士が子供の問題状況について検討し今後の援助のあり方について話し合うプロセス（作戦会議）」である。学校における教育コンサルテーションを行う場合、教育的関わりにおいて生じてくる対人関係のパターンについて知っておくことが重要である。岡田敬司[5]は、「教育的関わりにおける四類型」を提唱し、どのような種類の相互作用が教育場面において生じやすいか分類している［図1］。

教育的関わりは「縦の関わり―横の関わり」軸と、「対立・葛藤的な関わり―安定・調和的関わり」軸の交差からなる四象限（＝四類型）に分割される。「縦の関わり」は上下関係に基づく関わりであるが、縦の関わりの中には、対立・葛藤的な「権力的関わり」と、安定・調和的な「権威的関わり」の二類型がある。権力的関わりとは他者を服従させる関わりであり、権威的関わりとは相手が尊敬の念をもって自らすすんで権威に服従しようとする関わりである。これと同様、立場を超えた人間的関わりを意味する「横の関わり」にもまた、安定・調和的な「受容的・呼応的関わり」と対立・葛藤的な「認知葛藤的関わり」の二類型がある。「受容的・呼応的関わり」とは相手に共感的な態度で接しつつ理解しようとする関わりであり、「認知葛藤的関わり」とは教師と子どもが対等な他者として出会い、互いに異質な考えを主張し合い葛藤が生じることによって双方の認知構造に変化が生

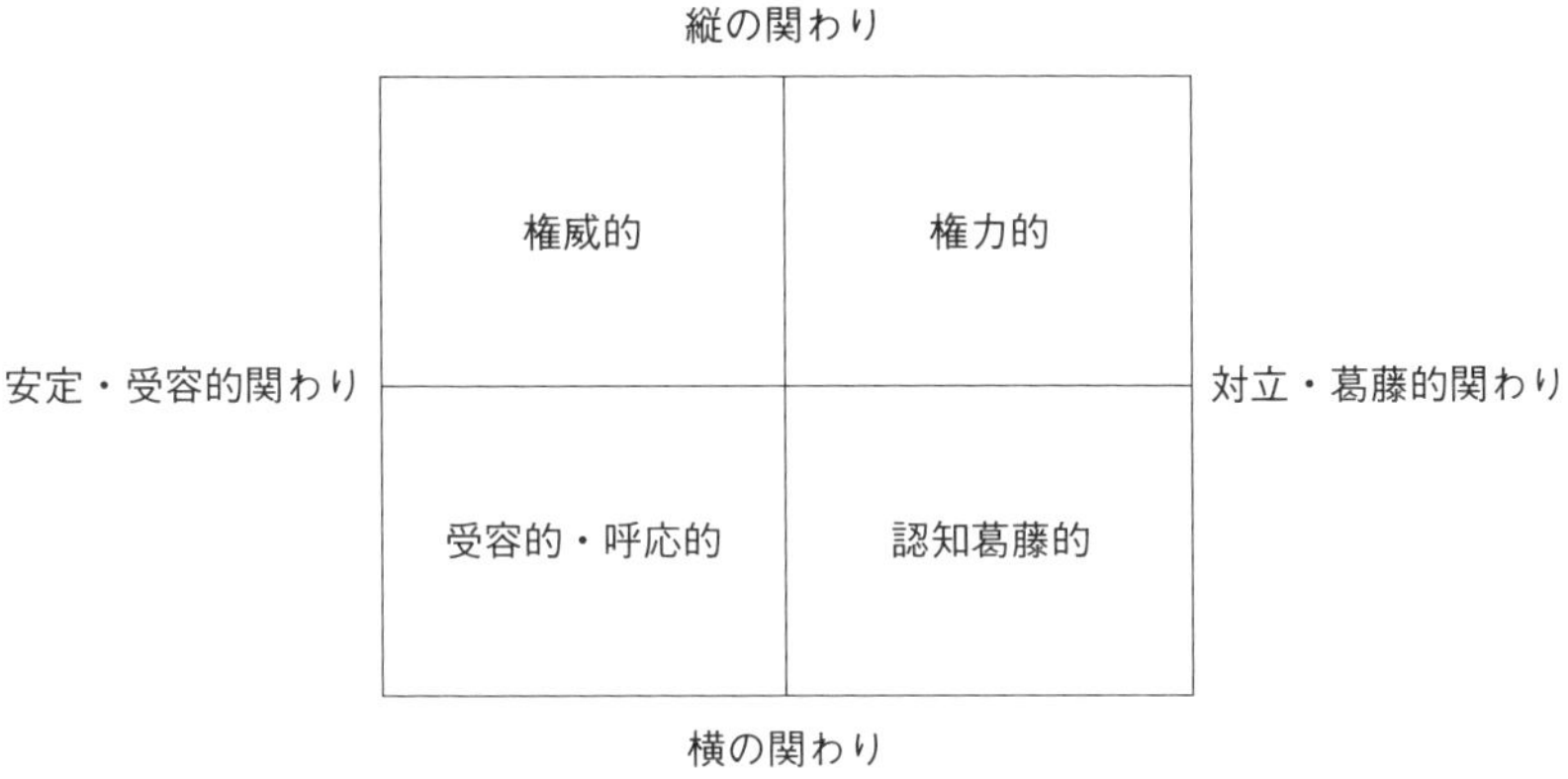

［図1］教育的関わりにおける四類型（岡田、一九九三）

じるような関係である。先の事例に則していえば、A先生は教師と生徒の間で生じている「認知葛藤的関わり」を読み誤って「権力的関わり」によって対処しようとしたところで大きな困難にぶつかってしまったといえる。

　教育場面における心理臨床の現場では、縦の人間関係と横の人間関係が複雑に錯綜する多層的なストーリーが展開され、教師と生徒のみならず家族や地域社会も巻き込んでさらに複雑化することさえある。そのような事態に直面したとき、心理士に必要なのは冷静な観察力と豊かな感受性、そして時宜を逸することなく現実場面に対処できる行動力であり、日頃の修練と経験のなかでこれらの能力を高めていくことが大切である。とりわけ臨床心理士は先に述べたように個人療法的なアプローチに関する訓練を相当受けているので、クライエントに傾聴し内省を深める心理療法の技術は身に付けているが、その反面、現実問題に対処したり、子ども・教師・親などそれぞれ異なった立場の人たちの間に入って意見調整やコーディネーションを行う実際的技能は、訓練過程では身に付ける機会が少なく、実地経験的につかみ取っていくしかない面がある。これに関しては、教育現場における臨床心理士の実際に即した技能の習得と理論の学習が、大学院レベルでの訓練において今後ますます重要になってくるものと考えられる。

［文　献］（1）土居健郎「『甘え』理論と集団」〔近藤喬一、鈴木純一編〕『集団精神療法ハンドブック』金剛出版、五六～六四頁、一九九九
（2）Bion, W. R. (1961) *Experiences in groups and other papers.* London : Tavistock Publications.
（3）岡堂哲雄編『スクール・カウンセリング――学校心理臨床の実際』新曜社、一九九八
（4）石隈利紀『学校心理学――教師・スクールカウンセラー・保護者のチームによる心理教育的援助サービス』誠信書房、一九九九
（5）岡田敬司『かかわりの教育学――教育役割くずし試論』ミネルヴァ書房、一九九三

［参考文献］＊石隈利紀ほか編『講座「学校心理士―理論と実践」2　学校心理士による心理教育的援助サービス』北大路書房、二〇〇四
＊岡田守弘ほか編『講座「学校心理士―理論と実践」4　学校心理士の実践――中学・高等学校編』北大路書房、二〇〇四

3 学校教育と心理臨床

東城久夫

筆者は中学校の教壇教師として出発し、途中、教職生活を中断し岡田康伸教授（京都大学）の元で箱庭療法を中心に心理臨床を学び、その後、県立の専門機関で教育相談に専念し、最後は学校教育現場に戻って教職生活を終えるという道を歩いてきた。ここでは、表題について、一教育現場の教師が子どもの育ちを願いながら、教育と臨床の接点で何を考え、試行錯誤してきたかについてできるだけ実践事例を通して記述してみたい。

1 教育と心理臨床の接点

教育の二文字は「教え育てる（心理臨床の視点からは「育つ」とも読める）」と読めるように、教育は子どもたちが「学ばねばならないことを教え育てること」が期待されている。実際、生活指導にしても教科指導にしても、目的達成のための方法に差異こそあれ、基本的には、どの子にも一定の学力と集団生活の基礎的生活習慣を身につけさせる指導が中核になっている。また、その学習形態も一般的には一クラスに三〇余名の子どもたちが集合し、その集団に対して通常は一人の学級担任（ほかに補助的な教員がついていたりもする）が一斉に指導するところからみても画一的な一斉指導になりやすい傾向をそもそも有している。もちろん、陥りやすいこの傾向をクリアすべく、教育現場では「一人ひとりが生きる……」とか、「個に応じた……」とかの研究や教育実践が続いているが、必ずしも成功しているようには思えない。

一方、心理臨床は「学ばねばならないことを超えてしまう」ようなところに着眼しようとする。「勉強しなければならない、学校へ行かなければならない……、でも、やれない、行けない」その子固有の意味（こころ）にせまろうとするのが心理臨床の基本的なスタンスではないだろうか。つまり、指導的と言うより個別、理解的な態度やこころの向け方が中核にすわるだろう。キーワードで言うなら、指導と理解、集団と個、画一と固有、という一見対立するように見える、その接点に指導を求めようとすることが、教育臨床の視点による教育とも言えるように思える。以下、学校現場における、指導と理解の接点（教育臨床的と言えるかも）の教育実際について記述してみたい。

2 事例を通して教育と心理臨床を考える

1 「用事のない人は職員室に入らない」――生活指導場面から

小中学校を訪れると、職員室入り口ドアに児童向けのはり紙のある学校に時折出会う。それらのはり紙の中には、かなり細かく子どもたちへの「職員室への入り方」の注意が書かれていたりするものもある。「ノックする」「失礼します」「組と名前を言う」「用事を言う」……以下略……。加えて「用事のない人は入らない」というのがあったりもする。個人的には、こう書かれたお家や部屋は訪ねたくないが、学校教育と教師の役割を考えた時、職員室に限らず、人を訪ねる時のマナーとして何らかの形で指導するのは当然のことかもしれない。逆説的な言い方になるが、「……用事もないのに、職員室にやってくる子にこそ、時に深刻な用事がありはしないだろうか」と考えてみることも必要ではないだろうか。そう考えると、職員室入り口には、「WELCOME!」と、大きな文字で書いた方が感じがいい。

筆者のいた校長室は、用事もないのにやってきて遊んでいく子どもで結構繁盛していた。普通なら休み時間や始業前から校長室なんぞに遊びに来るよりは、仲間と遊ぶ方がずっとおもしろいはずである。仲間のところでなく大人である私のところに来てしまうような子なのであろうと考えて一緒に遊ぶ。面白いことに大半の子はその期間に長短はあれ、いつのまにやらやってこなくなる。「卒業かな。また、来るのかな」と思ったりする。

2 「ザリガニ釣りの絵」——教師と児童観

次に紹介する描画は小学校二年生の子どもたちが春の遠足でザリガニ釣りをした思い出を描いたものである。余談になるが、筆者もこの遠足に引率者として参加したが、実に簡単な仕掛けで野性のザリガニが釣れるのに驚いた。教師がどんな人間観（児童観）を持っているかは、その教師の子ども理解や指導を方向づける土壌になるだろう。ここでは、「みんなちがう」という児童観について描かれたザリガニ君たち（イメージ）を通して考えてみたい。

教育現場にいる教師は、目の前にいる子どもたちは個性も能力もみんなちがうとどこかで思っている。しかし、実際に教壇に立つと、いつも生活規範や教師の持つ評価の観点や基準から子どもを見ざるをえない。「みんなちがう」と思いながら「一色にしよう」としている矛盾の中に多くの教師はいるように思う。実感で言えば、学校教育現場はどうしても「一色にしよう」という傾向に傾斜し過ぎて、子どものこころがおいていかれているように思えてならない。概念としては「みんなちがう」と言いながら、そのことがこころに「おちていない」のではないかと強く感じさせられてきた。提示する描画は、全県の校長会や学校職員、保護者会等、できるだけ多くの皆さんに「子どもは一人ずつちがう」ということを、イメージを通して実感してほしいと願って見てもらった作品群の一部である。

ザリガニと言えば、私たち大人は、大きなハサミを中心とした恐いイメージを持つのではないだろうか。〔作品1〕は、お母さんと一緒に手をつないで散歩という感じだろうか。シッポがようやく「お母さん色」に変わってきている。女の子と母親モデルのテーマだろうか。

〔作品2〕は、やはりジャンボ母さんと一緒という作品である。この子にとっては母の存在が、こんなに大きいということだろうか。

〔作品3〕も同様なテーマがうかがえるが、ロケットのような母と子が描かれ、この子が幼い未分化な感情の中にいるだろうことが予想される。

〔作品4〕は、「だんご三兄弟」のようにも、「川の字」が友人たちや親子のようにも見えてくる。ワラジのようなザリガニ君たちで、未分化だが元気がいい！

〔作品5〕は「居眠り」。春のポカポカ陽気に思わず居眠りだろうか。イモ虫のように肥えた、オットリ君である。作者に重なって見えて、見る者も温かい気持ちになる。

〔作品6〕は「オシャレしたの！」。もちろん女の子の作品。おせっかい好きのオシャマな女の子の作品である。

〔作品7〕は「ザリガニ軍団」。作品名の命名者は作者自身である。ハサミも生え揃い、軍団が勢揃い。中央にいる一際大きくて悪そうなやつが、作者だろうか。自立への出陣？　思わずガンバレヨ！　と声をかけたくなってこないだろうか。

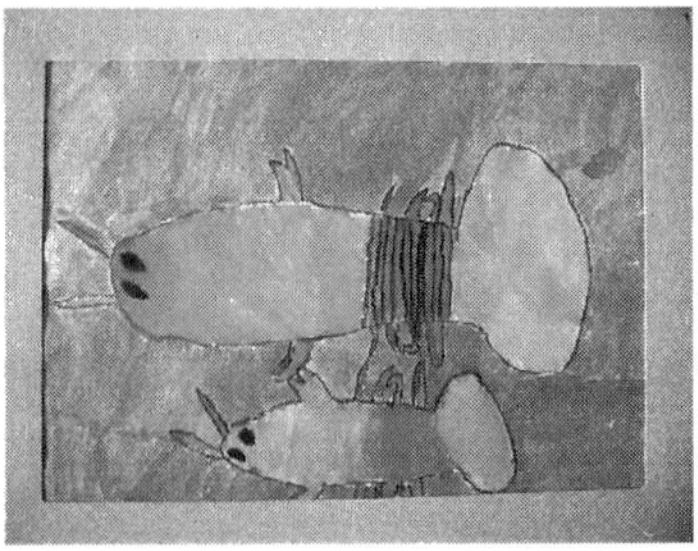
〔作品1〕

〔作品8〕〔作品9〕は「水槽の中のザリガニ」。実際、遠足で釣ったザリガニは教室の水槽で飼育されていたので、その姿を描いたと言えばそうであろうが、この水槽では窮屈ではないだろうか。六〇名余の子どもたちの中で水槽のザリガニを描いた児童は、この二人だけであった。ハサミや目が強調されたりするなどの差異はあるが、手足やハサミ、胴体もしっかり分化し発達したザリガニ君、しかも一匹で描かれている。解釈になってしまうが、枠が狭い印象を受けないだろうか。「枠壊し」のテーマが予感されないだろうか。内面的な「枠壊し」は、現実生活でも不安定さや、攻撃的な感じとなって表現されても不思議ではない。

生き生きと描かれた、子どもたちのザリガニ君やザリガニさんたちは、大人たちの間で大活躍をしてくれた。プロジェクターに映し出されたザリガニ君たちは、言

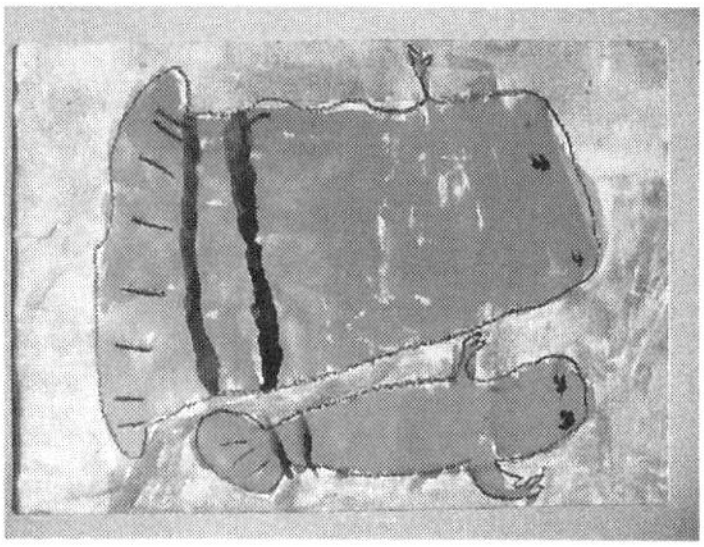

［作品2］

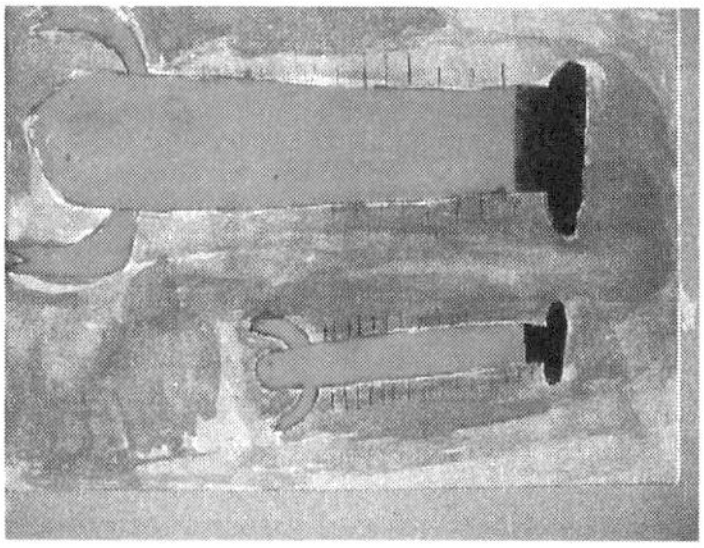

［作品3］

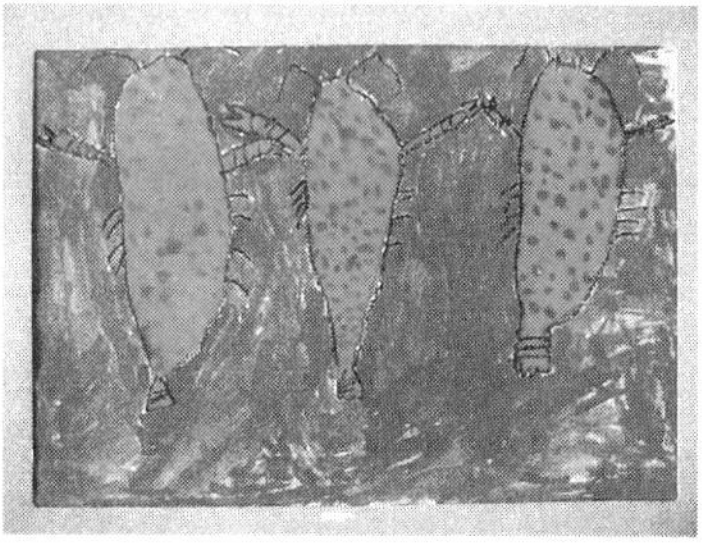

［作品4］

［作品5］

［作品6］

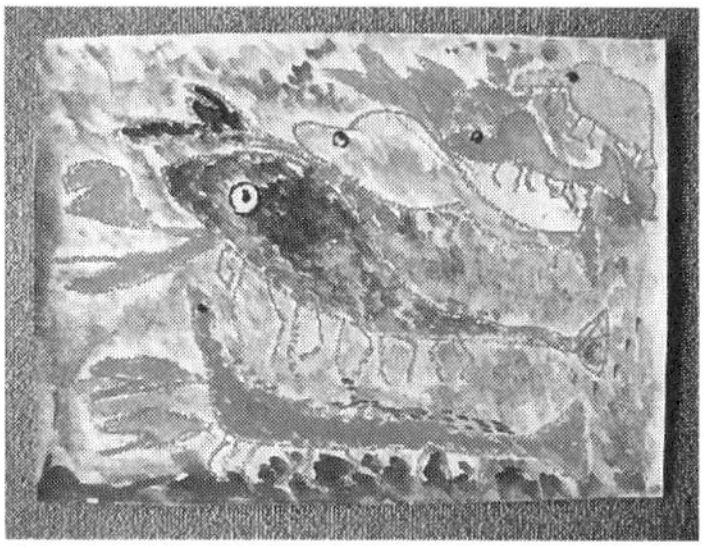

［作品7］

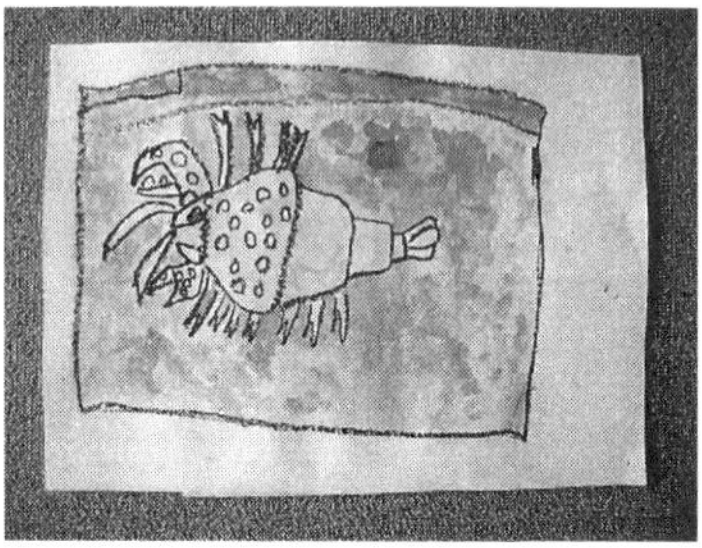

［作品8］

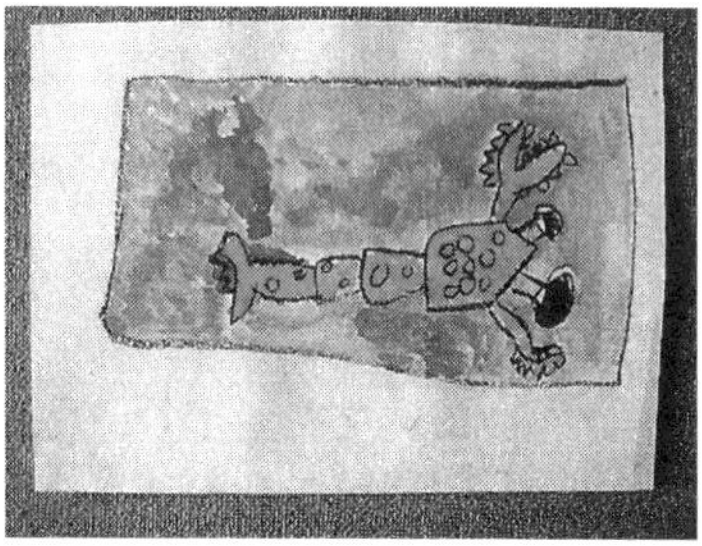

［作品9］

葉を超えて雄弁に「みんなちがう」ということを実感として伝えてくれたように思っている。

ザリガニ君たちのことを文章に書いた翌日の夜、「お母さんと一緒」のザリガニ君の夢を見た。夢の中のザリガニ君は、もう二〇歳をとうに過ぎた成人ザリガニに成長していた。でも、職業はフリーターのようであった。もう一人のザリガニ君は、職を探して会社訪問をしていた。会社訪問には、あの小学校二年生の時に描かれたお母さんザリガニがぴったりと寄り添っていた。

話は現実に戻るが、教師は廊下に掲示された描画を「お母さんとうまく離れていけるかなあ」と心配しつつ、ザリガニ君を見つめ続けることになるだろう。指導と理解、集団と個、「全体」をにらみつつ、「個」を深く見つめる。教師にはそんな態度が求められるのではないだろうか。描かれたザリガニ君たちは、「みんなちがってみんないい」と主張する金子みすずさんの詩を実感として伝えてくれているように思えた。

3 「クッキー屋さんにいらっしゃい！」――自律教育と個に応ずる教育

自律教育は教育の原点であるという言葉が古くから教育現場では使われる。なぜそう言われてきたのか、根拠は人によって異なるように思うが、ここでは「クッキー屋さんにいらっしゃい！」という生活単元学習に参加させてもらった体験から考えてみたい。通常の小学校内に共存する三つの自律学級（情緒障害、知的障害、難聴）の子どもたちの合同授業である。

今日は学校中の先生方をお客さんにしてクッキー屋さんの開店。入り口には食券販売担当のA君がいる。「おいくらですか？」「二〇円です！」「五〇円でおつりもらえますか？」「はい、三〇円のおつりです」……はきはきと応対する。入り口の関門を通過すると、客をテーブルに案内する店員さんがいる。「いらっしゃいませ、どうぞこちらへ！」……これもなかなかの接客ぶりである。テーブルにクッキーを運んできてくれる店員さんは重度重複障害で言葉が出せない、Bさんの仕事。「あー、あー」と皿に載せたクッキーを出してくれる、顔いっぱいの笑顔、感じのいい店員さんだ。人形劇の舞台が間に合わせのカウンターになっていて、その向こうが調理場らしい。てぬぐいを頭に巻いた白いエプロン姿の子どもたちがいる。クッキーが全部出揃ったところで、どうやら店長さんの挨拶が始まるらしい。店長さんは最年長のC君である、「クッキー屋さんに来ていただいてありがとうございます……」。なかなか堂にいった挨拶である……。

実際の授業を端的に描いたが、この授業を「役割を生きる」、「個を窓口にした授業」という二つの観点から考えてみようと思う。ここでは、子どもたちがクッキー屋さんというテーマの中で自分の役割を果たす学習をしている。学校教育の中で、社会に生きる自分の役割（自我強化やアイデンティティの土壌）という学習を、素朴さの中に見事に展開しているように思える。また、このお店は店員さんの配役も見事である。レジ計算の得意な子はお金の収支報告まで責任を持たなければならない。言葉が出ない子は、身振りと笑顔で案内係の担当である。全体を仕切るのは、少し気が弱いけれど最年長のボスの任務、ここはひいてなぞいられない。一人ひとりの子ども理解の窓から、その持味（異質性）が生かされるよう授業が構想され、展開していっているように思える。

4 「たこあげ」——子どもから立ち上げる授業の実践

まず、家庭向けの学級通信に書かれた子どもたちの日記や会話の抜粋を紹介する。教師が感動した子どもの世界を学級通信に載せたのであろう。子どもの世界に共鳴、共感できる教師の姿勢が「子どもから立ち上げる授業」を可能にするのではないだろうか。

「たこあげ」四年生の学級通信より

今日、おじいちゃんとたこあげをしました。「電線のないところでね」と、私が言うと、おじいちゃんが「畑がいいんじゃない？」と言うのでやりました。すごい風でした。おじいちゃんが五回あげて、私は二回……。私が「やらせて」と言うと、「あと一回、あと一回」とおじいちゃんが言うので、一回やると、「あと、もう一回」と言いました。私は、二回しかできなかったけど、おじいちゃんもたこあげをやりた

――かったのかなあと思いました。

「お正月」一年生の学級通信より
〈だっこして語録〉（学級通信名が「だっこして」で、子どもたちの日常会話を「語録」として載せている）
担任：お正月ってさあ……
子ども1：神様の誕生日！
子ども2：神様って何才？
子ども3：一二〇才じゃない
子ども4：そりゃあ、きんさんぎんさんだよ！

私たち教師は、「発言のできる子に……」というような、ともすれば教師の価値観から指導性を発揮できる授業を構想しがちであるが、「子どもから立ち上げる授業」のベースにすわるのは、やはり子どもの世界への共感ではないだろうか。

次に取り上げる授業は、小学校三年生の国語「読み合おう」の授業である。一年生の時からこのクラスを担任している先生は、低学年の頃から文字や文章に抵抗感を持っている一人の児童が気になっていた。そんなある日、担任は彼が書いた「大縄43回」という作文に感動する。「この子は、書けるんだ！」と思うようになる。遠足や運動会等々の行事後に書く作文が、画一的で形式化してしまっていなかったかと指導を見返す。「今、この子たちが書きたい、伝えたいことってなんだろう」。そこから作文の授業展開が始まる。途中は略すが、見せてもらった「読み合おう」の授業は、生き生きとした表情のある魅力的なものとなった。今日の授業の主役はこの子の作文、題名は「コタツ」。読むものをコタツのように温かく楽しくしてくれる。彼の作文をクラスのみんなが肯定し、共感してくれる。

こたつはあったかい、だから勉強がはかどる。終わると寝るし、なまける、だからなまけものだ。
あったかい、あったかい、あったかいというしょうげきがくる。
そして次はねろねろねろねろというしょうげきがつたわる、そしてねむる。
だけどパチパチ目をあける。お母さんが「ねるな。」という。
それでこたつを出る。それからつめたいふとんに入ってねる。

しかし、この授業をがぜん面白くしてくれたのは、教師が予想しなかった一つの発言。「読んでいたら、私にも詩のようなのが浮かんできました。発表してもいいですか?」。教師は一瞬間をおくが「そう、すごいなあ、聞かせてくれる?」と対応する。

「……題はエスパーです。こたつはさいみんじゅつがつかえる、なぜかというとこたつにはいるとねむくなるからだ。だからこたつはさいみんじゅつがつかえる」

全員から拍手が起こった。この授業を参観していた筆者は、教師を越えて自由に創造的に動く子どもたちに躍動感を感じていた。私たち教師集団が描いている、「子どもから立ち上げる授業」ってこんな感じかなあと実感する。児童理解と教師の共感、そして、子どもの側から発想する教育と臨床の接点にある授業イメージが浮かんできた思いがした。

ここに紹介した学校は、上田薫前都留文化大学学長（教育学）に一〇年にわたって、児童理解に基づいた問題解決型の授業の指導を受け、全国公開授業を行ってきた実践校である。カルテと呼ぶ児童理解のメモカードから授業を構想していく手法は、教育と臨床の接点に立つ授業をと願ってきた筆者には、学ぶものが多く、共感するものも多かった。余談になるが、クッキー屋さんの学校は、水上勉氏が「個に光を」あてた教育を実践する学校として、その著書の中で紹介している学校であり、教育臨床の視点からの教育を志向してきた筆者には、偶然にも二校続けて、教育臨床の風土がある学校に校長として勤務する因縁（コンステレーション）を感じてきた。

おわりに、「教育と臨床の接点（教育臨床）から、子どもが生きる授業とは」という自らへの問いに一応の結論を提示するとしたら、「みんなちがう」を理念に（人間観）、児童理解と子どもへの新鮮な感動や驚き（共感）を大事にし（指導観）、「子どもから立ち上げる授業」を構想し（授業観）、子どもたちに「問題解決力」をつける（学力観）授業になるのではないかと考えている。

長野県の教師が集まって、教育臨床研究会が作られてから一〇余年が経過する。会の立ち上げ当時から岡田康伸氏の助言を受け、同氏のほかに会の専任講師に氏原寛氏（帝塚山学院大学）、藤原勝紀氏（京都大学）をお願いして、実践を通した研究が継続されている。筆者自身はすでに現職を去った者であるが、教育現場に教育臨床的な教育の試みが定着していくことを願ってやまない。

【参考文献】＊ 河合隼雄『子どもと学校』岩波書店、一九九二
＊ 河合隼雄『子どもの宇宙』岩波書店、一九八七
＊ 「今日こそは」№10、11、12、13、臼田小学校、二〇〇二〜二〇〇五
＊ 岡田康伸監修、東城久夫著『子どもが育つ心理援助』新曜社、二〇〇二

4 学校支援ボランティアを利用した発達障害児への支援

吉岡恒生

はじめに

発達障害児への支援の取り組みはここ数年急速な動きを見せている。平成一六年一月、文部科学省は、都道府県教育委員会、市町村教育委員会、各学校単位で、軽度発達障害のある子どものために、支援体制の整備を進めるよう、「小・中学校におけるLD・ADHD・高機能自閉症の児童生徒への教育支援体制の整備のためのガイドライン（試案）」を発表した。平成一七年四月には、「発達障害者支援法」が施行され、医療・福祉・療育・教育・労働の関係機関が連携を図り、発達障害のある子どもへの支援を進める体制作りが、国および地方公共団体の責務となった。そして、平成一九年四月に、障害のある児童・生徒に対してその一人ひとりの教育的ニーズを把握し適切な教育的支援を行うという歌い文句とともに「特別支援教育」が本格的に導入されようとしている。

しかし、いざ教育現場に目を向けて見ると、期待よりも困惑が大きい。制度的には整えられつつあるものの、国や地方自治体の財政事情は特別支援教育に十分な人的手当てをすることを許さない。加えて、特別支援教育の理念はまだまだ一般に浸透しているとは言いがたい。一方、当事者としてこれまで苦渋を味わってきた保護者の期待は高まるが、それだけに教育現場において可能な対応とのギャップが大きくなり、ややもすると摩擦が強まっているのが現状であろう。

このような苦しい台所事情のなかで、スクール・アシスタントなどの名のもとに、教員とは別に通常パート並みの時給で教員補助を雇い、小・中学校の発達障害児支援にあてる自治体も増えてきた。また、平成九年に文部省（当時）が「教育改革プログラム」を発表し、その柱の一つに「学校外の社会との積極的な連携」を打ち出して以来、「学校支援ボランティア活動」が広がりを見せている。「学校支援ボランティア活動」とは、「学校の教育活動について地域の教育力を生かすため、保護者、地域人材や団体、企業等がボランティアとして学校をサポートする活動」である。大学が地域の学校をサポートすることもこれにあたる。筆者は教員養成大学の障害児治療教育センターの教員として日々学生と接しているが、教育実習のみにとどまらず教育現場で継続的に実践を積むことによって将来の教員としてのスキルを向上させたいという学生側のニーズを感じている。そこで、学校側、学生側双方のニーズに対応する事業として考案したのが、「学校における発達障害児支援ボランティアの派遣事業」である。

これは、概算要求事業として国から大学に認められた「特別支援教育を核とした教員養成改革事業」（三年計画）の一環として平成一八年度より始められたものである。「概算要求事業の大枠」は「特別支援教育に役立つ実際的・臨床的な発達支援に精通した教員の養成を行う事」である。「ボランティア派遣事業」の目的は、発達障害が疑われる児童生徒に対して支援しつつ、特別支援教育に精通した教員を養成していくことである。この事業については後述するが、まずはそのモデルとなった先駆的な学生O君の取り組みを紹介したい。

1 自ら学校支援ボランティアを志願した学生の事例

定着した教育実践活動のもとをたどると、正式な「事業」として展開される前に、自発的な試みが数多く積み重ねられているものである。この「学校支援ボランティア派遣事業」を展開するにあたり、筆者が思い起こしたのは、ある指導学生のボランティア実践である。現在小学校教員であるO君は、平成一六年度に「学校支援ボランティア」の実践を土台に卒業論文[1]に取り組んだ。以下は彼の学部二年生から三年間のボランティア実践の紹介である。

筆者の勤める障害児治療教育センターでは、主に障害児教育教員を志望する学生の臨床教育のため、教員の指導のもと、希望する学部学生にプレイセラピーのケースを担当させている。クライエントの多くは知的障害を併せもつ自閉症児である。O君は二年生の春から、特殊学級に通う当時小学校五年生の自閉症児A君のプレイセラピーを担当した。ところが、彼が関わろうとしても、A君は一人黙々とプラレールで遊んでいる。時々、前任セラピストの名前を口にするが、なかなか彼のほうを振り向いてはもらえない。そうした治療関係に悩んだ彼は、A君の母親と母親カウンセラーである筆者に相談して、小学校へA君の様子を観察に行くことにする。その特殊学級では、A君以外に、ダウン症児、知的障害児、重い知的障害を伴った自閉症児、軽い知的障害児など八人を二人の先生が担任し、人手が足りない様子であった。観察したその日、彼は担任の先生から「ボランティアに来てくれないか?」と打診を受けた。O君から相談を受けた筆者は、「プレイセラピーを担当する場合、心理臨床の世界では、治療機関以外の場所でクライエントと会うことは通常お勧めできない。特に、プレイ場面でのセラピストの役割と、学校場面でのボランティアの役割は異なるので、A君自身が混乱するかもしれない」と伝えたものの、心理臨床のなかでの障害児臨床(あるいは教育臨床)の独自性を常々感じていたため、彼の熱意に動かされて彼の冒険を後押しすることになった。

結局彼は二年生の秋から学年末まで、週一回決まった曜日の午前中、その特殊学級でボランティアをした。実際にボランティアを始めてみると、O君がいろいろな児童と関わるために、A君のなかに嫉妬が生まれたようだ。学校場面でO君の手を引っ張ったり、抱きついたりするようになった。プレイセラピーにおける交流も深まり、二人の間に自然な会話が生じるようになった。母親からは、言葉が増えたとの報告もされた。実は、このケースの場合、プレイセラピー、学校場面以外にも、二人は親しく交流した。母親に依頼され、有償ボランティアの形で、休日に遊園地などに二人で出かけたりしたのだ。そのうちA君は「O君、O君」と彼を名字で呼びかけるようになった。

先述したように、このような治療場面以外の交流は、心理力動的治療構造を重視する立場から言えばタブーである。おそらく私も、セラピストが臨床心理士志望の学生ならば、こうした枠破りに対しもう少し厳しく指導をしたであろう。しかし彼は教員志望の学生であり、プレイセラピーという枠組みのなかでもつクライエントは生涯ただ一人であろうから、そのただ一人のクライエントに対しては、さまざまな形でより密接な関係をもつことも倫理上許される、あるいは治療教育上勧められることもある、と筆者は考えた。また、発達障害児のプレイセラピーが非発達障害児のプレイセラピーと比較して、「非日常的な時空」よりも「日常の現実世界」とつながりが深く、[2]学校生活、家庭生活を含めた生活全般のなかで子どもを理解することがより重要であるからでもある。クライエントあるいはその家族に境界例的心性が疑われる場合などは、より慎重な判断が必要だが、学生セラピストから治療場面外での交流（運動会の見学等）について相談された場合、許可あるいは奨励することも多い。一方、常時三〇ケース以上抱えている筆者自身は、治療枠を踏み越えないよう留意している。

さて三年生になったO君は、大学で月一回行っている動作法の訓練会で出会った肢体不自由児B君の母親に家庭教師を依頼された。肢体不自由児への教え方に迷ったため、B君の学校の先生（特殊学級）に連絡を取った。これも一回だけの相談・見学の予定だったが、先生から「ぜひボランティアに」と言われ、結局三〜四年の二年間継続的にボランティアに通った。給食の時間など通常学級との交流に出かける際には、自分はクラスの児童と障害のある子を結びつける役割だと任じ、みんなで楽しい話をしたり、放課には鬼ごっこをしたりした。授業外でも多くの課外活動に参加し、子どものさまざまな側面を見ることができた。大学を卒業するとき、校長先生からは「感謝状」、子どもたちからは「色紙」をもらった。感動的だったのは、教育実習と違い、子どもの長期間の変化を捉えることができたことだった。名前を呼んでも反応のなかった子が最後にはO君の名前を呼んでくれたり、筆圧が弱くミミズのような字しか書けなかった子が、二年後にはしっかりした字が書けるようになっていた。

三年生の秋、筆者はO君に、通常学級にも支援に行ってみないかと提案した。大学のプレイセラピーに通っている当時小学校三年生の高機能自閉症児C君（セラピーは他の学生が担当）の学校での不適応が問題となり、プレイセラピーと母親カウンセリングのみの対応では限界があるため、学校での支援を考えたのだ。幸い学校側も学生ボランティアの派遣を希望したので、O君を週一回派遣することにした。筆者は二歳のときからC君に関わってきた。乳幼児期には言葉が遅れ、母親の献身的な努力のかいあって現在標準学力を保っているが、自閉的ファンタジーにはまりやすいなど、典型的な高機能自閉症の特徴を備えている。学校でもひとり言が多く、授業中先生の話は聞けず、授業に関係のない本を読んでいる。この小学校は、C君以外にもさまざまな問題を抱えた児童が多く、他の子にも目を配りながらの支援であった。支援の具体例を挙げると、授業中、C君の注意がそれたとき、ポンポンと肩を叩き〈いまここだよ〉と教えたりした。授業より困ったのが、放課のトラブルだった。自分が相手にしたいやなことを忘れてしまい、人からやられたいやなことはしっかり覚えている。〈さっきC君のほうから先に仕掛けたのじゃないの?〉「ぼくはやってない」の一点張りで、被害的になりやすい。パニックになったときは〈だいじょうぶだよ〉と体を抑えて落ち着かせたこともあった。放課は一人で過ごすことが多いため、一緒にドッジボール、鉄棒、一輪車などをして過した。ボランティアの派遣によってC君の問題が解決したわけではないが、学校、保護者、本人自身、その他のクラスメートにも歓迎され、現在O君の後輩がボランティアを引き継いでいる。学校でのトラブル、キャンプなど、学校側が対応に苦慮する場合、筆者が電話相談に乗り、連携を図ることもある。

2　特別支援教育現場への大学生の導入とその効用と問題点

この章は、O君が卒業論文において、学生ボランティアを受け入れてきた小学校教員一四名、実際に小学校の発達障害児支援ボランティアに参加した学生五名双方へアンケート調査を行い、その結果と前項で紹介した自らの実践を踏まえて考察したことをもとにしている。

(1)　教員アンケートより

①大学生が教育現場に入ることの効用

・若さとエネルギーの効果……遊んでくれるため、子どもに笑顔が増え、ボランティアの来校を楽しみにする。

・対応の幅の広がり……人手が増えることで、子どもの安全の確保が容易になり、個別対応も可能になる。

・教員への良い緊張感……しばしば学級王国と称される小学校のクラスでは、担任の授業スタイルがワンパターンになりがちであるが、「学生がいるからしっかりやらないと」という緊張感が生まれる。

②大学生が教育現場に入ることの問題点

・個人情報の守秘義務……アンケートでも一番多い回答で、教員が守るべき守秘義務はボランティアも守らねばならない。教師の悪評を外に漏らすようなことも厳に慎むべきである。

・時間の制限……大学のカリキュラムの問題もあり、ボランティアに関わることのできる時間は限られている。教育方針など細かい連携を取りたくても、担任の先生と話し合う時間がない。

・児童の学習に悪影響を与える可能性……週一回来るだけのボランティアが子どもを甘やかしてしまうことによって、子どもの集中力が欠け、勉強が遅れてしまうことがある。

(2)　大学生へのアンケートより

①大学生が実践で得たもの

・学習面での具体的な指導方法、実践力……大学の講義では得ることのできない実践力を身につけることができる。

・教育現場の現状を知る……「学校とはどんなところか」「教師とはどんな仕事をするのか」を学ぶことができた。

②大学生の悩み、問題点とその解決策

・子どもが甘えてしまう……「お兄さん、お姉さん」になりすぎていると気づいたら、自ら対応を変える必要がある。
・教科指導の難しさ……急に「これやって」と言われ、対応できず、悩みながら一時間終わってしまうことがある。単元構想図などを先生から事前に渡してもらえるとありがたい。
・子どもとの関係づくり……しばらく行かないと子どもに忘れられることがある。給食の時間は、子どもの特徴把握、子どもとの関係作りのチャンスである。
・ボランティアという立場でどこまで深入りしていいか……O君自身がもっとも悩んだ点。思いが強くなると、担任の先生と考え方が食い違ったりすることもある。「大学生にしか見えない視点もある」(教員アンケートより)ので、補助的立場を自覚した上で、先生に思いを伝えてもいいのではないか。

3 学校における発達障害児支援ボランティア派遣事業

O君の実践を先駆けとして、平成一八年度より「学校における発達障害児支援ボランティア派遣事業」(三年計画)が始まった。この小論執筆時点では、事業は一学期を経過したばかりであり、枚数にも限りがあるので具体例を詳しく記すことはできないが、以下概要を述べたい。

[図1]に示したのが、この事業における「発達障害児支援図式」である。「大学」「学生」「学校(教育委員会)」が連携を取りながら事業を遂行していく形になっている。「大学」とは、大学当局がこの事業を委託したスタッフであり、具体的には全体を統括する筆者と三人の学校支援コーディネーターが中心に動き、必要に応じて、障害児治療教育センターの他のスタッフ、研究員、研究協力員等に協力を仰いでいる。土曜日には、「学校支援ボランティア演習」(正式な授業ではない)を開催し、グループワーク、事例検討会、講演会等を行い、ボランティア学生の資質向上に力を注いでいる。

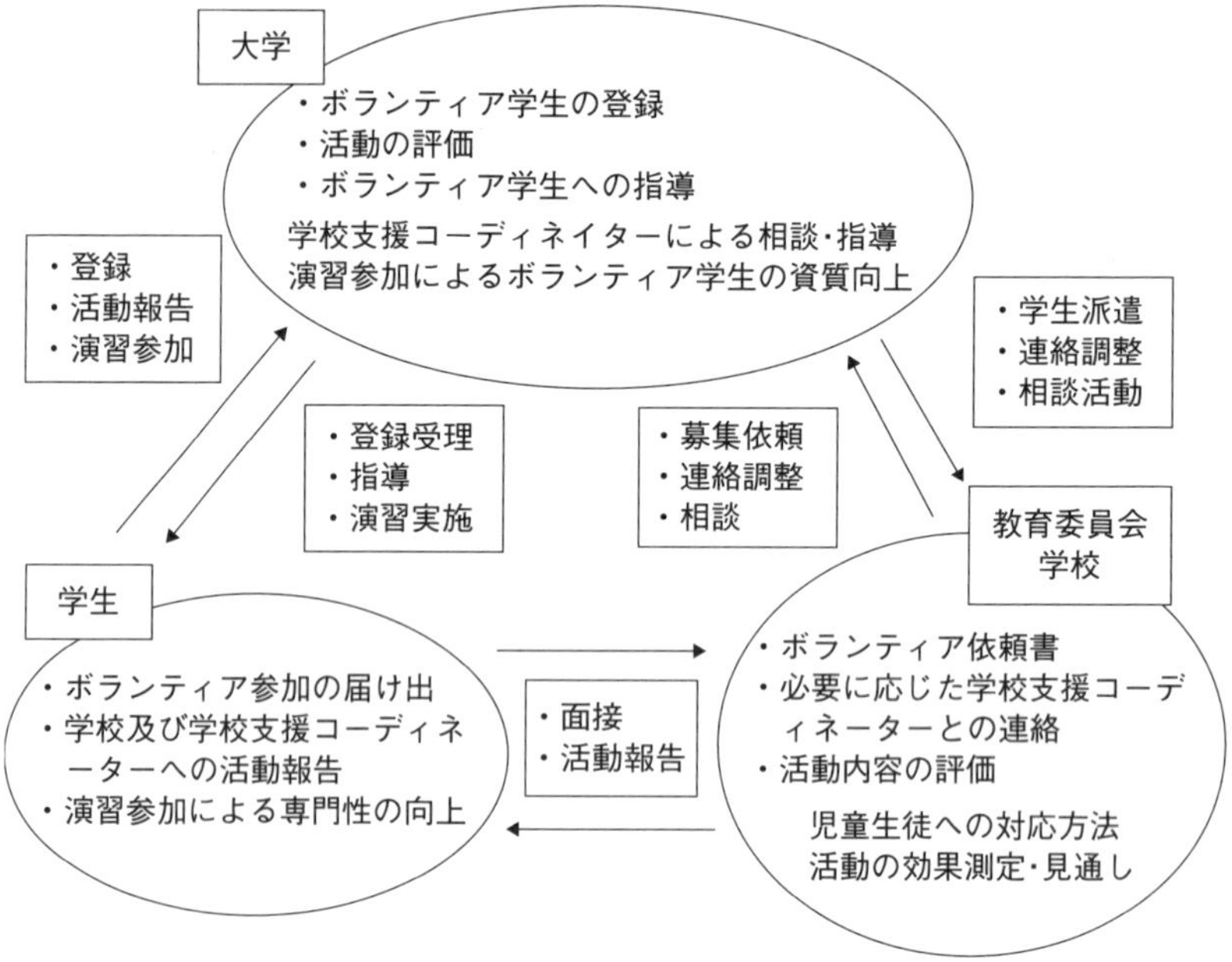

［図1］　発達障害児支援図式

学校支援コーディネーターはボランティア学生の相談役であり、また実際に学校訪問して連携を図る役割を担っている。障害児教育専攻大学院修了者等、専門的知識を備えた者が、土曜日も含む週二日勤務している。コーディネーターは、週日の勤務日には主に学校訪問に出かけ、支援がスムーズにいくよう調整を図り、具体的な児童生徒への対応方法など学校支援ボランティアに関する内容であれば、随時相談に乗ることになっている。土曜日はスタッフ打ち合わせ、「学校支援ボランティア演習」の準備、これまでの活動の整理、今後の活動に向けての準備などを行う。勤務日には、それらの仕事の合間を縫って、学生から随時活動報告を受けて個別相談・指導にあたっている。

「学生」は、一学期が終わった時点で二〇数名の登録があり、小・中学校に支援に行っている。支援の内容は、何らかの発達障害がある（疑われる）児童生徒に対しての学校生活および学習活動の補助である。具体的には、①通常学級に在籍する広汎性発達障害児に対して授業時間にそばにつき、学習に対して注意が向くように働きかけたり、②特殊学級在籍の児童が通常学級に交流に出かける際に、活動にスムーズに参加できるように働きかけたりする。「学生」は三名のコーディネーターが担当する三つのグループのいずれかに属することになり、所定の記録用紙に活動を記録し、担当コーディネーターに提出・報告することになっている。

「大学」と「学校（教育委員会）」は、大学側からは「派遣文書」を、学校側からは「派遣依頼文書」を取り交わした上で、随時連携を取っている。「大学」と「学校（教育委員会）」の関わり方はさまざまである。ある市の教育委員会へは、筆者が直接挨拶に行き、趣旨を説明し理解を求め、その後の連携のための道筋をつけた。筆者が研修会で講師を務めたことがきっかけで、学生を多数派遣している学校もある。市が独自に「学校支援ボランティア事業」を立ち上げようとするなか、教育委員会の担当者と筆者が連絡を取り合いながら進めている例もある。また、学生自ら学校あるいは教育委員会と交渉し、支援を始めている例もある。その後の連携に関しては、基本的には担当コーディネーターに任せているが、ケースによっては筆者がよろず相談的に支援先の学校を訪問することもある。学校側の窓口は主に特別支援教育コーディネーターがあたっているようであるが、なかには特殊学級担任や支援を受ける学級の担任がその任にあたっている学校もある。

4　学校支援ボランティアの12原則

支援が始まり、グループワークや個別相談で学生たちの話を聞くうちに、共通した悩み、問題点等が見えてきた。そこで、一学期の終わりに、「学校支援ボランティアの12原則」と称して、支援のための指針をスタッフで話し合って作成した。これは、「アクスラインの遊戯療法の8原則」からヒントを得たものであるが、八つには収まらず12原則となった。今後何度も改訂されていくべきものであるが、現時点での「12原則」を紹介してこの小論を終えたい。

原則①　子どもを好きになろう。クラスを好きになろう。学校を好きになろう。
原則②　教育は創造的な営みである。マニュアルのなかから何をどう応用していくかを考えよう。
原則③　支援の方法は一つではない。支援のための引き出しを増やしていこう。
原則④　子どもの行動の意味について、想像力を働かせよう。
原則⑤　自分が今どう動けば、この子ども、クラスにとってプラスとなるか、常に考えながら行動しよう。
原則⑥　ボランティアは、特別な支援が必要な子どもと、クラス全体との橋渡しをする役である。
原則⑦　クラス経営の責任は担任にあり、ボランティアはそれを補助する立場であることを自覚する。
原則⑧　わからないことは先生に聞き、気になったことは先生に伝えよう。
原則⑨　たとえ補助であろうとも、子どもにとっては先生であることを忘れないようにしよう。
原則⑩　悩んだら一人で抱えず、コーディネーターに相談しよう。
原則⑪　グループワークでボランティア仲間から支援のコツを分かち合おう。
原則⑫　行動あるのみ。失敗を怖れず、失敗から学ぼう。

原則①は心理療法で言うラポールの形成につなげるためのものである。支援を行っていく上で基盤となる重要な心理的規範を最初に、行動的規範を最後（原則⑫）に置き、プラス思考こそ支援の要であることを示唆する。原則②〜④は子どもへの支援に関するものである。支援に入る前に「軽度発達障害児の指導と支援」という冊子を学生に与え基本的な知識・考え方を習得させるのであるが、現実はマニュアル通りにやってもうまくいかないことが多い。そうした壁にぶつかったとき、支援のための視点をあれこれ思い浮かべ、子どもの目線に立って想像力を働かせていくことを、学生に体得してもらいたいと考えている。
原則⑤〜⑦と⑨は、「学校のなか、クラスのなかでの自分の位置づけ、立場」に関するものである。学校という社会のなかの一員であることを自覚することは、これから社会人になっていく学生にとって最低限求められるマナーである。その上で原則⑧が示唆する「先生とのコミュニケーション」を積極的に進めていくことが支援の質を高めていく。支援場面では、しばしば先生と学生ボランティアの間に摩擦が生じる。学生ボランティアの側では、自分はここで今何をしたらいいのかわからず戸惑っているのに、先生は教えてくれないし、何となく聞きにくい……といったなかで時間が過ぎていく悩み。先生の側では、学生ボランティアは教室内をうろうろしているのだが、いったい何をしたいのかわからない、といったいらだちである。その解決策として提示したのが原則⑧である。また、当初「わからないことは先生に聞く」だけだったが、ある小学校教師より助言を得て「気になったことは先生に伝えよう」もつけ加えた。子どものことで、教師と学生が話題を共有することの大切さを示している。

原則⑪、⑫に関しては、ピアカウンセリングとスーパーヴィジョンが、学校支援ボランティアにおいても必要なことを示唆している。

謝辞　本稿をまとめるにあたり、学校支援コーディネーターである、柴田和美、原恵美子、野澤宏之の三氏、ならびに元指導学生の大内隆利氏には、直接的、間接的に協力を仰いだ。記して、感謝の意を表する。

[文　献]（1）大内隆利「特別支援教育現場への大学生の導入とその効用」二〇〇四年度愛知教育大学卒業論文
（2）滝川一廣「自閉症児の遊戯療法入門――学生のために」治療教育学研究（愛知教育大学障害児治療教育センター）、24、二一～四三頁、二〇〇四

5 適応指導教室における個と集団

西嶋雅樹

はじめに

心理臨床面接の場には、不登校という状態を呈しているクライエントが多く訪れる。不登校というのはあくまでも状態像であり、個々の子どもをこの言葉で一括りに論じることで抜け落ちてしまうものが多くある。にもかかわらず、不登校という状態像が教育領域における心理臨床の中で対象となることの多い状態像であることもまた事実である。そしてわれわれ心理臨床家が不登校という事象にかかわる際に、その現場の一つとして、適応指導教室という施設を挙げることができる。そこで本稿では、適応指導教室という場面における個と集団というテーマについての考察を行う。

1 適応指導教室とは

適応指導教室とは不登校児童・生徒の居場所として市町村の教育委員会が設置している施設の名称である。平成一五年の文部科学省「適応指導教室整備指針（試案）」の中では、適応指導教室の目的として、「不登校児童生徒の集団生活への適応、情緒の安定、基礎学力の補充、基本的生活習慣の改善等のための相談・適応指導（学習指導を含む。以下同じ）を行うことにより、その学校復帰を支援し、もって不登校児童生徒の社会的自立に資することを基本とする」と述べられている。

また、心理臨床の立場からは、たとえば菅佐和子[1]が、「子どものためのデイケア」という表現を用いている。

すなわち、自由な活動やプログラム化された活動の中でさまざまな人とのかかわりを通じて、子ども一人ひとりが力をつけていくことを目指す場として機能しうるわけである。

2　適応指導教室の実態

適応指導教室のおおよその在籍児童・生徒数の概略についても触れておく。

谷井淳一・沢崎達夫[2]によると、適応指導教室に通う児童・生徒の内訳は二〇〇〇年の一学期時点で二二一四人分の回答データ中、中学校三年生が九八九人（四五％）ともっとも多く、中学校二年生の六二二人（二八％）がそれに次ぐとされている。また、一教室あたりの平均的な在籍児童・生徒数は、小学生が一・五九名、中学生が六・八七名である。[2]人数については大鐘啓伸[3]も一教室あたり八・四人が在籍していると報告しており、これらを総合して考えると、適応指導教室の一般形として、中学生を中心とした一〇名弱の集団を想定することができよう。こうした実態や設置目的からは、適応指導教室を構成する集団の像が浮かび上がってくる。学校のように同年齢集団を生活単位とするわけでもなく、さりとて家庭ほど見知った間柄の人々がいるわけでもないという集団である。

子どもの中には、こうした場に初めて足を踏み入れる際に、これまでの体験の中にはなかった場にどのように居場所を見出すのか、そしてどのように他の人たちとかかわっていくのかという不安を抱く子どもも多いであろう。

適応指導教室が子どもたちにとってどのような体験との出会いの場となりうるのか。本稿では、子どもとスタッフの両者への言及を行き来しつつ、本書全体のテーマである個と集団についての考察を行っていく。

1 適応指導教室における個

1 個に対するかかわり

先述のように、適応指導教室の活動では心理的なケアや学習の支援などが行われる。このどちらも、子どもたちが生きていく上での「力」を身につけるという共通の目的を有していると考えられる。[注1] また、どちらにも、小集団を活かしての個別のかかわりという特色を求めることができよう。ここでは主に、個に対するかかわりという点から論を進めたい。

一般に不登校と呼ばれる児童生徒には、抱えている困難、その子の魅力などからして、さまざまな子どもがいる。ゆえに、一括りに不登校という名の下に対応を考えることにはそもそも無理がある。

比較的少人数で構成される適応指導教室には、個人個人に寄りそった、細やかなかかわりが期待されていると考えられる。そこには面接やプレイセラピーといった一対一の心理療法が含まれてくるであろうし、全体での活動が集団療法的に機能する場面も考えられる。あるいは、ときには個別の学習支援ということも含まれるであろう。

2 表現を支える「枠」

さて、心理的な意味での個別のかかわりは、なにもオーソドックスな、面接室内における一対一の心理療法に限定されるものではない。個とのかかわりを考える上で、「枠」という観点を提示してみたい。

たとえば、個別の学習を見る中で、将来への不安や集団への不満をこぼす子どもがいるとする。学習という場面は、教える—教えられるという上下の関係が生じる、心理療法とはやや異なった形態の活動であると見なせるかもしれない（もちろんこのこと自体にも、子どもを支えていく上での大切な機能がある）。と同時に、子どもがこぼした言葉は学習という課題を媒介として、紛れもなくスタッフとのかかわりの中で生まれてきた言葉である。丁寧に一つひとつの言葉や仕草を受けとめていくことで、心理的にも子どもに寄りそって受容していくことも可能となるであろう。また、施設によっては全体活動で調理やスポーツ、畑仕事などが行われる。このようになんらかの方向性をもった活動は、箱庭療法や風景構成法における「枠」に類する働きをもち、その中で子どもの表現を可能としていると筆者は考える。

いずれの例でも、時空間を特殊な形で切り取り、その中で特定の表現ないしは活動を子どもに要求する機能を含んでいると考えるわけである。

こうした「枠」は、ときに子どもに「やらなくては」という締めつけや「やりたくなさ」を惹起する可能性も有している。しかし、そうした諸々の感情体験は、活動という「枠」をめぐって初めて生じてくるものであるとも考えられる。そう考えると、限定された枠組みの中だからこそかえって見えやすくなるもの、表現しやすくなる心の動きがあるかもしれないといえよう。

こうした考え方は、河合隼雄[4]が箱庭療法や絵画療法における制限についての言及の中で、あまりに自由な中では個人はどう振る舞っていいのか戸惑ってしまい、かえって自由な表現ができなくなると述べていることと、根底では軌を一にしていると考えられる。

適応指導教室という、子どもも職員も大勢いる場での子どもとのかかわりは、一対一の関係の中でなされるオーソドックスな形の心理療法から見ると、対象の数や時間という点からして、変法的な位置づけとなるかもしれない。当たり前のことではあるが、子どもはさまざまな場面において、さまざまな形での表現を行っている。そう考えればこそ、スタッフにおいては常に、個々の子どもを見立てその心にそっていくという、心理臨床家としての専門性がなおさら問われてくる。これは時空間で区切れるものではなく、子どもがいる間はどこでも間断なく求められる姿勢であろう。そしてこのような姿勢は、個別の面接を中心とする心理療法と本質としては変わりないともいえる。

繰り返すが、適応指導教室における「枠」は、構造的には緩いものとして感じられるかもしれない。しかし、そこで「枠」とは何かと問うのではなく、関与がある以上は、そこには潜在・顕在の差はあれどもなんらかの「枠」がまずあると措定する。その上で自らを取り巻く「枠」がどのような影響を一人ひとりに及ぼしているかを自問しつつ、さまざまな「枠」の中で子どもが表現してくるさまざまなことを、丁寧に細やかに受けとめてかかわっていくことがスタッフには要求されるのではなかろうか。

2 適応指導教室における集団

続いて、子どもたちの活動の背景となっている、集団というテーマについて考えていきたい。

1 思春期という時期と集団――年齢という観点から見て

適応指導教室という場での活動を考える上で、集団という視座はどのような意味をもってくるのか。まず、思春期という時期と関連させて考えてみたい。

思春期の頃は、家族や友人との関係にはじまり、多くの人との関係の中で子どもは成長していく。そのため、思春期を生きる子どもがどのような集団の中に身を置くのかということは、その子どもの成長を考える上で非常に重要な意味をもってくる。この時期の親友関係はその後の人生の重要な人間関係の先駆けとなるし[5]、また、子どもの自己意識は他者との関係の中で培われていくのである[6]。この多感とされる時期を過ごす受け皿として、どのような集団の中で過ごすのか。このことが子どもにとって重要な意味をもつであろうことは、どれだけ強調してもし過ぎることはない。

適応指導教室における集団は、先述したように、通常の学級集団などとはやや性質を異にしているといえる。学校の中では、同じ年齢の児童・生徒で構成される集団が基本単位となる。一方、適応指導教室においては、基本的には多様な年齢の子どもが同じ場に会するのが通常のあり方となる。こう考えると、適応指導教室という場で生起してくる現象は、常にではないにせよ、同年齢の集団の場合と比べて異なる様相を呈する可能性を有しているといえよう。

たとえば、年齢の異なる子ども同士の間では、きょうだいのいる子どもであればその年齢差ゆえに、きょうだい間の関係や葛藤が再演されるようなやりとりがなされやすくなるかもしれない。むろん、実際には年下の子どもが年上の子どもの世話を焼く、いわば子どもの取る役割が逆転していると思われる場面を目にすることもまれではなく、むしろそうしたときにこそ、年齢から一般に期待されるような役割関係を超えたところで、いわば転移ともいえるような関係の中で、子どもたちの対人関係の特徴が浮き彫りになってくるとも考えられる。

2 集団との出会い

では、適応指導教室とは、集団の構成員内の年齢差という点のみで学校という場と差異があるのか。別の視点からも見ていきたい。

適応指導教室は不登校の子どもの居場所となっている。どのような理由があるにせよ、またその形態は一様ではないとはいえども、不登校となった子どもたちは、大なり小なり集団の中で活動したりすることに困難を抱えていることが多い。

周囲の子どもが自分と同じく不登校であるかどうか。こうした問いのもたらす意味は、子ども一人ひとりによって異なってくるであろう。たとえば今村裕[7]は不登校という問題を抱えるのが自分だけでないと気づくことが、安心感に繋がるとしている。一方、皆藤靖子[8]が述べているように、子どもの側の機が熟していないと、同年代の子どもと接触すること自体が脅威になる可能性も考えられる。集団の中に子どもが身を置けばいい、と単純には言い切れない側面があることも見落としてはならない。

そして、それぞれの子どもがその子なりにのびのびと表現を行える場として機能していくようになるためには、スタッフが集団の中でどのような役割を果たすか、ということも重要になってくる。

3 スタッフという成員

集団の中にいるのはなにも子どもだけではない。そこにはスタッフも存在している。施設によってその実態はさまざまであろうが、スタッフとしての大人の中にも、いろいろな年齢、性別、立場の者がいるのが普通であろう。たとえばそれは親と同じ年代のカウンセラーかもしれないし、教員としてベテランの域に達しているおじさん・おばさん的な人かもしれない。二〇代半ばくらいのお兄さん・お姉さん的な、心理臨床学専攻の大学院生がいるかもしれないし、年齢的にはもっと子どもたちに近い学部生がいるかもしれない。そして，そのそれぞれが多様な個性の持ち主であることを考えると、スタッフとしての大人の数は、そのまま子どもたちが出会うことになる人間像の多様さに繋がっていくと考えられる。

また、スタッフのチームの構成員が多様ならばそれだけ、子どもに対して多様な角度からアプローチすることができるとも考えられる。これは、年齢のみならず、依って立つ理論のことでもあり、役割の分担のことでもあり、究極的には子どもたちから見た大人のモデルとしての、一人ひとりのあり方の違いによるものでもある。

そう考えると、いささか単純化のきらいがあるかもしれないが、スタッフの構成も限られた立場の人で占められるよりは、多様な立場からの多様な価値観を有する人々によって構成されている方が、集団全体の体験は豊かになっていくといえるかもしれない（もちろん、単に人数が多いだけでは、船頭多くして船山に上るになりかねないわけであるが）。

4 体験の器としてのスタッフ

さて、花井正樹[9]も述べているように、スタッフには子どもの投影や転移の受け皿としての機能もある。実際にその人物がどのような人間であるかという現実的条件（性別、年齢など）は転移の生じ方に影響を及ぼしうると考えられる。そのため、転移の受け皿であるスタッフが多様であることは、子どもがさまざまな体験をすることを保証する条件の一つになっているといえよう。

先に子ども同士の年齢の絡みで、たとえば世話をする—されるの再演の可能性について言及した。しかし、これとは別の視点から体験を捉えることも可能であろう。

たとえば、それまで家族や学級の中で世話役的な立場を取らざるを得なかったためにしんどくなっている子どもがいるとする。こうした子どもに関しては、適応指導教室にいたところで年下や、年下的な子どもの世話役に回ってしまうことでしんどさが再演されうる、という可能性を気にかけておくべきであろう。しかし、なかなか親から気にかけてもらえずに育ってきた子どもにとっては、スタッフからの温かいまなざしが、それまでになかった、世話をされるという育ちへと繋がる糸口になるのかもしれない。

このように、スタッフには転移の受け皿としての機能に加え、子どもたちがこれまで得られなかった抱える(holding)体験をいま・ここで創り直す機能も有されていると考えられる。

5　主体性をもつ〈場〉

ここで、集団というテーマを考えるヒントとして、〈場〉という視座を紹介しておきたい。

杉万俊夫[10]は、「集合体とは、これ以上切り刻んだらなくなってしまう何らかの性質(全体的性質)をもつ一群の人々とその環境の総体である」と述べている(集合体を集団と読み換えても差し支えないであろう)。つまり、集団とは単に個の総和として捉えられるのではなく、それ以上分割できない、それ自体が固有の意味をもったゲシュタルトとして考えられるわけである。

杉万が述べているような意味での集合体は、分割不可能という点に重点が置かれていると考えられる。そして次に挙げる木村敏の場合は、さらに一歩踏み込み、「集団それ自体に固有の主体性」ということも含みこまれているといえる。

木村[11]のいう〈場〉とは、単に個々人が生活する物理的な空間としての場ではなく、それ自体が固有の主体性をもつものとして述べられている。その具体例として、生物界においてアリやハチが全体として一個の個体であるかのように行動を示すことを木村は挙げている。

では、この〈場〉という概念は、適応指導教室を考える上で、どのような視点となりえるだろうか。例を挙げて考えてみたい。たとえば、適応指導教室に新しく子どもが来所し始めたとしよう。そのとき、すでに籍を置き通所している子どもたちどうしの間には、暗黙の了解や仲間内のあだ名など、有形無形のルールのようなものが満ち溢れているといえる。あるいはそれは、ルールとすらいえない、雰囲気といったものであるかもしれない。

ここではいわば、すでにある集団という〈場〉自体が独自の行動原理をもった一個の主体であると考えられる。そこに入っていく子どもにとっては、一人ひとりの子どもとの出会いがあるのと同じように、それを包含している適応指導教室という〈場〉そのものとも出会っていかなくてはならないことになる。

その〈場〉という主体にどのように出会っていくことができるのか。この出会い方は、その後安心して集団の中に存在を続けていくことができるかということに大きく関わってくると考えられる。

もちろん出会い自体は、個々の成員とのやりとりという具体的で目に見えるレベルで進行していくことになろう。しかし、スタッフの立場からは、個々の子どもへの関与だけではなく、ときには硬直した雰囲気を変容させるような、〈場〉全体への働きかけが必要にもなるであろう。子どもを見守る立場としては、一人ひとりの子どもの特徴だけでなく、そうした子どもたちが生活する〈場〉がどのような性格を帯びているか、どのような雰囲気をまとっているかを自覚しておく必要もあるといえよう。

3　個と集団

1　個と集団の関係——その相補性

最後に、個と集団というテーマについて、双方の関係から述べてみたい。

これまで集団や〈場〉という視点について論じてきたが、これらの視点を大切にしつつも、そこから最終的に個という視座が抜け落ちてしまっては意味がない。集団は個々の成員に還元しては捉えきれないとはいいつつも、やはり一人ひとりがあって、初めて集団として成立しているのである。

そして、「集団の中の個としての一人の子ども」に焦点を当てるというのは、「その子という全体が表現する、ある話題やあり方」に意識を向けることとフラクタルな構造を成しているといえる。すなわち、個々の子どもとかかわるということは、全体としての集団にかかわりながら全体としての個にかかわるという、位相の異なる二重の全体にかかわるということであるといえる。

フロイト以来、人の振る舞いや症状を理解する上で、無意識という概念が大きな役割を果たしてきた。多様な立場の中で無意識という概念をめぐって共通するのは、人のあり方を考える上で、その現れだけでなく、現れの背景となる、いわば水面下の氷山を想定することであったといえよう。

個と集団ということと絡めて考えると、個にとっての集団は意識にとっての無意識になぞらえて説明されうる存在といえる。個人の振る舞いは、その個人だけに還元して考えるだけでなく、集団という〈場〉の中で生起したものとして理解できる。いささか観念的な話になるが、無意識としての〈場〉全体へのアプローチが可能となれば、その中で生きる一人ひとりの個の生き方も、自ずと影響を受けてくるものと考えられる。

たとえばそれは、問題行動とされるような表出を通じて目立って行動している子どもへの働きかけという形をとるかもしれない。その子の行動を抑えて修正しようとすれば、集団全体に対しても、ある種の行動を表出しにくい雰囲気を創出していくことになるかもしれない。あるいは受容的にかかわっていくのであれば、多少冒険したような、思い切った表現を一人ひとりがなしうる土壌が育っていくかもしれない。また、別の例で考えると、空気を読み過ぎてしまうがゆえに萎縮して自らを押し殺してしまう子どもに対しては、もう少しのびのびとしていい、というメッセージを送る。こうした関与が選択肢の一つとしてあるだろう。このとき、他の子どもを抱える雰囲気自体も、無理せずありのままでいいのだ、というメッセージを帯びてくるかもしれない（このあたりは雰囲気という説明でわかりにくければ、モデリングと見なす見方もあろう）。

後者の例では、その子ども自身が「空気」のように目立たぬ存在であるかもしれない。しかし、「空気」である以上は、他の子どもやスタッフたちを生かす存在であるにも違いない。そこに在るということで、すでに雰囲気の成分として〈場〉全体に影響を及ぼしているわけである。例を通じて見てきたように、いろいろな「空気」に対して関与していくことで、「空気」に触れている他の子どもに対しても、緩やかに影響していくことに繋がっていく。

2　ともに在ること

関与には、さまざまな形がある。「何かをする（doing）」だけでなく、たとえば先の例の萎縮した子どもに対しては、無理に活動に引き寄せるのではなく、ともに並んで座ってみたり、寝そべってみたりという関与も必要となるであろう。いわば、「ともに在る（being）」という形での関与である。そして、こうした一つひとつの積み重ねが、〈場〉の雰囲気への働きかけにも通じていく。

スタッフが全身をもって，その子の体験しているであろう世界の一端をかいま見、そして共有することで、安心感を抱いてもらえることに繋がるかもしれない。もちろん過ぎたるは及ばざるがごとしで、子どもにとっては呑み込まれる不安に転じる危険性もある。そのため、あくまでも、ほどよいレベルでのかかわりとしての話である。

子どもにとっては自分がなんらかの集団に属しているという感覚自体が、受容されているという感覚に繋がっていくとも考えられる。集団に一気に入っていくことができず、たとえば廊下で一人で過ごす時間が多いとしても、隣に静かに座るなどの形によりスタッフが気持ちを向け続けることで、集団と繋がっている感覚を緩やかに育んでいくことはできよう。神田橋條治[12]は、一緒にお茶を飲んだりタバコを吸ったりというのが心理的ケアの原点と述べている。このように、派手で特別な働きかけではなくとも、まずはともに在ろうとする姿勢そのものが、ケアに繋がっていくといえる。

おわりに

関与しながらの観察という言葉があるように、集団を対象化するのみならず、すでに自分も不可避にそこに含み込まれているという姿勢がスタッフには必要である。心理臨床家、あるいはそれ以外の立場からでも、スタッフとして適応指導教室に身を置く中で、そこで何が生じているのかを細やかに見つつ、しかし自らも自由に動いていける。これがある種の理想像であるのかもしれない。

皆藤[13]は、自らの所属する適応指導教室に新しく心理のスタッフが入ると、「六時間ぶっ通しの遊戯療法だと思ってください」と説明するという。適応指導教室だからどうこうというのではなく、やはりそこには心理臨床家の基本的な姿勢として、一対一の面接やプレイセラピーの中で培われているものと同種のものが求められるといってもいいであろう。個を、集団を見守りつつも、自らも中に入って自由に遊び続けることのできる感覚を通じてこそ、子どもを真に受容することができるのかもしれない。

［文　献］

（1）菅佐和子「適応指導教室――学外での小集団活動」〔菅佐和子、木之下隆夫編〕『学校現場に役立つ臨床心理学――事例から学ぶ』日本評論社、一四二～一四六頁、二〇〇一

（2）谷井淳一、沢崎達夫「適応指導教室における体験的活動が不登校児童生徒の回復過程に果たす役割に関する研究」平成一一、一二、一三年度科学研究補助金基盤研究（c）（課題番号一一六一〇三〇五）研究成果報告書、二〇〇二

（3）大鐘啓伸「適応指導教室に関する実態調査研究――心理的援助機能を考える」心理臨床学研究、22（6）、五九六～六〇四頁、二〇〇五

（4）河合隼雄『箱庭療法入門』誠信書房、一九六九

（5）福島章『青年期の心――精神医学からみた若者』講談社現代新書、一九九二

（6）山口俊郎「子どもの個性とは何か」〔馬場謙一、福島章、小川捷之、山中康裕編〕『日本人の深層分析9　子どもの深層』有斐閣、一一九～一四二頁、一九八四

（7）今村裕「適応指導教室の理論――グループダイナミックス理論から」〔相馬誠一、花井正樹、倉淵泰佑編〕『適応指導教室――よみがえる「登校拒否」の子どもたち』学事出版、七九～八八頁、一九九八

（8）皆藤靖子「適応指導教室における取り組みの実際」臨床心理学、5（1）、五一～五六頁、二〇〇五

（9）花井正樹「適応指導教室の理論――精神分析理論から」〔相馬誠一、花井正樹、倉淵泰佑編〕『適応指導教室――よみがえる「登校拒否」の子どもたち』学事出版、六八～七九頁、一九九八

（10）杉万俊夫「グループ・ダイナミックス」〔杉万俊夫編〕『コミュニティのグループ・ダイナミックス』京都大学学術出版会、一九～八六頁、京都大学学術出版会

（11）木村敏「〈あいだ〉と言葉」〔加藤敏編〕『新世紀の精神科治療7　語りと聴取』中山書店、二五～三五頁、二〇〇三

（12）神田橋條治『治療のこころ巻1　対話するふたり』花クリニック神田橋研究会、二〇〇〇

（13）前掲書（8）

［注］

1　最近では教育支援センターという呼称も使われる。にもかかわらず筆者が適応指導教室の呼称を用いるのは、ややもすると狭い意味での「学習」や「指導」というイメージを喚起しやすい「教育」という言葉を避け、広い意味で子どもの力を育む場という意味を意図したいからである。

6 学校臨床における「定点」について
――「個」に寄り添う姿勢を通して見えてくるもの

牧剛史・安立奈歩・久米禎子・鳴岩伸生・古屋敬子・高嶋雄介・須藤春佳

はじめに

学校とは、複数の生徒と教師、その他の職員から構成される「集団」であり、このような構成員からなる「社会」でもある。学校生活には、一日の中では時間割があり、一年の中には行事があって、生徒はそれを基準に生活を送る。このように、学校とは集団での生活を行う場でもある。

平成七年度から文部省（現文部科学省）によって開始された「スクールカウンセラー活用調査研究委託事業」を受けて、平成一三年度からは全国的にスクールカウンセラーが学校現場に配置されることとなり、学校現場に心理臨床家が出向くこととなった。これにより、それまではクライエントが個々に相談に来るのを待つという、いわゆる〝来室型〟の相談を専門としていた心理臨床家が、学校という集団生活の営まれている現場に出向いていって相談活動を行う〝出向型〟の相談を請け負うこととなった。〝来室型〟の相談活動が、日常生活の場とは離れた所で営まれる相談活動であるのに対し、学校現場での相談活動は、相談員の駐在する「相談室」を一歩外に出れば、日常の学校生活が営まれている中での相談活動となる。したがって、学校現場ではクライエントの日常生活、すなわち社会生活であり集団生活とも言える〝学校生活〟に極めて近接した場所で心理臨床活動が行われると言ってもよいだろう。

われわれ心理臨床家は、何らかの基盤なしに臨床活動を行うことはできない。それは、たとえば「臨床心理士」というアイデンティティ、心理臨床活動の専門性、あるいは相談室という場所、面接時間や料金という枠組みであったりする。そうした活動の基盤を必要とするのは学校現場でも同じであるが、従来の〝来室型〟の相談活動の基盤をまったく同じ形で学校現場に持ち込むことはできない。従来の〝来室型〟の相談活動の基盤とは一体何かを改めて問い直すことによって、学校現場に出向く〝出向型〟の相談活動ならではの基盤のあり方を考える必要があるのである。そこで、本稿では心理臨床家の活動の基盤を「定点」と名づけ、学校臨床における「定点」とはどのようなものか、考えてみたい。

1　心理臨床家の主観的体験を取り上げる重要性

心理臨床家の専門性の一つはどこまでも「個」を大切にする立場を取るということである。つまり、「何といっても大切なのは悩み苦しんでいる個人」[1]と考え、その個人にとっての真実をどこまでも尊重する立場を取る。では、学校という「集団」の中に、「個」を尊重する観点を持った心理療法家が参入するとどのようなことが起きるのだろうか。あくまでも個を大切にする姿勢を持つ心理臨床家が、集団生活が営まれている学校現場に参入すると、心理臨床家の側にも受け入れる学校側にも時に違和感が生じる場合がある。その理由としては、学校現場での心理臨床では、生徒個人だけを対象としたものではなく、担任をはじめとする学校全体や家庭も視野に含めた援助が求められ、個人を対象とした心理療法がそのまま持ち込めない点があげられるであろう。そのため、教師と心理臨床家の連携や学校組織やコミュニティを考慮した援助の必要性についてしばしば言及されているが、これらは実際の連携にさまざまな難しさや違和感が伴うことのあらわれかもしれない。[2][3]

心理臨床家の立場から言えば、たとえば、問題行動を呈する生徒への対応に苦慮している教師から、目の前の生徒にどう対応したらよいかという、いわゆる"HOW TO"的な関わり方を知りたいと求められることがある。そのようなとき、こうした問いの背景に、現場で対応に困っている生徒や気になる生徒に対して、何とかしなければという教師の切実な思いが感じられ、その思いに心理臨床家として何とか応えたいという気持ちが起こってくる。その一方で、その生徒の状態や、教師と生徒の関係、生徒を取り巻く環境などに思いをめぐらせれば、そう簡単に「こうすればいい」とは言い切れないという気持ちも起こってきて、心理臨床家としてどうコメントをしていけばいいか困惑し、ある種の居心地の悪さ、「違和感」を感じることがある。

この「違和感」の背景には、学校という集団に属する心理臨床家として自分に期待されていることと、自分が心理臨床家としてなすべき（と考える）ことが必ずしもぴったりとは一致しないということがあるだろう。また、教師の「個」、生徒の「個」、それぞれの個を大切に関わろうとしたとき、教師と生徒の思いに距離があって折り合いがつかず、身動きが取りにくいがゆえの違和感もあろう。このように、個々の心理臨床家と学校との関係性の中で、さまざまな「違和感」が感じられる。これは、心理臨床家にとって、その基盤が揺り動かされる体験である。このとき、心理臨床家は改めて自分が何を学校に提供できるのかを問い直すことを余儀なくされる。これは、自らが拠って立つ基盤、つまり学校臨床における「定点」とは一体何かという問いにつながるものである。

学校現場で生じる「違和感」に対しては、さまざまな反応の仕方があろう。教師と仲良くなるうちに学校とさまざまな考えを共有し完全に同化する、あるいは専門分野や考え方が違うからと距離をとり各々の職務に従事する、そのようにして違和感を減じる方向に進もうとするかもしれない。しかし、心理臨床家の立場が一般的な学校のそれとは対立的になる可能性があったとしても「その対立に耐え、それを生かしながら新しい道を考え出すのが本来の仕事である」[1]、「〔心理臨床家が〕学校とまったく同化してしまうのであれば、そもそも必要性そのものがなくなってしまう」[4]という指摘があるように、このようなあり方では、心理臨床家が学校に所属しながら外部のものであることの意義が失われてしまうであろう。

「アウトサイダー」[4]であるがゆえの違和感を解消する足場として、〝設備の整った相談室があれば〟〝タイムスケジュールがあれば〟〝コンサルテーションができる時間があれば〟など、外的な枠組みを求めることもあろう。確かに、このような外的な枠組みは、居心地の悪さを収め、心理臨床家が学校の中で機能するためにはある程度必要なものである。しかし学校現場で時間を過ごしていく中で、外的な枠組み以上に、違和感を深め、自身の主観

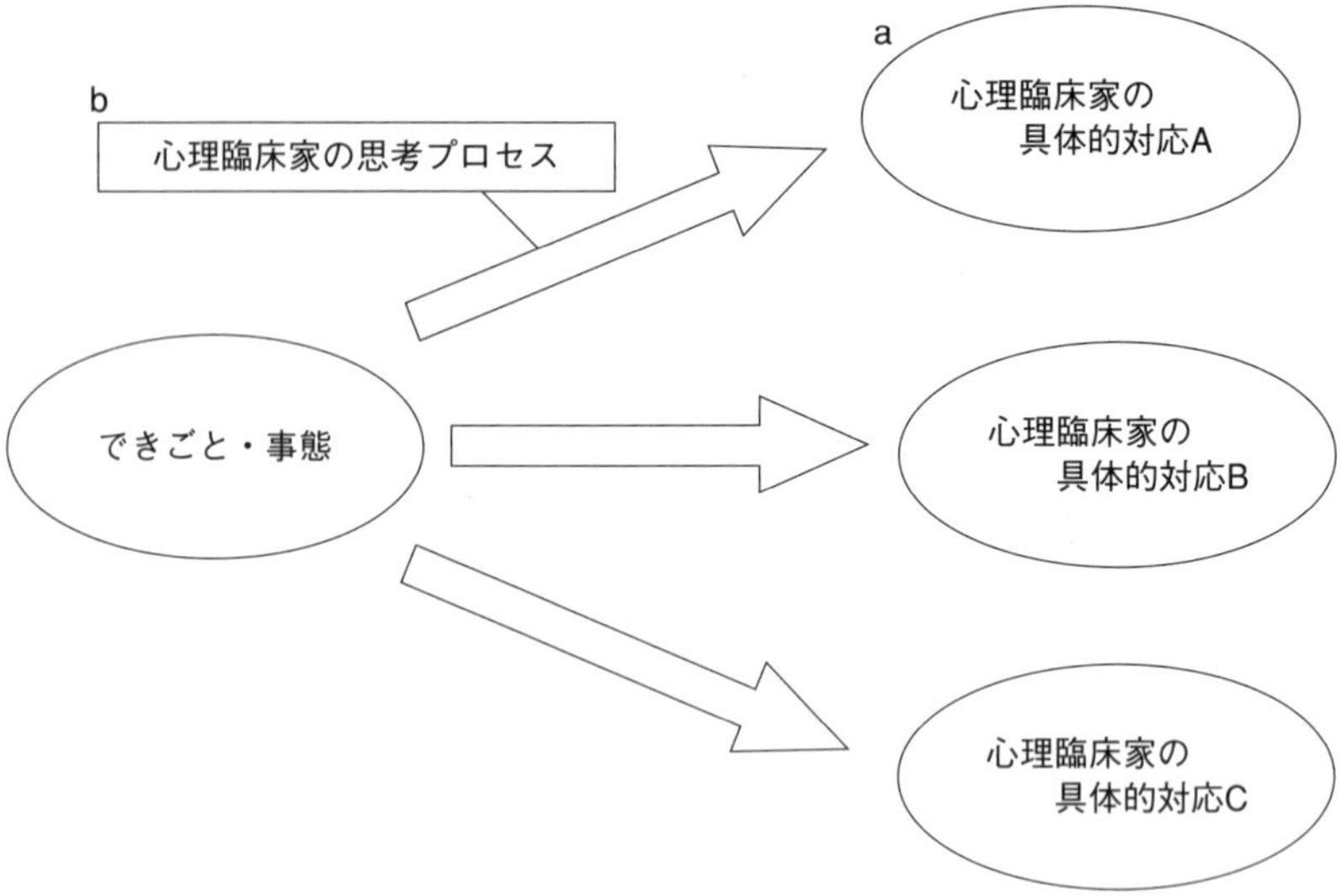

〔図1〕心理臨床的思考プロセス

的体験を見つめ直すことが必要となる体験に出会うことになる。具体例を提示しながら考えてみたい。

【ショートストーリー1】

不登校になったA子に対して、家庭訪問した方が良いのかしない方が良いのかを、担任に訊かれた。担任はとても急いでいて即決を求めている様子である。担任の意図を汲んで即答したい気持ちも湧いてくる一方で、A子はどんな子で、どんな状況にあって、何を訴えたいのか、どう成長していこうとしているのだろうか、A子という個人のことをもっと知りたい……。急ぐ担任を前に、具体的行動レベルでの対応と、A子への理解を深めたい思いとの間で揺れる……。

このような例を体験すると、具体的に「何をしたか、どのように対応したか」（〔図1〕のa）ということよりも、その対応に至るまでに「どう思考したか」（〔図1〕のb）が重要であると改めて気がつくのである。つまり、「個」を大事にしながら、ある出来事をどのような視点から見ることができるか、どうコミットしていけるかなどと考える過程こそが心理臨床の専門性ではないかと思うに至るのである。このように考えると、違和感という心理臨床家の主観的体験は、単純になくせばいいといったものではなく、学校現場で活動を行っていく上で重要な指標となりうると考えられる。そこで、このような思考の過程を「心理臨床的思考プロセス」と名づけることにする。

学校臨床における「定点」は、システム、制度、具体的な職務内容といった外的に見えやすい形をとることもあれば、心理臨床家の感覚として内的に感じられることもある。これら定点における外的、内的な側面というのは、いずれも学校臨床において必要となるものである。なぜなら、外的な活動の基盤がなければ、心理臨床家としての専門性を発揮する場が持てないからであり、また、専門家としての内的な指針がなければ、定点を見出すことなどできないからである。学校現場では、相手と心理臨床家との関係に応じて、異なる心理臨床的思考プロセスが辿られ、異なる対応が生まれる。このような流れの中で、相手との関係の中で生まれる〝定まる感じ〟こそが、心理臨床家が学校現場で活動する際の定点となりうるのではないだろうか。

2 「個」との関係の中で生成される「定点」

それでは、われわれは学校現場の中でどのようにして心理臨床的思考プロセスを活かし、この定点を見出していくのであろうか。ふたたび具体例を通して考えてみたい。

【ショートストーリー2】

担任から「B男にどう関わったらいいのか」と相談を受けた。B男は、授業中に、授業内容と関係のないことを大きな声でしゃべり、自分の遊びに周りの生徒を巻き込んでしまうとのことである。担任は、B男が発達障害かもしれないと考え、本を読んだり、研修を受けたりしてB男のことを理解しようと努めていた。しかし、なかなかうまくいかず、今はあきらめムードである。担任の話では、保護者は、B男の発達障害の疑いには目を向けず、B男に対して拒絶的な態度を示しがちである。また、管理職は、保護者に少しでも早く専門機関に行ってもらいたいと考えて保護者を呼び出そうと思っているということであった。

担任から上記のような相談を受けたとき、心理臨床家の第一の仕事は、まず相談を持ちかけた担任の話を聴くことであろう。この例で着目したいのは、生徒や保護者に対するのと同じように、教師に対しても「個」をどこまでも大事にすること、すなわち心理臨床的思考プロセスを大事に接することが重要ではないか、ということである。教師もまた、教師間の軋轢、管理職からのプレッシャー（管理職は管理職のプレッシャー）、生徒や保護者との複雑な関係、これまで培ってきた経験や誇り、教師自身の家族の問題など、さまざまなものを抱えている。心理臨床的思考プロセスを大事にしながら関わることで、このような背景に目が向き、それまで不思議だった教師の行動や厳しいと感じていた言葉がどこから生まれてきたのか見えてくる。そうすると、あの教師にはこんな言葉で伝えてみようとか、今の状況ではこれを伝えるのはもう少し待ってみようなど、目の前にいる教師にとって大切なものは何か、少し余裕を持って考えることができるようになるのではないだろうか。

ここではB男の対応に苦慮している担任こそ、まずわれわれが心を添わせるべき「個」であり、その背景にも目を向けつつ、この担任がB男との関わりの糸口を見出せるように、同じ目線に立って考えていこうとするのである。そして、たとえば、「こういう場面では、おとなしくできていたなあ。大声でしゃべり始めるときと何が違うんだろう」といった担任自らの気づき、潜在的な力が引き出されるような関わりを試みたりするのである。このような事例では、心理臨床家に発達障害の専門的な知識が必要であることはもちろんであるが、それらは担任の「個」に寄り添うことを通して、はじめて生きてくるものであろう。

こうして、担任を後方から支えるという形で、担任と心理臨床家との間に一つの「定点」が形成されるのである。これは、一般にコンサルテーションと呼ばれるが、この相談形態は、「定点」の外的な側面に過ぎない。重要なことは、担任と話し合う中で、担任の本来持っている力が引き出されるような姿勢が生成されることなのである。これが、「定点」の内的な側面と言える。しかし、話を聴いて間接的に支えるだけでは不十分な場合もある。あきらめムードの担任を支えるには、心理臨床家自身がB男と直接会うという選択肢もあろう。実は、B男と直接会わなくても、心理臨床家はB男の「個」に寄り添う心理臨床的思考プロセスを始めている。担任からB男の話を聴いている段階においてすでに、担任の「個」に寄り添いながら、同時にB男の「個」も感じとっているのである。

【ショートストーリー3】

心理臨床家はB男と定期的に関わりを持つようになった。B男は、心理臨床家との激しいボールのやりとりの中で、少しずつのびやかさを取り戻していった。そこからは、B男の心の中にある傷つきや受けとめてもらえない思いが察せられた。B男への関わりと並行して行われた担任へのコンサルテーションでは、毎回のようにB男に対するやりきれなさが語られた。しかし、今まで保護者への批判が多かったことから比べると、B男と向き合っているからこそ表現される苦しさであることが推測された。一方、B男への対応を急ぎたい管理職は、保護者の対応への不満を募らせていた。心理臨床家は、発達障害という言葉がもたらす保護者の動揺や不安などを、管理職や担任とともに話し合いながら、まずは話し合いができるような保護者との関係作りを目指すことを提案した。一年という時間をかけて、保護者の意識も少しずつ変化していった。

上記の例が示すように、学校現場ではさまざまな立場、思いを持った「個」が交錯する。そのため、心理臨床家は、B男の「個」、担任の「個」、保護者の「個」、管理職の「個」の間で、ある種の葛藤状況に置かれる。しかし、その中で、「個」をどこまでも大事にする姿勢を貫きながら、心理臨床的思考プロセスを辿りつつ、それぞれの「個」との間に定点を見出すのである。

対立的な関係や、感情的にもつれた関係の中に置かれると、心理臨床家自身もそうした葛藤状況に巻き込まれ、完全に中立的な立場にいつづけることは難しい。たとえば、B男の傷つきを感じたとき、心理臨床家の心の中に、担任や保護者に対する批判的な気持ちが生じることもあろう。あるいは、管理職の気持ちもわかる、しかし保護者の気持ちもわかる……というように、両者の間で引き裂かれるような思いを抱くこともあろう。このような心理臨床家の心の揺れは、それぞれの「個」に寄り添うべく自身をコミットさせた結果、ある程度必然的に生じてくるものと思われる。しかし、B男の「個」を考えたとき、担任や保護者を批判しても始まらない。これからもB男と取り組もうという気持ちを高めてもらえるような支援こそ、結果的に、B男の「個」に、そして担任の「個」、保護者の「個」に寄り添う姿勢なのではなかろうか。

学校現場においてこのような関わりが積み重なってくると、ある教師（「個」）が抱く学校像（「集団」）、ある生徒が抱く学校像、ある保護者が抱く学校像、という具合に一つの学校（「集団」）がさまざまな姿に見えてくる。このような多層性、多角性は、たとえば「こういう考え（教師の意見）もあるけど、それについて（生徒や保護者は）どう思っているんだろう？」などというように、「個」に出会う際の多層的な聴き方、会い方にもつながっていく。一つの「個」に添いながら、他方の「個」にも添うという二律背反を生きるのは大変難しい。しかし、「個」が抱く「集団」がさまざまに見えてくることで、反対に「個」に会いやすくなるとも言えるのである。そして「個」を大切にする姿勢があるからこそ、「集団」が健全に機能し始めるのである。

さまざまな「個」の間で揺れながらも、絶えず心理臨床的思考プロセスを通して自らの拠って立つ基盤を確認しながら、それぞれの「個」と出会っていくことが、それぞれの相手との関係の中で「定点」を生み出すことにつながっていくものと思われる。これこそが、われわれの探し求めている学校臨床における「定点」であり、それは、一人ひとりとの関係の中で、そのときの状況に応じて生み出されるものなのである。

結び――学校臨床における定点をめぐって

　学校現場で臨床活動を行おうとする心理臨床家にとって、その活動を支える「定点」を見出すことは重要である。「定点」は、学校臨床におけるシステム、制度、具体的な職務内容のような外的なものとして、あるいは、心理臨床家の違和感を契機とした内的感覚として体験される。重要なのは結果としての「定点」ではない。相談システムや職務内容などの外的なものにしても、学校で出会うさまざまな事象に対して、個をどこまでも大事にする心理臨床的思考プロセスを辿りながら、何らかの形が見出されていくことが重要なのである。

　このように定点とは、違和感を契機とし、そこから展開される心理臨床的思考プロセスを活かしながら、事例をめぐるさまざまな「個」との間で、絶えず生成されつづけるものなのである。それゆえ、「定点」は一つのところに留まる性質のものではない。学校を大海に喩えるならば、多種多様の「個」の思いは波である。折り重なる波の中を、それぞれの「個」とともに心理臨床家が自在かつ安全に浮かびつづけるためには、自分たちの位置を確認できる拠り所が必要となる。定点とは波間に浮かぶオレンジ色のブイのごときものであろう。決して流されることはないもののさまざまな波に応じて揺らぎ、動くものと言える。その姿は、確固とした外的・内的枠を保持しつつ、その枠に完全には固定されることなく、つねに一定の揺れ幅を持つ（来室型、出向型といった違いを超えた）心理臨床家の本質的なあり様と重なる。

　われわれにとって重要なのは、違和感や葛藤を抱えながら、「定点」に至るプロセスを十分に生きるということである。そのプロセスの中から生成された「定点」によって、心理臨床家は十分機能できるようになる。そして、このような「定点」生成のプロセスを生きることこそが、心理臨床家が学校現場で活動することの本質的な意義であろう。

〔文　献〕（1）河合隼雄「学校における心理臨床」〔河合隼雄、山中康裕、小川捷之編〕『心理臨床の実際2　学校の心理臨床』金子書房、二～一〇頁、一九九九
（2）鵜養美昭、鵜養啓子『学校と臨床心理士――心育ての教育をささえる』ミネルヴァ書房、一九九七
（3）伊藤美奈子、平野直己編『学校臨床心理学・入門――スクールカウンセラーによる実践の知恵』有斐閣、二〇〇三
（4）桑原知子「教育現場におけるカウンセリング」〔倉光修編〕『臨床心理学全書12　学校臨床心理学』誠信書房、二三四～二五六頁、二〇〇四

7 学校臨床現場における個と集団
――スクールカウンセラーと教師との関係性に焦点づけて

伊藤美奈子

はじめに

スクールカウンセラー事業が始まって一〇年あまり。その間、学校現場における心理臨床実践についてさまざまな研究が継続的に深められてきた。心理臨床的支援の中でも、とりわけ学校現場は、個への関わりに加え集団・グループや組織への関わりが求められる。児童生徒個人へのカウンセリングと同時に、グループを対象とした支援や学級集団そのものへのアプローチも必要である。また、教師個人へのコンサルテーションもあれば、教師集団を対象とした研修活動や、教師とともに相談室を開設し相談委員会を組織化する作業まで、取り組むべき仕事の幅は広くて深い。そうした個と集団双方へのアプローチの内容と重要性については、スクールカウンセラーによる実践例が蓄積され、さまざまな理論化も試みられてきた。

本稿では、学校臨床実践の中でも、スクールカウンセラーと教師との関わりに焦点づけ、教師の個と集団ダイナミクスを相手に展開されるスクールカウンセリング活動について検討したい。

1 教師の立場

まず、教師の立場が含み持つ特殊性について考える。教師が一番の仕事とする「教育」は多くの人々、多様な職種が共同で行うという特徴を有している。教師集団と主事さんたち、さらに学校外から協力してくれるのが保護者であり地域である。たとえば運動会を開催する際も、準備から後かたづけまで多くの人の手助けがある。教師一人ひとりには「役割」が与えられ、事務主事、校務主事それぞれに求められる仕事がある。裏方では保護者が手伝い、華やかな表舞台を支えている。そして、こういう行事成功の陰には地域の理解と協力も欠かせない。

またこの教師集団の中にも、いろいろな立場や役職がある。校長・教頭（副校長）という管理職、養護教諭、さまざまな主任など、それぞれに与えられた役割は異なっている。一人ひとりの経験や学んできた場もさまざまである。児童生徒に対しては個々に独立した「先生」として、かつ、立場の違いを超えて協働しながら教育を作っていくことになる。このように、学校教育は教師を主軸とした歯車がいくつも重なり合って展開されているといえる。そのため、互いが理解し合い分担し合うための話し合いや打ち合わせの時間が必要不可欠となる。

さらに「所属」という観点から見ると、教師の立場はなお複雑である。一人の教師が担任クラスを受け持っている場合、そのクラスは学年の一部であり、その学年は学校の一部である。この学級、学年、学校という単位は、互いに包含関係にあるため、一人の教師が「ある学級の担任」「ある学年の教員」「ある学校の教職員の一人」という何重もの役割を持つことになる。そして、この立場の多層性ゆえに教師自身がジレンマを抱えることもある。たとえば、ある不登校の生徒に対し「私服での登校を認めるか否か」が問題になったとする。教師個人としては認めてもいいと思っても、学年で話し合いがなされ「（学級に入るときは）制服でくるべし」という結論になった場合、いくら個人的には別の見解を持っていたとしても、学年の一員としては私服通学を認めるわけにはいかなくなる。また、学年の意見が学校全体の職員会議で否定されてしまえば、全体の決定が優先されることになる。学級運営という独立した、個性ある仕事を求められつつも、学校全体としては「一枚岩」の対応が要求されるという教師のジレンマがここにある。

2 教師のストレス

今、学校現場における教師のバーンアウトが問題になっている。その一因としては「教師」という職業が持つ特殊性が挙げられる。たとえば、教育という仕事には「これでよし」という明確なゴールがない。教師の工夫と努力次第で仕事はいくらでも増えていく。しかも、その成果は数字で計れないし、明確な形ですぐには表れない。このような特徴ゆえに教師の多忙化に拍車がかかるだけでなく、結果の不明確さゆえに達成感が得られにくいことも多い。

他方、人間関係の悩みも大きい。先に述べたような教師集団内の人間関係だけでなく、児童生徒との関係、さらには保護者との関係に悩む教師も増えている。また学校外の地域社会や教育委員会との関係が、教師にとって負担になることもある。とりわけ、その人間関係がこじれる背景に、子どもたちの「問題」が関わっていることも少なくない。非行やいじめ、不登校や発達障害に至るまで、さまざまな「問題」への対応をめぐってこれらの人間関係に亀裂が走り、教師自身の疲れが増幅される。こうしたストレスから、休職や退職に追い込まれる教師が後を絶たないというのが現状である。

3 教師への支援活動

とりわけ学校現場では、子どもたちの「問題」が教師にとって大きなストレスとなっている。この教師の悩みに対して、スクールカウンセラーに期待される支援の一つがコンサルテーションである。子どもたちの心の「問題」がさまざまに顕現化し、その対応が迫られる現状の中で先が見えなくなりうずくまってしまう教師がいる。子どもに真剣に向き合っている教師ほど、子どもが抱えている「問題」につぶされそうになってしまうことも多い。そんな教師とともに、「子どもをどう理解したらいいか」「子どもにどんな対応が可能か」など、子ども理解を深め、一緒に作戦を練るための話し合いがコンサルテーションである。

しかし、さまざまな要因が邪魔をして教師とのコンサルテーションがスムーズにいかないこともある。まず一つ目の難しさは、教師の多忙さである。子どもについて情報交換しようとしても、教師には空き時間がない。授業がない時間は会議が入り、その隙間を縫って教材研究が行われる。放課後も、部活動の指導や委員会などでなかなか席に戻れない。スクールカウンセラーには、そんな教師の実情を配慮し、短い時間に要領よく必要な情報を伝え聞きとる技術が必要とされる。

他方、教師自身のプライドがコンサルテーションの邪魔をすることもある。教師という職業は「人に教える」ことが仕事である。そのため、頼って来るものを助ける術は数多く持っているが、人に頼ったり教えてもらったりするのは苦手という教師も少なくない。「自分のクラスの問題は、自分で解決しなくてはならない」、そんな縛りを自分に課している教師も多い。これらは教師としては大事な特性ともいえるが、状況によっては「抱え込み」という弊害を生んでしまうことにもなる。ふだんから、教師とのコミュニケーションを図り、何でも話しやすい空気を作る力もカウンセラーが備えるべき資質の一つである。

この、ふだんの情報共有やコンサルテーションに際して、教師との間に溝を作ってしまう恐れがあるものの一つに言葉の壁がある。心理臨床の専門用語は、専門家同士の理解を促進するには非常に重宝なものである。しかし、専門性が異なる教師と同じ地平に立って情報共有を行う場合、専門用語を多用することで、教師に正確な情報が伝わらないこともある。とりわけ、カウンセラーの配慮が欠けている場合、言葉の壁が教師に疎外感を与え、そのプライドを傷つけるという弊害も起こりうる。教師とのコンサルテーションにおいては、教師と共有できる言葉をカウンセラーも熟知しておくことが重要である。

4　教師との関係をめぐって──関わりの三位相

このように、教師自身が立たされている立場は多様で、かつ矛盾を抱えやすいものである。そして、この教師の相談相手にあることも、スクールカウンセラーに求められる重要な仕事の一つである。その教師のニーズに応えるために、スクールカウンセラーとして心がけるべきポイントも見えてきた。

ところで筆者は、自らの実践を通して、スクールカウンセラーとしての関わり方には三つの形があると考えている。[1] 一つは個人臨床的な支援を意味する「点への関わり」である。たとえば、スクールカウンセラーの居場所が十分に確立される前段階で支援の対象となるのは、子どもや個人や教師個人であることが多いだろう。この、個人への直接的な関与をここでは「点への関わり」と称することにする。その後、学校現場における人間関係の綾が徐々に見え出し、同時に学校の中での相談活動が広がってくると、個人への対応だけでなく教師と生徒との間に立たねばならないケースも増えてくる。さらには、子どもと子ども、子どもと保護者、教師と教師といった「人と人との関係」に介入する事態にも遭遇する。これは、人間関係への関わりという点で「線への関わり」ととらえられよう。さらに、スクールカウンセラーが学校組織の中に位置づいてくると、学校全体に関わることで組織の構造そのものを変える必要が出てくることがある。あるいは学校内で解決できないような事態に対しては、学外の専門機関（教育センターや児童相談所、警察や病院など）との連携に努め、学校コミュニティやネットワークそのものを動かさねばならないこともあるだろう。これは、組織やコミュニティへの関わりという点で「面の関わり」と特徴づけることができる。

5　事例より

ここで、教師に対する関わりの三位相に注目しながら、一つの事例について考察してみたい。

以下に示すのは、筆者自身がスクールカウンセラーとして出会ったA中学校での事例である。このA中学校は都心に近いながらも下町の雰囲気を残す地域にあり、筆者はこの中学校に勤務して二年目のスクールカウンセラー（事例中では「カウンセラー」と表記）であった。相談室は職員室から離れた場所にあったが、授業中などは職員室で過ごし、カウンセラーと教職員とのコミュニケーションはかなりスムーズに行われやすい状況であった。

一学期。B先生は二年一組を担任する三〇歳代の男性教師。この組には多くの「問題」を抱える生徒たちが在籍していた。そのうちの一人（女子生徒）が相談室登校をしていた関係から、カウンセラーはB先生と情報交換をする機会が多かった。B先生はたいへん生徒思いで、研究授業を行うなど授業にも熱心な教師であった。

カウンセラーとしては教師との連携・協働を心がけ、生徒の相談を受けた後、それぞれの担任教師や養護教諭と情報交換するようにしていた。B先生についても、生徒の面談が終わると、その生徒について話し合うために職員室で教材研究をしているときにカウンセラーから声をかけたり、B先生が相談室を訪れたりするなどコンサルテーションが進められ、関係も徐々に築かれていった。

二学期になったある日、二年の学年主任であるC先生（四〇歳代、女性）から、次のような言葉が漏れてきた。「B先生は自分のクラス内でのことを学年には何も話してくれない。秘密主義でやりにくい」……。B先生は「自分のクラスのことは自分の責任で解決したい」という使命感の強い先生であったが、この思いが「抱え込み体質」となり、その結果、学年の中でも学校全体においても孤立傾向にあることがカウンセラーにも推察された。ところが、そのC先生とのやりとりから、B先生と二人で話をすることが多かったカウンセラーまでもが誤解を受けていることがわかってきた。「カウンセラーはB先生には話すのに、われわれ学年の教師には相談内容を開示してくれない」というように、B先生とカウンセラーとがひと括りにされ、教師集団の中で特別視を受けていたのである。悩んだカウンセラーは、学年全体にケースを理解してもらう必要性と同時に、このB先生を教員集団の中にしっかり位置づけることの大切さを痛感した。そこでまず、B先生と関係がこじれつつあった学年教師集団の中でケース検討の場（ミニ・カンファレンス）を持つよう働きかけた。最初は「私のクラスのことはほかの先生にはわからないし、口出しされたくない」と尻込みされていたB先生であったが、カウンセラーが同席する形でクラスの問題を学年会で話し合うことになった。ただ最初は、C先生がこれまでの不満をB先生にぶつけ、ほかの教師たちの目前でB先生を個人攻撃するという危険な場面もあった。カウンセラーは、C先生とのやりとりで傷ついたB先生を励まし支えつつ、一方で、学年主任として責任を担っているC先生をねぎらう形で、双方のパワーが相殺し合わないよう支援した。カウンセラーとのやりとりを通して、時間をかけながら二人の教師は互いに対する見方を修正していった。それとともに、学年会の空気が少しずつ和らいでいくのが感じられた。

学年でのミニ・カンファレンスの形が軌道に乗り始めた頃、このチーム支援のあり方はほかの学年にも広がっていった。そして二学期が終わる頃には、ファシリテーター的役割を担ったカウンセラーがいなくても、養護教諭や学年主任が中心となってインフォーマルなケース検討会が日常的に行われるようになっていた。

1 点への関わり――教師へのコンサルテーション

教師個人への関わりとして、とくにニーズが高いのがコンサルテーションである。このB先生もコンサルテーションを強く求めており、カウンセラーへの接近も早かった。そのためカウンセラーは、B先生と情報を分け持つ作業は比較的スムーズに行え、B先生のクラスが抱える「問題」にも関わりやすかった。B先生も、教師とは異なる立場にいるカウンセラーには素直に自分を開くことができたのである。カウンセラーもB先生の教師としての力を尊重し、クラスの「問題」へも一緒に取り組むという「点への関わり」が展開された。ところがこのときカウンセラーは、B先生とほかの教師との関係にまで目配りができていなかった。B先生は学年の中で〈自分のクラスの「問題」を抱え込んでしまう教師〉というレッテルを貼られ、疎外状況におかれていたのであった。この抱え込みの背景には〈自分のクラス内で生じた「問題」は自分の手で解決したい〉、そんな担任教師としての使命感や意地があり、それゆえに同僚教師に向けてSOSを発信することもできないでいるようすが徐々に見えてきた。

2 線への関わり——関係性に関わる

このように、B先生の場合、学年集団の中での位置づけが問題であった。主任のC先生との折り合いが悪く、C先生がほかの教師を盾にしながら、B先生を個人的に攻撃する場面もしばしば見られた。B先生にしても学年に協力を求めたいと思うこともあっただろう。しかし、自らを開示するためには、周りとの関係が良好であることが条件となる。周りからバッシングを受ける空気の中で自らを開くのは容易なことではないのである。

B先生とC先生とは、クラスの運営や生徒への対応をめぐって互いに考えが対立し、事あるごとに火花を散らしていた。その一因として、B先生の責任感や他の教師への不信感による「秘密主義」や（自らの関わりを絶対と見る）「孤高性」が、周りの反感を強めていくという悪循環を生んでいたことも事実である。そこでカウンセラーは、両者の間をつなぐ「ちょうつがい」的役割を果たすことを一つの目標とした。つまりB先生には、クラス担任としての思いやB先生個人の考え方を理解しながらコンサルテーションを続けた。またC先生には、主任という責任ある立場を理解しC先生の大変さに共感していった。その中で、B先生、C先生それぞれに、相手の思いや要望を伝え、互いに理解し合える状況を作ることを目指したのである。

このケースのように、学校臨床活動においては、人間関係そのものにアプローチし、その関係を改善することが必要となるケースは多い。教師集団内での人間関係は複雑である。外部の目から眺めているだけでは、その複雑な綾を解くことはできない。カウンセラーが人間関係の綾の中に自らを投げ入れながら状況をアセスメントし、双方への関わりを通してはじめて互いの関係を改善する（関係性に関与する）ことが可能となる。この事例においても、両者の思いを翻訳しながら代弁することで、互いの印象が少しずつ改善され関係の修復が図られた。

3 面の関わり——組織とネットワーク

しかし、二人の間の溝は相当に深く、それを完全に埋めることは至難であった。カウンセラーは、学年集団の場の力を借りることが必要だと考えた。そこで行われたのが、学年会でのミニ・カンファレンスである。このミニ・カンファレンスは、一人の生徒について学年内で共通理解を図り、学年教師集団の一員として二年一組の「問題」を一緒に考え一緒に関わるという空気を作るための試みであった。グループという枠の中に二人の存在をおき、一対一の人間関係（線）を五角形（面）に広げること（面の関わり）で、二人の視線が相手のみに向けられ対立の構造が強まるのを避けようとした。もちろん、対象となる生徒にとっても学年の教師全員が正しく理解を共有し関わりを強めることが必要であった。このカンファレンスを通してクラスの「問題」を学年の「問題」としてとらえ直すことにより、学年全体で責任を分け持つ空気が強まった。

このチームによる支援は、今、さまざまな「問題」への取り組みにおいて重視されている。教育相談の下部組織として、このようなインフォーマルなチーム支援会議を持つことの意義については三点ある。一つは、「複数の目」で児童生徒を見ることによる多面的理解の可能性である。担任の前での顔、保健室での顔、部活動の中での顔、等々、子どもたちはいくつもの顔を持っている。それら複数の顔を重ね合わせることにより、等身大の子どもの姿が見えてくる。もう一つは「複数の手」が協力することにより、多様な関わりや役割分担が可能になるという点である。担任教師としては厳しい現実原則を言わねばならないときも、保健室や相談室でケアすることで、なんとか乗り切れることもあるだろう。児童生徒には担任が接しても、保護者への対応は相談係や養護教諭が分担する方がうまくいく場合もある。それぞれが単独で動くのではなく、互いに接点を持ちながら分担することで、一つひとつの関わりがより大きな意味を持つことになる。そしてもう一つは、「支え合い」の機能である。難しいケースを一人で抱えていると、教師自身が行き詰まったり疲れを感じたりすることもある。たとえば、不登校のケースなど、いくら家庭訪問しても一度も顔を見せてくれないと、「このまま続けていいのだろうか」「もうやめようか」と、放り出したくなることもあるだろう。そんなとき、チームの中で本音を出し合ったり互いに励まし合ったりすることで、少しホッとしたり先が見えたり、助けられることは少なくない。ただし、この機能を十分に果たすためには、先の事例のような教師間の対立やこじれは大きな足かせとなる。教師が自分のクラスの「問題」を全体に開く前提としては、学校内に「一つのクラスの問題は、学校全体で考えよう」「一人の教師で抱え込むのではなく、みんなで協力・分担して乗り越えよう」という空気作りが必要になる。

　他方、内容によっては、学校内だけでは解決できない「問題」もある。虐待ならば児童相談所、非行・犯罪に絡む事態なら警察の少年課など、専門機関との密な連携（ネットワーク）が必要となる。ふだんから、学区域にある専門機関の特徴について情報をプールしておくとともに、学校と専門相談機関との連絡システムを構築し、担当者同士が、足を使って「顔と顔」を合わせての連携が取れることが望ましい。こうした学校内のチームや学校外とのネットワークという、個々の教師を超えた面の関わりが重要となる。

　これらのチーム支援やネットワーク活動においてスクールカウンセラーの位置づけはどうあるべきであろうか。学校によっては、このような活動に慣れていなかったり、ノウハウが蓄積されていない場合も多い。そのため最初の立ち上げにあたっては、スクールカウンセラーがファシリテーター（水先案内人）やつなぎ役となることが必要とされる。しかし、いつまでもスクールカウンセラーが中心となるのでなく、徐々に学校主体に足場を移していくことが大切である。学校が持つ力を引き出し、隠れた人材をコーディネーターとして発掘・育成することが求められるのもこの点にある。

まとめ

　以上のように、教師個人そして教師集団への支援について検討してみた。教師個人と教師集団とは互いに〈入れ子〉の関係にある。そのため、教師個人へのコンサルテーションを行う際にも、事例のように一教師とカプセル状態になるのでなく、学校の中での自らの立ち位置に目を配ることが必要となる。また、教師と教師の関係性に働きかけるときも、それぞれに対する支援を進める一方、周りへの働きかけによる学校全体の空気作りが必要であろう。さらに、学校内でチーム支援活動を行ったり学校外とのネットワークを作る場合には、最初はカウンセラーが「火付け役」になったとしても、徐々に教師主導の形に移行し、カウンセラー自身はフェイドアウトしていくことが大切である。カウンセラーなしには動かないシステムではなく、カウンセラーがいなくても学校が持つ力で稼働するシステムに移行していくことが求められる。

また学校現場においては、目の前にいるクライエントをアセスメントすると同時に、自らを取り巻く学校内さらには学校外にも複眼的な視線を向けつつ、自分自身を含めた状況全体について冷静にアセスメントすることが重要となる。また、個人と集団のダイナミックスに自らを投げ入れつつも、その渦の中に巻き込まれた自分自身を客観的にモニターする鳥瞰的な視点も持たねばならない。こうした複眼的資質を磨いてこそ、学校という生きた現場への取り組みが深まるものと期待される。

［文　献］（1）　伊藤美奈子『スクールカウンセラーの仕事』岩波アクティブ新書、二〇〇二

コラム

スクールカウンセラーの個への関わりと学校教員集団の変化

石原みちる

筆者が文部省（当時）派遣のスクールカウンセラーとして出向いた中学校での五年間の経過から、個の成長を支える器である学校教員集団の変化を振り返ってみたい。

派遣に当たりスクールカウンセラーとして学校全体の見立てが必要だという知識はあった。しかし、それまでの筆者の個人心理療法の経験では実際どうすればよいかわからず、河合隼雄[1]の個人を通じて集団にも相対しているという観点は持ちつつも、できるのは徹底して「個」に寄り添うことしかないと半ば開き直って出向くことになる。どうすれば教員集団と協働できるかアンケートなどで把握を試みるも、教員組織が見えず、カウンセラーの仕事をどこに位置づけてよいかつかめずにいた。その頃、中井久夫[2]が、病棟再建にはどの人にも丁寧に挨拶し、自然回復力を信じて有害なことをしないことだと述べていることに出会った。教員に対しても丁寧に「個」を尊重することで生徒の個を育てる力が発揮される、それに努めようと考えるようになった。

派遣当初は数年前の暴力事件が学校の傷つきとなっていたのか、教員は個人で決まった仕事をこなすのみで、新しいことに取り組もうとか、課題を見つけて改善しようという空気が感じられない職員室であった。意欲ある教員の苦労や働きが教員集団に共有される機会もほとんどなかった。筆者は雑談に交えて、個々の教員の働きに耳を傾け、エンパワーメントに努めた。また幸いに、不登校や被虐待の個別の生徒への関わりが、長い時間をかけてよい変化を見せてくれ、「個」に寄り添う姿勢が周囲の教員に理解されるようになった。そして、四、五年目には、よりよい仕事をしようとする教員らがよりその力を発揮し、教員集団は情報を共有し、それぞれが個性を発揮して動ける集団へと変わっていったのである

筆者は、生徒にも、教員にもその個を尊重する（もちろんその過程には葛藤が多くあった）ことに努めただけである。しかし、「先生、職員室が明るくなったよなあ」としみじみ語ってもらえるほどに教員集団が変化したのは、それぞれの個の力が発揮されたことがひとつの要因であったと考えている。

［文　献］（1）河合隼雄『心理療法序説』岩波書店、一九九二
（2）中井久夫『記憶の肖像』みすず書房、一九九二

コラム

保護者対象のグループワーク

近森 聡

ある私立通信制高校の一室。私は、いつもどおり「こんにちは」と声をかけて、部屋の中へ入っていく。顔なじみの保護者の方、初めての方、あわせて二〇名ほど。数名の初めての方は緊張の表情。この会は、二カ月に一回の定例の保護者会。子どもさんの多くは、以前の在籍校で不登校になり再チャレンジ中である。したがって、学年途中でも随時転入者がある。

最初は、私のミニレクチャー。演題は、「親のタイプと親子関係」、「親子のコミュニケーション」など。みなさん、とても熱心で、自分の体験談を話しながらワークにも積極的に参加してくださる。

後半は、保護者の方々のフリートーク。私は全体に目を配りながら、時々言葉をはさんでいく。私にアドバイスが求められることもあるが、基本的には誰かが誰かを教えるということはない。最初は硬かった雰囲気も、二名ほどが話されるころにはほぐれてくる。みなさん、率直に自分の親としての苦しみと喜びを語られる。それを参加者は、熱心に聴き取る。こうした常連の方の雰囲気に後押しされて、初めての方もこの学校に来た経緯などを話される。そして、自分以外にも同じ苦しみを経験してきた方があるのを知り、ほっとされる。また、入学時には、復活への道のりの険しく見えた子どもたちが、一人一人の生徒をしっかりと見てくださる先生方に守られて、しだいに登校日数を増やし、あるいは目標を見つけ、不登校の長い長いトンネルから抜け出しつつあるのを知り、将来に希望を抱かれる。終了後、感想と会の運営についての意見を書いていただいているが、そこには、初めて参加された方々の安堵と希望の記述がある。常連の方々は、「また新しいエネルギーをもらいました」と帰っていかれる。

この会で、私のしていることは、何だろう？　それは、思い切って保護者会に足を運んでくださったみなさんに、安心して話すことのできる空間をアレンジすることであろうか。後は、保護者の方々の苦悩から生まれた知恵が、会全体を導いてくださるのを感嘆しつつ見守っているのだ。

コラム

スクールカウンセリングにおける教師集団との関わり

――潜在的ニーズに注目して

徳田仁子

学校現場に入ることを最大の特徴とするスクールカウンセリングにおいては、学校全体を援助の場とした活動が求められている。その求めに応じるためには、正式な相談として持ち込まれる問題ばかりではなく、その学校が抱えている潜在的なニーズを汲み取ることが大切である。教師集団の中にある潜在的ニーズとしては、学級経営の行き詰まりや生徒指導における焦りと不安など生徒指導に関わるもの、あるいは校内の人間関係に由来する心のゆとりのなさに関するものなどさまざまである。

教師集団との関わりの中で潜在的ニーズの存在を感じるのは、たとえばスクールカウンセラーが教師たちと話をしている時に、ある話題になると場の雰囲気が急に堅くなったりする時である。そのような時には、その話題には教師集団にとってのわだかまりがあって、表には出したくないことが見受けられる。一方、スクールカウンセラーも「ここには何かがある」と感じながらもその話題に触れることがためらわれる。こうした状況にぶつかったら、そこには「隠れた傷のようなもの」があるのではないかと察して、こちらからはむやみに触れないように見守ること、また後になって、誰かがその問題を公式・

非公式に持ち込んできた時には、背景となる事情を斟酌して学校全体の力動に配慮しながら話を聞けるような準備として、さりげなく情報収集をしておくことが大切である。これまでの筆者の経験では、背景の事情についての情報は、問題の当事者である教師とは別の学年の教師や用務員など、当事者から距離のある人々から自然に集まってきた。また背景の事情としては、校内の人事、指導力のある部活顧問の転出、教師の体罰、生徒の校内暴力や非行などの出来事があった。そして、その出来事から派生した教師の感情――たとえば生徒に対する指導の行き詰まり感や無力感など――が未整理のまま取り残されており、それが現在の校内の人間関係に影響を及ぼしているのではないかと思えることが多かった。スクールカウンセラーとして重要なことは、以上のような問題についての教師の隠れた悩みをそっと見守りながら、情報収集のためのアンテナを張るといったような、さりげなく目立たない活動を通して学校全体と関わることではないかと考える。

コラム

学校の中の守秘義務

三上英子

学校現場においては、個を大切にすることは基本ではあるが、やはり集団に重点を置いた視点が優勢である。対して、臨床心理学を学んだカウンセラーは集団より個に対する志向性が強いと言えるのではないだろうか。

生徒の問題を考える際に、学校では集団からの逸脱という視点で特殊性が語られることが多く、また秘密の保持に関しても全体での共有という傾向が強い。カウンセラーが、個への対応のみに重点を置き、守秘義務を守ることを盾に硬直した姿勢でいると学校の中で孤立してしまう。

問題の質により、個と集団のどちらに重点を置いて対応するかで守秘の枠組みも変わってくるのではないだろうか。学校全体で取り組むべき問題に関しては枠組みを拡大して守秘の範囲を拡げなくてはならないであろうし、相談室の中に限定して守秘の枠組みを設定する場合もあるであろう。大きな枠組みで問題を考える際には、各人の守秘に対する意識の弱まり等にも配慮し、情報の質をコントロールするのもカウンセラーの役割ではないだろうか。また、相談室の枠組みで問題を考える場合にも、集団の中で相談室での活動がどのように捉えられているのかに配慮することも必要であろう。

集団と個に対するしなやかな視点を持つことにより、守秘に対しても柔軟性が出てくると思われる。相談室の中で話されている内容を逐一具体的に報告しないでも、象徴的なレベルで伝えることで了解を得られることも多い。だが、たとえ相談者の許可を得ていても、どこまでを誰にどのようにと、常に慎重に守秘義務について考えながら連携をしていくことは、なかなか苦しい仕事ではある。先生方と信頼関係を築いていくことで、連携がとりやすくなる利点はあるが、先生方と同化してしまってはカウンセラーの存在意義がなくなる。良い関係は持ちつつも、あくまでも違った視点を持ち続けるための努力も必要である。

学校の中で活動する際に、集団の一員でありつつも少し離れた視点からの観察者であり続けること、関与しながらの観察という意識を持ち続けることが大切であろう。その意識を持つことで、学校現場で起こっている事態に巻き込まれずに、問題解決に対応していくことが可能になるのではないだろうかと思う。

コラム

不登校支援における「個別」支援と「集団」支援

千原雅代

近年、構造改革特区事業によって、適応指導教室を発展させた不登校の子どものための学校が設立されつつある。筆者もそうした学校に非常勤カウンセラーとして勤務させていただいている。ここでは教員が一〇名前後配置され、授業を行うほか、子どもたちの話を聴き、指導を行っている。また必要に応じて子どもたちはカウンセリングを活用しているが、毎日出会う複数の教員との人間関係のなかで生徒が成長していくことも多く、臨床心理士によるカウンセリングという個別支援が集団支援のなかでどのように役立つのかは、常に問われてきた。

それについて、ある生徒が次のように語ってくれた。その生徒は性的外傷体験のある中学生女子（以下、A子さんと呼ぶ）で、過呼吸と男性恐怖を抱えていた。A子さんは教師にもいろいろ相談するものの、少しでも自分が大事にされていないと感じると別の教員に相談にいくなど、周囲の対人関係を混乱させていた。筆者はそのコンサルテーションを行いつつ、徹底した自己否定と生きることの空しさを隔週のペースで聞いていた。幸い、一年を経て症状はなくなり、現在、彼女は目標をもって、安定した高校生活を送っている。

その彼女が卒業後語ってくれたところによると、彼女の体験としては、教員との時間は日常の時間であり、カウンセリングはそれとは異なる、自分をそのまま開示する不思議な時間であったそうだ。教員や友人を含めた集団の場は、自分を成長させてくれたが、筆者はそれとも異なる他者として見えていたとのこと。この言葉は、ともすれば治療構造が弱い状況で、本格的な心理療法は難しいのでは？と考え始めていた筆者の姿勢を正してくれた。確かに、現実的に来談者が多く、一人に時間がかけられないという制約はあるとしても、治療者が質的にその専門性に基づいた仕事に専念してこそ、やはり、臨床心理士による個別支援の意義が存在する。当たり前のことだが、治療者が、その場の特性に巻き込まれることなく、専門性を維持すると同時に、自らの仕事の分担範囲を意識することが、よりよい個別支援と集団支援を進めていくうえで大事だと学ばせていただいた。

A子さんとの面接では、恵まれた他者への羨望や些細なことに怒りを感じる自分への嫌悪が語られ、筆者も試される局面があった。そうした揺れ動きのなかで彼女は語りたいことを存分に語り、その世界を抜けていったように思う。心理療法は、十全に自分を開示できる場を提供することが基本だが、治療者には、時間や空間といった外的構造の維持のみならず、治療者のもっている内的治療構造が問われるのだと思う。

不登校支援では、個別支援と集団支援が並行実施されることが多いが、個別支援を必要とする生徒は少なからずいる。治療者の役割が重なるほどに、現場では悩むことが多いが、地道な面接を重ねることこそが、臨床心理上の仕事であると思う次第である。

コラム

学校における個と集団
――スクールカウンセラーの役割

伊原千晶

学校は個と集団が複雑に入り混じった場所である。子ども個人を学校という集団が抱える、という構造以外にも担任個人と教師集団、子どもとクラスと学年、さらには子どもと家庭という構造も存在しており、必然的にスクールカウンセラーも、個人と集団が二重三重に映りこんだ中で活動していることになる。

【事例1】 担任の児童への注意が、学校や担任に対する母親のきわめて否定的な感情を引き起こし、同時に本人のクラスでの不適応も発生した。スクールカウンセラーは担任・校長・養護教諭などの教師集団にコンサルテーションを実施し、児童や母親への臨床心理学的理解を深め、本人の適応改善を目指した。その結果、スクールカウンセラー・担任とも母親との個別面接は実施しなかったが、最終的に母親の学校への否定的感情はなくなり、家族の問題について担任に相談するまでになった。

【事例2】 不登校児童の保護者が、本人への周りの子どもたちの反応に対する担任の指導に不満を抱き、校長や担任を激しく攻撃した。スクールカウンセラーは事例1同様、教師集団へのコンサルテーションを実施、児童や母親への臨床心理学的理解を深め、対応をアドバイスした。スクールカウンセラーと担任との間では母親の病理についての共通理解ができ、それに基づく対応が母親の信頼を勝ちえたが、担任の交代とともに母親および児童と新担任の間でトラブルが発生し、不登校が再発した。

【事例3】 中学校入学後、自閉傾向を持つ男子生徒の思春期的問題が急浮上し、学校中をトラブルに巻き込んだ。小学校時代には大きな問題がなかったため、保護者は学校の対応のせいだと激昂、学校長らへの否定的感情を募らせた。スクールカウンセラーは保護者と数回面談、また本人の査定を実施し、学校側の柔軟かつ組織的な対応が必要であることを学校長に伝えた。その結果、本人の状態に合わせて、時には一人で個室で勉強するなど、柔軟な対応ができるようなシステムを学校側が作成するに至った。

事例ではすべてスクールカウンセラーは教師集団と関わったが、その関わりが事例1では学校集団を変化させ、さらに本人・母親個人の変容を引き起こしたが、事例2では変化は担任個人のレベルにとどまり、学校全体は変化しなかったため、結果事態は逆戻りしてしまった。事例3は生徒個人を学校集団が抱えるように促した結果、教室での一斉指導以外の個別対応も認める形に集団自身が変化した場合である。学校という場ではスクールカウンセラーは純粋に個人とのみ、あるいは集団とのみ関わることはありえない。教師・保護者・子どものいずれの場合にも、個人は必ず集団に属し、集団は必ず個を含むからである。そしてその多重に映り込む個人と集団のどこに焦点を当てるかが、ケースの展開・予後を大きく左右することをしっかり認識した上で個人や集団の変容を促すことが、スクールカウンセラーとしての役割だと考えられる。

第6章……医療現場における個と集団

1 作業療法グループに臨床心理士として関わる

石金直美

1 園芸グループの風景

ここは市街地から離れた、穏やかな時の流れる総合病院の中の精神科病棟である。療養のための施設だった歴史からうかがえるように、交通の便は決してよくないけれど、街中の喧騒を離れ、四季ごとに色合いを変える豊かな自然に囲まれている。病棟には、統合失調症の方を中心に、長期入院の方々が生活を送っている。作業療法の一コマに、臨床心理士として筆者が関わった園芸グループの時間がある。

朝食の時間が終わって一段落ついた頃、「園芸グループが始まりますので、参加される方はOT室（作業療法室）に集まってください」と館内放送が流れる。施錠されていない病棟からは自発的に患者さんが集まってくる。作業療法士や看護師の声掛けに誘われて来られる方、「今日は止めとくわ」と臥床したまま答えられる方もある。院外の外出が許可されていて、主治医より作業療法の処方が出ている患者さんであれば基本的に参加可能な、ゆるやかなオープングループである。とはいっても、いつも見られる顔ぶれは何となく定まってくる。その日の様子を見て、しんどそうな方には屋外作業には加わらずミーティング参加にするよう促す場合もある。

参加メンバーが大方OT室に集まると、まずグループリーダーの作業療法士から今日の作業の確認があり、その後、皆で畑や花壇に向かう。何を植えるかはメンバーの希望を出し合い、外出できる人が集まってリーダーとともに苗を買いに行く。果物の種を取っておいて持ってきてくださることもある。園芸グループに直接参加していない時間にも、グループ活動のことが持続的にイメージされていることが伝わってきてうれしい（持ち込みの種はほとんど発芽しないのが残念ではあるけれど)。季節の野菜や花が植えられた畑は、見るだけでも楽しいものである。そこに至るまでの土起こしや草取りなどの作業は楽ではないが、手を掛けた分、成果が目に見えたときの喜びはひとしおである。作業はそれぞれの患者さんのペースで進められていく。普段は大人しいけれど園芸のときになると、昔百姓をやっておられた経験を生かして鋭い観察力と作業力を発揮する方もいる。ちょこちょこと作業しては日陰で休む方、作業を眺めながらのんびりされる方、この苗だけは自分が育てる、といわんばかりに毎回一区画だけを黙々と丹念に世話する方もいる。病棟の様子とは少し違った顔が見られるのが楽しい。最後に水やりをするのであるが、花壇にまんべんなく水をやる作業はある方にとってはお手の物である。でも別の方にとっては、やってみたいけれどきちんとできるか少し不安でもある。患者さんの自発性とスタッフの少しの応援で、個々の作業が進められていくのである。

園芸グループの作業中は、人と人が直接向き合うことがない。言葉を交わしてもいいし、黙々と作業し続けて、視線を交わさなくてもいい。それぞれが居心地のいいあり方でいれば、それでよい。まず個人であることが許容される雰囲気がある。けれど、同じ対象に向かうことで緩やかに場は共有されている。隣り合って目の前の植物をともに眺める視線のあり方は、人間関係の原初的な形、二者関係の原型であるのかもしれない。

小一時間作業をするとOT室に引き上げ、ミーティングとなる。野菜の収穫があれば、どのように頂くかを話し合って決める。思いがけない収穫量があって病院スタッフに売ったお金で飲み物が供されることもあり、小さな幸せとなる。患者さんが花を摘んできていれば活けて飾ったり、収穫物を皆で愛でたりする。リーダーが促して、メンバーに今日の日付と行なった作業を言ってもらい、作業ノートに記録する。記録は大抵リーダーが行うが、患者さんがその役を申し出ることもある。最後にそれぞれが感想を述べ、園芸グループは終了となる。

2　治療的な場としての園芸グループ

前節において、患者さんは共有されている場の中で、それぞれが居心地のいいあり方でいる、と述べた。山根寛[1]は、場を共有しながら他者と同じことをしなくてもよい人の集まりを治療や援助の場面で生かすことを提唱し、そうした場を「パラレルな場（トポス）」と呼んでいる。「パラレルな場」では、あるがままの自分が受け入れられ、自我を脅かさない試行探索行動が保障される。そうした安心をもとに、適応的な対処行動や他者との距離の取り方が導き出される。とりわけ対人緊張が高い人や自閉的な人にとっては導入しやすいという。

山根のいう「パラレルな場」においては、集団としての課題や制約を設けず、個別の状況に応じてかなりの自由度で作業内容の選択が許される環境を用意する。それに対して、園芸グループにおいては、園芸作業から逸脱する行動は制限され、ゆるやかではあっても集団で活動することが暗黙の了解として求められている。パフォーマンスのレベルにおいては十分な「パラレル」状態を保障されているとは言えない。とはいえ、土を耕すようなエネルギー発散型の粗大な活動から、種まきや草取り、支柱立て、水まきのような注意と集中を要する細かい作業まで、自由に選択することができる。また他者との関係性、とりわけ距離感においては「パラレル」であることが許容される。個の世界にこもることもできるし（例：一部分の草取りに没頭する）、並列して同じ作業をすることでゆるやかに場を共有することもできる（例：皆で苗を植える）。また、一人が土を掘りもう一人がその土を篩《ふるい》で受けて土作りをするような協力作業をすることもできる。収穫物の扱い等、話し合いで合意を作っていくことも必要となる。作業工程の中にさまざまな関係性のパターンが含まれており、かなりの自由度で個人の選択に任されているのである。すなわち準「パラレルな場」であると言える。

園芸グループが「パラレルな場」を保障しやすいのはなぜか。すでに、含まれる作業内容や関係性の取り方の多様性が選択の幅を広げ、場の自由度をあげることを指摘した。それに加えて、自然や生き物を対象とした作業であることが、パラレルなあり方を許容する場の力となっていると思われる。自然そのものが、さまざまな個性を持った存在によって一見バラバラに、でも季節の流れを共有し影響を与え合いながら作り上げられているのだ。また、園芸グループでは季節や天候の変化によって臨機応変に作業予定を調節しなくてはならない。思うようにならないのが自然の世界である。頑張ったからといって植物の生育が早くなるわけではない。かといって放っておけば枯れてしまうかもしれない。臨機応変な、ほどよい世話が肝心なのである。一つの目的に向かって注意を集中するインテンシブな関わりより、状況をありのままで受け入れ、広く全体を見渡す視野と、細く長い関わりが必要である。一人では多くのことをやりとげられない、皆が少しずつやれることをする。その結果が収穫物として目で見て、においや味で味わって、五感で感じ取り、それを皆と共有し合うことができるのである。そうした自然との関わりは、その日の自分の調子に合わせて臨機応変に生活の仕方を調節すること、ほどよく対象と関わること、さらに他者との関係性の中に身を置き、その都度距離を調節することの基本的なイメージを醸成しやすくさせるだろう。

時に応じて自閉的なあり方、パラレルなあり方、集団の一員としてのあり方を行ったり来たりできる。パラレルなあり方においても、自然という同じ対象物の豊かな変化を味わう共通の基盤を持っている。その二点が園芸グループの大きな特徴であると思われる。統合失調症の方は、外的な刺激に脅かされやすい。また他者との心理的距離を適切に調節しにくく、融合的―自閉的という軸の極端に大きくぶれやすい面を持っている。そんな彼らには、園芸グループは安心感を持って参加してもらいやすいのではないだろうか。われわれの園芸グループにおいては、普段の病棟活動ではあまりアクティビティが高くない、集団行動に積極的に関わるわけでもないが拒否的でもない長期入院の患者さんの居場所兼治療的な場として機能していたように思うのである。

3　園芸グループにおけるスタッフの役割

園芸グループの場を、自由で安全なものにするべく支えるのがスタッフの役割である。

まず管理者として、リーダーはグループの現実的な安全を守る責任を負わねばならない。心理療法において時間や空間の枠を守ることが、変容の器となりうる必要条件であるように、作業療法においても時間や空間、作業工程といった枠が作られ、守られることで、スタッフもメンバーもグループ内の動きを安全なものとして受容することができるようになる。枠がしっかりとしていれば、問題が生じたとしてもスタッフの介入を最小限にし、集団内での解決に極力ゆだねることができる。前出の山根は[1]「パラレルな場」を生かすコツとして、「枠のゆるやかさをあいまいにせず維持するのがスタッフの重要な役割」と述べている。作業療法スタッフが他の病院スタッフとの協力関係や病院全体に守られていると感じられるとき、防衛的にならずに枠を生きたものとして守ることができるように思う。この点も、心理臨床と同じである。スタッフが防衛的になると、どうしても枠を守ることにエネルギーを奪われてしまう。極端になれば枠さえ維持できれば中で何が起こっていてもお構いなしになってしまうだろう。集団の動きを把握することができれば枠に柔軟性を持たせることができ、かつ大きくは崩さずに保つことができる。

つまり、スタッフの細やかな状況把握の力が、場を治療的なものとして維持する力となるのである。特に園芸では屋外に出ることから、メンバーの動きが大きく逸脱することのないよう、気を配らなくてはならない。ふらっと集団を離れる患者さんもいる。道具を使うことから怪我の危険性もある。何をすればいいのかわからずに戸惑っている方がいれば具体的な作業に誘うだろう。メンバーが作業をしていれば安心して任せてしまいやすいが、注意を怠ることはできない。屋外の作業では気温の変化で調子を崩しやすいため、しんどそうな患者さんが出れば早めに病棟に戻るよう勧める。作業を始めると手を抜かずにやり続け、疲れを自覚できずにやりすぎになってしまうこともある。疲れていないか、声かけをしながら自分の心身への気づきを促すことも必要である。過干渉気味な患者さんに気分を害している方があれば注意を外に向ける介入をするだろう。メンバー一人ひとりを守るためのスタッフの働きかけが問題対処のモデルともなることもある。かといってメンバーの代わりにスタッフが解決してしまっては、彼ら自身が試行錯誤しつつ適切な行動を身につける機会を奪うことにもなりうる。「集団で起きたことは集団で解決をはかるのが原則」[1]なのである。メンバー一人ひとりの様子とグループ全体の動きを捉えて、基本的には舞台裏の黒子に徹しつつ、必要なときには介入する。そのさじ加減も心理療法と通じるところがある。

またスタッフは、育てている植物たちにも注意を払い、作業計画を立て、かつ臨機応変に変更をしなくてはならない。われわれのグループでは（実は病棟全体でも）メンバーの高齢化が進み、アクティブな活動をしにくくなっているため、スタッフの作業に頼ることなしには成り立たなくなっている。スタッフが作業を楽しむ余裕を失ってしまえば、ギスギスした雰囲気が醸し出されてしまうだろう。スタッフ自身も作業をしながら、かつ全体を見渡すのは、容易ではない。一般には、集団を主として運営するグループリーダーと、補助的な役割をするサブスタッフの役割分担をすることが理想であるとされる。メンバーが一人ですべてを抱えなくてもいいように、スタッフもまたスタッフ間の連携やメンバーの動きに助けてもらえばいいのである。

4　病院臨床における臨床心理士

これまで作業療法の中の園芸グループについて述べてきたが、本節では視野を広げて、広く病院臨床の中における臨床心理士のスタンスについて考えたい。

病院内で臨床心理士に期待されている役割は何か、という問いは病院臨床をやっていると常につきまとう。狭く深く求められているのは心理査定と（狭義の）心理療法の実践である。しかし、これらの一対一の関係は、病院という生活の場においては部分的に切り出された特殊な時間であり、関係性である。面接室を離れた臨床心理士には何ができるだろうか。個別に関わるのではない、たくさんの患者さんたちにとって、臨床心理士の存在は何の意味があるのだろうか。

病院臨床に入った当初は気負いもあり、患者さんに話しかけられる存在を積極的に目指していた。臨床心理士の専門性は話に耳を傾けることにある、と考えていたからである。山下景子[2]は病院における心理士の役割として、前田重治の以下の文章を引用している。「とかく薬物中心に、管理的側面が前に出やすい医師の立場が父親的であるとすれば、看護婦は母親的といえるし、心理臨床家は兄貴的（姉貴的）な機能をもっているとはいえないだろうか」「医師というかめしい権威的存在ではなく、気楽に何でも相談しやすい人、対等の立場でよく話を聞いてくれる人、医学という古い伝統の枠にしばられなくて、看護婦とはまた違った立場から、もっと自由な人間的な見方で、自分の心をわかってくれる人、心の接触を願って支えとなってくれる人などとして、患者の目に映るものでありたい」と。山下は、こうしたイメージは周囲からも受け入れられやすく、心の支えとなってきた、と評価する。筆者が当初目指していた自己イメージも、これに近い。筆者の場合、おそらく話しかけてほしい気配が伝わったのだろう、病棟やOT室でふらっとしていると患者さんたちはぽつぽつと話しかけてきてくれる。そのことは単純にうれしく感じられた。しかし、話しかけてきやすいのは、そのときあまり調子がよくない方であることに気づく。個人心理療法と同じスタンスで聴いていると、思いがけず人生の振り返りのような大切な話を始められたり、症状の理解や説明を求められたりする。そのうち、患者さんも自分も守られていない中で話を聴く居心地の悪さが気になり始めた。

個人心理療法の中では守られた時間・空間の枠の中で、クライエントに自分を差し出すような感覚を持つ。クライエントの話を聴きながら、バーバル、ノンバーバルな情報を自分の中に流し込み、その中で生じてきた共感的な感情や違和感等を手がかりにイメージを作り上げていく。病棟にあっても、基本的に一対一の濃密な関係性の中でとるスタンスで待ち受けていたら、患者さんはその中に誘い込まれるだろう。調子のよくない状態から、何らかの助けを求めておられるのかもしれない。しかしそのとき心理士として個人心理療法のスタンスで話を受容的に聴くのが患者さんにとって意義のあることなのだろうか、と疑問に思い始めた。

病棟の中で患者さんは集団生活を営んでいる。病院内のさまざまな職種のスタッフとの関わり、患者さん同士の関わり、家族との関わり、さまざまな関係性の中で多重的な生活をしている（日常生活は皆そうである）。そう視野を広げて考えてみれば、一対一の人間関係はむしろ特殊なものであり、感情的に独特な色彩を帯びるのは当然である。個人的に話を聴くのとは異なり、多数の患者さんの中に身を置くにはどのようなスタンスをとればいいか、模索し始めた。以後、むしろ深く話を聴きすぎないよう、不安な気持ちをそっと受け取って、多少なりともマイルドなものにしてさらっとお返しするよう心がけ始めることになる。

前出の山下[2]は、前田のモデルの、家父長的家族制度のメタファーに陥る危険性を指摘して、「むしろ一人の患者を一つのプロジェクトと考え（中略）それぞれの専門家がゆるやかなチームを結成する」プロジェクトモデルを提案している。臨床心理士を病院全体のシステムの一部として捉えるとき、患者さん一人ひとりに対し専門性を持って自分は何ができるかと心理士対患者の関係で考えるのではなく、チームの一部として他職種とつながりながらどのように自分の役割をそっとはさみこむことができるか、と発想の方向性を広げる必要があるように思うのである。

病院臨床とは異なる要因を多くはらむが、滝川一廣[3]が情緒障害児短期治療施設におけるレジデンシャルケア（入所治療）について論じていることが参考になる。彼は「『機能分化』（役割分担）をクリアカットにして各パートの独自性を明確化しようとする努力が、それぞれのパートの役割を一面的なものに偏らせたり、子どもに関わるときに必要な全体性や重層性を分断してしまう危険がたえずつきまとう」と指摘する。機能分化システムの中に「個人心理療法」が位置づけられ、その独自性や専門性が追い求められるようになると、「『集団』ではなく『個』として捉える、『外面』ではなく『内面』の世界を扱う、現実的適応よりも内的な自我の成熟をはかる、日常的な関わりではなく非日常の意味を担った（象徴的）関わりを介して関与する…」と「二重性の片側だけを切り取った理解」になりやすいという。「本当に『機能分化』が有機的な機能を発揮するためには、分業を受け持つ各パートの専門スタッフが、『分業』そのものを自らの『専門性』の内部に、技術としても、アイデンティティとしても、組み入れられていることが不可欠である、これによって初めて『機能分化』そのものの内部に『機能統合』へ向かう契機（モチーフ）がはらまれるのではなかろうか」と述べる。

病院内で患者さんに関わるたくさんの職種、医師、看護師、作業療法士、精神保健福祉士、臨床心理士等、それぞれの役割は独自の専門性を持ちつつ、少しずつオーバーラップする部分を持つ。役割の重なるところで他職種の専門性を尊重し理解するよう努めつつ、自分の専門性からいえること、できることを差し出す。あまり目立たない、日々の小さな積み重ねにより、機能統合へ向かう機能分化が果たされるのであろう。

5 臨床心理士として園芸グループに関わる

再び園芸グループに視点を戻そう。スタッフは枠の管理者であり、作業従事者でもあり、集団力動の中の一員でもあり、場の理解者・調整役でもある。それらの機能を一人の人が同時に果たすのは難しいのであるから、スタッフ間の役割分担が生じるとすでに述べた。その中の一人として臨床心理士としての筆者が加わることになる。どのような機能分化と協業が可能だろうか。

作業療法士である山根は、[4] グループセラピストの資質として以下の四点を挙げる。①セラピスト自身が防衛的でないこと、②集団プロセスにおいて集団がパニック状態になることもまれではないが、それに耐えられること、③場（集団力動の状態や変化）が見えること、④その場を生かす対人技術を持っていること、である。そして何よりもまず、集団を治療や援助にもちいる人自身が集団体験を積むことが欠かせない、という。集団に対して素直に自分を開くことができ、かつ揺らがない強さと、場を理解しつつ抱える度量が要求されている。「集団に生まれる力の大きさやその効果は、知識や技術に裏付けられたセラピストの器量によるところが大きい」という。作業療法士の世界では、集団を見るのが当然であった時代から、現実には集団にせざるをえないが個別的に関わるのが望ましいとされる時代へ、という流れがあるらしい（筆者の勤務する病院の作業療法士の言葉による）。集団を見、治療的に生かすことの難しさゆえであろうか。

臨床心理士の筆者にとっては、集団経験はどちらかと言うと少ない。全体を見渡すより、個別的関わりに集中する方が慣れている。すでに前節で引用した滝川の言う「『集団』ではなく『個』として捉える、『外面』ではなく『内面』の世界を扱う、現実的適応よりも内的な自我の成熟をはかる、日常的な関わりではなく非日常の意味を担った（象徴的）関わりを介して関与する…」方が得意分野である。しかしすでに集団の中に一対一の関係性を持ちこむことが異質であり、集団を生かすことにつながらないことは学習していたつもりである。枠の管理者としての役割はグループリーダーである作業療法士が十分に担っておられ、せいぜい補助をできるくらいである。作業従事者としては多少役に立つとしても、集団力動の中の一員、場の理解者・調整役としてどのような役割を果たせるか考え始める。

個人心理療法においては、枠をしっかりと守ることで、その中においては内的にかなり無防備な状態に自分を置くことができる。そして「平等に漂う注意」に身を委ねるのである。集団の中において、山根[4]は「セラピスト自身が防衛的でないこと」を必要な資質として挙げるが、個人心理療法のような「開き方」は適当ではない。異文化を持ち込むようなものである。集団の中で患者さんと自然に隣り合わせることができるためには、患者さんのあり方と近い方がいい。

筆者がイメージできたのは、内的に開くというより、存在そのものを衒いもなくすっと差し出すことであった。具体的には、ただの集団の一員として在るだけである。患者さんが自分に合った作業や関係性のあり方を選択するように、筆者も作業を楽しみ、さまざまな関係性を行ったり来たりし、自然の豊かな変化を味わうこと。もちろん、全体を見る目は持たねばならない。内側に自分を開くというより、外に向かって開き、自分を漂わせる。個人心理療法においては自分の内部でクライエントを感じるとすれば、集団療法の場面では、患者さんと接する接面で（イメージとしては皮膚感覚に近い）どのような感触が生じるかに注意を払う。それを手がかりに、自分の動きが周りにどう影響を与えているかを感じ取り、素直に返す。集団に自分を委ねる練習を患者さんとともにさせていただいたようにも思う。筆者の目指す自然な動きが周りの患者さんにも心地よい風のように感じていただけたらうれしい。

このような役割の取り方が治療的に働きえたかどうか、自信は持てない。しかし、村瀬嘉代子[5]の以下の文章に出合い、筆者の目指す方向性もあながち間違ってはいないと意を強くしたのである。村瀬は目前の臨床場面で求められていることは何かと模索を続けた結果、特定の理論や技法ではなく統合的なアプローチをとるに至ったという。「統合失調症者に出会うときも、何かをする、援助する、という能動性ではなく、セラピストがまだこの世の葛藤をあまり知らず自分が在ることを素直に受けとめていた頃を思い出して、純粋で計らいの少ない自分を思い出し、そんな自分をそっと素材として差し出すようなこころもちがよいように思われる」と。

園芸グループにおけるこうした役割の発見は、今後病院臨床のさまざまな場面で応用できるのではないかと考えている。

最後に、本論は病院臨床における臨床心理士として、新たな視点、スタンスを提案したわけではない。おそらくオーソドックスな、病院臨床の中で多くの心理士が感じ考えるだろうプロセスを描き出したに過ぎない。もちろん本論が描いたのは理想的なあり方でもない。今後も模索していくだろう途上の風景として参考にしていただければ幸いである。

〔文　献〕(1) 山根寛「場（トポス）を生かす」〔鎌倉矩子他編〕『ひとと集団・場――集まり、集めることの利用』三輪書店、六三～七九頁、二〇〇〇
(2) 山下景子「病院臨床」〔齋藤久美子他編〕『臨床心理学4　実践と教育訓練』創元社、五四～六三頁、一九九四（文中の引用は、前田重治『心理臨床――精神科臨床と心理臨床家』星和書店、一九八一）
(3) 滝川一廣「レジデンシャルケアにおける心理治療」『新しい思春期像と精神療法』金剛出版、二一九～二五四頁、二〇〇四
(4) 山根寛「集団をもちいる」〔鎌倉矩子他編〕『ひとと集団・場――集まり、集めることの利用』三輪書店、三五～六一頁、二〇〇〇
(5) 村瀬嘉代子「統合的心理療法のすすめ――個別的にして多面的アプローチ」『心理臨床という営み――生きるということと病むと

いうこと』金剛出版、六八〜八〇頁、二〇〇六

［参考文献］＊ 山根寛『精神障害と作業療法』三輪書店、一九九七
＊ 山根寛、二木淑子、加藤寿宏『ひとと作業・作業活動』三輪書店、一九九九

2 医療現場における個と集団
——心理臨床と異文化研究の視点から

古澤有峰

はじめに

医療現場における個と集団をめぐる問題は、現在さまざまな観点から問われている課題である。心理臨床における研究の成果と実践は、この課題を解決するために貢献しうる分野の一つである。医療現場をめぐる諸問題の解決のためには、個人の心理に加え、その個人が所属する集団の心理や文化が同時に問われる必要があり、そこには集団が個人の心理にどのような影響を与えているのかも、同時に見落としてはならない重要な要素として存在する。

しかし一方で、心理臨床領域は、従来はどちらかと言えば問題を個人の心理に還元しがちで、その洞察は対象者の内面に焦点を当てることに重きを置く傾向があった。これは個人の内面領域の中に入り、その個人の内面のストーリーに寄り添いながら、ともに問題解決のために道を歩むには強みである一方で、カウンセリングルームの外での活動が求められる状況、たとえば本稿で取り上げる医療現場での活動に際しては、不利に働くことも多かったのは事実である。

たとえば、チーム医療のメンバーの一員として活動する際には、患者や家族の文化的・社会的背景への対応が必要であるが、個人心理における普遍性や通文化性の方を追求するあまり、多様性への対応が不十分になる傾向があった。これは今後よりいっそうの多様化、国際化へと進んでいく日本において、臨床で活動する心理臨床家や心理臨床の研究者たちにとっての大きな課題になると考えられる。

本稿において筆者は、このような医療現場における個と集団のかかわりをよく示すものの一例として、アメリカの医療看護の現場で実際に行われているスピリチュアルケアを紹介していく。現在の日本における臨床心理学の発展や現状との比較検証を行いながら、文化も人種も多様なアメリカにおいて、医療場面におけるスピリチュアルケアがどのように行われているのか、特に心理カウンセリングとの深いかかわりを示しながら論じていきたい。[注1]

1　スピリチュアリティという言葉をめぐって

スピリチュアリティという言葉がそのままカタカナで用いられるようになったのは、この十数年間のことであると言われている。主に医療看護分野や心理学、宗教学といった分野での翻訳語として用いられるようになったのが一つの流れである。そしてもう一つの流れが、ヒーリングブームや占いといった、オカルトブームに見られるような世俗的文化における使われ方である。それぞれ外来の言葉として取り入れられると同時に、従来のアカデミックおよび日常の文化の中にすでに存在していた、何らかの概念とのすり合わせが行われるようになり、それが今日の「スピリチュアリティ」という言葉の、ある意味でのブームにつながっている。ここにはまたスピリチュアリティのグローバル化という問題が含まれており、本稿においてスピリチュアリティという言葉を検討する時には、このような背景が存在することを認識する必要があると言えよう。

それでは本稿において検討する「スピリチュアリティ」という言葉はどのような意味を有するのであろうか。島薗進はその著書の中で、「宗教（religion）という言葉ではなく、むしろスピリチュアリティ（spirituality）という言葉の方を好む点が今日の新しい宗教動向であり、現代の先進国において宗教は個人を抑圧するものとして嫌われ、むしろ個人に基づいたスピリチュアリティという言葉の方が好まれる」[1]としている。

またアメリカの著名な宗教学者であり、代替医療（オルタナティブ・メディスン）と宗教についての著書でも知られるロバート・フラー（Fuller, R. C.）によれば、アメリカ全土では約九〇％のアメリカ人が、何らかのハイヤーパワー（Higher Power：上位に位置する何らかの力を持った存在。霊的なものとして捉えられることが多いが、必ずしも宗教的なものとは限らない）を信じているが、特定の宗教集団に所属しているのは六二％ほどで、ほぼ四〇％の人たちはいずれの宗教団体にも所属していないという。しかしかれらの中には個人レベルでの何らかの宗教性もしくはスピリチュアリティが、教会等の垣根を越えて維持されているという。(2)

当然のことながら、現代のアメリカと日本における社会的状況も、またその歴史的背景も異なっていることは言うまでもない。しかし一般に、特定の宗教をあまり積極的に信仰しているわけではないと考えている、現代の多くの日本人の宗教的あり方や[注2]スピリチュアリティと、今日的なアメリカ人の宗教性やスピリチュアリティとの間には、その文化的・宗教的背景の違いを超えて共通する点も存在するようである。こういった傾向は現代に生きる人々の死生観においても強く見られる傾向がある。つまり、スピリチュアリティをめぐる事象が、もっとも顕著なかたちで現れてくるものの一つが、人間の生と死をめぐる場面や、どうにも立ちゆかないほどの魂のレベルの苦しみが生じる場面であるとも言えよう。したがってスピリチュアリティをめぐるテーマは、人の心の問題をテーマとして扱う臨床心理学においても、当然のことながら避けて通れない重要なものであると言うことができるのである。

現在のいわゆる先進国において、このような人間の生と死が日常的に繰り広げられるのは、病院などの医療施設やさまざまなケアの場面であるが、そうした文脈において、ここで記しているようなスピリチュアリティともっとも密接なかかわりを持つものの一つが、キリスト教圏においてチャプレン[注3]（chaplain）と呼ばれる人たちとその仕事である。日本においては、このキリスト教的な伝統を背景に持つチャプレンという役職は、一般にはあまり馴染みがないものである。このチャプレンの役割とスピリチュアリティの関係について、続けて次に論述を試みたい。

チャプレンとはある施設・期間における宗教的奉仕の役割を担う聖職者や宗教儀式係のことを指す。病院はその主な活動施設の一つであり、病院で活動するチャプレンは、病院チャプレン（hospital chaplain）と呼ばれる。その歴史的背景から、アメリカのキリスト教系の病院には礼拝堂と、そこに専属のチャプレンがいる場合が多い。それは病院という施設が、人間の生と死と密接にかかわる場所であり、そこで人間の生や死にかかわる儀礼を執り行う聖職者が必要とされてきたからである。

このある意味できわめて伝統的なチャプレンの役割と活動が、近年アメリカの医療現場において、新たな文脈で再考されている。言い換えれば現代の病院チャプレンには、たとえば患者の死の床につき添う際、その伝統的な聖職者としての宗教的な役割を果たすだけではなく、宗教的に中立であることや、「心理カウンセラー、ソーシャルワーカー、（スピリチュアルな）コーディネーター」というような役割を果たすことも要求されるようになったからである。そしてその背景には、ロバート・フラーが述べるような、現代アメリカ人の多様なスピリチュアル・ニーズが存在している。

現代社会においては、特定の宗教の有無や、キリスト教や仏教といった違いを超えて、ある種の人間同士のつながりの中から生まれてくるような、宗教的援助またはスピリチュアルケアの必要性というものが、文化や社会の違いを超えて存在するようである。そしてそれは死や病いと対峙しながら病院やホスピスにいる患者の死生観の中から、もっとも顕著なかたちで現れてくるのではないだろうか。このような観点から筆者は、日本におけるスピリチュアルケアのあり方との比較を視野に入れて、社会制度的にはアメリカでありながら、文化面では日本とも親和性のあるハワイにおいて、実際に患者のスピリチュアルケアを行う病院チャプレンの立場から参与観察を行った。以下、その具体的な事例の検討を通じて、死生観およびスピリチュアリティの現代的な展開について論じてみたい。

2 病院チャプレンとスピリチュアルケアについて

筆者はハワイに留学中の最初の約一年半を予備調査に当て、残りの約半分を実際に病院で働くチャプレンたちと行動をともにすることで参与観察に当てて調査を行ってきた。特に最後の三カ月間は、ハワイのいくつもの病院で実際にチャプレンとしての訓練を受ける臨床パストラルケア（Clinical Pastoral Care）の教育プログラム（CPE）に参加してきた。このプログラムへの参加申請書類が受理されたおかげで、実際に病院チャプレンとしての訓練を受ける人々（そのほとんどがキリスト教系の大学の単位取得の一環として来ている神学生、またはいずれかの宗派に属するキリスト教系の聖職者たちであった）とともにそのプログラムに参加することができ、またその結果、病院チャプレンとして活動するために最低限必要な資格単位を取得することができた。

このようなチャプレンを派遣する正規の組織として、病院等から認識・認定されているもののうち、アメリカでもっとも大きな組織の一つが、筆者が調査を行う際に申請書を提出し受理された〈臨床パストラル教育協会〉(The Association for Clinical Pastoral Education, Inc. 通称ACPE）である。筆者が参加したのはそのハワイ支部で行われているACPE認定プログラムであった。ACPEは多文化・多宗教組織であり、あらゆる宗派に所属するスピリチュアルな看護を行う人たちのために、そのケアの質の向上をはかるということを目的としている。ACPEはアメリカ連邦政府（教育省）から、CPE資格認定機関として正式な認証を受けた組織である。

ACPEはもともと、神学教育の一形態として一九二五年に始まり、病院のみならず軍隊、大学、ホスピス、その他のコミュニティにおける活動を含んでいた。現在は、実質的にはその多くが医療やケアに関連するセッティングで行われている。また研究のレベルにおいては、活きた現場および人々の中で、人々の問題を深く読み解いていくという考え方を柱としている。つまり危機的状況にある人々の手助けをしていくことは、その人々を理解していくことであるとともに、自らを理解していくことだという認識に基づいている。本部はジョージア州にあり、アメリカ全土の九つの地域に支部が置かれている。

ＡＣＰＥの単位認定のできるセンターは現在三五〇あり、そのうちスーパーヴァイザーと呼ばれる単位認定の権利を持つ専門家は約六〇〇人いる。一一八校の神学校および一五の宗教団体がＡＣＰＥに参加し、その他個人会員とともにＡＣＰＥのネットワークを形成している。四つのＣＰＥ組織が合併して現在のＡＣＰＥができたのは一九六七年で、二〇〇三年までに海外からの研修生も含め、約六万五千人が単位認定を受けた。単位認定を受けた人々の民族や文化背景およびその宗教背景も多彩である。プロテスタント、カトリック、ユダヤ教、イスラム教、ギリシャ正教、アメリカ先住民の信仰、および仏教などの背景を有した人々が今までＣＰＥに参加したという。

このようにＡＣＰＥは多文化・多宗教組織であることを標榜しており、またあらゆる宗派に所属するスピリチュアルな看護を行う人たちのために、臨床パストラル教育を行い、そのケアの質の向上をはかるということを目的としているので、理論上はキリスト教徒以外の人たちも参加が可能である。しかしチャプレンまたはパストラルケアという言葉そのものは、本来キリスト教文化に根ざしたものであり、そのようなプログラムに基づいた状況の中で、特定の宗派に属さず、またいっさいの宗教的訓練を受けていない、異国の地からやってきた筆者のような立場の人間が、果たして本当に病院における宗教的サービスの専門家である病院チャプレンとして活動できるのであろうか。正直に言えばそれが筆者の頭の中をよぎった最初の疑問であった。

そのため、筆者の受け入れをハワイのＣＰＥ支部が決定した際に、その決定理由を聞いて非常に興味深い思いがした。というのも、その決定に際しては、筆者の今までの研究における実践経験の背景が多いに役立ったからである。[注4] このことは、特定の宗教宗派に属していない筆者をプログラムに受け入れたＣＰＥプログラムのスーパーヴァイザーが、筆者を受け入れた大きな理由は、筆者が異文化交流の経験を多く有していること、そして筆者が心理カウンセラーとしての病院勤務の経験等を有していることであると述べたことからもよくわかる。ハワイがアジア的なものに対してある種の親和性を持っているという、[注5] 日本人であることの地の利のようなものよりも、むしろこの点について最初に指摘されたことは、筆者がＣＰＥとは何か、スピリチュアルケアとは何かを考える上で、非常に示唆に富んだものであった。

特定の宗派に属していようとも、いずれにしても病院チャプレンは、病院内で異なる宗教的背景を持つ患者に接する時には、宗教的に中立でなくてはならない。筆者の病院でのカウンセラーとしての経験をもちろん考慮に入れた上で、「何らかのスピリチュアルな存在を信じる限り、スピリチュアルケアを標榜する病院チャプレンとしての素養は十分にあるから」というこのACPE側の姿勢は、「スピリチュアル」(spiritual) であっても「宗教的」(religious) ではないということの意味が、現代アメリカの中でどのくらい浸透してきているかということを示す一つの良い例であると言えよう。

このようにある意味で新しい、また特定宗教の伝統の中から生じながらも、その垣根を取り払ったようなまったく新しい今日的な文脈（スピリチュアリティへの関心の高まり）の中で変化を続けている、そのような病院チャプレンという仕事はどのようなものであろうか。これを知ることが、筆者が実際にCPEプログラムに参加するもっとも大きな理由であった。CPEプログラムの研修の主要な内容は、指導を受けながらチャプレンとしての活動を実際に行うということである。ハワイのオアフ島地域のいくつかの病院を中心とした範囲ではあったが、筆者の調査予定とその目的はおよそ満たされたと言うことができよう。[注6]

現在のアメリカにおける病院チャプレンの活動というのは、日本にいる私たちが想像するよりも、はるかに近代化・医療化、そして心理化された組織であり活動になっている。[注7] 実際のところ、研修で行われていた事例検討会は宗教的な解釈や事象が取り上げられてはいるものの、その内容や進行そのものは心理臨床で行われている事例検討会に酷似しており、ここにも心理化の影響の一端が垣間みられる。病院における人間の生と死に、病院チャプレンがどのようにかかわっていくのかについては、具体的な事例を通して記述するのが一番であるが、これについてはまた別稿を参照されたい。[注8]

アメリカの場合、科学的研究成果を取り入れて発展した心理臨床の長所を、従来からの宗教組織が自らの実践の中に取り入れる努力を行ったのとともに、心理臨床に携わる専門家の方も、クライエントの生活文化や心理の中に深く織り込まれているスピリチュアルおよび宗教的な文脈を、心理臨床的手法で汲み取ることの限界を感じた上で、それを補う必要性からスピリチュアルケアの専門家との協力を積極的に行ってきたという歴史がある。このようにお互いを切磋琢磨するような交流は、何よりもクライエントの最善を考えた上での、専門家としての活動であったというところは忘れてはならない点である。実践の現場で個を見る時に、その個人を取り巻く文化や社会の影響を考慮することなく、その個人の心理を的確に把握することはできない。その人のアイデンティティをかたちづくる上で大きな役割を果たしている、文化としての宗教もその例外ではない。

一般に日本においてはこのような研究・実践の視点は、医療、社会福祉、社会学、心理学、医療生命倫理などの分野においては欠けている場合が多い。それは、参考とされることの多い欧米諸国の宗教的背景と比較して考えた場合の、日本社会における宗教的土壌の違いも大きいと思われる。臨床心理の分野に携わる人たちの中では、宗教と心理と言えばオカルト的と感じて拒絶感を強く持つか、カルト集団からの脱会カウンセリングなどのイメージしか持てない人たちが大多数であろう。また心理臨床家による特定の心理学流派（またその創始者）に対する信奉の様子が、さながら宗教に対する信仰のように見えてくることもある。このような一方的な臨床家の側の信念や宗教的バイアスからクライエントを守るためにも、まず何よりも研究者自身がこの点に気づく必要があるように思われる。

おわりに

河合隼雄がその著書[3]の中で述べたように、心理療法は宗教と科学の接点に位置づけられるものである。心理臨床の根底には人間の生と死にかかわる宗教的心性が深く関与しており、心理臨床家はそのことに無関心であっては心理臨床を行うことはできないというのは重要な指摘である。前述のように、ＡＣＰＥは病院チャプレンという分野にかかわりながら、キリスト教という特定の宗教を基礎としたパストラルケアのあり方に修正を加えていった。科学中心主義的な価値観の影響、また社会の多元化やニーズの変容を背景に、従来の宗教的ケアのあり方では立ちゆかないと考えたリベラルな聖職者たちによって始められたこの活動は、その歴史の中で心理学や医療分野との積極的な提携を行ってきた。これはある意味で宗教的ケアの「心理化」また「医療化」であると言うことも可能であろう。また心理臨床に携わる専門家の側も、この提携に積極的な関与を行っていったのは特筆すべきことである。

ＡＣＰＥは現在、各神学校または神学系大学の協賛、また各教派のサポートを受けながら、同時にアメリカ連邦政府（教育省）からも正式に認定された独自の公的機関として、アメリカ全土規模でその活動を行っている。[注9]

ＡＣＰＥ成立の背景についての検討を通して見えてきたのは、死や病いが立ち現れる医療や病院という場面で、身体や心理面のケアはもちろん、患者のＱＯＬとも密接にかかわっている宗教やスピリチュアリティについてどのような認識に基づいたケアが行われているのか、それを異なる文化や宗教的な背景をもとに比較を行うことが、今日の日本における心理臨床やスピリチュアルケアを考えていく上で、多くの示唆を与えるということである。

このように、医療現場におけるダイナミクスの中で個と集団のあり方を見据えていくことは、異文化的視点を養うとともに、今後の心理臨床的観点に新たな方向性を与えるものになると考える。

[文献]（1）島薗進『精神世界のゆくえ――現代世界と新霊性運動』東京堂出版、五〇頁、一九九六
（2）Fuller, R. C.（2001）*Spiritual but not religious : Understanding unchurched America.* New York : Oxford University Press, p1.
（3）河合隼雄『宗教と科学の接点』岩波書店、一九八六

[注] 1 本稿の出発点となったのは以下の拙論であるが、同様の主題を別の角度からさまざまな学会で発表・検討した後に得た考察を、本稿においては新たな問題意識とともに加筆・修正を加えた上で改題を行ったことをここに明記したい。古澤有峰「死生観とスピリチュアリティ：ハワイにおける病院チャプレンの事例から」死生学研究（東京大学大学院人文社会系研究科）、二〇〇三年春号、一五三〜一七六頁、二〇〇三

2 日本人は「創唱宗教」に無関心なだけで、熱心な「自然宗教」の信奉者であるという見方もある。阿満利麿『日本人はなぜ無宗教なのか』ちくま新書、一九九六

3 より詳細なチャプレンについての記述、またチャプレンのカウンセラー的側面や祈りの重要性、ハワイという社会の特性等についての記述は、以下をご参照いただきたい。古澤有峰「病院のチャプレンとスピリチュアリティ――アメリカ・ハワイ・日本」現代宗教、東京堂出版、二〇〇三

4 筆者は、人類学と臨床心理学の学位を持っており、また文化・医療人類学的フィールドワークと、カウンセラーとしての病院勤務等の経験がある。現在も研究および教育活動を行いながら、医療現場等における臨床活動も継続している。

5 これはハワイとアジアとの深いつながりという側面、および異なる宗教グループが穏やかに共存しているという、ハワイ社会の特性に起因するものである。古澤有峰「ハワイにおける病院チャプレンの活動について」国際宗教研究所ニュースレター、36、八～一三頁、二〇〇二

6 チャプレンと言うとホスピスに限られたイメージがあるかもしれないが、決してそういうわけではない。一般の総合病院、小児専門病院、特別養護老人施設、復員軍人病院など、多様な医療機関やその関連施設で活動が行われている。またそれぞれの施設内でのスピリチュアルケアのニーズに合わせ、日常業務の病室訪問をはじめ、救急救命室（ER）での活動、手術前の患者との面接、肉親を亡くした家族のサポート、医療スタッフ（医師、看護師など）のサポート、新生児の洗礼、葬儀の手続きや儀式の執り行いなど、その活動は多岐にわたっている。筆者が参加したCPEプログラムでは、毎週のスケジュールのうち、それぞれの担当病院でのチャプレンとしての活動、スーパーヴァイザーやグループメンバーとの事例検討報告会、講演会参加などが、効率よく組み合わされ行われていた。ちなみに筆者が参加した際、このプログラムに協賛していた病院・関連施設は七つで、当該地域のほとんどすべての主要病院・関連施設が加わっていた。

7 欧米では医療看護や社会福祉系の標準テキストに、スピリチュアルケアについての書物があることからも、この分野をめぐる日本との現状の違いが見られる。これについては以下を参照されたい。古澤有峰「医療福祉の文脈におけるスピリチュアルケア(Spiritual Care)の射程」(書評論文) 死生学研究（東京大学大学院人文社会系研究科）、二〇〇四年秋号、七〇～八〇頁、二〇〇四

8 この事例を含むその他の事例の詳細については、以下の別稿をそれぞれ参照いただきたい。「死生観とスピリチュアリティ：ハワイにおける病院チャプレンの事例から」死生学研究（東京大学大学院人文社会系研究科）、二〇〇三年春号、一五三～一七六頁、二〇〇三

古澤有峰「死の臨床とスピリチュアリティ：悲嘆の医療化とターミナルケアの世俗化についての考察」死生学研究（東京大学大学院人文社会系研究科）、二〇〇四年春号、三二四～三四七頁、二〇〇四

9 アメリカ全土において、キリスト教、ユダヤ教などを中心に、一一八校の神学校および一五の宗教団体が参加している。

古澤有峰「死生観とスピリチュアリティ：ハワイにおける病院チャプレンの事例から」死生学研究（東京大学大学院人文社会系研究科）、二〇〇三年春号、一五三～一七六頁、二〇〇三

3 アトピー性皮膚炎患者の社会生活に関する一考察
――自己と世界の境界を病む体験から見えてくるもの

武藤百合

はじめに

皮膚は私たちの身体を覆い、外的世界のさまざまな刺激から内的世界を守る器官である。家屋にたとえれば、それは外壁のようなものであり、もし外壁が壊れれば屋内が吹き曝しになってしまうように、皮膚が損傷されれば、私たちの身体内部はたちまちさまざまな刺激に曝されてしまうとともに、その損傷が顔や手足など人目につきやすい部位にあるほど、外見的にも明らかな変化によって外に出ることすら辛くなってしまうことがある。

本稿では、アトピー性皮膚炎患者の語りを通して、自己と世界の境界である皮膚の病を抱えて生きるということが患者にどのような体験をもたらしているのか、特に社会生活に焦点を当てて明らかにしたいと考える。

1 アトピー性皮膚炎を抱えて生きるということ

1 アトピー性皮膚炎とは

アトピー性皮膚炎とは、寛解と増悪を繰り返しながら慢性に経過するアレルギー性の皮膚疾患である。皮膚の炎症や激しい痒みなどが主症状であり、ダニや食物、水質汚染や大気汚染、心理・社会的ストレスなど日常生活におけるさまざまな要因が関与して発症・増悪する多因子疾患である。日本においては一九六〇年代頃から、高度経済成長に伴うライフスタイルの変化とともに患者数が増加してきた。乳幼児期に発症し、成人期を迎える頃には症状が落ち着く場合が多かったが、一九八〇年代以降は成人患者が目立ってきている。

2　社会生活にまつわる悩み

筆者はここ一〇年間、病院でアトピー性皮膚炎患者の心理臨床に従事してきたが、成人患者のカウンセリングにおいては、人目につく症状や激しい痒みによる就労困難や、増悪しやすい皮膚を抱えて働くことにまつわる悩みが語られることが多い[1]。たとえば、人と関わる機会が多い営業や接客業の場合、皮膚の赤みや乾燥が目立つ状態での勤務は非常に辛いものがある。また、皮膚症状はしばしば突然に増悪するが、その度に同僚との飲食や職場環境、上司との人間関係など、社会生活におけるさまざまな事柄の影響を考えなければならない。

社会生活を送る上では、心身にとって快適な環境に身を置くことができるとは限らず、むしろその逆の場合が多いかもしれない。アトピー性皮膚炎患者にとって、壊れやすい皮膚を抱えながら社会生活を送るということはどのような体験であるのだろうか。また、アトピー性皮膚炎を病むことで生じる社会生活に関する気づきもあると考えられるが、それはどのようなものであるのだろうか。本稿では、アトピー性皮膚炎患者の社会生活について、成人患者三名の語りを通して心理臨床の立場から検討し、心理的援助の視点を得ることを目的とした。

2　対象と方法

アトピー性皮膚炎患者三名の語りを検討した。事例1は外来診察通院時の調査面接における語り、事例2と事例3は入院時カウンセリングにおける語りである。三名とも幼少期よりアトピー性皮膚炎である。

調査面接は、アトピー性皮膚炎を病む体験の個人的な意味を探る目的で、協力を自発的に申し出たアトピー性皮膚炎患者を対象に行われた。「アトピー性皮膚炎について考えることや思うことを自由に語ってください」という教示のもと、半構造化面接を実施した。一回の調査面接に要した時間は五〇分〜一時間である。今回は、男性患者一名の発話内容から社会生活に関する語りを抜粋し、考察の対象とした（事例1）。

また、女性患者二名の入院時カウンセリング事例を取り上げた（事例2、事例3）。入院治療におけるカウンセリングの役割についてであるが、筆者が勤めるK病院にはアトピー性皮膚炎患者のためのチーム医療による専門入院病棟がある。皮膚症状の改善を目的として二週間ほどの治療・教育プログラムが組まれ、医師と看護師による治療や教育指導によって皮膚症状が安定してきたところで、発症・増悪と関連がある心理・社会的要因について振り返るために、臨床心理士によるカウンセリングを受けることができる。カウンセリングは、通常二〜三週間の入院期間中一〜三回、一回につき五〇分〜一時間程度行われている。また、疾患に関して東洋医学・栄養学・心理学とさまざまな角度から学ぶ教育プログラムも設けられている。

3 事例と考察

以下、「　」内は患者の言葉、〈　〉内は筆者の言葉、（　）内は筆者による補足の言葉である。事例中の人物名はすべて仮名である。なお、プライバシー保護のため、事例はいずれも本筋に影響がない程度に修正してある。

【事例1】 杉田優（すぎたまさる）さん　三三歳会社員

(1)　事例1の概要

杉田さんはある電気機器会社でCADの仕事をしている。「神経使う仕事」であるだけに、アトピー性皮膚炎を抱えていると仕事が辛く、一時期「鬱になるほどだった」という。仕事が辛く感じられる二つの大きな理由は、「人目につく見た目と、仕事のストレスで増幅する激しい痒み」である。「見た目に出てる時は、不特定多数の人と会うのはすごい億劫になりますし。かつ身体が痒くてしんどい時は当然（痒みで）夜十分に寝れてなくて、睡眠不足で仕事に臨むんですけど、仕事中にうつらうつらしてしまって、なかなか身が入らないですね」。激しい痒みのため、仕事の休み時間にトイレの中で皮膚を傷つけるほど掻き崩してしまい、その後「痛くて仕事ができない」状態になることもある。痒みを我慢した状態で仕事をしていると集中力もなくなり、「自分の実力が一〇〇あるとすれば、そのうち七〇か八〇か、半分とかしか出ないんですよね。やっぱり男だから、仕事で成果を認められたいとかあるじゃないですか。そうすると、うまく仕事をこなしたいけれどもこなせなくて、こんなはずじゃないのになあと、どうしてももどかしさを感じる」。

アトピー性皮膚炎の辛さは周囲に認知されにくい。「アトピーの痒さ、っていうのは、熱をもつとか、風邪をひくとかいう、万人が共有するしんどさじゃない」。また、アトピー性皮膚炎は杉田さんにとって「コンプレックス」であり、「肌が赤くて、みじめ」で「人に言いたくない」ことであるという。

「ぼくらの病気は終わりがないんですよ。調子が良い状態を維持して、また悪くなったりする」。そのような症状の波ゆえに、仕事に支障が出る場合がある。「絶対今日だけは休めない、重要な会議で自分が発表しなくちゃいけない、という時に限って、寝れなかったり痒かったりする」。そのような中で、「杉田には任せておけないな、と上司に思われる」ことが辛いという。〈仕事とアトピーの両立というのは、自分をいたわって、会社にも分かってもらって、というのの繰り返しというか〉と筆者が語ると、「自分で環境を整備するしかないですね。ぼくなりの結論は。環境を整備するっていうのは、一緒に仕事をする仲間に、『アトピーでこういう症状があってどうしても仕事を休まざるを得ないことがある』っていうことを言ったり、上司にも、『体調が悪い時期がある一定期間続いたりすることがあって、負担がかかる仕事はさせないでください』って、わりきって言っちゃうんですよ」。

治療のため必ず三週間に一回休みを取り、外来通院している。「上司とかが、この日は忙しいから仕事してくれんか、って言うんですけど、『いやあ本当に薬がなくなると困るんです、体調がそこで処方してもらってる薬のおかげで維持できてますから』って断るようにしている。ぶれない自分の軸を作っておかないと、どんどん、流されちゃいますから」。また、社会生活を送る上で、同じ病である友人たちの存在が支えであるという。「以前ここ（K病院）に入院した時に大勢のアトピーの友だちができましたけど、みんな……いろんな職業の人いますよね。で、そういう職業の人たちも、アトピー抱えながら頑張ってるんやろうなあ、と思うと、自分もしんどいけど、しゃあないしやろうか！　と力が湧く」。

(2)　事例1の考察

アトピー性皮膚炎の痒みとは、まさしく虫が這い回るかのような異物感が、皮膚の上に在り続けるようなものである。また時には、皮膚の奥をえぐりたくなるほどの激しい痒みが襲うこともあるという。杉田さんによると、そのような痒みに耐えながら就労するということには、以下のような困難がある。①仕事のストレスで増幅する痒み、②会社で掻かないように痒みを我慢すること、③掻くことによる皮膚症状の悪化と睡眠不足状態。①〜③の悪循環が続くと、精神的にも相当な痛手を受ける。杉田さんも一時期鬱状態であったが、痒みを我慢することによる集中力の低下により、実力の「半分しか」発揮できない「もどかしさ」を感じるという。

筆者は、アトピー性皮膚炎患者が会社の求めるままに心身の限界まで働き続け、皮膚症状が増悪して退職に至ったケースに多く出会ってきた。アトピー性皮膚炎は慢性疾患であり、寛解と増悪を繰り返す。そのような、「終わりがない」病を抱えながら社会生活を送る上では、日常生活における皮膚のケアとともに、「自分で環境を整備する」ということ、つまり、病について職場に理解してもらうことが必要である。痒みの辛さはそれを体験したことがない他者にはなかなか伝わりにくく、杉田さん自身にも、「コンプレックス」であるアトピー性皮膚炎のことを他者に「言いたくない」という気持ちがある。しかし、社会生活を送る上では、アトピー性皮膚炎がどのような病であるのか、支障なく働ける範囲はどの程度か「わりきって」伝えることにより、職場との間に境界線を引いておくということが何より大切であるのだろう。また、壊れやすい皮膚を守りながら社会生活を送り続けていく上では、職場のペースに「どんどん、流され」てしまわないための「ぶれない自分の軸」、つまり、自分の心身に負担がかからないペースを大切にして、言うべき時は言う主体性が必要である。同じ病を抱える友人たちの存在は、杉田さんのこころを支え続けている。社会において「万人が共有するしんどさじゃない」病を抱えながら生きる上で、そのような支えのイメージは孤立感を軽減し、仕事に対するモチベーションを高めるために、非常に大切であると考えられる。

【事例2】 関口早苗（せきぐちさなえ）さん　二七歳会社員

(1)　事例2の概要

［**第一回**］関口さんは出版会社に勤める一人暮らしのOLである。多忙な社会生活を送る中でアトピー性皮膚炎が増悪し、入院に至った。日々の生活リズムは「滅茶苦茶だった。でも、〈残業は〉皆してることだったから……」という。睡眠時間すらままならず、「三〇歳まで〈体力が〉もつかな」と思いながら働いていた。〈仕事を〉断れなかった？〉と尋ねると、「断りきれない。皆が遅くまでやってるし、自分だけ断るの難しい。上の人がやってるのに、下っ端が帰れない」。新しい仕事を任された責任の重さや、営業先からクレームをつけられたことなども辛かったという。両親からは自由に育てられた。「〈両親のことは〉すごく好き。母、アトピーひどい時は添い寝してくれた」。

［**第二回**］「小学校時代から優等生で、先生から学級委員に指名されるような『いい子』だった。職場でもそうなんですけど……請け負い過ぎるところがあって、人に文句を言う時と自分の意見を通す時、自分を抑えるところと真っ直ぐ言うところのバランスがよく分からないんですよね。どうしても、人に合わせてしまって」〈しなやかに、自分の思いを出せればね〉「確かに、自分の主張、人に言えないんですよね。人が言うまま、仕事してしまう」〈そういうのも、アトピーにすごく関係ある〉。アトピー性皮膚炎増悪時は息抜きもできないほど、仕事で疲れきっていた。高校時代は「病院いくつか回っても全然良くならなくて、『清潔にしてないからだ！』ってお医者さんから怒られたりした」。その後「病を祈りで治す」という宗教に入信した。「宗

教やってると、アトピーが悪くなっても気の持ちようというか、祈りで何とかなる、って思って、身体の警告、出てたのに無視してましたね。夜一二時に仕事終わって、夜中二時に寝て、朝八時に出勤をずっと、繰り返してた。そんな生活、アトピーにいいはずない。突然、電気が切れるように『会社行けへん！』ってなった」。〈これからは、アトピーに現れた身体の声、聴いて。アトピーを抱えて生きるということは、だだっ子を抱えているようなものなんですよ〉と筆者が語ると、「ああ、本当にそう思います。頭では仕事したくても、身体がだだをこねている感じがします。アトピー悪くなってとても仕事できなくて、もともと明るい私がこんなになるなんて！　と思うほど落ち込んで、鬱になって……」。

［**第三回**］皮膚症状が良くなり、落ち着いた表情。「今の職場、ずっと続けていけるとこじゃない、って思ってるんです」。大学教師相手に教育関係の本を売る営業をしているが、「私みたいな若い子が勧めるから、買うんだろうな、と思う時がある。おばさんになったら、たぶん買ってくれないだろうな、と」。大学は「小学校の養護教諭養成課程」だった。教育の仕事に興味があり、転職を考え始めている。「今の職場で、周りからきついことを言われた時に自分の言いたいことを抑えていると、ほんとにすぐに痒くなって掻いてた」。思いを適切な方法で表現することの大切さについて語り合う。「息抜き、本当にしてなかったですね。これからはしたいです。あと、人にちゃんと言えるようになれたら、と思います……自分の気持ちを」。

(2)　事例２の考察

アトピー性皮膚炎発症・増悪に関連がある心理・社会的要因の中で、もっとも多い職業上の問題が多忙である。[2]関口さんも多忙な状況の中アトピー性皮膚炎が増悪し、鬱の時の辛さや、職場で「請け負い過ぎる」性格などについて語っていた。心身症患者は一般的に、社会生活において過剰適応状態にある。[3]そのような状態にあっては、「自分の意見」や「自分の主張」を抑えているか、それに気づきすらしない場合がほとんどである。昔から「優等生」であった関口さんは周りから望まれる自己を無意識的に演じ続けてきたのかもしれない。「きついことを言われた時」の痒みは、「自分の言いたいこと」が言葉という形をもたないままに、こころの内奥で渦巻いている時に生じていたのではないだろうか。そのように考えると、アトピー性皮膚炎の増悪をきっかけとして、職場における主体としての自己の在り方を、見つめ直す必要がある時期が来ていたと思われる。社会生活において「人が言うまま、仕事してしまう」姿勢では、心身に相当の負担がかかってくる。時には自己の心身の状態に注意を向け、職場との間に境界線を引かなければならない時もあると考えられる。

アトピー性皮膚炎患者の日常的な皮膚のケアとは、具体的には皮膚を清潔にした上で保湿し、軟膏を塗るという作業であり、当然自分の皮膚を看て、触れながら行うものである。「頭では仕事をしたくても、身体がだだをこねている」と有吉さんは述べていたが、「だだをこねている」子どもが身体に優しく触れられることによって落ち着くように、炎症がひどく、乾燥してカサカサになった皮膚は丁寧に触れられてケアされる必要がある。アトピー性皮膚炎の増悪は、身体面（感情面）に目を向け、「頭」と「身体」とのバランスをとるようにと語りかける、〝たましい〟[4]からのメッセージであったのではないだろうか。

【事例3】 有吉清美（ありよしきよみ）さん　二五歳銀行員

(1)　事例3の概要

［**第一回**］有吉さんは高卒後、地元の銀行に就職して数年後アトピー性皮膚炎が増悪し、休職して自宅療養した後、症状改善のため入院した。銀行就職に関しては、友人たちが皆地元を離れ、仕事の辛さを語り合う同期もおらず、陰険な上司もいて辛かったという。「銀行は母に『行け』と言われて行ったと思います。自分の意志がなかったかもしれない」。母親は「ヒステリックな人」であり、「一面しかものを見ていないところがあって」有吉さんの意見を訊かず、アトピー性皮膚炎の治療についても、「病院選びとか母の言いなりで自分の意見言えなかった。ずっと自分で考えてこなかった気がしますね……」。親戚の叔母から、母親の前でいい子をし過ぎていると指摘され、最近は意識して母親に自分の気持ちを言うようにこころがけてきた。

有吉さんが幼い頃から夫婦仲は悪く、母親がよく父親の悪口を語っていたという。

［第二回］もともと勉強もスポーツもできる方であり、高校から銀行に推薦された。「学校に推薦の話が来て、担任から『これは有吉にとっていい話だ』って何度も勧められたんです。県内で一番の銀行だからいい就職だ、って先生は思ってたんですよね」。有吉さんには別の進路希望があった。「国語の先生になりたくて本当はK大学教育学部に行きたかった。でも、担任から銀行勧められた時『K大行っても、先生になれる人は少ないぞ？』って言われて、諦めたんです。今思うとやっぱりK大目指せば良かった、って後悔してるんですよね」。銀行の就職に関しては、「母がすごく乗り気で、『行きなさい！』って」。母親にすれば、「地元で一番の銀行ってことが魅力的だったみたい」。「母や先生の言いなりになって、いいかな、って決めたんです」。

就職してからは自分なりに努力して頑張り、利用客の評判も良かったが、多忙な日々の中でアトピー性皮膚炎が増悪し、休職となった。「加減が分からないところがあるんですよね。集中の仕方も極端で、すごい集中して、やってしまってるんです。その後でこころも身体も悲鳴をあげている。けど自分で自分が疲れてるって気づいてないんですよね。銀行で、周りは私のことすごく頑張ってる、って思ってたみたいなんですよね。でも、自分ではそんな風に思ってないんです。意識していないんですよね。で、身体が本当に疲れてきて。それまで分からない」〈身体と仕事のバランスとってやっていくこと、大事かもしれないね〉。金融関係の仕事にはどうしても興味が持てず、銀行はこのまま退職したいという。

［第三回］皮膚症状が良くなり、落ち着いた表情。「昨日も電話で母と喧嘩したんですよ。保険会社の事務のバイト見つけたことを話したんですけど、すぐに『あかん！　やめとき！』って言われて。一応あたし、銀行勤めてたし、保険のこと分かるから、って考えて選んだんですけど、そんな理由訊きもせずただ一方的に『そこ嫌い！　やめなさい！』って。やっぱり私のこと、母が決めようとする」〈もっと信頼してくれてもいいと思う〉「そうですよねえ！　もっと信頼してほしいと思う。おかしいですよね！　口出しばっかりしてくる。イライラして痒くなるけど、『ほっとって』って言うの恐いんですよね。感情的でヒステリーだ

から、倍になって返ってきそうな気がする。銀行辞めるのも反対なんです。でも、ここで母の意見受け入れたら、銀行に就職した時と同じ状況になってしまう。やめたいと思う……もう、そういうの」。「母、『あんたがアトピーでうじうじ悩んでたからお母さんもポリープできたわ!』」。それ聞くとイライラするし、落ち込んでしまうんですよね。ポリープは母の問題。でも、それ言えないんですよね。感情的だから、言ったら大変なことになると思う」。母親との適切な距離の取り方について話し合う。退院後の目標としては、無理のない範囲で仕事を始め、家からの「自立」を目指したいという。

(2) 事例3の考察

有吉さんは銀行への就職が「母や先生の言いなり」になって決めたことであったと振り返っていた。気持ちを語り合える同期もおらず、仕事にも興味が持てないまま過剰に頑張り続ける中で、「こころも身体も悲鳴をあげ」、アトピー性皮膚炎が増悪したようである。

また、家族関係が皮膚症状に影響していると考えられるケースでは、母親による過干渉や、一方的な関わりが患者の負担になっている場合がある。[5] 入院して家族と離れることにより皮膚症状が寛解するアトピー性皮膚炎患者は、ほぼ例外なくそのような問題を抱えている。

有吉さんは「母の言いなり」であり「自分の意志がなかった」と述べていたが、母親によるコントロールが強い中で、有吉さんの気持ちの〝表現の砦〟[6]としての皮膚に、症状が表れていたのではないだろうか。特にアトピー性皮膚炎の皮膚症状は非常に目立ち、可視的であるという点で、周囲に対してメッセージを発する役目を果たし得る。有吉さんは、『ほっとって』って言うの恐い」と述べていたが、「ヒステリックな」母親に対して自分の思いを言えないけれど言いたい、というジレンマが、自己と世界の境界である皮膚の症状に繋がっていたと考えられる。

入院生活の中で有吉さんの皮膚症状は落ち着き、まずは保険会社のアルバイトから始めたいと語っていた。自分の選んだ道を歩むということは、有吉さんが望む「自立」に向けての大切なステップであると思われる。「母の言いなり」になることに関して、「やめたいと思う……もうそういうの」と語る有吉さんの言葉は、静かな確信に満ちていた。

4 総合考察

調査面接においては、アトピー性皮膚炎を抱えながら社会生活を送る上で生じる困難や、その困難の中でいかに生きるか、ということが具体的に述べられた。容量を越えた仕事を断るなど「自分で環境を整備する」ことや、病院通いのペースを守るという「ぶれない自分の軸を作ること」の大切さが強調され、忙しい現代社会において、職場のペースに呑まれてしまわずに心身を守ることが大切であると示唆された。

カウンセリングにおいては、社会生活におけるアトピー性皮膚炎の増悪をきっかけに、パーソナリティや母親との関係に関するさまざまな気づきがあった。皮膚を病むことにより、家庭や職場などの〝俗なる世界〟[7]から離れて入院生活に入るが、病院ではまず皮膚を清潔にして保湿し、軟膏を塗ることによって守り包む、ということが行なわれる。また、身体のケアと並行して、他の患者との関わりやカウンセリングを通してさまざまな気づきが生まれていく。このようなプロセスは、アトピー性皮膚炎患者にとって大切な〝イニシエーション〟[7]であると考えられる。

全体の語りを通して、アトピー性皮膚炎患者の社会生活に関しては、自己と世界の間に内的な境界線を引く、ということが非常に大切であると思われた。たとえば、心身の容量を越えた仕事依頼に対する境界線や、職業選択について過干渉気味な母親との境界線などである。そのように考えると、アトピー性皮膚炎の増悪はしばしば外的世界から自己の心身を守る必要を切実に訴える、〝たましい〟からのメッセージであるのかもしれない。そのようなメッセージを受け止め、外的世界との間に境界線を引くということは、時には相当の勇気が必要である。

しかし、環境のペースに呑まれず、自らの主体性を保ちながら社会生活を送ることは、壊れやすい皮膚を守りながら生きることに他ならないと思われる。したがって、アトピー性皮膚炎患者の心理的援助においては、皮膚症状に表れた〝たましい〟からのメッセージに耳を傾け、アトピー性皮膚炎患者一人ひとりの主体性を育てる営みが何より大切であると考えられる。

アトピー性皮膚炎には常に内的世界と外的世界における問題が絡み合っている。たとえば、パーソナリティなどの個人的な問題と、家庭や職場といった生活環境の問題などである。また、アトピー性皮膚炎を抱えて生きることそのものにまつわる葛藤や、家庭や職場における葛藤が皮膚症状に影響している可能性もある。したがって、アトピー性皮膚炎患者の心理的援助においては、常に複眼的な視点が必要であると考えられる。

おわりに

今回の語りに見られた「多忙」や「過剰適応」などの問題は、現代競争社会における普遍的な問題であるように思われる。また、アトピー性皮膚炎には、水質汚染や大気汚染、添加物の多い食事など、日常生活環境における根本的な問題が関与している。アトピー性皮膚炎患者の心理臨床に従事していると、人の「こころ」を取り巻く環境世界の問題を痛切に感じざるを得ない。「こころ」を取り巻く環境世界が歪みゆく中で、心理職として一体どのように「こころ」を援助していくべきなのだろうか。その問いに対する答えは容易に出そうにはないが、今後もアトピー性皮膚炎患者の心理臨床を通して、人がこの世界で心身ともに健やかに生きるとはどういうことであるのか、探求していきたいと考えている。

〔文　献〕（1）武藤百合「アトピー性皮膚炎患者の心理臨床――渇いた皮膚が物語るもの」臨床心理学、5（6）、八八〇～八八二頁、二〇〇五
（2）草間美紀「成人型アトピー性皮膚炎と心理社会的因子の関与について」Monthly Book Derma、58、三二～三五頁、二〇〇二
（3）池見酉次郎『人間回復の医学――セルフ・コントロール医学の展開』創元社、二二～五六頁、一九八四
（4）河合隼雄「〈総論〉心理療法における身体性」〔河合隼雄編〕『講座心理療法第4巻　心理療法と身体』岩波書店、一～一七頁、二〇〇〇
（5）岡部俊一「母親の不安発作が症状の悪化に関与した乳児アトピー性皮膚炎の一例」Monthly Book Derma、58、六八～七二頁、二〇〇二
（6）横山博「表現の砦としての身体」〔河合隼雄編〕『講座心理療法第4巻　心理療法と身体』岩波書店、六七～一一四頁、二〇〇〇
（7）河野博臣『生と死の心理――ユング心理学と心身症』創元社、一三三～一八一頁、一九七七

4　精神科診療所の心理臨床における個と集団

原田　徹

はじめに

筆者は「統合的地域ケアシステム」[1]を掲げる精神科診療所で、「個」を対象とした「心理療法」（筆者の職場では通称「カウンセリング」）はもとより、「集団」を対象とした精神科デイケア等の臨床心理行為も行っている。また、「個」を対象としつつも、その家族や友人等の「集団」あるいは主治医やケースワーカー等の治療者集団という「集団」を意識せずにはいられない現状がある。本小論では、精神科診療所の心理臨床における個と集団について考えたい。なお、具体的なエピソードも挙げてはいるが、事実そのままの記述というよりは、おおよそのイメージとして受け取っていただければと思う。

精神科診療所の心理臨床における個と集団を考えるにあたり「否定」をテーマにして考えていきたい。「否定」は日常語でもあるが、ヘーゲル（Hegel, G. W. F.）の弁証法で「ある命題（正定立・肯定）と、それと矛盾あるいはそれを否定する命題（反定立・否定）が対立の後に、止揚されて次の段階の命題（統合・否定の否定）となり、そこでは正定立の要素も反定立の要素も生かされる」というように哲学で用いられる語でもある。心理臨床においては、ギーゲリッヒ[2,3]（Giegerich, W.）や河合俊雄[4,5]がしばしば用いている。本論での「否定」という語の用い方は、哲学でいう「否定」やギーゲリッヒや河合俊雄の言う「否定」の影響を強く受けているのは確かだが、そのあたりを厳密に論じる紙幅はない。とりあえずは、日常語として「そうでないと打ち消すこと。（価値などを）認めないこと」[6]くらいの意味合いで読み進んでいただいてかまわないと思っている。

1 カウンセリング

カウンセリングでは、筆者は「個」のクライエントに「個」の臨床心理士として会うのであるが、話の中で家族、学校や職場の人……という「集団」を意識せざるをえないときもある。医師やケースワーカー等他の専門職の話も出てきて治療者集団という「集団」を意識する必要のあることもある。語られる他者が実際に会うことのないクライエントの家族や友人等であれば、比較的自由にクライエントの話を聴くことができるように思う。たとえばクライエントが母親の話をするとき、実際の母親の話として聴くのも当然であるが、そこからは少し離れてそのクライエントの内なる母親像とか女性像のようなものもイメージしながら聴いていくことになる。ところが、クライエントの語る他者が、筆者のよく知っている医師やケースワーカー、作業所の職員等になるとどうであろうか。筆者がその人に抱いているイメージもあるわけで、転移まで含めて自由に話を聴くことは時に難しくも感じる。

さらに、そういう周囲の人が心理療法を「否定」してくることがある。クライエント本人はなんとなくであれカウンセリングに意味を感じて来談していても、家族が「そんなの意味がない」と「否定」してくることがある。主治医が「夢なんか忘れときや」とか「カウンセリング、そろそろやめてもいいんじゃない?」とか「否定」を入れてくることもある。カウンセリングの中ではクライエントが主体的に語っているのに、診察時に主治医が「カウンセリング、どうや?　……ストレス対処の訓練の場やな」とか言うことで、主体的な語りの場が「否定」されてクライエントも筆者も困ってしまうということもあった。もちろん、主治医の「否定」は必ずしも悪いというわけでなくて、クライエントと筆者とで心理療法に没入しようとするときに危険があれば歯止めとなる場合もある。治療構造を再検討するよい契機となる場合もある。クライエントが「あのカウンセラーは嫌だ、話しても意味がない」と「否定」を主治医に話したとき、主治医が安易にカウンセラーの交代やカウンセリングの中断をすすめたりせずに粘ってくれるおかげで、「否定」を乗り越えていける場合もある。

2 デイケア

精神科デイケアは、二四時間治療の場である入院等の施設とは異なり、昼間の六時間（ナイトケアでは四時間）をデイケア専用のスペースで過ごしてもらうもので、各種プログラムが実施されるとともに、給食もあり生活の場という側面もある。筆者の職場の精神科デイケアは、プログラムはあるが参加は自由で、まずは「居場所」であることが重要というデイケアである。デイケアという場でも、スタッフとデイケアメンバー（デイケアに登録し利用している患者、以下「メンバー」）が一対一で話したりという「個」と「個」という場面もあるが、だいたいは治療者側もメンバーも複数という「集団」の場である。デイケアに日常的に関わるスタッフは、ケースワーカー、臨床心理士、看護師、だけでなくて、栄養士や学生等のアルバイトスタッフに至るまでさまざまである。

デイケアの場では、メンバー同士の「否定」は日常茶飯事である。たとえば、しばらく前に筆者が髪を短く切って出勤した際、数人のメンバーが「夏やし、涼しげでええな」とか「高校球児みたい」とか各々のイメージを自由に投影してきた。これが、一対一の面接の場であったり、デイケアでも他のメンバーと少し離れて一対一で話す場であるとしたら、それぞれの自由なイメージが投影されてそれが「否定」されることはない。しかし、複数のメンバーがいると、そうはいかないこともある。AさんがAさん自身の関心を反映してと思うが「お坊さんみたい。出家したんか？」と言ってきて、それを聞いたBさんが「そんなええもんちゃうわ、角刈りや、怖い！」というまったく違うイメージを言ってくるようなこともある。このような場合、イメージを否定されたAさんがその場から立ち去ったり、「違う、お坊さんや！」と言い返してけんかのようになることもありえなくはない。ただし、この場面では、Aさんは「角刈りは怖いかもしれんけど、原田君やし怖くないで。怖いといえば、昨日な……」と違うレベルの話へ展開させた。このように「否定」を超えて、会話が展開することがしばしばあるように思う。

露骨に人間関係の中で「否定」が生じるよりは、表現活動の中で生じるほうがよいようにも思う。プログラムの中で、生け花や書道、絵画等があるのだが、そういう場では、より治療的な形で「否定」が生じるように思う。生け花のプログラムでは、基本的には生けたい人が一人で一つの花瓶に花を生けていくわけであるが、最初から最後までその人のイメージで通すことができる場合だけではない。周りで見ている人が、「これいれたらいいやん」とか「バランスが……」とか生けている人のイメージを「否定」してくることがある。また、当時何もする気がしない、とプログラムへの参加を拒否していたCさんは、ある日「あんた（筆者）が生けるんやったら、わしも生けるで。ひとりで全部は嫌や。一緒ならやる」と言ってくれて、二人でひとつの花瓶に生け花をしたことがあった。交互に一本ずつ花を生けていった。侵襲的にならぬよう気をつけながら生けていったつもりであったが、筆者の生けた花が彼の表現を「否定」してしまったようで、「なんや、こんな生けたら、困るやん」と言わせてしまった。しかし、筆者の「否定」に負けずというかそれを乗り越えて、「こうや」と最後は彼が完成させた。さらにそういう過程を見守り、出来上がったものに対して自由に感想を述べる「集団」もいるというのがデイケアという場である。

なお、デイケアスタッフの会議や申し送り等で、「集団」の中の「個」を考えるときには、どうしても何かと問題を起こしがちなメンバー、何かとスタッフに主張してくるメンバーのことばかりが話題となり、静かに過ごしているメンバーが何を思っているかは置き去りにされがちである。そのため、筆者の職場ではすべてのデイケアメンバーに「思いを馳せる担当」というのがつくようになった。単に「担当制」と言ってしまうとメンバーの側も担当のスタッフにしか相談しにくくなるし、一人のスタッフが抱え込んでしまう弊害もある。あくまでスタッフ全体で支えていくのであるが、担当しているメンバーがどういう思いを抱いて日々を過ごし、デイケアに参加しているのか（あるいは、参加しづらいのか）、そっと思いを馳せておく人というくらいの意味合いでの「思いを馳せる担当」というのを決めることになったのである。あるメンバーという「個」に対してスタッフ全体という「集団」で関わるわけであるが、特に「思いを馳せる担当」という「個」のスタッフが存在することはおそらく意味のあることと感じている。

3 ACT的なチームアプローチ

ACT（アクト）とは、Assertive Community Treatment の略で、「包括型地域生活支援プログラム」と訳されていて、「重い精神障害を抱えるため頻回の入院や長期入院を余儀なくされていた人々が病院の外でうまく暮らし続けていけるように、さまざまな職種の専門家から構成されるチームが援助するプログラム」[7]である。筆者らは診療所スタッフだけでなくて生活支援センター等のスタッフとも連携して「統合モデル」と称して、「支援チーム」を組み、ACT的な支援を行っている。

Dさんの支援チームを簡単に紹介する。Dさんは統合失調症二〇代男性、入院も経験してきたが、現在はひとり暮らしをしている。服薬支援、生活支援、デイケア導入等、多面的な支援を、医師一名、ケースワーカー四名、臨床心理士一名、看護師一名という「支援チーム」が中心となって実施している。筆者は特にDさんが家に引きこもらずにデイケアへ参加してもらえるよう働きかけることを主な役割としてチームに参加しているが、「掃除とか何かをする訪問ではなくて、ゆっくり話を聞いてくれるだけの訪問をしてほしい」という本人の希望もあり、デイケアへ軽く誘うことはしつつも、基本的には本人の話を聴くだけの訪問面接を二週間に一回実施し、チーム会議にも参加している。ある日のチーム会議では、医師が頓服薬を中止したことに対して、他職種スタッフからの「それは困る」という声が相次いだ。「しんどいときに頓服薬をのんで、効果がでるまでしばらく待つ」というのは、Dさん自身がもっとも大事にしているしんどいときの対処法であるし、電話相談に応じるスタッフからすれば、「しんどい、どうしよう?」という電話相談に対応する際に、「いつものようにとりあえず頓服薬をのんでみたら」という対応ができないというのは非常に困るのである。これに対して、医師は「今のDさんの状態としては、薬の量が多すぎるから頓服薬までのんだら身体がしんどいと思う。だから、中止した。しかし、頓服薬には心理的な意味（追加で薬をのむことで落ち着く、追加の薬があることで安心する）があるようだから、非常に弱い薬を頓服薬という形で出すというのはどうか?」と発言し、そういうことになった。

このように、チーム会議では、スタッフ同士の「否定」が生じる。今の例では、医師による頓服薬の中止が他スタッフから「否定」されて、さらにその「否定」を乗り越えて、プラセボ的な頓服薬（もとの頓服薬よりは弱い頓服薬）という別の解決策へと発展したと言える。薬の中身まで「否定」することはあまりないが、たとえば生活リズムのために眠前薬をのむ時間を変更する、とかいうように医師以外のチームスタッフが医師の薬の出し方を「否定」し、そこから新しい方針が決まることもある。他にもチーム会議では、「彼（支援の対象となる患者）の問題ではなくて、あんた（スタッフ）の問題だ」とか「それ、根拠ないでしょ？」とか、あるいは「こんなチーム会議をする必要があるのか？」という発言さえも生じる。治療者が「集団」というと、多くの治療者が仲良く協力し合って……という印象をもたれる場合もあるかもしれないが、実際には「否定」の連続である。ACTでは、「多職種チーム（multidisciplinary team）」という考え方ではなくて「超職種チーム（transdisciplinary team）」という考え方をする。[8] 多くの職種がただ集まっているのではなくて、違う職種の人が集まって、「否定」し合いながら乗り越えていく、職種を超えて何かを生み出していくということと思う。なお、このようなスタッフ同士の「否定」は、デイケアスタッフの間でももちろん生じるが、支援チームのスタッフの間ではより強く「否定」が作用するように感じている。

4……………「否定」と守り

以上、「否定」の重要性を述べてきたが、当然守りも必要である。デイケアでは、守られた場を作るのはスタッフの重要な役割である。しかし、メンバー同士の間で守りが形成されることも多々ある。たとえば、再びデイケアの生け花の際のことであるが、Eさんがいったん作り終えた生け花に、なんとFさんが無断で手を加え始めたのである。幸いEさんはその場にいなかったが、もしその場に居合わせたとしたらEさんは自分の表現を「否定」されるような行為に深く傷ついた可能性もある。そのことにスタッフが気づくよりも早く、メンバーのGさんが「Fさん、それはあかんよ。Eさんに失礼や」と言ってやめさせるということがあった。ここでは、Gさんが場の守りとなったと思う。スタッフ同士の「否定」についても、ただ仲良く協力してというのも違うと思うが、喧嘩ばかりしていて傷つけ合ってばかりというのもどうかと思う。「否定」も大事だが、ある程度の守りも当然必要である。ただし、守りばかりでは、動きが止まってしまうように思う。適度な守りの中で、それでも生じてしまう「否定」、そしてそこから生じる動きをしっかりと見ていくことが重要であろう。

5　集団における「否定」のトレーニング

思い返してみると、大学時代の実習で「否定」を体験していたように思う。ファンタジーグループやグループ箱庭がそうである。ファンタジーグループ（特にフィンガーペインティング）では、領域をめぐって戦いの中で「否定」されたり、それを乗り越えることがなされるように思う。筆者の実習での体験では、領域だけでなくて用紙の枠どりの色を参加者のうちの一人と争っていた記憶がある。自分が塗った色に他の色を塗られることは「否定」であったと思う。また、グループ箱庭では、自分が置いたミニチュアが動かされて自分が「否定」されたように感じたりもしていた。岡田康伸が、臨床心理士の訓練としてのファンタジーグループやグループ箱庭について述べているが[9,10]、これはもっともなことで、ファンタジーグループやグループ箱庭は「個」を対象とした臨床心理行為だけでなくて、「集団」を対象とした臨床心理行為や治療者「集団」の中での臨床心理行為にも生かされてくる実習であったと今になって思うのである。

6　臨床心理士のアイデンティティーと「否定」

臨床心理行為の基本は、週に一回原則五〇分面接室で「個」の臨床心理士として「個」のクライエントに会う

「心理療法」であると思っているし、そこに臨床心理士としてのアイデンティティを感じることは事実である。そうすると、デイケアやACT的なチームアプローチに参加するのは、臨床心理行為としては応用分野ではないかと感じている。幸い筆者の現在の立場としては、「心理療法」もやりつつ、デイケア等の業務もあるという状態になっている。スクールカウンセラーが個別面接もするが、学校行事に参加したり教室へ行ったり他職種（教師や養護教諭）と連携したりするのとも似ているように思う。医療機関によっては、臨床心理士は検査だけとかデイケアだけとか固定した業務内容になっているところもあると聞くが、筆者の職場のようなシステムもよいのではないかと思っている。河合隼雄が「心理療法のできないスクールカウンセラーは役に立たない」と言っているが[11]、同様に「心理療法のできない臨床心理士が、デイケアのような集団の場だけにいても役に立つのは難しい」とも言えるのではないかと思う。本小論で述べた「否定」ということは個人の心理療法の中でも生じていることである。それが理解できてこそ、集団の場での「否定」、そしてそこからの動きにも目が行くのだと思う。

ところで、臨床心理士のアイデンティティは、「臨床心理士は薬の処方はできない」「臨床心理士は障害年金の手続きはできない」というような「否定」の形のアイデンティティもあると思う。他職種とやっていく治療者「集団」の中では、他職種との比較から、この「否定」の形のアイデンティティが目立つように思う。この「否定」によってアイデンティティを保っているとも言えるし、あるいは何かが動いてこの「否定」を越えることもできるような気がする。たとえば、「臨床心理士は薬の処方はできないからチーム会議でも薬のことはコメントしない」とするなら「否定」のままだけれども、「臨床心理士は薬の処方はできないけど、薬の効果はある程度知っていて、それを頭の片隅に置きながらサイコロジカルなレベルで話を聞く。チーム会議でも、頓服薬の心理的な効果等薬に関して発言する」とするならば「否定」を一歩越えることになると思う。それぞれの職種がある程度「否定」を乗り越えることに意味があるからこそ、ACTの「超職種」という考え方があるように思う。

また、精神科診療所の臨床心理士のアイデンティティは、制度上も「否定」され続けてきている。国家資格がなく、診療報酬上の位置づけも不十分である。国家資格化への動きは重要であるが、「否定」をどう乗り越えるかがより重要と思う。国家資格に関する議論を聞いていると「長年の対立の歴史があるのだから、仕方ない」とか「精神科医が反対するから横断的資格、修士課程修了の資格は無理」とか、「否定」の動きに対して妥協するような話も耳にする。しかし、妥協するのではなくて「否定」を乗り越えてクライエント（患者・デイケアメンバー）のためによりよい資格を考えることが大切ではないかと思う。なお、筆者としては、妥協の産物としての国家資格ができるくらいなら、国家資格に固執することはやめて、むしろ診療報酬上での位置づけをよりきちんとしていくための働きかけも「否定」の乗り越え方の一案ではないかと思っている。平成一八年度の診療報酬改訂で、医師以外の「他の従事者」が心理検査を実施した場合も算定可能となったのは画期的なことと思う。難しいかもしれないが、臨床心理士によるカウンセリング（訪問も含む）に診療報酬が算定されるとか、あるいは「思春期精神科入院医療管理加算」や「精神科デイケア」の施設基準がそうであるように精神科診療所での一般外来でも「臨床心理技術者」がきちんと位置づけてもらえるならば、少なくとも筆者の現在の「個」そして「集団」と関わる臨床心理行為は、だいぶやりやすくなるように思う。

〔文　献〕（1）上野光歩「精神医療改革へむけた診療所活動――「統合的地域ケアシステム」への展望」、日本病院・地域精神医学会誌、46（4）、四〇四〜四〇八頁、二〇〇三

（2）W・ギーゲリッヒ『ユング心理学の展開〔ギーゲリッヒ論集〕1　魂と歴史性』河合俊雄監訳、日本評論社、二〇〇〇

（3）W・ギーゲリッヒ『ユング心理学の展開〔ギーゲリッヒ論集〕3　神話と意識〔講義・講演集〕』河合俊雄監訳、日本評論社、二〇〇一

（4）河合俊雄『心理臨床の基礎2　心理臨床の理論』岩波書店、二〇〇〇

（5）河合俊雄『概念の心理療法――物語から弁証法へ（叢書・心理臨床の知）』日本評論社、一九九八

（6）新村出編『広辞苑　第5版』岩波書店、一九九八

(7) 西尾雅明『ACT入門——精神障害者のための包括的地域生活支援プログラム』金剛出版、一三頁、二〇〇四
(8) 前掲書(7)、三六頁
(9) 岡田康伸「臨床心理士の訓練のためのファンタジー」(樋口和彦、岡田康伸編)『ファンタジーグループ入門』創元社、九三〜一〇一頁、二〇〇〇
(10) 岡田康伸「グループ箱庭療法の試み」『箱庭療法の展開』誠信書房、九五〜一三四頁、一九九三
(11) 河合隼雄『臨床心理学ノート』金剛出版、一二六頁、二〇〇三

コラム

生活技能訓練への招待状

坂崎浩久

生活技能訓練（SST）は社会的ストレスを軽減し、精神障害の再発予防に効果がある。しかし、なにごともいきなりは難しい。初めてのメンバー（患者さん）に向け、SSTを紹介する基礎コースを考えてみた。「話し上手になるコツを勉強してみませんか」。英会話教室風のノリで「人とおしゃべりする場面」を四回に分割し、毎週グループで練習する。これが、寡黙な患者さんにも笑顔が出てくるスグレモノなのである。

［第一日目］「話を始める」……初めは「あいさつ」から。「Aさん／あ、Bさん／おはようございます／おはようございます」。これが練習課題である（簡単だって？　いやいや、これが奥が深い。「あいさつ」は毎日繰り返せるから反復練習になる。SSTが楽しい雰囲気なら、その気分を思い出すスイッチにもなる）。この「あいさつ」をネタに「本日のポイント」の話をする。ホワイトボードに「よいコミュニケーション」と書き、要点カードを並べる。カードには「目。相手と視線を合わす」といった説明

が書いてある。目・声・顔・手・身体。コミュニケーションは身振りに表れる。「仕草を工夫すると、言葉の伝わりやすさが変わります」。

SSTの良さは「長所探し」にある。長所が伸びれば、短所はそのままでかまわない。ロールプレイをし、みんなでその人の「良いところ」を探していく。わからないときは要点カードから選べばいいだけなので、「良いところ」の発見は難しくない。こうすれば、集中力の続きにくい人でも参加しやすいだけでなく、「他者をほめる体験」を内在化し、その人自身の自己批判（幻聴や抑うつ気分の素）をやわらげる効果もある。

【第二日目】「話を広げる」……「（イスを指差し）ここ、いいですか／どうぞ／今日はいい天気ですね／そうですね」。ポイントは「三つの自己開示」。誰とでもできる話題、知人とする話題、信頼できる人とする話題。話題の選び方を三段階に分ける。社会学者のジンメル（Simmel, G.）のように「個と個の相互作用」から見ると、社会には「よく知らない他者」との関わりが存在する。お店の店員さんに配送を頼んだり、駅員さんに切符の買い方を尋ねたり、生活の豊かさはこうした「他者」との関係に支えられている。それが近代社会の特徴である。

対人関係が苦手な人はこの「他者」との距離がうまく取れない。自分の秘密を「他者」に漏らしたり、すべての関係から撤退したりしてしまう。そこで「誰とでもできる話題」として、スポーツ・天気・季節・ニュースの会話を練習する（頭文字を取り「すてきに会話」と命名）。このコツが身につくと、少ない自己開示で交流を楽しめるようになる。重宝するので、僕も使っていたりするくらいだ（おっと、秘密を漏らしてしまった）。

【第三日目】「話を終える」……「(時計を見る) 時間はいいですか／あ、出掛けてきます／いってらっしゃい／またあとで」。ここでのポイントは「青信号／赤信号」。話を続けていいかどうか、相手の様子や自分の状態を観察する受信スキルがテーマとなる。忙しそうなときや疲れてきたときは、話を控えたほうがいい。

レイン (Laing, R. D.) の指摘通り、身体には「対象としての身体」と「生活する身体」の二側面がある。とくに統合失調症では「対象としての身体」が前面に出てくる。見られ、聞かれ、させられる体験にさらされる。では、どうすればよいか。そう、「生活する身体」に加勢すればよいのである。太陽が昇れば、星は消えていく。SSTには、人のロールプレイを見てほめることで、「見る、聞く、話す」の「生活する身体」を引き出す力がある。

ただ、SSTをすることが「SSTをさせられる」になっては本末転倒。だから、気が乗らないときはパスをしても良い。それが第三日目のポイント。上手に休むこともまた「生活」の基本である。

【第四日目】「まとめ」……ここまでの会話を「通し」で練習し、修了証書を手渡す。免許皆伝。見事「SST使い」の誕生である。このあと、応用コースに挑戦できる。応用コースでは、それぞれが「自分の困っていること」をもとにロールプレイを作り、みんなで解決策のアイデアを出しあう。これもまた楽しい。

コラム

総合病院の医療スタッフという集団の中で生き延びること

多田昌代

臨床心理士が総合病院に勤める場合、よほど恵まれたところでない限り一人職場となる。その上非常勤職であったりすると、筆者はかつてそうだったのだが、周囲から「あの人誰？」という目で見られやすい。そのような職場で孤立せず生き延びるにはどうしたら良いのだろうか。

まず普通の人と思われることが大事であると思う。いわゆる『心理屋』に対する理解がまだ十分ではなく、異分子が入ってきたと思われると何となく非協力的な雰囲気ができて、居心地が悪くなる。世間話くらいこなしたいが、あまり仲良くなりすぎることも要注意のようである。他領域のスタッフは、患者にプライベートを教えないという考え方に慣れていないこともあるので、気がつくと患者に自分の個人情報が筒抜けということにもなりかねない。

総合病院は多くの科の寄り合い所帯であるから、診察室も時間も互いに都合をつけあうしかない。毎回同じ時間、同じ部屋で会いたいという心理療法の常識は、総合病院の常識ではない。面接中に入ってこないでほしいというのも理解されにくい。筆者は正面切って要請できるほど強い立場でなかったので、

「患者さんが不安になるから」と患者の立場で説明したり、入室された際にひどく困った顔をしてみせるという非言語メッセージで伝えようとしたりした。それなりの効果はあったが、一番良いのは役に立つ人という評価をもらって、何となくこちらの仕事のやり方を尊重してもらう雰囲気を作ることだと思う。筆者はカウンセリングによって問題行動がおさまったケースを経験して、周囲が柔らかく接してくれるようになったと感じられた。カウンセリングは役に立つという話がスタッフ間で「口コミ」で広がったようだった。

だから「あの人誰?」という目で見られなくなりました、というわけではない。スタッフは大勢いるしせっかく親しくなっても異動で違う科に行ってしまうことも多い。結局またどうしたら良いのだろうと頭をひねりつつ、自分の仕事をしていくことになるのだろう。

コラム

青年期デイケアでの体験から
――枠をめぐって

山川裕樹

デイケアという集団場面においては、個別面接とはその枠が違って存在していることに気づかされる。筆者が関わっていた青年期デイケア[1][2][3]においては、とりわけ枠を考えさせられる体験が多かった。デイケアそのものの境界性もあり、また、対象が青年期であることも枠組みが問われがちな一因であったろう。個別面接では面接者は時間・場所・料金などの治療構造により陰に陽に守られており、また、面接者の存在自体もある種非日常的でありうる。しかし、デイケアは少々事情が異なる。デイケアの活動時間は六時間あり、その中でさまざまな〝日常〟活動をともにする。

その最たるものが昼食時間である。食とは人間の生きる営みにおいてきわめて根源的な生命維持活動でありかつ文化的活動である。生きる上で必須の営みでありながら、食の感覚的・官能的側面は人の感性をより豊かにし、また誰とどのように食べるかが単なる食を食「事」に変換するという意味において社会的機能をも有している。そうした〝食〟の営みは、私たちの〝生身性〟を極端に露出させるものである。この例からもわかるように、デイケアではともに過ごす時間が長い分、個別面接では看過されがちな臨床家の〝日常性〟の側面が曝け出されやすい。

こうしたことから、個別面接は枠が強固であり集団は枠が緩やかである、と考える向きもあろう。しかし果たして臨床活動をそのような単純な二分法で捉えるのもどうだろう。

人と人が出会う。そこに最初から〝非日常性〟があるわけではない。しかし、日常的な次元とは異なる取り決めを行うことにより、そこに〝非日常性〟を導入していこうとする。そのことが次第にクライエントに内在化され、クライエントが自らそこに意味づけを行うようになる。枠の意義とは、こうした形で、少しずつ体験として結実していく性質のものではないだろうか。

個別か集団か、という外的基準による二分法ではなく、内的体験、その個人において体験されている次元で発想する必要がある。確かに、集団は個別面接よりもより日常性が強く表れる。しかし、そのことは、よけいに枠の本質をどのような形でもたらすかを臨床家に発想させてくれているかのようにも思える。集団場面がもつ、枠組みが緩やかであるかのようにみえるその構造こそ、本来心理臨床がもつ枠組みのもつ意味合いをきわめてシビアにかつ豊富に教えてくれる恰好の素材であるのではないだろうか、との夢想すら湧いてくるのである。

[文　献]
(1) 植月マミ「ひきこもり青年の社会化過程における青年期デイケアの治療的役割」思春期青年期精神医学、11 (2)、一四九～一五〇頁、二〇〇一
(2) 木村唱子「思春期・青年期のグループ治療――非精神病性のひきこもりを主体とした診療所デイケア」日本心理臨床学会第20回大会発表論文集、一七九頁、二〇〇一
(3) 植月マミ、木村唱子、有元裕美、山川裕樹、鳴岩伸生、渡辺洋一郎「ひきこもり青年対象の、青年期デイケア集団精神療法」集団精神療法、18 (2)、一二一～一二五頁、二〇〇二

第7章……福祉・司法現場における個と集団

1 重い知的障害をもつ成人の心理面接事例

山森路子

はじめに

J施設は重い知的障害をもつ成人の施設で、筆者が心理臨床の世界に入って最初に出会った外部の現場である。本来は軽度、中等度の人々の進路相談を兼ねたカウンセリングを目的に非常勤セラピストが配置されるようになったということだが、次第により重度者の利用が増え、筆者が勤務しはじめた頃にはすでにそのほとんどが重度、最重度の人たちであった。

まったく言葉をもたなかったり、もっていてもオウム返しやそのときどきに関心のある単語の繰り返しであり、言語的交流はもちろん、玩具や道具を使っての〝遊び〟も成立しにくかった。当時修士二年目に入ったばかりだった筆者にとって、カウンセリングやプレイセラピーの理論も、その他のイメージ表現を用いた技法も高度で遠い話のように感じられ、ともかく一対一の関係の中で彼らの世界を共有してみようと考えて会いはじめた。

そのようにひたすら相手とともに過ごすことに専念した体験は、その後、病態水準の重い精神疾患の人や身体化傾向の人といった内面を言語化しにくい人々との心理臨床においても大きな礎となってきたように思われる。本稿では、そうした重度知的障害者との心理面接事例を取り上げ、そこで生じていたかかわりの様相について捉えなおしてみたい。

今回取り上げるのは、施設内での対人関係の困難さをきっかけに心理面接が行われることになった二人の男性の事例である。一例目のAさんは、重度知的障害でなんとか単語のやりとりが可能であったが、二例目のBさんは最重度で、まったく言葉をもたない中でのやりとりだった。いずれも筆者がJ施設に勤務して最初に担当した人たちであり、人と人とのかかわりについて多くのことを考えさせられた事例である。

1 臨床現場

以下、心理面接の共通の現場となったJ施設について簡単に述べておきたい。なお、プライバシーへの配慮から具体的な生活背景などについての記載は最小限にとどめ、一部については事例の本質を損ねない程度に改変を施してある。

J施設は知的障害者のための通所施設で、Aさんたち利用者は、毎日来所すると各自の担当指導員の作業グループに分かれて一日を過ごしていた。利用者たちにとってその施設は、将来の就労あるいは入所施設への移行（就労が困難でJ施設の在籍が長期化している人も、いずれ親が高齢化すると入所施設に入ることになる可能性がある）に向けて、簡単な作業や集団生活に慣れるための場という役割を担っていた。身辺自立を来所要件とするものの、知的障害に併せて、自発性の乏しさや興奮しやすさ、自閉傾向、てんかん、行為障害といった問題を呈する人も多く、実際にはなんらかの介助や声かけを要する人が大半で、指導員たちは、そうした身辺介助から作業指導、親との毎回の連絡ノートのやりとりまですべてこなしており、きわめて多忙な状況であった。

そのような中で心理面接は、指導員たちとの関係をもちにくい人たちに対する個別的なかかわりとして行われた。毎年指導員の会議で対象者が検討され、それを受けて、セラピストが原則として週一回四〇分、施設内の一室で会った。

2 事例（〈〉を筆者（=セラピスト）、「」をクライエント、『』をその他の人の言葉とする）

【事例1】

■事例の概要　Aさんは二六歳の男性で、通所歴は五年を超えていた。高校卒業時の診断では重度知的障害と自閉症であり、食事、着替え、排泄は自立していたが集中して取り組むことが困難で、声かけを要した。視線は合うが相手の後方を見る感じであった。

家では家族の声かけのもとで日々の生活パターンを比較的落ち着いてこなし、たまに二語文が聞かれることもあるとのことだったが、施設内ではほぼ一語文で、他者からの言葉かけに対しては無反応かオウム返しのことも多かった。集団の場がつらいようで、施設内をウロウロと歩き回り、体を左右に揺するような感覚的な行為（ロッキング）に浸っていることが多かった。ほかの利用者にかかわりをもつことはあまりないが、誰かが不安定になると、Aさんもイライラして自分の頬を殴ったりすることもあった。

担当指導員によると、一、二年前から、突然不安定になって指導員に近づき、頭をさすらせる・手を握ることを求めるなどかかわりを要求することが出てきたということだった。しかし、どの指導員も手一杯であり、Aさんは次第に複数の指導員の間を渡り歩いて同様の要求を繰り返すようになっていった。かかわりの求め方が一方的で執拗であり指導員たちが対応に苦慮していることから、筆者が週一回会うこととなった。

■経過（約一年間、計二八回）

［第一期（一回〜三回）］

初回、面接室に誘うと無表情でついてきたAさんだったが、はじめてのカーペット敷きの小部屋に入るとソワソワと室内を歩きはじめた。唸り声をあげてかなり不安げ。筆者はたまたま前週に、流行歌の一フレーズを繰り返すAさんの姿を目撃しており、〈音楽聴こうか〉と声をかけてみると、Aさんは右往左往しながらもチラッとラジカセを見た。しかし、いくら操作しても肝心のラジカセが動かない。唸り声をあげて緊張が高まっていくAさん。ラジカセを諦めてほかのことに誘ってみたが、すでにAさんには入らない状態だった。筆者は〈ごめんね、今日音が出ないみたい。Aさん、どんな歌が好きだったかなー〉と先日耳にした歌を思いおこしてみたが、ハイテンポなその曲が今の彼にフィットするとは思えず、同じ時期に流行ったいくつかのポップスを思いめぐらしながら、〈こんなのは知ってるかなー〉と、ある女性歌手Pの比較的静かな曲を小声で口ずさんでみた。メロディーを思い出しながら口ずさんでいるうちに、ふとAさんを見ると、窓際で外を眺めながら曲のリズムに合わせて静かに体を揺すりつづけていた。三〇分ほど経ったところでまた少しソワソワしはじめたため、初回はそこで終了にした。

その日の終了後、筆者は、彼の過去の指導日誌を改めて読み返してみた。すると、約三年前のある日の日誌に、ある女性指導員（以下Q先生。筆者が勤務しはじめたときにはすでに転勤していた）が昼休みに音楽を流すと、Aさんを含む数人がそのあたりに集まってくること、そこでよく流される音楽の一つがPの曲であるとの記述があり、驚いた。長年いる事務の人に聞くと、Q先生が残していったカセットテープがあるということで分けてもらった。

二回目、ラジカセが直ったことを伝え、〈〇〇、〇〇、P…〉とテープの種類を挙げていくと、こちらを見ないまま「P」。Pの曲を聴きながら外を眺めて（筆者に背を向ける姿勢）体を揺すりつづけるAさんは、穏やかなようでもあり、どこか遠い世界にいるようでもあった。三回目も同様に過ごしたあと、終了時に筆者がふと〈この曲Q先生とも聞いてたんだねぇ〉と言うと、Aさんはすっとこちらに向き直って「Q先生」と言い、筆者の手の甲をギュッとつねった。

［第二期（四回〜一三回）］

翌回（四回目）からAさんは、作業室と面接室の間の往復を筆者の腕にもたれるようにして歩き、面接室に入ると「オンガク」と要求するようになった。そして、窓際で音楽を聴いていたかと思うと、ふっと筆者

〈いつもラジカセの横の椅子に座っていた〉のところに来て、指導員に対するのと同様に身体接触の要求を繰り返した。筆者はAさんに話しかけるなどしてなるべくさりげなく応じていたが、四回目、五回目と回を追うごとに要求は強くなっていった。筆者は、そうした身体接触が彼なりのかかわりへの希求であることを感じる一方で、それが表面的で刹那的な関係性のもちかたであるために、かえってますます不安定になって要求を繰り返すというパターンが出来上がっているように思え、なにか別の形で彼の気持ちに応えてあげられないかと考えあぐねていた。

六回目でAさんが接触を求めてきたとき、筆者は〈Aさん〉と声をかけながら、手触りのよいスポンジボールを渡してみた。彼はそれを受け取ると、しばらくしてから筆者に返し、しかし気になるようで、少ししてからまた受け取りにきた。こうしたやりとりが三、四度続いたあと、Aさんはボールを顔に当てて感触を味わうようになった。以後、要求はぐんと減り、Aさんは筆者から〈名前の呼びかけとともに〉スポンジボールを受け取っては、しばらく窓際で抱えながら音楽を聴き、ボールが要らなくなると筆者のところに返しにくるというやりとりを繰り返すようになった。ボールを抱えて筆者から離れている時間も長くなり、その間、絵本のページをめくったり人形に触ってみるなど、〝物〟に関心を示す様子も見られはじめた。

［第三期（一四回〜二八回）］

この時期、Aさんは再び筆者に近づいてくるようになった。しかし、以前のような接触要求ではなく、筆者の顔を覗き込んで曲に合わせて歌ってみせたり、口の中の昼食の食べかすや鼻くそを筆者になすりつけては知らん顔をしてそばにいたりした。それは、筆者の反応を試すようでもあり、筆者との絆を強めようとしているようでもあった。今から思うと、確かにこのことで関係性が強まった面はあったと思われる。なぜなら、食べかすや鼻くそをつけられることで、筆者の身体性も刺激され、立ち上がってハンカチを取りに行ったりしながら〈ああ、こんなにつけちゃってー〉〈食べかすから〉お昼〜食べたの？〉などAさんへの語りかけが増えたからである。そして、同時にAさんの方も発語が増え、「〜タベタ」と二語文で返事が返ってくることも出てきた。

二〇回を過ぎる頃になると、筆者からの問いかけに対してではなく、自発的な発語で「エンソク、イッタ」と二語文で伝えてくるようになった。このほか、「エイガ」「～カイカン（映画館の名前）」と単語を並べ、〈誰と行ったの？〉に対してさらに「オカアサン」と返事が返ってくるなど、Aさんのコミュニケーションはかなりスムーズになっていた。

年度節目を前に担当指導員と話したところ、指導員たちとのやりとりもかなりスムーズになっているとのことで、一方面接室では過ごし方のマンネリ化が見られはじめていたこともあり、徐々に面接の頻度を下げていって終了した。担当指導員によると、その後特に不安定になることはなく、『グループにいても、以前より自信のある感じで座っている。作業をすることは難しいが、人がしているのをじっと見ていることも出てきた。人と一緒にいることが難しい人だったので、一年間個別にかかわってもらったのがよい経験になったのでは』と話しておられた。

終了から四カ月後、施設のバザーの手伝いに筆者が出ていると、Aさんが母親らしき人を引っ張って筆者のところに来た。筆者が自己紹介をすると『担当指導員からセラピーの先生と会っていることは聞いていたが、こんなに若い人だと思わなくて。いつ頃からか家で「オネエサン、キテル。オネエサン、キテル」と言うので、何のことかなと不思議に思っていた。あなたのことだったんですね』と話された。

【事例2】

■事例の概要
Bさんは、二二歳男性で、通所三年目だった。高校卒業時の診断で最重度知的障害と自閉傾向。食事、排泄、着替えはなんとか自立していたが、言葉は「ウー」といった音声のみであった。

施設内では、一人で無作為にハサミで紙を切りつづけているか、ぼーっと座っていることが多かった。担当指導員によると、Bさんはパターン化した行動を好み、施設内での固定したスケジュールにはなじんでいるが、その都度の指示は入りにくいことも多い（黙って頷きつづけるのみで、指示が理解できているのかどうかもわかりにくい）とのことだった。「本人なりにはいろんなことを感じているのだろうが、なかなか周囲との関係が成立しにくい」との指導員たちの指摘から、心理面接を行うこととなった。

■**経過**（約一年半、計四二回）

［第一期（一回～六回）］

初回、事務机に着席して机上の物をじっと見ていたBさんに〈触っていいよ〉と言うと、いくつか触ってみたあと、画用紙を開いてなぐり描きをし、やがてグルグルとした渦巻きを描きはじめた。うつむいてひたすら描きつづけたBさんは、やがて画用紙が最後のページまでくると、一仕事終えた人のように落ち着いた表情で退室した。二回目（前半は渦巻き描き、後半は紙切り）、三回目（紙切り）と回を重ねるごとに、Bさんは少しずつ顔を上げ、次第によりしっかりとこちらを見るようになった。また、四回目でハサミを探してはじめて机の引き出しを開けたBさんは、引き出しの中に絵本や塗り絵を発見し、引っ張り出して見てみるなど、少しずつ関心の対象が広がっていくようであった。しかし、まだ直接的に何かを伝えたり要求してくることはなく、新しい行動を起こすときには筆者に行動の後押しをしてもらうことでやっと動けるといった様子だった（たとえば、引き出しの中の物に関心をもっても、じっとそれを見つめつづけており、筆者が〈見てみようか〉と後押しをすることではじめて手が伸びるなど）。

［第二期（七回～二〇回頃）］

紙切りをしたりしながらしっかりと視線が合うようになる。人と見つめあったり一緒にいること自体を楽しんでいる感じが出てきた。絵本の果物のページを気に入り、筆者が〈〇〇だねー〉と果物を指して名前を言うのをじーっと聞いていたりした。

九回目で、筆者が絵本を指して〈イチゴだねー〉と言ったあと、そばにあった玩具のイチゴを絵の横に置いたのを機に、Bさんは〝同じもの〟に関心を示し、自らモモの絵の横にモモの玩具を置く（九回）、同じ種類の果物の玩具を二個セットにして置く（一〇回以降）などするようになった。そんなときの彼は、まるで〝同じもの〟が存在することがうれしくてしょうがないといった様子で全身で声を出して笑った。この時期、筆者との間で姿勢の同調行動が頻繁に見られた。また、絵本を見ながらの指差しや、席を立って部屋の隅まで物を取りに行くなど、Bさんの行動はよりはっきり方向性や意思が感じられるものになっていった。

［第三期（二〇回頃〜四二回）］

紙切りは相変わらず続いていたが、ハサミの使い方に方向性が見られるときがあり、イラストを形に沿って（おおざっぱではあるが）切り抜いていくこともあった。

また、この時期、作業中に指導員が流す童謡を気に入って面接室にもそのテープをもち込むようになっていたが、終了時、筆者の手を押さえてラジカセのスイッチを切らせないようにし、〝もっとつづけてくれ〟と要求することも出てきた。〈じゃあ、あと一曲ね〉という筆者との交渉を楽しんでいるようにも見えた。自分で選んだ曲で過ごすBさんは本当にリラックスした表情であり、Bさんが主体的に面接の場を設定しはじめていることを筆者はうれしく思っていた。

一年が経った頃（三〇回過ぎ）、Bさんは徐々に、面接室よりも作業室のグループで過ごすことを選ぶようになっていった。担当指導員によると、作業中にも指差しや腕を引っ張るなどの形で、意思表示をするようになっているとのこと。指導員と相談し、筆者も少しずつグループで一緒に過ごすようにし、徐々に面接の頻度を落として終了した。グループにいるときのBさんは、以前は出席をとるときにほとんど反応がなかったが、その頃には手を上げて返事をするしぐさを見せ、また指導員が彼の連絡ノートをグループの前で読み上げ、『昨日〜に行ったんだってね』などと話しかけるとうれしそうな表情を見せるようになっていた。

3 考察

意思疎通や状況理解に困難をもつ重度の知的障害者にとって、周囲との安定した人間関係を築くことは容易ではない。成人の場合、長年の生活経験の中で周囲になじみ、自分なりのコミュニケーション手段を身につけている面もあるが、このことはしばしば、関係のもち方がパターン化され、細やかなかかわりが抜け落ちることにもつながりやすい。Aさんの身体接触も、何を言われても頷きつづけるBさんの行動も、彼らなりになんとか人とのかかわりをうまくこなそうと習得してきた知恵であったと思われるが、やはり表面的なパターン化により、かえって周囲との関係が生じにくい状態になっていた。

そうした彼らの対人パターンは、面接室の中で少しずつ変容していったように思われる。おそらく彼らにとって、「世話」や「指導」といった関係性とは異なるところで現れた筆者の存在は、従来の対人パターンが通用しない異物として感じられたことだろう。このことは、心理面接開始当初の彼らが、背を向け、あるいはうつむいて筆者との関係性からひきこもるような様子を見せたことからも窺われる。

そうした状態から徐々に関係性が結ばれていく過程の中で考えさせられたことは多いが、以下では、特に印象的に思われた二点に絞って述べてみたい。

1 身体のリズムで生じるかかわりあい

初回のBさんは、うつむいたままひたすら渦巻きを描きつづけた。画用紙をめくってはグルグルと描きつづける姿は、感覚的な世界に没頭しているようでもあり、必死に結界を張っているようでもあり、不用意に立ち入れない印象であった。

渦巻きの形状に関連するものとしてはマンダラがよく知られているが、もともとマンダラ自体が人間の中の原初的なイメージであり、身体リズムと切り離せない側面をもっている。実際、密教でマンダラを瞑想に用いるときにも、静止画としてではなく回転する動きとして捉えることが重要であるとも言われている。Bさんの渦巻きを描きつづける行為にも、単なる感覚世界への没頭という以上に、自分の生のリズムを回復しようとする営みがあったのではないだろうか。そして、そうした自分のリズムが保障されることによって、はじめて外界にエネルギーを向けることができるようになったのではないかと考えられる。

身体的なリズムの問題は、Aさんとの出会いでは、さらに強烈な形で現れている。ラジカセがつかないことで爆発寸前のAさんに対して、歌詞とメロディーの記憶の糸をたぐりながら歌ううち、ザワザワしていた筆者の感覚が規則正しいリズムを取り戻し、ふと気づくとAさんのソワソワもおさまっていたのである。Aさんとのエピソードは、敏感で不安定な状態の人にとって、いかにセラピストの身体的なレベルからの安定感が重要であるかを筆者に思い知らせてくれるものであった。

哲学者の中村雄二郎[1]はリズムや波長こそが人間関係の土台であるとの見解を示しているが、今回の二事例はさらに、二人の人間が場をともにするだけですでに身体的レベルでさまざまな交流が始まっていることをも示していると思われる。重い精神疾患や心身症といった言語化が苦手な人との心理臨床において、話の内容がわかりにくかったり沈黙が続いて居心地の悪さを感じるようなときがあるが、そのような際にも、こうした身体リズムの次元で生じていることに目を向けて見ることが、事態を理解する一つの手がかりになることもあるように思う。

2　人とつながる力

Aさん、Bさんは個人面接の形態であったにもかかわらず、自ら面接室外とのつながりを回復していった。室内での筆者との関係性が、しっかりと面接室外の他者との関係性につながっていったことは、正直筆者にとって驚きであった。どんなに知的な困難が大きくても、人間にはもともと人とつながる力が備わっているのだということを、むしろ彼らから教えられたように思う。

また、Aさんの事例では、母親を筆者に会わせるという場面があったが、J施設ではほかにも『最近子どもの様子が変わってきたので、一度セラピストの人と話をしてみたい』と母親が出てこられた事例がいくつかあった。彼らは、人とつながる力だけでなく、人と人をつなぐ力さえもっている。

重い知的障害の人々との心理臨床において、他職種や家族との連携が重要であることについては言うまでもない。しかし、より実際的で具体的な連携を行っていくうえでも、クライエントの中にあるこうした力をしっかり見据えつづけていくことが必要と思われる。クライエントが面接の外の世界とつながっていこうとする力をいかに生かし、手助けをするか。連携の本質の少なくとも一つは、そのあたりにあるのではないかと筆者は考えている。

おわりに

本稿では重い知的障害をもつ人々の事例を取り上げた。今回十分に論じきれなかった部分もあり、今後の機会に譲りたい。

最後に、非常に多忙な現場で、個別的かかわりという枠組を認めてもらっていたことの貴重さとありがたさを改めて実感している。さまざまな形で協力してくださった職員とクライエントの方々に感謝したい。

〔文　献〕(1)　中村雄二郎『死と生のレッスン』青土社、一九九九

〔参考文献〕＊　西上青曜『図解　マンダラのすべて――宇宙の摂理・宗教絵画の謎を解く』ＰＨＰ研究所、一九九六

2 軽度発達障害児における社会適応と自己実現
——情短施設での被虐待児との遊戯療法過程から

中鹿 彰

はじめに

これまで発達障害児への関わりについては、社会適応の側面が強調されていた。もちろん、適応は重要なことであるが、子ども一人ひとりを見たときに、単なる適応の側面のみでよいのであろうか。社会適応と同時にその子ども一人ひとりの生き方を視野に入れることが大切になる。一人ひとりの生き方とは、心理臨床の場面では自己実現とも言い換えられる。そのような、社会適応と自己実現の両立をはかる道はないのであろうか。

さて、心理療法の目的は個人の自己実現と同時に、もちろん現代の社会に生活する以上、社会的場面での適応も目標とする。両者がうまく両立すればよいけれども、往々にして両者は相反することになる。自己実現を追及しすぎれば、社会的な適応が困難となることも見られ、反対に社会的適応に重点をおけば、治療的関わりとして表面的となる。治療者はこれら両者を考慮しながら、クライエントにとって一番よい道を選択することが必要である。これまで発達障害児に関わる場合、社会適応の側面のみが重視されて、個々の自己実現まで考慮されないことがよく見られた。至難の道かもしれないけれども、自己実現と社会適応どちらかの選択ではなくて、両者のバランスをとって関わることが重要かと思われる。

1 情短施設における発達障害を伴う被虐待児

個人心理療法と社会とのつながりを考えた場合、情緒障害児短期治療施設（以下、情短と略す）における心理療法の役割は、これら個人の自己実現と社会適応を検討するためのひとつの材料になると思われる。また、虐待児童の対応に伴って養護施設等への心理職の配置も始まっており、情短での経験はこれらのさきがけと捉えられる。情短では生活場面において守られた空間で、個々の子どものニーズに合った指導、教育がなされており、これらは施設を退所して社会に出るための前段階としての役割である。学校という社会集団で不適応を起こした子どもたちが、情短で生活していく中で、自分を見つめなおし、力をつけて、もう一度本来の社会に帰ることになる。心理療法、生活指導、学校教育が、それぞれ役割を果たすことによって、子どもの治療の一端を担っている。

さて、情短の社会での歴史的役割について少し見ていきたい。社会からの要請により受け入れ児童も変化して、心理臨床的関わり方も変わってきた。もともと情短とは、低年齢の非行児童を対象に、家庭から離れて生活して、心理治療を受けることによって、行動の改善を目標に設置されたものである。養護施設との比較では、情短においてはその成立時から個別の心理治療が設けられていた。その後、不登校児童が増加し、その対応が課題となるにつれて、これらの子どもに最初に対応したのが、教育ではなくて福祉の場であり、情短においても不登校児を受け入れた。不登校児受け入れのため、それまでの年齢制限を廃止し、また、受け入れ態勢としても、入所のみであったものが、通所の部門も設けられ、社会のニーズに合わせて柔軟に対応してきた。現在では、教育の場が不登校児童の存在を認め、また、通信制高校、大学入学資格検定試験の活用と、その進路の幅の広がりとともに、情短に不登校のみで入所する児童は減ってきた。

この頃は情短はさほど注目されることもなくて、全国的に見ても施設数は大きく増えることもなかった。情短が注目されるようになったのは、次に被虐待児を受け入れるようになってからである。被虐待児は、その問題から家庭から引き離す必要もあり、多くは養護施設を利用したが、心理的なケアの必要な子どもも多く、心理療法を行うことのできる情短が適切と判断され、それに伴って、他の施設とは異なった治療体系を持つ情短は、それまで横ばいだった施設数も増えてきており、家族療法等その体制も充実されるようになる。

次に現れたのが、発達障害児であった。学級崩壊等への対応が必要になるにつれて、情短はその専門性から発達障害児を受け入れるようになった。さらに、発達障害への理解の高まりとともに、これまで情短で受け入れてきた被虐待児の中にも多くは発達障害を伴っていることがわかってきた。発達障害のある子どもへの対応も困難であるのに、その上に虐待を伴うとなると、より複雑化して、治療的に高度な専門性を求められる状況になってきた。発達障害を伴った被虐待児への関わりは始まったばかりであり、その子どもたちへの対応は現在、模索の段階である。さて、情短においては、生活を送る中で、週に一回五〇分を心理治療に当てており、子どもたちにとってても自由な時間として、楽しみにしている。本ケースも発達障害を伴った虐待児への心理臨床的関わりのひとつの試みであり、ここでは、情短における筆者の経験の中から、子ども自身の力で周りと折り合いをつけて、自分の生き方の方向を見つけていった事例を取り上げて検討したい。

2 遊戯療法過程

1 事例の概要

軽度発達障害を伴っており、両親より虐待を受けたため家庭では見られなくなり、情短に入所となった。情短での生活指導、心理治療の終了後も、家庭引き取りは困難であり、退所後は養護施設に入所となったケースである。

■クライエント　A君、一一歳（小学校五年生）の男児。

■診断名　アスペルガー症候群、平均知能、被虐待児。

■家族　父親（四〇代、会社員）、母親（四〇代）、弟（小学校一年生、虐待で児童相談所に相談中）。

■事例の概要　家では指示に従わない、学校でもじっと席に座っておれず、立ち歩くために、困っているとの両親からの相談である。躾として殴られる等の虐待を受けていたこともわかり、両親ともにどうしてよいのかわからずに養育放棄の状態であった。家庭から切り離す必要もあり、情短入所となる。入所後の様子では生活場面においても、日常会話は一応可能であるが、時々助詞の使い方を間違えたりと、奇妙な会話となる一面も見られる。

本児の入所後、約半年してから、前任者よりセラピーを筆者が引き継ぐことになる。本児はX年一二月の入所、筆者の担当したのは、X＋一年の五月から、退所はX＋二年三月であり、約一年半の入所生活で、筆者はそのうち一一カ月セラピーを担当する。

当情短では入所児は近くの小学校の施設内学級に通っているが、本児は少人数での施設内学級での教育を経て、現在はすべての教科を普通学級で学ぶ交流授業に入っている。セラピーの時間帯は施設内学級在籍中は、毎週の時間割に組み込まれているが、交流授業に入っているA君の場合は、授業中を避けて、施設に帰ってきてから放課後に行っている。行事等のために、セラピーを行えないこともあり、毎週楽しみにしているA君は、抜けたときはよくセラピーを要求してくる。また、当施設では二階は居室、浴室等のある生活の場、三階には大小のプレールーム、面接室が設けられており、セラピーの場となっている。

2　事例の経過

（施設でのセラピーのあり方を検討するため、生活場面、学校との関わり等にも留意して記載する。生活、学校の区切りとして各学期で分け、また、（　）内に当情短での特徴を記す）

【一学期】

［一回］担当の交代には特に抵抗もなく、セラピーでは何をしようかと迷っており、最初、プラモデルの置

いてある倉庫を見る。（この情短では、プラモデルの製作もセラピーに取り入れている。これは、手先の不器用な発達障害児にとっても、セラピストが手伝うことで複雑なプラモデルもうまく作れて自信をつけさせ、さらに、製作をともにすることでクライエント―セラピストの関係もつくるためである。）結局、気に入ったプラモデルは見つからなくて、パソコンを使って遊ぶことになる。（パソコンについては、セラピー中の一般のゲームは禁止となっているが、歴史ゲーム、地理ゲーム、計算ゲームと学習ソフトを用いた遊びは行っている。）A君は前任者と行っていたこともあり、パソコンの扱い方はよく知っており、困ることなく、操作はほとんど一人で行っている。学習ソフトでもあり難しい問題は一人ではわからないため、セラピストに質問してくる。

［二回］学校から帰るとすぐに、A君より「今からセラピーしたい」と要求してくる。施設での学習の時間でもあり、着任して間もないセラピストは、その時間にセラピーを行ってよいのかどうか判断がつかずに迷っている。（学習の時間は集団での生活指導のひとつとして、学校の宿題やテスト勉強のために設けられており、入所児は大きな部屋に集まって一斉に行う。）A君は残念そうにしているため、ベテランの生活指導の職員に「生活指導の時間を割いて、セラピーを行ってよいかどうか」と聞く。「勉強を、あいている自由な時間に自発的に行うのなら、今からセラピーをしてもよい」という返事をもらうと、A君は嬉しそうな表情となる。前回と同様にパソコンの学習ソフトで遊び、楽しみにしていたセラピーが行えて満足そうである。

［三回］A君より「セラピー」と言ってくるが、集団での指導であるグループワークが予定されているため、「グループワークが終わってから」と伝えると、それ以上は無理に要求せず了解する。グループワークが終わると、すぐにセラピストを呼びに来る。先二回に行ったソフトとは別な学習ソフトを持ち出してくる。このソフトは前回ほどには楽しくはなかったようで、A君からも「前のほうが面白かった」と話してきて、ソフトの内容にはやや不満そうである。

［四回］学校は行事の振替で休みとなっており、A君が一人で図書室で本を読んでいるところに、セラピストより「今からセラピーをしようか」と声をかける。（学校のある日は放課後のみで、また生活指導の予定も入

っており時間も限られるが、休みの日には比較的セラピーの枠は取りやすくなっている。）A君は、「一一時から友だちとゲームをするからそれまでセラピーをする」と返事する。（セラピー場面で行えるのは学習ソフトのみであるが、生活場面では曜日、時間は決められてはいるが、自由にテレビゲームを行えるため、それもA君は楽しみにしている。）セラピーでは国語の学習ソフトを行う。一人で問題を解くことが難しいときは、セラピストに「教えて」と質問してきて一緒に問題を解き、三〇分程度で問題をすべて解けると嬉しそうにしている。

［五回］ A君より「セラピーは」と聞いてくるが、生活場面の予定が入っており、少し遅れてセラピーを開始する。倉庫でプラモデルを探して、今回は気に入ったものが見つかり、初めてプラモデルを作ることになる。プラモデルの製作は前任者とも何度か行っており、A君の指示でセラピストはプラスチックの部品を切り取る作業、A君は切り取られた部品を組み立てる作業を行う。しばらくプラモデルを作っていると、セラピストは入所中の他児への対応で呼ばれ、プレールームから席をはずすことになる。そのため、その後はA君一人で作ることになり、セラピストが戻ってくると完成したプラモデルを嬉しそうに見せてくる。セラピストが途中で抜けたことについては、これまでもあったのか、さほど不満そうな様子も見られない。プラモデルは完成したため、セラピストより「今日はセラピー終わろうか」と聞くと、A君が「もう少しする」と答える。セラピストが途中で抜けたため、セラピストも了解して延長すると、伸ばすことができたことで満足している。

［六回〜七回］「今からセラピーしたい」と言ってくる。学習時間でもあり、セラピストより担当の職員に確認すると、他の予定もあり、「今から三〇分程度なら可能」と返事をもらう。プラモデル作りで、A君より「説明図を見なくても作れる」と得意そうに話してくる。プラモデルは手早く二〇分程度で作り、早く作ったため「これからどうする」と聞くと、「休憩する」と言って、残りの一〇分程度はプレールームで特に何をするわけでもなく、リラックスして過ごしている。この頃になると、少し話を聞くことも可能となってきたため、セラピストより「普通学級での集団での交流授業は大変か」と聞くと、「みんなと一緒で楽しい」と答

える。

［八回〜九回］自由時間で他児とカードゲームをしているところに、セラピストより声をかけると、A君はゲームを続けたかったようで、「もう少し待って。三〇分になったら」と答える。予定の時刻となると、セラピストのところに呼びにくる。今回も最初はプラモデルを作ろうと探すが、面白いものは見つからなくて、しばらくぶりにパソコンの計算ソフトで遊ぶ。セラピストより解き方を教えるとA君もよく理解し、最初の頃に比べると問題もよく解けて、わかってくると面白いようで「これからもこの計算ソフトをする」と、かなり乗り気な様子である。（ここで夏休みとなり、セラピーも原則として学校の授業のあるときだけであるので、休みとなる。）

【二学期】

［一〇回］しばらくセラピーも行わないと、「目に見える」ものが欲しいようで、「プラモデルを作る」と、倉庫でプラモデルを探している。今回は大きくて複雑なプラモデルを見つけ、難しいこともあって、セラピストと協力して作る。これまでのプラモデルと異なって、部品は細かく、難しいため、製作として進んだのはわずかであったが、大きなプラモデルを作れることに満足そうであった。

［一一回］放課後、「セラピーして」と言ってくる。予定に入っておらず、急に言ってきたため、当日の生活指導の都合もあり、夜勤の担当に「今からセラピーを行ってよいかどうか」と確認する。了解をもらえると満足そうな表情となった。前回から作り始めたプラモデルの続きを作ることを楽しみにしていたようである。プラモデル作りに集中していたこともあり、セラピーの延長を要求してくる。これまで学校の都合等でセラピーが抜けていたこともあり、今回は特別に延長すると嬉しそうである。

［一二回］振替休日で、生活場面での予定もないため、前回に引き続き、「これまでセラピーの抜けた分」と、セラピーを始める前から延長を要求してくる。セラピストはどうしようかと迷うが、これまでも何回か抜け

ていたり、時間を短縮したこともあり、セラピーの時間を取れるときに取ろうと判断し、今回は延長することを最初に伝える。A君は要求通り伸ばすことができ、満足そうである。前回、今回とセラピーを延長したこともあり、プラモデルは今回で完成、大喜びしており、しばらくは作ったプラモデルで遊ぶ。

［一三回］帰ってくるなり、「セラピーしよう」とセラピストのところへくる。学習指導の場面であり、セラピストより「勉強はどうするか」と聞くと、「土曜日、日曜日の自由時間に宿題するから、今からセラピーして欲しい」と答える。今回新しく作るプラモデルを倉庫で探し、セラピー時間の半分程度で作り終える。まだ時間も残っており、その後、パソコンで地理の学習ソフトを行う。今回はプラモデルも作れて、パソコンでも遊べて、満足そうである。

［一四回］セラピーは明日の予定であるが、「今日セラピーをしたいので、今からして欲しい」と言ってくる。予定の変更でもあるので、生活指導の担当とも相談し、施設の予定も空いていたのでセラピーを始める。今回も、A君なりにセラピーの時間の使い方を工夫して、前半はプラモデル作り、後半はパソコンの学習ソフトで遊ぶと決めているようである。その後、少し話をする。施設としても来年度からの退所について判断する時期でもあり、退所についてどう思っているか確認すると、「退所して、家に帰りたい」と答える。入所前は両親から虐待を受けており、家に帰ることが本当の気持ちかどうかわからなかったが、退所したいとの思いは了解する。

［一五回〜一六回］プラモデルの製作はきりのよいところで終わる。セラピー終了まで五分程度あり、A君はプレールームに置いてあるスマートボールを出してきて遊ぶ。これまではほとんど、プラモデルの製作か、パソコンの学習ソフトであり、他のゲームを持ち出して遊ぶのは珍しいことである。退所について少し話を聞く。「学校での交流授業も楽しくて、クラスで友だちもたくさん作った。情短では楽しく過ごせているけれども、ここに入ってから一年になるので退所もしてみたい。お母さんとは月に一回くらい面会のとき会っている」と答える。これまでセラピーではあまり話をする機会もなかったが、今回は自分の思いを次々とよ

く話してくる。

［一七回～一八回］プレールームに入るなり、すぐにパソコンのところに座る。このソフトのどの部分から開始するかも予め決めており、パソコンを操作してすぐにその場面に入る。計算ソフトでお金を溜めることは面白いようで、よく集中して取り組んでおり、難しくてわからないと、セラピストに確認してゲームを進めている。

［一九回］プレールームに入ると、施設での行事のために荷物がたくさん入っており、すぐにセラピーを始めるのは無理な状況である。セラピストより「他のプレールームに行くかどうするか」と聞くと、A君は「荷物をどける」と答える。プレールーム一杯に入っている荷物を協力してどけて、何とかパソコンの前に座れる場所を作る。整理するのに時間はかかったが、A君は特に不満を言うわけでもなく、楽しく遊ぶ。

［二〇回～二一回］パソコンの学習ソフトは今回は音を出さずに行っている。セラピストより「なぜ、音を出さないのか」と確認すると、「音を出すと気が散って、わからなくなる」と答える。セラピストより、退所の時期ももうすぐであり「どうするか」と聞いても、パソコンに集中しており、聞こえたのか、聞こえなかったのかわからず、A君は返事をしなかった。

［二二回～二三回］同じソフトを難しさのレベルを変えて、二度行う。二度目はレベルを難しくしたため、A君一人ではほとんど解けずに、セラピストに頼りきりである。一人で解けなくても、セラピストと協力して答えることができると嬉しそうであった。今回は施設の予定も特になく、時間的なゆとりもあり、セラピーにたくさん時間を取れたこともあって、嬉しそうにしている。来年度からの退所はほぼ決まったが、退所先を家庭に帰るか、養護施設に入るか決める必要もあり確認する。A君はこれまで通り「家に帰りたい」と、表情も変えずに返事する。

［二四回］最初はパソコンの学習ソフトを行うつもりであったが、パソコンの近くに他児が使ったスロットゲームを見つけると、それが気になりスロットゲームで遊び始める。これまでは熱心に問題を解いていたの

に比べると、今回はスロットゲームとパソコンを同時に行っており、このようにパソコンに集中しないのは珍しいことである。一通り遊んでから、冬休みの家庭への帰宅について聞くと、「正月は施設で過ごす」と答える。（この施設では、冬休みのように長期の休みのときは家庭に帰れる子どもは家庭で生活し、家庭に帰ることの困難な児童のみ施設に残っている。）退所について確認すると、「何にも聞いてない。知らん」とぶっきらぼうに答えてくる。A君の意向を聞かずに、両親と施設で話をし、A君の進路を決めていることが不満なようである。A君の思いを了解する。

【三学期】

［**二五回**］冬休み後、初めてのセラピーとなる。しばらくセラピーを行っていないと、プラモデル製作となり、今回も「プラモデルを作る」と、倉庫でプラモデルを探している。結局気に入ったプラモデルは見つからず、前に作りかけで置いておいたプラモデルの続きを作ることになる。細かな部分もあり、A君もかなり手間取っており、セラピストも手伝うことになる。セラピストより励ますと、難しくても何度か部品をはずしては、根気よく作る。退所について確認すると、「早く退所したい」と答える。施設に入っている他児も退所が決まってきており、A君も早く退所を決めたいようである。

［**二六回～二八回**］セラピストも手伝って、難しいプラモデルの続きを作る。退所について、A君の思いを少し聞く。「退所は可能ならしたい。これからはここを退所しても、一人でどこに行ってもやれる。ここは楽しかった」と、自信を持って答える。（この頃になると、退所後家庭に帰るのではなくて、養護施設に入所する方向に決まっており、A君もそのことを知っていた。）

［**二九回**］退所前であり、セラピーを何度か行えていなかったこともあって、学校から早めに帰ってきたところを見つけて、セラピストよりA君をセラピーに誘う。これまでは個別の小さな部屋でプラモデルを作ったり、パソコンで遊んでいたが、今回は大きな集団プレールームを選ぶ。ここで、ラジコンカー、続いてビ

リヤードを行うことになる。これは二試合行って一試合目は引き分け、二試合目はA君の負けとなるが、表情はよかった。これまでと雰囲気の異なる大きな部屋で遊び、セラピーの内容は変わってきた。

［三〇回～三一回］前回同様、集団プレールームに入る。プラモデルの製作、パソコンでの学習ソフトは終わったようである。退所後は養護施設に入所することは知っており、また、養護施設ではセラピーもなく、プラモデルも作ることができず、パソコンもやれないこともよくわかっており、どのような施設に行っても置いてあるようなゲームをセラピストと一緒に行う。ものを作ることへのこだわりも見られなくなり、セラピストとの自由遊びとなり、次の施設に行ってからの友だちと遊ぶ練習のようである。野球盤では、セラピストに対しても得点の入るように配慮するなど余裕も見られる。養護施設について聞くと、A君の最初の思いとは別に、家に帰れないことも了解しており、退所して先生や友だちと別れることは寂しいけれども、次の施設に行くことも「楽しみにしている」と嬉しそうに答える。

3 集団生活場面での個人心理療法の役割

まず、本ケースは前任者から引き継いだこともあり、これらの情短での生活場面とセラピーとの使い分けを知っていた。また、筆者も以前に情短に勤務していたこともあり、生活場面をセラピーの一部として捉える見方も持っており、また、施設の体制としてもセラピストは生活場面から距離を置くことも可能となっており、セラピスト、A君ともに、さほど大きな混乱もなく、セラピーに入れた。このような状況の中で、A君の求めてきたのは、セラピストと関わる中での、日常から離れた落ち着ける場であった。セラピストが特に何をするわけでもなく、プラモデル作りを手伝う、パソコンで学習ソフトを行うだけであった。退所時を除き、特に言語的な関わりをしたわけでもなかった。セラピストのしたことは、セラピーという空間、枠組みの中で、A君を見守ることが中心であった。

A君は特に言葉に出すこともなかったが、セラピーは一週間の生活場面で経験したこと、学校での先生との関係を振り返り、整理する時間であったかと思われる。さらに、セラピーは、現在の大人との関係だけでなくて、現在の関係を通じて、過去の自分を虐待した養育者との関係を整理していた時間であったかと思える。過去の関係に整理をつけると、現在の人との関係に距離を置くことができ、周りを客観的に見られるようになる。事実、施設での生活においても、それまでは些細なことで他児とトラブルとなったが、そのようなことも減ってきた。

その後も、セラピーは要求し、生活場面での大人との関係は求めてきた。大人に対して、適切に距離をとり、さらにうまく甘える方法も身につけた。さらに、自分にしてもらったことには、本心から感謝して周りの大人にお礼を言うなども見られた。虐待を受けた子どもの場合、大人に適切な距離をとれずに、極端に依存的になるか、拒否的になりがちである。周りは自分を虐待する人ばかりでなく、そうかといって、自分を受け入れてくれる人ばかりでないことを知って、受け入れてくれる人には甘え、そうでない人にはそれなりの関わり方をする方法を身につける。発達障害の場合、人を見分けること、区別することが難しい子どもが多く存在する。そのために余計に、親からは虐待されて、社会からは受け入れられない。A君の場合は、一定の距離を保ち、さらには周りの大人を見分けて、状況を見て関わることも可能となってきた。ここまで人との関係がつくれれば、情短での治療の終了は近い。この情短退所に当たっても、大人の都合で自分の進路を決めるのではなくて、自分も参加した中で今後の進路を決めたい旨、自分の主張を話してくる。事実、被虐待児への配慮の得られる養護施設で生活可能と判断されて、退所となった。

虐待を受けた軽度発達障害児の治療的関わりとは、人との信頼関係を作り直すことで、家庭で受けたこころの傷を、セラピー、生活指導を通じて癒すことかと思われる。これを行うのは、そのとき、その場の周りの人との関わりを通じてである。生活指導、心理治療と視点が異なるだけであり、セラピストはそのことをよく理解して、自分の価値観を押しつけないで、日常場面で、人とどのようにうまく関係をつくれるようになるか、見守ることが重要である。生活場面においては、日常の適応が中心に見られ、セラピストと視点が異なる。生活場面では適応の視点、心理治療場面では自己実現の視点、視点の異なる両者が、お互いに相手の立場を尊重して、歩み寄ることが重要となる。また、視点の異なりに注意して、両方の視点から、一人の子どもを見ていくことで、入所施設での心理療法を工夫することも可能である。情短においては、最初から協力体制を持っていると理解するのでなく、異なる立場のものが、一人の子どもをめぐって、協力体制を築く場と理解し、そのことは、情短の本質、さらには個人の存在の本質に関わることでもあり、これは、養護施設や他の入所施設においても同様なことかと思われる。セラピストは、現実と切り離したセラピーを行うのでなくて、日常生活の視点も考慮して、セラピーの時間を現実とつながりのある、憩いのとき、自己実現につながるときとすることが重要である。発達障害を伴うものの自己実現とは、それを意識する、意識しないにかかわらず、支援者にとって必要なことである。あえてそのようなことを意識せずとも行っている人もたくさん存在するのは事実であるが、そのように意識することで形式主義に陥らずにすむ。また、そのような視点を持つことによって、支援する側にとっても一人ひとりの自己実現につながるかと思われる。

また、近年、特別支援教育が導入されてきているが、これまでの障害理解と異なり、文部科学省の調査では特別支援教育の必要な児童生徒は六・三%となっており、発達障害の概念が広げられることになる。これまでは子どもの特性と思われていたものが、発達障害が普遍化することで、先にも述べたように、子どもの個性を優先するより、子どもを障害の枠組みで捉えることにつながりかねないことを危惧するものである。すなわち、それまでは、地域、家庭、学校においてそれぞれの特性を持ちながらも、その子の個性として受け入れられてきた。それが、社会、学校の側の許容量の低下とともに、現在では個性として捉えるには限界を超えてしまって、障害の枠で特別な支援を必要とする存在として子どもが捉えられるようになってきたと思われる。特別支援教育の場においても、社会適応と自己実現の両立を目標に、子どもを制度に合わせるのではなく、制度を子どもの視点から見ることが必要で、先にも述べたように社会適応の側面と同時にその子ども自身の生き方、自己実現の視点が必要になる。この視点が得られれば、敢えて特別支援教育を導入して、軽度発達障害と名づけずとも、すべての子ども一人ひとりを尊重した関わりが可能となる。

おわりに

虐待を伴う発達障害児の場合、往々にして身体的な傷は癒えても、こころの傷は残り、そのことで自己否定的となり、自己に対してよいイメージが見出せず、そのことで周りに対して過度に攻撃的になったり、反対にうつになったりと、社会的な適応も困難になることが指摘されている。虐待を受けた子どもに治療的に関わるときに、まずこころの傷を癒すことが必要とされている。特に軽度発達障害を伴う児童の場合、人との関係をつくることを苦手としているため、このことは容易でない。本事例のように、守られた生活空間の中で、セラピストと関係をつくると同時に、多くの関わるものと関係をつくっていくことで、周りが信頼に足る世界と確信することではないかと思われる。周りの世界を確信すると同時に、自分も確信して、それまでの否定的な世界、否定的な自己像から肯定的な世界、肯定的な自己像をつくることが重要であり、セラピストは心理治療を通じて、否定の世界から肯定の世界へ橋渡しの役割を取ることになるかと思われる。発達障害児の場合、言葉での応答、関わりは難しいため、心理治療場面での経験、生活場面での経験等、それぞれの場での体験そのものが、変化へのきっかけになるかと思われる。虐待を受けた発達障害児への心理臨床的関わりは始まったばかりであり、今後さらに多くの事例を積み重ねていくことが必要となる。

軽度発達障害児にとっての自己実現と、大きなことを論じてきたが、自己実現とは何か大きなことではなくて、その場においての自分の居場所を見つけることかと思われる。健常者と同様に発達障害児も一人ひとり自己実現に向かう力を持っている。それが、発達障害からくる適応の視点に隠れて、見えづらくなっているだけかと思われる。これまで発達障害を伴うものについては、日常生活での支援場面では、社会的適応が中心となることや、また、過去の自閉症に対しての遊戯療法の反省から、必ずしも現在では議論されていない。もちろん、発達障害そのものを遊戯療法の対象とすることは困難であり、行動療法など具体的な支援が中心となるのは当然である。適応を置いてまでとは主張しないけれども、発達障害児一人ひとりの生き方を考慮したとき、適応の視点として自己実現の目標も視野に入れて関わることが必要になってくるかと思われる。そうすることで、何のために今このような支援をしているのか、支援者の立場としても理解が深まるかと思う。

発達障害を伴うものの自己実現の検討は、今始まったばかりで、難しく、これからの課題でもある。このことを検討する材料として、少しレベルは異なっているかもしれないけれども、ユング派のヒルマン（Hillman, J.）の視点も参考になる。ヒルマンは、一人ひとりが多様な魂の現実を生きるべきだとする立場から、「もしも個性化のモデルがひとつしかないなら、本当の個性などありうるだろうか」と述べている。[1] モデルはひとつでなくて、一人ひとりが多様な現実を生きる手伝いをすることが、発達障害を支援するものの立場であろう。ヒルマンの議論の基になったユングの述べる自己実現とは、ひとつの理想的なモデルかと思われる。ただしそれは、ひとつの理念であり、究極の自己実現としてはそのようなプロセスを辿るのかも知れないけれども、現実の個々に照らし合わせたとき、そのような理想を持ちながらも、その道のりは個々一人ひとり異なるのではなかろうかと思われる。

[文　献]（1）D・L・ミラー『甦る神々――新しい多神論』桑原知子、高石恭子訳、春秋社、一九九一

3 司法領域において子どもの意見を聴く

藤川 浩

はじめに

子どもの権利に対する意識の高まりという世界的な潮流の中で、わが国においても、さまざまな領域で、子どもたち自身の意見をどのように扱うのかということが議論されるようになった。

本稿は、こうした子どもの意見を聴くということに関して、裁判所などの司法領域における制度と臨床との両面から若干の検討を試みようとするものである。また、それらを通して、心理臨床における個と集団をめぐる問題や臨床家としての姿勢などについて考察してみたい。

1 裁判所と子どもの意見

裁判所では、さまざまな場面で子どもの意見を聴いている。

たとえば、非行を犯した少年の処分を決める少年審判手続では、家庭裁判所調査官による社会調査が行われるが、その際、少年の意見や考えは大切に扱われている。また、両親が子どもの親権を争うといったような家事審判手続では、その子どもの意見が争点となることがあり、事案によっては家庭裁判所調査官が子どもに面接するなどして意見を直接聴取することもある。このように、裁判所における子どもの意見聴取の目的、方法、聴取する内容、その意見の取り扱われ方などは、事案に応じて多様である。

本稿では、これらのうち、子の引渡や親権者の指定、変更などといった、いわゆる子どもをめぐる事件を中心に見ていくことにしたい。この種の事件は、子の引渡を求める人身保護請求事件などのように地方裁判所が管轄しているものもあるが、その多くは、家事事件または人事訴訟事件として家庭裁判所において取り扱われている。

1 子どもの意見が聴取される場合

まず、家庭裁判所の審理手続の中では、子どもの意見を聴取することが、法律や規則によって求められている場合がある。

たとえば、子の監護者の指定その他子の監護に関する審判をする前には、子が満一五歳以上であるときは、家庭裁判所は、その子の陳述を聴かなければならないと規定されている（家事審判規則第五四条）。また、親権者の指定に関する審判や親権者の変更に関する審判をするとき（同規則第七〇条、第七二条）、あるいは、児童福祉法第二八条第一項各号に掲げる措置についての承認に関する審判や同第二項ただし書きの規定による当該措置の期間更新についての承認に関する審判（児童虐待が争われるいわゆる児童福祉法二八条審判事件）をするときも、同様とされている（特別家事審判規則第一九条第二項）。

さらには、人事訴訟事件においても、家庭裁判所は、離婚の訴えに係る請求を認容する判決において、申立てによる子の監護者の指定その他子の監護に関する処分についての裁判、または親権者の指定についての裁判をするにあたっては、子が一五歳以上であるときは、その子の陳述を聴かなければならないとされている（人事訴訟法第三二条第四項）。

このように、子どもの親権や監護など、その子どもの権利や生活などに大きな影響を及ぼす内容を決定する際には、家庭裁判所は、その子どもが一五歳以上であればその意見を聴かなければならないと定められているのである。

しかし、実際の実務においては、このような法令で求められている審判や訴訟の場合以外であっても、子どもの意見が聴取されることがある。後述するように、子どもをめぐる事件の審理においては、たとえば、一方の親から連れ去られた子どもの監護状況を早急に把握するための調査や、離婚に際して親権者を決めるために乳幼児の生活状況を観察するための調査などのように、子どもの意見聴取を主たる目的とするのではなく、その子どもの監護の実情や発育状況などを把握するために調査が行われることがあるが、このような調査においても、その子どもの成熟度と紛争解決の必要性などによっては、子どもの意見が直接聴取されることがあるのである。

さらには、ケースによっては、子どもの成熟の程度とその必要性を踏まえて、一五歳より幼い子どもであってもその意見が直接聴取されることもある。そのようなケースを見ると、何歳という基準があるわけではないが、おおむね一〇歳前後になると子どもの意見聴取の機会が検討されているというのが実務の大勢ではないかと思われる。

2 一〇歳前後の子どもたち

この一〇歳前後という年齢について若干考えてみたい。この年齢は、発達心理学や臨床心理学的には、抽象能力が増し、視野が拡大し、相対的視点でものを考えるようになる時期とされている。裁判実務を通しても、この年齢に達した子どもたちの多くは、たとえば、両親が争っているときにどちらと暮らしたいのかなどといった親との関係や今後の生活のあり方について、周囲の状況について本人なりに見渡した上で、自分の頭で考え、ある程度はその考えに沿った行動をすることができるようになることがわかる。この一〇歳前後に達した子どもについて意見が求められるようになるという見立てと運用は、子どもの心の世界を見守り続けてきた長年の家庭裁判所の実務の中で生み出されてきたものと言うことができよう。

また、この一〇歳前後という区切りは、裁判実務の別の方面からも問題とされることがある。前述のように、地方裁判所では子の引渡を求める人身保護請求事件が審理されるが、そこでは、一〇歳前後を境にして、子どもの意思能力の存否に関する判断が分かれているのである。

人身保護法に基づく子の引渡請求事件とは、たとえば、親権者の意に反して子どもを連れ去って離さない者に対して親権者がその引渡を求めるといったように、子どもを引き渡すよう求めて地方裁判所等に起こす訴訟のことであり、もとは公権力により不当に拘束されている刑事犯罪人や私人により監禁されている者などの解放を意図した裁判手続であったものが、現在は、子どもの引渡請求にも用いられるようになったものである。

この人身保護手続では、子どもが〝法律上正当な手続によらないで身体の自由を拘束されている者〟(人身保護法二条一項)に当たるとして、その救済を請求することになるが、その請求は、意思能力のある者の〝自由に表示した意思に反してこれをすることができない〟(人身保護規則五条)と規定されている。このため、たとえば、その子どもがそのまま非親権者である親のもとに留まりたいという意見を述べている場合、その意見をどう考えるのか、すなわちその意見が意思能力のある者がしたものと認められるのか否かが問われることになる。

判例によると、最高裁判所がこの人身保護請求事件において子どもの意思能力を認め、子どもの意見どおりに現状に留まることを認めた事例の子どもの最低年齢は一〇歳であり(昭和四六年一一月三〇日判決。ただし、昭和六一年七月一八日判決など、一〇歳以上であっても、幼児から他者に養育され影響を受けているなど、自由な意思に基づいているとはいえない特段の事情があるとして請求を認めている事例もある)、これを否定し、子どもの意見に反して請求を認めた事例の最高年齢は九歳となっている(昭和四六年二月九日判決)。また、下級裁判所における判断では、これらの年齢の幅はもう少し広く、相互に重なり合っている。

このように、地方裁判所等の裁判実務においても、おおよそ一〇歳前後になるとその子どもの意思能力が認められ、その意見に重きが置かれるようになっている。

2 子どもの意見を聴くということ

次に、裁判所では、どのようにして子どもの意見が聴取されているのかについて見ていくことにしたい。

前述のように、家庭裁判所では、子どもの意見の聴取は、家庭裁判所調査官によって行われることが多い。この家庭裁判所調査官とは、心理学、教育学、社会学、法律学等の専門試験を経て採用される裁判所の職員であり、裁判官の命令のもと、家庭裁判所の審理の過程において、人間関係諸科学の知見を生かしたさまざまな調査、調整活動を行うことを職務としている専門職である。

しかし、多くの心理臨床家も経験しているように、両親が深刻な対立状態にある中で、その子どもたちからきちんと意見を聴くということは簡単なことではない。そこでは、一人ひとりの子どもたちの置かれている状況を踏まえた、慎重で十分に配慮された対応が求められている。以下、この問題について、子どもの意見聴取をいかに行うのかという方法と、聴取した結果をいかに取り扱うのかという効果の両面から検討してみたい。

1　子どもの意見をいかに聴くのか

子どもとの面接においては、基本的な留意点として、面接目的の明確化、事前の情報収集、面接場面の設定、子どもへの自己紹介や面接目的についての説明方法、ラポールの取り方、子どもの発達状態の的確な把握、守秘義務の扱い方、終局時の慎重な配慮、などが重要であると指摘されている。子どもの意見を聴く際にも、これらはいずれも大切な事柄となろう。なかでも、裁判所で子どもの意見を聴くというやや特殊な状況においては、以下のような点に特に意を用いる必要があるように思われる。

(1)　面接の目的の共有

裁判所で行われる子どもの調査の目的や態様は多様である。子どもが安全であるかをすぐに確認する必要がある緊急なケースもあれば、子どもと十分なラポールを取った上で、離婚する両親に対してどう考えているのかについての意見を慎重に聴取しなければならないケースもある。このため、子どもたちから意見を聴くに当たっては、あらかじめその面接目的を明確にしておくとともに、それらを十分に意識して子どもたちと対応することが肝要となってくる。また、子どもたち自身やその取り巻く環境は、面接過程を通じて刻々と変化する。したがって、そうした子どもたちの変化に合わせた柔軟な対応とともに、その中にも芯のように面接目的がしっかりと見据えられていることが求められているように思われる。

その際に問題となるのは、そうした面接目的について、子どもたちにどの程度伝えるのかという点であろう。裁判手続においては、適正な手続を保障するという要請も考慮する必要がある。このため、その子どもの成熟や理解の程度を十分に見極めながら、それに応じた手段、方法により、面接の目的やその結果の取扱いについてわかりやすく説明しておく必要があろう。子どもとの面接の場合、どのようにラポールを確立できるかが面接初期の重要な鍵になってくることが多いが、面接目的の明確化がラポールの形成の面からマイナスに作用しかねないことを恐れて、これに消極的になるのは相当ではないように思われる。逆に、一人の人として公正に接してもらえているという体験が、子どもたちとの関係の質を深くしていくようなケースも少なくない。その子どもをよく観察し、ラポールを損なわないような適切なタイミングを捉え、子どもに十分に届く言葉を用いて、その目的を伝えることが肝要となってこよう。

(2)　親たちとのつながり

実際の実務では、子どもの意見聴取を目的とする調査であっても、多くの場合、その子どもたちにすぐに会うようなことはない。まずは親たちや実際に子どもを監護している大人に面接して、その子どもの状況についての十分な情報を得ることが試みられる。特に、両親の間の葛藤が強く、子どもの心情が揺れ動いているような場合には、その子どもが親たちと現実にどのような関係にあり、両親間の争いについてどう受け取っているのか、さらには、このように裁判所で事件として争われていることをどう説明され、それをどう理解し受け止めているのかなどについて、十分に把握しておくことが求められよう。

その際には、子どもたちの現実の状態について、できる限り子どもたちの側に身を置きながら事実を忠実に把握するよう努めている。しかし、両親はまさに法的な争いの中にあり、子どもの親権などを獲得するために相手を非難したり、自分の有利な点を殊更に強調して主張したりするところが見られることがあり、そうした親たちの態度が、子どもたちに明らかに悪影響を及ぼしていると実感させられることも少なくない。このように、法的紛争対立の中で子どもの意見の聴取を進めるということには、その子どもを否応なく両親の間の紛争に巻き込んでしまうという面があることも否定することはできない。

できる限り親たちの紛争に巻き込まれないように子どもたちを護りながら、本当に考え、望んでいるところの意見を聴くということは、実際には容易なことではない。

(3)　子どもたちの真意

子どもたちはまだ精神的に成熟の過程にあることから、その真意は何かということを考えると、簡単には答えを出すことができないように思われる。

さきに子どもたちの意思能力について検討し、裁判所の実務ではおおむね一〇歳前後からこれが認められていることを見てきたが、それは、一〇歳以上の子どもたちであれば、どちらの親と暮らしたいかといった問題について、自分が置かれている状況をある程度客観的に把握し、その結果が何を意味するのかということについての見通しを持った上で自ら考えて判断し、それを自分の言葉で表現することができるようになる、ということを必ずしも意味してはいない。

当然のことではあるが、一〇歳以上の子どもであっても十分な意思能力が備わっているとは限らないことがあるし、逆に、それ以下の年齢の子どもであっても、その意見が子どもの真意から出ていると認められる場合があり得るであろう。保護者などから異常に強い影響を受けながら成長した子どものように特殊な事例もあれば、同じ子どもであっても一時的に冷静に判断できなかったり、また、ある特定の問題については客観的になれなかったりといったことも生じ得るであろう。

したがって、子どもの意見を聴取する場合には、その子どもの精神的成熟の段階とともに、その聴取時の子どもの心理、社会、生理的状況について、きめ細かい観察を行い、的確にアセスメントをしておくことが必要になってくる。そこでは、単に〝言葉〟を聴くだけでなく、子どもたちの〝心の姿〟を写し出す心理臨床的な視野が求められていると考えられるのである。

2 子どもの意見をいかに取り扱うのか

次に、このようにして聴取された子どもたちの意見を、実際の裁判手続の中でどのように取り扱っていくのかという問題がある。

子どもたちの意見をどのように評価し、審理結果に反映するのかについては、最終的には裁判官の判断に委ねられている。現実の実務においては、子どもの精神的な成熟の度合いに応じて、相応に子どもの意見に重きが置かれているが、たとえば、前述のように親権を持たない親が不法な手段で子どもを奪い去ってしまい、その際、子どもはその奪取した親のもとに残ることを望んでいるといったような場合に、その子どもの意見を尊重するのか、あるいは不法な手段を許さず、いったんは親権を持つ親のもとに子どもを戻すことを優先するのかなどをめぐっては、判断が分かれることもあり得るであろう。

また、ここで留意しなければならないことは、このような事例においては、その子どもの意見の評価をめぐって親たちの間で紛争対立がいっそう高まり、子どもが否応なしにその渦中に巻き込まれていくことなりかねないという点であろう。最終的に親を選ばなければならないという過酷な選択について、本来であれば親たちの間で話合いによって解決すべきところを、その重荷をもっぱら子ども本人に背負わせることになりかねない。

したがって、裁判所において子どもの意見を聴く際には、そのような事態を招くことのないよう、家族全体に対するきめの細かい目配りと見立てが求められることになる。それは、意思能力や権利などといった抽象的な概念のレベルで検討される問題に留まるのではなく、一人ひとりの子どもとその背景事情に即応してその子どもの意向をいかにくみ上げていくのかといった臨床的な課題であると考えられる。

まとめ

本稿では、裁判手続における子どもの意見について検討したが、矯正や保護などのその他の司法領域においても、さらには、子どもの医療行為の選択や臓器移植といった医療の領域、里親委託されたり児童養護施設に措置された子どもの意見といった福祉の領域などにおいても、これからは、この子どもの意見をいかに聴くのかということが大切な課題となってくるように思われる。

その際に肝要なことは、本稿でも見てきたように、あくまでその子どもの身に沿わせつつ、その真の言葉を聴こうとする姿勢とともに、その子どもの成長の度を的確に把握しながら、また、紛争や問題の全体状況を視野に入れながら、その子どもの言葉を面接者との関係性の中で推し量り、位置づけていくという臨床的姿勢にあるように思われる。そこでは、子ども個人に真摯に向かい合うという態度と、子どもを取り巻くさまざまな人間関係や集団に思いをめぐらすという構えが、分かちがたく融合していることが求められるのでないかと考えられる。

このような臨床家としての姿勢は、近年多様な領域に拡大しつつある心理臨床実践の場においても、広く通底するものではないかと思われる。

[参考文献] ＊ 三上妙子ほか「子の引渡事件の調査方法について」家庭裁判所調査官実務研究（指定研究）報告書（家庭裁判所調査官研修所）、6、五三頁、一九九七

＊村瀬嘉代子「自律と保護のバランス――世界に開かれゆく子どもの傍らにあるとき」臨床心理学、6（4）、四三七～四四二頁、二〇〇六
＊野田愛子「子の監護をめぐる紛争と子の意思 desire ないし選択 preference」〔明山和夫ほか編〕『現代家族法の課題と展望』有斐閣、一七五～二一〇頁、一九八二
＊二宮周平「家族法と子どもの意見表明権――子どもの権利条約の視点から」立命館法学、256、一七八頁、一九九七
＊岡本吉生ほか「家事事件における子どもの調査方法に関する研究」家庭裁判所調査官実務研究（指定研究）報告書（家庭裁判所調査官研修所）、7、一〇三頁、一九九八
＊篠田悦一ほか「養育環境の変化と子どもの成長に関する調査研究――離婚した親と子どもの声を聴く」家庭問題情報センター、二〇〇五
＊田中壯太「最高裁判所判例解説」法曹時報、41（11）、一三五～一五四頁、一九八九
＊丹野達「人身保護事件としての子の引渡請求の実際」家庭裁判月報、32（6）、一～三四頁、一九八〇
＊若林昌子「家事事件における子の意思」〔石川稔、中川淳、米倉明編〕『家族法改正への課題』日本加除出版、二九五～三一三頁、一九九三
＊P・バーカー『子どもの臨床面接』大瀧和男監訳、金剛出版、一九九四
＊藤川浩「裁判所からみる子どもの意見」臨床心理学、6（4）、四七一～四七五頁、二〇〇六
＊Gardner, R. A., et al.（2006）*The International handbook of parental alienation syndrome.* Illinois : Charles C. Thomas Publisher.

4 被虐待児の個の生成と集団への関係について

井上　真

はじめに

平成一六年の児童虐待防止法の改正により、新たに虐待の定義が追加され、さらに、虐待を受けた子どものみならず、その可能性のある子どもについても、通告義務の対象となった。虐待の発見、被虐待児の保護について、法的な整備が進み、児童虐待は社会的問題として大きく取り上げられるようになった。

そのような社会の動向に伴って、筆者が勤務する情緒障害児短期治療施設（以下、情短）でも、被虐待児の入所が増加し、現在では常時、全体の入所児童の八割ほどを占めている。情短とは、児童福祉施設の並びにある入所型の施設（通所を併設するところもある）であり、医療、心理、生活指導が一体となったチームケアを目指している。またほとんどの情短は、地元の学校の分級や養護学校を併設しており、教員と密な連携をとりながら、子どもの療育にあたっている。

被虐待児の増加に伴い、ここ一〇年余りで施設数はほぼ倍増し、平成一八年九月一日現在で全国に三一カ所となっている。定員は、各施設によって異なるが、ほぼ三〇名から五〇名ほどであり、概ね小学校一年生から高校三年生までの児童が入所している。

被虐待児の心理的援助については、これまでもさまざまな研究が積み重ねられている。しかしながら、それらは、個へのアプローチを基本にしており、今回のテーマである個と集団の二つの観点から、理論的な考察を試みているものはまだ少ないように思われる。筆者は、情短においてセラピストという職種でありながら、子どもとそれを心理学的な枠組みで捉え直し、彼らへの心理的援助について考察していきたい。

1 個別的関わりから集団へ

筆者はセラピストであり、子どもの個別面接を担当しながら、当直なども含めて、生活指導員と同じく生活場面に入り、担当、担当外にかかわらず、日常場面で子どもと接している。これはひとつに、児童福祉施設の実情から、生活を生活指導員のみの人員で円滑に運営することは難しいことが理由に挙げられる。施設の職員として勤務し始めた頃、大学院で個人心理療法の原則を叩き込まれた筆者にとって、面接室以外の場面で子どもと会い、関わることに大きな抵抗感があった。特に担当の子どもに生活場面でどのように接するかは大きな悩みの種であった。子どもが目の前でルール破りをした場面で注意しなければならないことや、入浴や食事をともにすること、他の子との関わりを担当の子どもが目の当たりにすること。待ったなしで迫られる日常での対応に戸惑った。面接室での自分と集団での自分をいかに切り離して感じてもらえるかと、同僚たちと、面接室では白衣でも着ることにしようかと真剣に話し合ったこともある。

しかしながら、被虐待児が相次ぎ、また重篤な心の傷を負っている彼らと日常の生活をともにし始めるようになった頃、施設では、暴力行為が頻繁に起こり始め、その対応に追われる毎日となった。彼らに対して個別面接の中でどのように心理的援助を行っていくかという関心に取って代わり、ともかく毎日の生活をどのように無事に切り抜けるかという切迫した悩みが、筆者の頭の中を占めるようになった。個へのアプローチ以前に集団に対してどのように関わるかを最優先せざるを得なくなったのである。

当時、筆者が勤めていた情短では、不登校児が入所児童の多くを占めていた。徐々に被虐待児の割合が増え始め、職員はその対応に戸惑いながら、しかし、従来のやり方を基本に毎日の子どものケアにあたっていた。一概には言えないが、不登校の子どもに対するケアについては、それまでの引きこもりの生活から、集団の生活に馴染んでいく過程の援助である。職員はその橋渡しの役目を担う。入所した時期は、うまく集団の中にとけ込めず、まずは、職員と一対一の関係が一つの礎となり、その関係をもとに集団への参加を促す。すなわち、個への働きかけから、集団への関わりを援助する。たとえば、子どもが担当の職員とやりとりをしている場面で、その周囲に集まってくる子どもたちが、その子どもに声をかけたり、遊びに誘ったりして、子どもの集団へ徐々に入っていく。内に閉じこもりがちな彼らを外の集団の世界に導くことが目標であり、自分を表現したり、人と関わることを保証する自由な生活の構造が重視された。職員室にはテレビが置かれ、子どもの出入りや職員との関わりは自由に許された。夜には集会が開かれ、部屋にこもっている子どもたちを呼び、食堂に子どもたちが一斉に集まる習慣があった。そのような構造の中で、子どもは少しずつ他児と関わりを始め、集団に認められることや自分を表現することなどを通して育っていった。

なお、この成長モデルは、不登校の子どものみならず、子ども一般に多く認められており、馴染みのあるものである。子どもは家庭での親子関係を基礎に、親に見守られながら、他の子どもたちとの関係を作り上げる。たとえば、親に連れられて行く近所の公園で、他の子と遊ぶなどはその例であろう。そして、次第に親の目を離れたところで集団を作り、そこでの経験を糧に子どもはさらに成長していく。

しかし、被虐待児が施設の中で増え、行動化が激しくなる状況の中で、彼ら一人ひとりのありようを見つめると、その多くがこのような援助の過程にうまくのらないことが明らかになってきたのである。

2 被虐待児の個と集団のありよう

彼らの示す行動の特徴を挙げると、以下の通りである。

第一に彼らは引きこもらない。部屋に一人でいるとイライラすると訴える子どもが多い。入所して数日は、何をしているのかわからないくらい部屋にいた子どもも、数日後には部屋の外に出てくる。人との距離の取り方は唐突で、なかには入所した日から、ずっと前からいた子どものように、話しかけてきたり、名前も覚えきらない人の膝の上にのったりして甘えて見せる。関係がついたのかと思えば、些細なことを注意されただけで、被害的になり、激しい怒りをぶつけ、これまでの関係は台無しにされる。イライラすれば、ところ構わず寄ってきて、しつこく嫌みを言ったり、挑発する。他児の悪口を、相手に聞こえるように職員にぶつけてきて、相手を苛立たせることもある。職員に暴言を吐いて、離れていったと思えば、しばらくして舞い戻ってきて、何もなかったかのように、また甘え始める。こんなことが一日の中で繰り返される。

第二に、彼らは纏まりのある安定した集団を作ることができない。孤立しているかと言えば、そうでなく、その時々の気分によって、相手に同調し、行動する。何人かで入浴するときも、一人が調子に乗り始めると、他の子もそれに同調し、勝手にお湯を抜いてふざけたり、注意されれば、シャワーで水を執拗に掛けてきて大声で笑い、興奮していく。他の子と一緒になって職員に反抗したかと思えば、すぐに仲間割れを起こし、相手の子どもへの悪口や、しつこいちょっかいなど、攻撃を始める。職員が間に入るが、まったく歩み寄りを見せず、余計に相手への攻撃が激しくなることさえある。とりあえず、互いに離れるように言い聞かせるのが精一杯である時がある。職員としては、喧嘩になるので離れていればいいのにと思うのに、しばらくするとまた互いにくっつき、ふざけ合いを始める。

第三に、他者と二人きりになることへの怖れと見捨てられることの不安を抱えている。被虐待児にセラピーを行っていると、治療場面に入るか、入らないかという葛藤が、多く見受けられるように思われる。たとえば、セラピーの時間になってもやって来ず、遅れてやって来た割に、終了時間になれば、手当たり次第おもちゃをいじり、退室しぶりをする子ども。遊びの途中で盛り上がってくると、ふと我に返るかのようにトイレに出て行き、帰りはダッシュして戻っていく子どもなどである。日常の場面では、職員に対してしがみつきが激しくなり、途中で職員が他の子どもの対応にあたると、相手の子どもを攻撃したり、自室に戻ったかと思えば、物を投げたり、壁を殴ったりと激しいパニックを起こすこともある。

秘密を守れないことも、二人になることの怖れと関係しているように思われる。担当職員とお出かけしたときに、何かを特別に買ってもらい「これは、他の子に言うとうるさいから、内緒だよ」と言われても、施設に帰るやいなや、他の子に話をしている。自分から「秘密だよ」と言って、いろんなことを教えてくれるが、自分から他の職員に同じことを話している子どももいる。見捨てられ不安が強い子どもは、逆にそういった二人だけの特別な関係にしがみつき、「秘密」や「特別」への要求がエスカレートする。職員はそれに応えることができなくなり、本当に「見捨てられ」る体験をする。こういった種の秘密を成立させることができるかどうかが、その子どもの力や、その子どもとの関係を判断する目安になる。

3　被虐待児にとっての個と集団——その援助

このような行動を示す被虐待児に対して、職員の個別対応（二者関係）を経て、特定の他者との安心感を育て、集団（三者関係）へ送り出すという援助モデルは通用しにくい。

彼らは、あたかも職員との二者関係を飛び越えて、集団の場に登場するかのようである。

家庭を離れることになった子どものケアについては、厚生労働省の方針により、里親制度や小規模グループケアが推進されている。しかし、高田治[1]は小規模グループの発想の基には「擬似家族的な環境を作って、職員とのアタッチメントを形成することが、発達的に必要であるということがある」と指摘し、しかしながら、このように理論的に想定されているアタッチメントが、容易に形成されることが難しいケースが多いのではないかと述べている。また、ウィニコット[2]（Winnicott, D. W.）も、養父母の養育に適切な子どもは、「何か良いものに反応できる」ことが不可欠であり、より病理の深い子どもたちには、規模の大きな管理（management）的な施設が必要になってくると述べている。

こういった子どもを集団の中で育てる場合には、その時の施設の集団が、ある程度コントロールされたものでなければならない。施設の生活構造が自由であればあるほど、子どもたちは周囲からの刺激に翻弄され、あるいは自ら溢れ出る情動を持て余すようになり、それが続けば、疲労困憊し、さらに制御できない他者への怒りや攻撃性を生む。それが他者への新たな刺激となり、徐々に子ども集団は制御不可能に陥っていく。施設崩壊への筋道である。ウィニコット[2]は、こういった子どもについて強い管理が必要であると述べ、そういった「極めて厳格な共同体でさえも、首尾一貫しており、公平さが保たれている限り、子どもたちは自分自身の中に人間性を見い出すことができ」、「厳格さ——それは安定性を意味するという事実のために——を尊重するようになることさえできる」と論じている。つまり、施設の生活構造が厳格なものであることが、安定しているという感覚に繋がり、その上で子どもたちは、人間的な関わりを経験することができるということである。もちろん、ウィニコットは、このような管理された施設を積極的によしとするのではなく、そこで育てられた子どもは、そうでない施設に比べて、自分自身の独自性を失ってしまいがちであると述べている。

子どもの集団生活をどれくらい、どのように管理するかは、同じ情短でもさまざまな方針と実践があるようである。大阪府の情短施設「あゆみの丘」の堀氏が平成一八年度全国情緒障害児短期治療施設職員研修会で以下のような実践例を発表している。

開設当初、多くの子どもが行動化を繰り返し、職員の制止も暴力によって簡単に突破され、歯止めが利かない事態にまで至った。子どもが行動化に至るきっかけの多くは、子どもが職員の対応にバラツキを感じて、不公平感や被害感を募らせた時だったとのことである。それ以後、生活の枠組みを考え直し、子どもに時間を明確に提示するため、施設全体の時計を電波時計に変え、一秒でも違わず、生活の時間枠を守るという姿勢で取り組んだという。さらに子どもの行動に対してラベリングを行い、子どもに声を掛ける際にその言葉を統一して使用することにした。次第に職員だけでなく、子どもたちの間でもその言葉が使用され、施設の文化として定着していった。それと同時に行動化は減少していった。

筆者が以前勤務していた情短でも、それまでの比較的自由な生活構造から、徐々に時間や子どもの居場所についてのルールを作り上げていった。職員の一日の仕事分担も、子どもに明確に明示し、この時間はこの業務をするので、個人的な関わりはできないと子どもが理解しやすく、確認できるようにホワイトボードに記入した。それによって、子どもは、職員と関われる時間、関われない時間を心の中に思い描くことが可能になった。子どもは、職員に関わりを求め、それがかなわなかった時、特別に自分だけがそうなのではないか、この人は自分のことが嫌いだから、断ったのではないかと感じる。この時に生じる怒りを収めることは非常に難しい。そういったかなわない事態が起こった時、自分だけでない、他の子でもそうだったのだと理解できれば、その事態を受け入れやすいように思う。これを可能にするのは、ルールの安定性と子どもが理解できるようなわかりやすい形での提示であろう。それを守ることで、自分は集団に所属し、一人ではないという感覚を得る。こういった安定性を身につけ始めた後に、二者関係へ開かれていく。

4　被虐待児にとっての「同じもの」

幼い頃から虐待を受けた子どもは、まず初めに出会う親という他者とうまく関係を結ぶことができない。この出会い損ねた経験によって、彼らは他者だけではなく他者からの言葉、新しい経験などを「異なるもの」[3]と感じ、それらを極端に拒否したり、あるいは過度に同一化してしまうのである。

彼らは「異なるもの」にうまく関与することができない一方で、自分と「同じもの」への強いこだわりを持っている。彼らが集団へ自分を駆り立てていくのは、自分と同じものを見出したいという存在を賭した試みに思えてならない。彼らが、自分の思うがままに人を動かそうとし、それが叶わなければ、激しく相手を罵倒したり、暴力的になる様は、もはや自分の存在自体を否定され、世界からは断絶し、何も失うものはないといった事態を感じさせる。

そのような彼らに対して、実践されるべき援助は、ある程度「同じもの」を保証する集団生活の構築である。前述の情短の例で挙げた、時間や言葉掛けの統一、職員の役割の明確化などは、すべてこの「同じもの」を保証する試みである。集団生活が一定のルールに則り、生活が営まれる。何事も自分一人ではないという感覚が彼らの中に培われることが、安心感を生み、護りとなる。生活のルールは、何も被虐待の子どもに対してのみ特別な大切なものではない。しかしながら、「同じもの」への強いこだわりを持つ彼らにとって、「同じもの」への配慮は不可欠なものであるとの意識が必要であろう。

また、「同じもの」は空間的な次元だけではなく、時間的な次元でも配慮されなければならない。すなわち、「同じもの」は日々繰り返されるべきものである。日替わりの職員の対応の違い、不用意な日課の変更や過剰な行事の設定は、彼らに混乱を生じさせる。日々、同じことが繰り返されることで、彼らは明日の「同じ」自分を思い描くことができる。

「同じもの」は、つまり、空間的にも時間的にも他者や自分自身との関係を繋ぐことを可能にする。二者関係における繋がりとは異なり、ルールや日課などの一つの明確な条件のもと、すなわち第三のもののもとに繋がりを得ることができる、いわば三者関係での繋がりである。三者関係という言葉には、精神分析のエディプス期の理論で示されるように、二者関係を「断絶」し、個としての社会への自立を促す体験の次元を言い表す傾向がある。しかし、筆者は、すでに早期の二者関係の中において、お互いの暗黙の了解として、一定のルール（三者関係）があると考える。そのルールのもと、養育者に安定した応答されるという日々の体験によって、子どもは予測可能な他者や外界と「繋がる」ことが可能になる。特定の養育者に育てられることが養育上望ましいとされるのは、この暗黙のルールが二者の中で変わることがなく、安定した応答が可能であるからではないだろうか。うつ病などの疾患を持つ親に育てられた子どもは、その応答性の不安定さから、予測不可能な世界を生きていくことになる。早期の二者関係に躓いた被虐待児に対して、三者関係を重視して援助を行うことに、一見矛盾があるように思えるが、このような三者関係の次元を想定すると、彼らに対してルールを提示し、「同じもの」を経験できるように援助することは、非常に早期の養育関係を射程に置き、育て直しを試みる過程であると考えられる。

5　異なるものへの動き――個となることへの援助

施設のルールや文化のもとで、彼らは環境から安定した応答性を経験し、毎日の生活や時間の流れに安心して身を委ねることができるようになると、この体験が基になり、職員の対応の違いや他の子どもの振る舞いの違いを受け入れることができるようになってくる。「あの先生は厳しいから、仕方ないだろう」とか、「あいつは、そういうやつだから」というように。思い描く事態と違うことが起こっても、彼らなりにそれを理解し、それに合わせて自分の行動を変えてみることができるようになる。他にも、会話のレベルでは、職員がわざと「ぼけ」たりするのに対して、うまく「つっこみ」を返せるようになれば、その子にはいつもとは違う事態にうまく対応できる余裕があると思ってよい。ただ、入所したばかりの緊張状態にある子どもに対して、無用な「ぼけ」が禁物であることは言うまでもない。

このような「異なるもの」へ少しずつ対応できる力がつき始めると、おそるおそるではあるが、何か特別なことをやってみたいと言い出すことがある。それは、たとえば、何か動物を飼ってみたい、どこかに連れて行って欲しいなどである。理由を聞くと「暇だから」「他の子もやっているから」という答えが多いが、こういった申し出の中に、漠然とではあるが、その子らしさが現れていたり、大人と一対一で関わりを持ちたいというほのかな望みを感じ取ることができる。このように彼らの心に空間的な広がりが生まれるのと同じく、それまで触れることができなかった生い立ちを語り始めたり、あるいは自分はこうなりたいと思い描くなど、時間的な広がりが生まれることもある。彼らが踏み出す「個」としての一歩に寄り添い、それ以後の「個」の育ちを支えることが、われわれの仕事になってくるのである。

［文　献］（１）中釜洋子、斎藤憲司、高田治『場を生かす心理臨床』東京大学出版会、近刊
（２）D・W・ウィニコット『ウィニコット著作集２　愛情剥奪と非行』西村良二監訳、岩崎学術出版社、二〇〇五
（３）井上真「情緒障害児短期治療施設における被虐待児への心理的援助について――「異なるもの」への関与を手がかりに」（東山鉱久、伊藤良子編）『遊戯療法と子どもの今（京大心理臨床シリーズ３）』創元社、二〇〇五

5 児童福祉施設における心理臨床

茂木　洋

1　児童福祉施設における心理臨床の特徴

児童福祉施設の心理臨床は近年大きく注目されてきた新しい領域のひとつである。一四種類ある児童福祉施設のうち、入所型の施設としてよく知られている児童養護施設は、保護者のない児童や虐待されている児童その他環境上養護を要する児童に対して入所援助を行う施設であり、平成一六年度現在で全国に約五五〇ある。また情緒障害児短期治療施設（以下、情短）は、軽度の情緒障害を有する児童を、短期間の入所あるいは通所によって、その情緒障害を治し援助を行う施設である。また児童自立支援施設は、不良行為をなし、またはなすおそれのある児童及び家庭環境その他の環境上の理由により生活指導等を要する児童を入所させ、または保護者のもとから通わせて、個々の児童の状況に応じて必要な指導を行い、その自立を支援し、あわせて退所した者について相談その他の援助を行う施設である。本稿ではこれら児童福祉施設における心理臨床の特徴と目的について考察する。

1　枠組みの違い

心理臨床が新たなフィールドに展開されていく中で、従来適用されてきた枠組みが通用しない臨床場面に遭遇する臨床心理士が増えてきた。これまで心理臨床の訓練において、スタンダードモデルとされていたのは伝統的な個人心理療法である。この個人心理療法の視点は親子並行面接や集団遊戯療法などのさまざまな集団を対象とした心理療法のバリエーションの中でも、基本的なスタイルとして位置づけられてきた。たとえば、治療者がクライエントと心理療法場面の外で接触することは厳禁とされているし、心理力動的な立場から行われる心理療法においては中立性が重んじられ、クライエントに対して教育的指導的に関わることは原則として禁じられている。このような基本的なスタイルは訓練課程で、繰り返し教え込まれる。しかし、訓練課程を修了し、いざ心理臨床の現場に出たとたん、たいていの場合そこで待っているのは、訓練課程では習っていないような枠組みである。児童福祉施設に配置されている心理士（以下、施設臨床心理士と呼称する）が現場で直面する枠組みの違いは、「空間の枠組みの違い」と「行動様式の枠組みの違い」の二つに大別される。

「空間の枠組みの違い」は、クライエントである子どもたちが生活している日常の生活場面と、心理療法場面とが非常に近いところに位置しているために生じる問題に関連する。同じ施設内で生活と心理療法が行われており、伝統的な心理臨床の枠組みから言えば、これは日常と非日常が相互に侵入してしまいやすい状態である。それゆえ、子どもの混乱を招きやすい事態であると考えられている。

臨床心理士の「行動様式の枠組みの違い」は、施設においては心理士は純粋に心理士という立場だけで子どもに関わるわけにはいかず、広く施設職員としてのスタンスから子どもに関わる必要が出てくるために起こる問題に関するものである。たとえば、情短は治療を前提とした入所型の施設だが、さまざまな現実的な条件から情短に勤務している心理士は心理療法だけではなく、子どもの生活場面にも積極的に関わらなければ、施設そのものの運営が成り立たないという状況がある。訓練機関（大学院など）でのトレーニングを終え、情短に就職した新人の心理士は、生活集団の中で子どもへの指導として注意したり、行動を制止したりしなければならない状況に、まず間違いなく戸惑いを覚える。

これらは集団処遇の場で個別処遇を行うことによって不可避的に起こってきている問題であり、伝統的な心理療法のやり方を単純に適用するとか、あるいは十分な検討のないままにいわゆる「枠組みを広げる」のでは本質的な解決にならない。施設心理臨床の中でどのように枠組みを考えていくかという基本を改めて問い直すことが重要であろう。

2　対象の難しさ

施設心理臨床をめぐる問題点としてもう一点、対象の難しさの問題がある。平成一一年三月八日の厚生省児童家庭局全国児童福祉主管課長会議の会議録によると、そもそも児童養護施設への心理職員の配置は、児童虐待への対応のひとつとして、児童養護施設に入所している被虐待児が増加し、引きこもりなどの児童とあわせて、心理療法を必要としている子どもが増加したことによって決められた。換言すればこれは従来の施設処遇では、処遇困難とされるタイプの子ども（施設での集団生活を送る上で、なんらかの困難がみられる子ども）が増加し、個別処遇的な視点を得意とする心理療法的なアプローチが新たに求められたということと考えられる。しかし、児童虐待や引きこもりといった問題は、臨床心理学領域においても比較的新しい対象であり、学問的知見や心理療法の方法論については、まだまだ未熟といわざるをえない。またこれらは、病理についての理解が進めば即治療が可能というわけではなく、そもそも病理自体が治療的な接近を困難にしているため、独特の方法論が必要となってくる。(1)

対象の難しさについては、まずは学問的知見や治療経験が依然乏しい現状を改善する必要がある。それと同時に、集団になじまないタイプの子どもたちを集団で扱うということの意義をもう一度問い直す必要があるのではないだろうか。

2……………仮の日常性

生活場面と心理療法場面との関係性が問われるような状況での心理臨床のキーワードとして、しばしば取り上げられるものに「日常性と非日常性」がある。ここでいう日常性とは、本来はクライエントが日々生活している現実的な環境（家庭や学校、地域社会など）とそこにおける関係を指すのに用いられている。一方、内的な作業を行うための、日常から切り取られた特殊な場所・空間とそこにおける関係を指すのに非日常性という言葉が使われる。

施設において、この日常―非日常をどのように区別するかは、心理臨床の枠組みを設定していく上で非常に重要である。そして生活場面と心理療法場面を分ける試みは、この日常と非日常を分けようという試みに他ならない。森田喜治は[2]「子どもの生活と治療は同時に行われるのではなく、生活は生活として行い、治療は治療として行われ、それぞれが密接な関係を持つことが要求される」と述べ、生活と治療のつながりを重視しつつも、「治療は治療という枠組みのなかで行われることに意義があり、生活と一線をひくところに治療の意味をより強く持たせる必要があるように思う」と両者を区別していくことの重要性を強調している。児童養護施設内で、居住棟とは別の建物に心理療法室を設け、同じ敷地内でありながら生活とは区別される場所となるように努力している例はよく耳にする。また情短においても、子どもの心理療法担当者が生活場面でなるべく接しないようにするなどの配慮はするべきであろう。しかし、これは完全な対処法とはなりえないようである。子どもの側から見れば、自分を担当する心理士が自分の生活空間の中にいることを知っており、自分の生活の身近な場所に心理療法空間があるということを知っているから、完全に両者を分けることは不可能である。

ここで、もうひとつ考えなければならないのは、児童福祉施設という環境自体がそもそも、はたしてその子どもにとって日常場面なのどうかという問題である。子どもたちにとっての本来の日常とは、もともとの家庭と地域社会における生活であり、なんらかの事情によって、本来の彼らの日常場面から異なる生活場面へと移ってきたのが施設での生活である。つまり施設生活は、本来の生活場面ではなくて、特殊な生活場面として理解されなければならない。

その特殊性とは、施設での生活には退所という目標が設定されているということである。家庭生活は子どもがいかに家庭から出て行くかを目標として営まれているわけではない。ところが施設では多くの場合、入所理由に基づいて最終的にいかに退所するかということが共通の目標となる。

そして児童福祉施設においては、その子どもがなぜ施設に入ってきたかという入所理由に沿ったところに、心理療法の目的がおかれている。したがって、施設生活の日常性と心理療法の非日常性というのは、一般的伝統的な心理臨床における日常性と非日常性の関係にくらべると、より密接に関連しあう関係にあるといえる。

以上のことから、施設における日常性・非日常性を考えるには、日常と非日常という二分法では不十分だということができよう。子どものもともとの生活という日常性と、心理療法の非日常性に加え、それらをつなぐものとして施設での生活という「仮の日常性」があり、日常性・仮の日常性・非日常性という三層構造の中で、施設における子どもたちの生活や枠組みを考えていく必要がある。仮の日常性と非日常性は、どちらもその子どもに対して治療的に関わり援助しようという視点が共通している。そもそも子どもの視点から見ると、家庭生活という日常性と、施設生活という特別な関係とのあいだに感じるほどの隔たりを、施設生活と施設の中での心理療法とのあいだには感じていないのではないだろうか。

ここでの主張は、施設の生活の中での日常性と心理臨床での非日常性を分ける必要がないとか、あるいは分けない方がいいということではない。日常性と仮の日常性と非日常性とはそれぞれ別に扱うべきであるが、それを単に物理的な問題として済ませるのでなく、子どもにわかりやすい形でいかに整理していくかが重要なのである。

3 行動化の取り扱い

1 施設での行動化

児童福祉施設における心理臨床の特徴を考える際に重要なもうひとつのキーワードは「行動化」である。行動化の問題については高田治・増沢高[3]が、面接室と生活場面が密着しているために「面接の余韻がそのまま生活場面に持ち込まれ行動化が起こりやすい」と述べているように、施設内心理臨床ではしばしば問題となっている。

施設においては、集団が安定していることがもっとも大切な基盤である。集団自体が安定していないと施設生活が成り立たず、心理療法を行うこともできない。施設が存続するためには集団が安定することがもっとも求められるし、その意味では子どもが起こす突発的な行動ととらえられがちな問題行動や行動化は、施設生活の中ではもっとも嫌われ、避けられるべきものとして扱われる傾向にある。

いかに子どもの行動化を起こさずに施設の生活をコントロールしていくかが施設生活指導の重要な役割のひとつである。これは保護を要する子どもたちを集団生活の場で養護するという生活援助的な視点で行われる施設援助や、子どもの社会性をいかに育てていくかというソーシャルスキルトレーニング的な視点からの子どもへの関わり方においては必要な発想である。ただし前述したように、現状では入所する子どもの質の変化に伴い、そもそも集団生活を行うこと自体が困難な子どもたちが増えてきている。情短の場合、被虐待児や引きこもりといった集団生活に不適応を起こすようなタイプの子どもたちが多く入所してきている。また児童養護施設においても、被虐待児の入所が増加している。これは児童虐待問題に対して世間が関心を強く持つようになり、虐待を受けた子どもたちがいち早く発見され施設に入所するという流れができてきたためであり、専門的な治療機関だけでは十分に対応しきれなくなっている。児童養護施設はどこも被虐待児の割合が高くなってきているが、施設入所児に占める被虐待児の割合が一定数を超えると集団が維持できなくなり、施設崩壊の状態に陥るといわれている。こういった現状を、子どもの行動化をいかに止めるかということを意識するだけで、はたして乗り切ることができるのだろうか。

施設内心理臨床において、行動化はどのように起こってくるのであろうか。伝統的な心理療法面接の場合では、日常性と非日常性の区別がわかりやすいことが助けとなって、面接の中で心理的な内容を扱うことは、心のことを心のこととして留めながら進められることになる。すなわち、子どもが自分自身の心的な内容物をセラピー関係内のこととして扱い、転移という形で表現することができるし、また、物理的には心理療法室内のこととしてそこに留めて、外へ持ち出すことなく進めることが可能になっている。もちろんこういった伝統的な心理療法面接の中でも、行動化といった現象は起こるが、心のことを心のこととして扱うという枠組みがしっかりしている分、行動化がむやみに起きないような形に設定されている。

それに対して施設心理臨床の場合では、生活場面そのものがそもそも子どもの抱えているものを取り扱うために用意されているため、非日常空間である心理療法室と仮の日常空間である生活場面との境界は曖昧である。これは物理的な近さの問題だけではなく、それぞれの目的・性質が非常に近いというところが曖昧さを生んでいるといえる。その子どもの心のことが、施設生活の場面に容易に表現されやすいような治療構造がそこに形作られているのである。このことは治療を行う施設においてしばしば限界と認識されやすい。

しかし、そもそも子どもがなぜその施設に入所したかという目的、そしてその施設を子どもが退所していくという目標に沿って考えると、心理臨床場面だけではなく施設という集団処遇の中で子どもの個別処遇を実現するひとつのやり方として、行動化の起こりやすさを施設内心理臨床の特徴としてとらえることができるのではないだろうか。

村瀬嘉代子[4]は被虐待児への治療的アプローチの過程での留意点として、「症状や問題行動は子どもの救いを求めるサインであるという認識と子どもへの信頼感を持つこと」と述べている。また大黒剛・安部計彦[5]は、「心理士自身が心理療法を直接行うだけではなく、被虐待児の担当職員がその子にとっての安全基地（愛着対象）となるように働きかける」役割の重要性を述べている。

このように考えてくると、施設処遇、少なくとも施設心理臨床においては子どもの行動化が前提となる。行動化が起こるということを前提として、そのことをどのように心理臨床的に取り扱っていくか。集団処遇の場で起こる行動化をどのように個別処遇の中で扱っていくかということが大事になる。

もちろん、必ず行動化しなければならないということではない。当然、行動化せずに心のことを心のこととして扱い、伝統的な心理療法に近い形で進めることができるケースもあり、それが可能となることは望ましい。ただし、施設に入所せざるをえなかった子どもたちは抱えている問題性も大きく、行動化を通して扱っていくというやり方を治療的アプローチのひとつとして積極的に位置づけていかないと、うまくいかないのであろう。

2 心理士の行動化

施設崩壊の危険性も考慮する必要がある。一人ひとりの個別的な問題から生じた行動化が、集団化して、個人の処遇と離れたところで、あるいはそれぞれの子どもの心的現実と解離した形でエスカレートしていく危険性は常にある。集団化しエスカレートした場合は、個々の子どもの処遇に貢献するものではなくなり、それは単に集団生活という施設の場を脅かすだけのものになってしまいかねず、避けるべきものである。施設の崩壊を招かないような形で、いかに子どもの行動化を扱っていくかが課題となる。

施設における子どもの行動化に直面したとき、施設臨床心理士は、やはり施設の職員として、単なる助言者ではなく当事者としてその状況に対応することが求められる。その場合は、施設臨床心理士自体の行動化の問題が生じてくる。心理士の側がいかに行動化せずに、臨床心理士というスタンスに踏みとどまりつつ、現実の子どもの処遇と施設生活維持に貢献するかということが問われていく。これは施設臨床心理士のアイデンティティの問題につながってくるところだろう。

3 転移—逆転移

さらに行動化がなぜ起こるかについて、転移—逆転移の視点から考えていくと、施設という集団の場では、心理士のコントロールの効かない状況でさまざまな関係性の病理が展開しやすいことが挙げられる。つまり通常の心理療法であればクライエントとセラピストの関係の中にさまざまなものが持ち込まれ、転移関係が展開していくが、施設生活の場合、さまざまな関係が持ち込まれる先は心理士とのあいだだけではなく、施設のさまざまな職員との関係の中にもそれが持ち込まれていく。心理士が把握できない、あるいは心理士が直接関与しないところで転移関係が形成されてくるのが施設の場での特徴であろう。換言すれば施設全体が転移—逆転移関係に絡め取られていく現象である。それを心理臨床の視点から理解していかないと、子どもに関わる職員が意識的無意識的に子どもに巻き込まれ操作され、子どもの行動化を助長したり、職員自身が行動化するということにもなっていきかねない。心理士は、さまざまな関係の中で子どもから職員に振られている役割は何かという視点を失わないことが大切である。子どもがそれぞれの職員とのあいだで展開しているもの、そこに持ち込んでいるものはどういう類のものかを見極め、他の職員とのあいだで共有していくよう努力することであろう。また、集団の場で行われている子どもの行動化という問題を、個別の心理療法の場で取り上げていくことも必要になるだろう。

4 児童福祉施設における心理臨床の目的

児童福祉施設において心理臨床を行う目的とは何か、何を目指して心理療法を行うのだろうか。児童福祉施設、とりわけ臨床心理士がいる治療的な入所施設の場合、子どもの入所時に、子どもに対して治療的な関わりが行われることが期待されて入所が決定されることが多いことはすでに述べたとおりである。ところが、いざ子どもの退所を決める際には、その心理療法の成果が問われることは稀である。施設への入退所は現実的な次元での判断であり、その判断は、家庭環境や経済的な事情など、さまざまな現実的な基準から決定される。子どもの心理的な状況を判断し、子どもの心理的な状況が改善したからという理由で退所が決まることはまずなく、現実的な条件で終わる（中断する）ことがほとんどである。したがって施設内心理臨床においては、子どもの心理療法をやり通すことを期待したり、やり通すことを目標とするのは、非現実的で困難な要求である。施設臨床心理士からすれば、心理療法が中断した、あるいはやり残した感じを持ったまま、子どもが突然退所してしまうという経験をすることは少なくない。

施設内の心理療法の目的をどのように考えるか、また、限られた期間の中でいかに治療を行うか。たとえば時間制限療法や認知行動療法的なアプローチで治療を行うこともひとつのやり方として考えられる。これは子どもが実際に抱え、直面している現実的な問題の解決を図り、扱っていくためには効果的であろう。しかし子ども自身が抱えている、より根本的な問題、たとえばそもそもなぜその子どもは施設に入所しなければならなかったのかということなどを理解していくためには、別のアプローチも考えられる。それは「アセスメント」である。ここでいうアセスメントとは、いわゆる心理テスト等を用いた心理査定を指す狭義のものではなく、クライエントとともにクライエントのことを理解していくという作業プロセスを指している。

アセスメントはその後の対応が引き続いて想定される。心理療法はアセスメントとその後の治療的なアプローチがセットになっているものだが、しばしばその後の治療的な関わりの方を重視しがちである。しかし施設内での心理療法では、アセスメントそのものを心理療法の目的とすることも意味があるのではないか。どうしていつもこうなってしまうのだろう、どうしていつもこの状況で繰り返してしまうのだろう、どうしてこのような事態に陥ってしまうのだろうということを、子どもと一緒に理解していくこと。子どもがひとりで考えることが難しいこれらの事柄を、心理士との関係の中でその子なりにわかっていくことは意義があるはずである。その理解をもとに「やり通す」作業は、子どもがその後の人生の中で取り組むべき課題としてもいいのではないだろうか。

自分に何が起きているのかを子どもと一緒に理解していく場として、施設心理臨床をとらえることは重要であろう。

［文　献］
（1）茂木洋「福祉心理臨床における『枠』」四天王寺国際仏教大学紀要、35、二〇〇三
（2）森田喜治「養護施設の臨床心理士からの視点」［河合隼雄、東山紘久編］『家族と福祉領域の心理臨床』金子書房、一九九八
（3）高田治、増沢高「児童臨床における心理療法の工夫――入所治療を必要とする子どもたちへの援助実践から」精神療法、26（4）、二〇〇〇

（4）村瀬嘉代子「児童虐待への臨床心理学的援助」臨床心理学、1（6）、二〇〇一
（5）大黒剛、安部計彦「虐待を受けた子どもの治療――愛着対象としての施設職員のかかわり」子どもの虐待とネグレクト、3（2）、二〇〇一

［参考文献］
＊茂木洋「少年院における心理療法面接に関する一考察――篤志面接委員の立場から」四天王寺国際仏教大学紀要、40、二〇〇五
＊茂木洋「癒しの方法――さまざまな学派」〔氏原寛、杉原保史編〕『臨床心理学入門――理解と関わりを深める』培風館、一九九八

コラム

少年事件における「集団」の活用

遠藤雅夫

家庭裁判所ではつい最近まで、非行に及んだとされる子どもを相手にするとき、個別対応が普通であった。手続きが非公開であることから、子どもやその家族についての情報を、おいそれと他の子どもたちや親たちに伝えるわけにいかないという制約があって、「集団」を活用するという発想が生まれにくかったのである。

転機となったのは、子どもたち、親たちの両方の生活域で進みつつある人間関係の希薄化、それと非行に対する昨今の世間の厳しい目であったと思う。交友関係の中で面白半分に罪を重ねるのでなく、突発的に事件を起こしてひとり途方に暮れている子どもが増えている。親もまた、子どもの過ちをひどく恥じ入り、強い自責の念に苛まれ、他の親たちに打ち明け相談できなくなっている。

家庭裁判所で少年事件を担当する調査官は、処遇選択のための情報を聴取するという職務にとどまらず、子どもやその親に「苦しんでいるのは君（あなた）だけじゃない」と語りかけ、裁く者と裁かれる者との対峙を越えて、ともに歩む拠点を築く努力をこれまで続けてきた。それが今や、社会から孤立している親子に白々しい感じを与え、かえって追い詰める言葉となるときすらある。このような行き詰まりの打開策のひとつとして、「集団」の活用が始まった。

子どもたち、親たち、または数組の親子に集まってもらい、数時間から数日間を一緒に過ごす中で、思いを語ってもらい、同じ課題に取り組んでもらう。同じような悩みを持ち、同じようなことを考えている他者の存在を確認できる体験が、いかに貴重なものであるかを、その後の子どもたち、親たちの生き生きとした歩みの中に見届けることができる。

もとより、一人ひとりの抱える問題の個別性を看過してはならないと思う。また、家庭裁判所での「集団」の活用は始まって日が浅い。先行している他の職域から、長短を踏まえた活用方法をさらに学ばねばならないだろう。いずれ家庭裁判所内の試みの成果を、外部の専門家諸氏にもお伝えし、忌憚のないご意見を賜りたい。

コラム

老人集団療法の経験から

橋本知子

人と人の関係を保つのは、どんな力なのだろうか。対人関係の発達およびその病理については、これまで幾多の研究がなされてきているが、その衰退については、いまだ十分な研究が行われていないように思われる。病院精神科において認知症を有する老人の集団療法および心理検査に関わる中で、この対人関係の変容と保持に興味を覚えた。心理検査においては記憶障害・見当識障害という認知症の中核症状の程度がはかられるが、こうしてはかられる認知症のレベルと彼らの生きていくことの困難さ、および周囲の者の介護することの困難さは必ずしも比例するものではない。検査と集団療法、二つの場面を通じ、現在の診断の枠組みでは数値化され難いこの機能こそが、関係性ではないかと考えるようになった。

私たちのグループは治療病棟での入院患者さんを対象とした回想法グループであったが、一〇名ほどが集まるこの場面は病棟において彼らの社会性が喚起される場面であり、その人にとって「おなじみの」対人関係の持ち方がここで示される。辻褄はあわなくても饒舌に自分を語られる方、話の内容は理解されなくても穏やかな表情や絶妙な合いの手で聞き手としての才能を発揮される方、スタッフ以上にその場のお世話役となる方もおられる。これらは集団の中でしか示されえないその人らしさであり、検査者として一対一で会った時にはなかなか窺い知ることのできない側面である。

家族を家族、わが家をわが家として認識できなくなった時、現実的・個別的な関係性は部分的にせよ、いったん崩壊する。それでも人は人との関わりを求め、繋がりを持つ。その時浮き上がってくるのは、より非特定的な対人関係の持ち方である。この普遍的な他者との関係の持ち方を一つの独立した精神機能としてとらえてみる。これは認知症という病において、比較的阻害され難いもののように思われる。そしてこれがうまく機能することで、日々の生活の中で生じる困難さが幾ばくか緩和されているように思われる。グループは、この関係性に光をあて、これを紡ぎ直す場でもある。

集団療法の場から見えてくるのは、情緒的・知的にはそれまでのアイデンティティから大きく変容せざるをえない個人が関係性の中で示す、失われることのないその人らしさである。

おわりに

人間は一人では生きられない。とはいうものの、結局人間は一人で死んでいくしかない存在でもある。人間がもつこの矛盾は、「個と集団」のせめぎあいという形で、生きている間中ずっと、人の生活に影響を及ぼしている。人間を相手にする心理臨床という行為においてもこの問題が重要なテーマであることは、疑問の余地がないことであろう。

さらに、時代や人の心の変化に敏感に対応してきた心理臨床は、今まさにこの「個と集団」のテーマに深く取り組まねばならなくなった。来談者を待ち、個人心理療法を中心として発展してきた心理療法は、いまや社会のあらゆる場面で生きることになり、そこでは個人をとりまく「集団」を視野にいれないわけにはいかなくなってきたのである。

岡田康伸先生は、本書に書かれているように、早くから「グループカウンセリング」や「グループでの研修や訓練」に興味をもたれ、実践してこられた。筆者が初めて箱庭を制作したのは、岡田先生の授業においてであったが、その箱庭制作もグループのなかでのものであった。

京都大学では伝統的に「個人心理療法」が大切にされており、ともすれば「集団」への視点が欠けていると一般には認識されているかもしれない。しかし、「個」だけをみる心理療法というものは、ありえないのではないだろうか。「個」人的無意識が深められるところにある「集団」的無意識への視座や、「個」をつなぐ「関係性」への思念などは、筆者自身が受けてきた心理臨床家としての訓練のなかでも中心を為すものであったように思う。岡田先生は、そうした京大の「伝統」をさりげなく私たちに手渡してくださってきたのではないだろうか。

本書においては、岡田先生に薫陶を受けた心理臨床家がさまざまな立場から論考を試みている。予想していたよりもはるかに多くの執筆希望を受けたため、執筆をお断りしたり、枚数を制限してもらったりしなくてはならなかった。これは、本書のテーマの重要性と、現場での切実さを表しているように思われる。どの論考においても、著者が自らの臨床実践をもとにこのテーマに取り組んでいる。そして、まるでアソートキャンディのように、さまざまな「個」を主張する文章が並ぶ一方で、全体が一つの「集団」としての「個性」を発揮してはいないだろうか。これもまた、京都大学らしい、そして、岡田先生らしいあり方のように、筆者には感じられる。

さらに、亀口先生、藤見先生には、それぞれのご専門のお立場からのご寄稿をお願いしたところ快諾してくださり、本書をより幅広いものにしてくださった。ここに記して感謝の意を表したい。

さて、「京大心理臨床シリーズ」もこれで五巻を数える。本書においても、遅筆がちの執筆陣を支えてくださったのは、創元社の渡辺明美氏と大前彩氏である。最後になったが、ここに深く感謝を申し上げたい。

二〇〇七年立春

桑原知子

人 名 索 引

あ

アクスライン(Axline, V. M.)……………………24
井上亮(いのうえ　りょう)……………………57
ウィニコット(Winnicott, D. W.)…………480
江口一久(えぐち　かずひさ)…………………59
エレンベルガー(Ellenberger, H. F.)…………17
オーン(Orne, M. T.)……………………………80
岡田康伸(おかだ　やすのぶ)………………171
尾崎新(おざき　あらた)……………………195

か

河合隼雄(かわい　はやお)…………………3, 405
ギーゲリッヒ(Giegerich, W.)……………17, 23
クライン(Klein, M.)…………………………165
コフート(Kohut, H.)…………………………186

さ

サリヴァン(Sullivan, H S.)…………………218
島薗進(しまぞの　すすむ)…………………399
ジンメル(Simmel, G.)………………………432
スミス(Smith, D. L.)…………………………82

た

鑪幹八郎(たたら　みきはちろう)……………3
トゥアン(Tuan, Y.)……………………………16
ド・シェーザー(de Shazer, S.)………………47
トロッツァー(Trotzer, J. P.)…………………75

な

ナージ(Boszormenyi-Nagy, I.)*………………184
中野民夫(なかの　たみお)…………………190
中村雄二郎(なかむら　ゆうじろう)…… 26, 272

は

バーグ(Berg, I. K.)……………………………47
ハーベイ(Harvey, W.)…………………………17
ハーマン(Herman, J L.)……………………132
橋本やよい(はしもと　やよい)……………160
ハスケル(Haskell, R. E.)………………………81
林勝造(はやし　かつぞう)……………………3
バリント(Balint, M.)…………………………79
バレンジャーら(Baranger, M. & Baranger, W.)
……………………………………………………80
ビオン(Bion, W. R.)……………77, 213, 214
樋口和彦(ひぐち　かずひこ)…………………3
フラー(Fuller, R. C.)…………………………400
ブレナイス(Brenneis, C. B.)…………………80
フロイト(Freud, S.)……………………16, 81
ベイトソン(Bateson, G.)……………………183
ベセルメーニ・ナージ(Boszormenyi-Nagy, I.)*……………………………………………147
ボウエン(Bowen, M.)………………………148
ボウルビィ(Bowlby, J.)……………………120
ボリス(Boris, N. W.)………………………125

ま・や

皆川邦直(みながわ　くになお)……………186
ミンデル(Mindell, A.)………………………198
メルロー＝ポンティ(Merleau-Ponty, M)…203
ユング(Jung, C. G.)………………17, 35, 98

ら・わ

ラングス(Langs, R.)…………………………80
リックマン(Rickman, J.)………………………77
レイン(Laing, R. D.)…………………142, 433
ロジャース(Rogers, C. R.)………………4, 24
ワクテル(Wachtel, E.)…………………………49
ワツラウィック(Watzlawick, P.)……………183

* Boszormenyi-Nagy, I. の和名表記については、p.185 の注 1 を参照。

へ

ほ

み

む・め・も

ゆ・よ

ら・り

れ・ろ

わ

た

ち

て

と

な

に

は

ひ

ふ

す

せ

そ

き

く

け

こ

さ

し

事 項 索 引

古澤有峰（ふるさわ ゆみ）
東京大学大学院人文社会系研究科 COE 死生学特任助手。同医学系研究科客員研究員。論文「心的外傷からの回復とスピリチュアリティ」ほか。

古屋敬子（ふるや けいこ）
三重県総合教育センター臨床心理相談専門員。著書『遊戯療法と子どもの今』（共著、創元社）。

牧 剛史（まき たけし）
佛教大学教育学部講師。論文「『夢との関わり』試論」ほか。

松本聡子（まつもと さとこ）
神戸女学院大学カウンセリングルーム非常勤カウンセラー。訳書『ボランティア・ガイドブック――共感主義ボランティア入門』（共訳、誠信書房）。

三上英子（みかみ えいこ）
山梨大学保健管理センター非常勤講師、恵泉女学園中・高相談室カウンセラー。

三好智子（みよし ともこ）
京都ノートルダム女子大学心理学部専任講師。博士論文「『集団』との関わりからみた青年期の個別性生成について」。

武藤百合（むとう ゆり）
京都大学大学院人間・環境学研究科博士後期課程、高雄病院心理療法室長。著書『バウムの心理臨床』（共著、創元社）ほか。

茂木 洋（もてぎ よう）
四天王寺国際仏教大学人文社会学部助教授。著書『キーワードで学ぶカウンセリング――面接のツボ』（共著、世界思想社）ほか。

森 茂起（もり しげゆき）
甲南大学文学部教授。著書『トラウマ映画の心理学――映画にみる心の傷』（共著、新水社）、『トラウマの発見』（講談社選書メチエ）ほか。

山川裕樹（やまかわ ひろき）
成安造形大学人間学講座専任講師。著書『バウムの心理臨床』（共著、創元社）、論文「枠と誘惑」「集団臨床場面に関する覚書」ほか。

山本有恵（やまもと ありえ）
京都大学大学院教育学研究科博士後期課程。

山森路子（やまもり みちこ）
東京大学学生相談所非常勤カウンセラー。論文「身体疾患とこころの危機」ほか。

吉岡恒生（よしおか つねお）
愛知教育大学教育学部助教授。訳書『子どもの心理療法――サイコダイナミクスを学ぶ』（共訳、創元社）、論文「心身症女性との心理療法過程」ほか。

多田昌代（ただ まさよ）
大阪市教育センター嘱託臨床心理士、京都大学カウンセリングセンター非常勤講師。著書『風景構成法その後の発展』（共著、岩崎学術出版社）。

谷口奈青理（たにぐち なおり）
大谷大学文学部助教授。著書『身体像とこころの癒し――三好暁光教授退官記念論文集』（共著、岩崎学術出版社）。論文「『遊び』の臨床心理学的な意味について」ほか。

近森 聡（ちかもり さとし）
甲南中学校・高校、大阪府・兵庫県・第一高等学院スクールカウンセラー。臨床心理士。著書『遊戯療法と子どもの今』（共著、創元社）。

千原雅代（ちはら まさよ）
天理大学人間学部教授。教育学博士。著書『はじめての心理学――心のはたらきとそのしくみ』（共編、創元社）、論文「心理療法における身体像」「自閉症の心理療法」ほか。

東城久夫（とうじょう ひさお）
財団法人佐久教育委員会会長、臨床心理士。著書『子どもが育つ心理援助――教育現場でいきるこころのケア』（共著、新曜社）。

徳田仁子（とくだ きみこ）
京都光華女子大学教授。著書『学校臨床心理学・入門――スクールカウンセラーによる実践の知恵』（共著、有斐閣）。論文「スクールカウンセリングにおける統合的アプローチ」ほか。

中鹿 彰（なかしか あきら）
追手門学院大学心理学部助教授。著書『遊戯療法と子どもの今』（共著、創元社）、論文「バウムテストから見た広汎性発達障害の認知特徴」（心理臨床学研究、21（6））ほか。

永田法子（ながた のりこ）
中京大学心理学部助教授。著書『学校臨床心理学・入門――スクールカウンセラーによる実践の知恵』（共著、有斐閣）、『ライフサイクルの心理療法』（共著、創元社）ほか。

鳴岩伸生（なるいわ のぶお）
京都光華女子大学人間関係学部講師。

西 隆太朗（にし りゅうたろう）
ノートルダム清心女子大学児童臨床研究所助教授。論文「Michael Balint の治療論における相互的な『認識』について」ほか。

西嶋雅樹（にしじま まさき）
京都大学大学院教育学研究科博士後期課程。

野口寿一（のぐち としかず）
京都大学大学院教育学研究科博士後期課程。

橋本知子（はしもと ともこ）
International Dance Therapy Institute of Australia (Trainee)

濱野清志（はまの きよし）
京都文教大学人間学部教授。著書『心理臨床におけるからだ』（共著、朱鷺書房）。

原田 徹（はらだ とおる）
医療法人社団ウエノ診療所、臨床心理士。

番匠明美（ばんしょう あけみ）
夙川学院短期大学児童教育学科講師、同学生相談室カウンセラー、臨床心理士。著書『母と子の心理療法――困難な時代を生きる子どもたちをどう癒し育むか』（共著、創元社）。

平松朋子（ひらまつ ともこ）
京都大学大学院教育学研究科臨床教育学専攻博士後期課程。

福田 斎（ふくだ いつき）
京都大学大学院教育学研究科博士後期課程。

藤川 浩（ふじかわ ひろし）
横浜家庭裁判所主任家庭裁判所調査官。論文「心理臨床における質的研究について」「裁判所からみる子どもの意見」ほか。

藤見幸雄（ふじみ ゆきお）
藤見心理面接室長、臨床心理士、認定プロセスワーカー。著書『痛みと身体の心理学』（新潮社）ほか。

藤本麻起子（ふじもと まきこ）
京都大学大学院教育学研究科博士後期課程。論文「摂食障害者の内的世界――TAT 図版 19 における『守り』という観点から」ほか。

年・少女のこころの現在」(南島文化、27)ほか。

金山由美（かなやま ゆみ）
京都文教大学人間学部教授。著書『境界例・重症例の心理臨床』(共著、金子書房)。論文「心理療法と『世界観』」ほか。

亀口憲治（かめぐち けんじ）
東京大学大学院教育学研究科教授。著書『家族臨床心理学——子どもの問題を家族で解決する』(東京大学出版会)、『心理臨床大事典』(共著、培風館) ほか。

河合俊雄（かわい としお）
編者。奥付参照。

康 智善（かん じそん）
帝塚山学院大学人間文化学部助教授。著書『現代社会と臨床心理学』(共著、金剛出版) ほか。

北川 恵（きたがわ めぐみ）
四天王寺国際仏教大学助教授。著書『情緒的対人情報処理と内的ワーキングモデル』(風間書房)、『アタッチメント——生涯にわたる絆』(共著、ミネルヴァ書房) ほか。

國吉知子（くによし ともこ）
神戸女学院大学教授。著書『ファンタジーグループ入門』(共著、創元社)、『心理・福祉のファミリーサポート』(共著、金子書房) ほか。

久米禎子（くめ ていこ）
鳴門教育大学学校教育学部講師。

桑原知子（くわばら ともこ）
編者。奥付参照。

小橋正典（こはし まさのり）
京都大学大学院教育学研究科博士後期課程。

坂崎浩久（さかざき ひろひさ）
京都市教育相談総合センター嘱託カウンセラー。

坂田浩之（さかた ひろゆき）
大阪樟蔭女子大学人間科学部講師。著書『はじめての心理学——心のはたらきとそのしくみ』(共著、創元社)、『風景構成法のときと語り』(共著、誠信書房) ほか。

杉野健二（すぎの けんじ）
三重県立こころの医療センター・臨床心理グループリーダー。三重県臨床心理士会会長。著書『家族と子どもの育ち』(共著、福村出版) ほか。

杉原保史（すぎはら やすし）
京都大学カウンセリングセンター講師。著書『大学生がカウンセリングを求めるとき——こころのキャンパスガイド』(共編著、ミネルヴァ書房)、『臨床心理学入門——理解と関わりを深める』(共編、培風館) ほか。

須藤春佳（すどう はるか）
京都大学大学院教育学研究科博士後期課程。臨床心理士。論文「前青年期の『chumship体験』に関する研究——自己感覚との関連を中心に」ほか。

駿地眞由美（するじ まゆみ）
追手門学院大学心理学部講師。著書『心理療法と医学の接点』(共著、創元社)、『遊戯療法と子どもの今』(共著、創元社) ほか。

高石浩一（たかいし こういち）
京都文教大学臨床心理学科教授。著書『母を支える娘たち——ナルシシズムとマゾヒズムの対象支配』(日本評論社)。訳書『個性化とナルシシズム——ユングとコフートの自己の心理学』(創元社)、『恥と自尊心——その起源から心理療法へ』(新曜社) ほか。

高木 綾（たかぎ あや）
京都大学大学院教育学研究科博士後期課程。臨床心理士。論文「青年期における異なる自己像とその関係性イメージについて」ほか。

高嶋雄介（たかしま ゆうすけ）
京都大学大学院教育学研究科研修員。

髙森淳一（たかもり じゅんいち）
天理大学人間学部助教授。主要論文「罪悪感再考——対象関係と愛他性を視点として」ほか。

竹林奈奈（たけばやし なな）
佛教大学臨床心理学研究センター相談員。臨床心理士。

執筆者紹介（五十音順）

青木真理（あおき　まり）
福島大学総合教育研究センター助教授。著書『風土臨床』（コスモス・ライブラリー）『生徒指導と心の教育　入門編』（共著、培風館）ほか。

浅田剛正（あさだ たかまさ）
京都大学大学院教育学研究科臨床教育学専攻博士後期課程。

安立奈歩（あだち なほ）
兵庫教育大学臨床心理学コース助手。著書『心理療法と医学の接点』（共著、創元社）。論文「青年期の境界例心性に関する研究」ほか。

荒井真太郎（あらい しんたろう）
関西国際大学人間学部助教授。論文「大学生における自己、親、友人、好きな異性への準拠のあり方について」ほか。

石金直美（いしかね　なおみ）
大阪大学保健センター助教授。著書『現代社会と臨床心理学』（共著、金剛出版）『心理療法と医学の接点』（共著、創元社）ほか。

石谷真一（いしたに しんいち）
神戸女学院大学人間科学部助教授。著書『心理学・臨床心理学入門ゼミナール』（共著、北大路書房）『心理学実習／基礎編』（共著、培風館）。

石原 宏（いしはら ひろし）
佛教大学教育学部講師。論文「PAC 分析による箱庭作品へのアプローチ」ほか。

石原みちる（いしはら みちる）
山陽学園大学コミュニケーション学部講師。著書『現場に生きるスクールカウンセリング——子ども・教師・保護者への対応と援助』（共著、金剛出版）ほか。

伊藤（阿部）一美（いとう〈あべ〉かずみ）
京都ノートルダム女子大学心理学部助教授。著書『家族のかたち』（共著、金子書房）、『臨床心理学入門——理解と関わりを深める』（共著、培風館）ほか。

伊藤美奈子（いとう みなこ）
慶應義塾大学教職課程センター教授。著書『スクールカウンセラーの仕事』（岩波書店）、『思春期の心さがしと学びの現場——スクールカウンセラーの実践を通して』（北樹出版）ほか。

井上 真（いのうえ まこと）
情緒障害児短期治療施設・横浜いずみ学園セラピスト。著書『遊戯療法と子どもの今』（共著、創元社）。

井上嘉孝（いのうえ よしたか）
京都大学大学院教育学研究科博士後期課程。

伊原千晶（いはら ちあき）
京都学園大学人間文化学部助教授。論文「生命と魂——心身論の観点から」「ドイツにおける医療心理学教育について」ほか。

今西 徹（いまにし とおる）
京都光華女子大学専任講師。訳書『ユングのタイプ論』（共訳、創元社）。

植田有美子（うえだ ゆみこ）
姫路獨協大学医療保健学部専任講師。著書『心理療法と医学の接点』（共著、創元社）。

梅村高太郎（うめむら こうたろう）
京都大学大学院教育学研究科博士後期課程。

遠藤雅夫（えんどう まさお）
大阪家庭裁判所調査官。

大山泰宏（おおやま やすひろ）
京都大学高等教育研究開発推進センター助教授。著書『心理療法と因果的思考』（共著、岩波書店）、論文「日常性の心理療法（連載全 13 回）」（こころの科学、113 ～ 125）ほか。

岡田康伸（おかだ やすのぶ）
編者。奥付参照。

岡本直子（おかもと なおこ）
沖縄国際大学総合文化学部助教授。論文「『ドラマ』がもつ心理学的意味に関する研究」（心理臨床学研究、19（2））ほか。

片本恵利（かたもと えり）
沖縄国際大学総合文化学部助教授。著書『八重山の地域性』（共著、東洋企画）。論文「少

編者紹介

岡田康伸（おかだ やすのぶ）
京都大学大学院教育学研究科教授。教育学博士。臨床心理士。著書『箱庭療法の基礎』『箱庭療法の展開』（いずれも誠信書房）、『ファンタジーグループ入門』（共編著、創元社）、『個性とペルソナ』（岩波書店）、『箱庭療法の歴史——カルフを中心に』『箱庭療法の訓練』（編著、いずれも至文堂現代のエスプリ特集）、『基礎的体験学習』（共著、誠信書房）ほか。

河合俊雄（かわい としお）
京都大学大学院教育学研究科教授。著書『概念の心理療法』（日本評論社）、『ユング——魂の現実性』（講談社）、「心理臨床の理論」（岩波書店）、『境界例・重症例の心理臨床』（共著、金子書房）、『講座心理療法1　心理療法とイニシエーション』（共著、岩波書店）、『講座心理療法7　心理療法と因果的思考』（共著、岩波書店）、『臨床心理学全書8　臨床心理面接技法1』（共著、誠信書房）、『The Cultural complex』（共著、Brunner-Routledge）。

桑原知子（くわばら ともこ）
京都大学大学院教育学研究科助教授。教育学博士。臨床心理士。著書『人格の二面性について』（風間書房）、『もう一人の私』（創元社）、『教室で生かすカウンセリング・マインド』（日本評論社）、『カウンセリング・ガイドブック』（共編著、岩波書店）、『家裁調査官レポート』（共編著、日本評論社）、『心理臨床の世界』（共編著、放送大学教育振興会）ほか。

京大心理臨床《きょうだいしんりりんしょう》シリーズ5　心理臨床《しんりりんしょう》における個《こ》と集団《しゅうだん》
2007年3月20日　第1版第1刷発行

編　者…………岡田康伸　河合俊雄　桑原知子
発行者…………矢部敬一
発行所…………株式会社創元社
〈本　社〉〒541-0047 大阪市中央区淡路町 4-3-6
電話 06-6231-9010（代）　ファクス 06-6233-3111
〈東京支店〉〒162-0825 東京都新宿区神楽坂 4-3 煉瓦塔ビル
電話 03-3269-1051（代）
〈ホームページ〉http://www.sogensha.co.jp/
印刷所…………株式会社太洋社

ISBN978-4-422-11365-4　C3311